现代传播·新闻传播　MODERN COMMUNICATION

丛书主编　王文科　陈少波　王志华

浙 江 省 高 等 教 育 重 点 建 设 教 材

The Basics of News Covering and Writing

新　闻

采写基础

（第三版）　王文科　张默　编著

ZHEJIANG UNIVERSITY PRESS

浙江大学出版社

前　　言

　　根据高等院校新闻专业采写课程的性质、目的及要求,本教材旨在通过理论教学和实际应用,着力解决新闻采写最基本的观念和方法论问题,以培养学生初步的动手能力。教材的内容,主要是阐述新闻采访写作基础理论与实践知识,即新闻采写活动的一般规律、原理、原则和方法,并力求反映我国新闻界在采写方面的基本经验。

　　各种新闻传播媒体——报纸、广播、电视,特别是新兴的互联网和微博、微信等新媒体,尽管由于传播手段介质不同,新闻的采访与写作各有千秋,其基本理论则一脉相通。异从同中来,个性出自共性。切实掌握新闻采写基本理论和应用方法,是我们进一步学习不同媒体各具特点的新闻报道的必要基础。

　　新闻采访写作作为一种能力,一种认识和反映客观现实的能力,是无法由别人替代的。新闻专业教师、新闻工作者,可以讲授采写理论知识,介绍采写方法和经验,但不可能直接传导采写能力。新闻采写能力的培养,就像在游泳中学会游泳一样,主要靠自己多练、多实践,这是问题的一个方面。另一方面,新闻采访写作虽有较强的专业技术性,需要把握一定的方法和技巧,但是,实践活动总是受观念的先导与制约,尤其是新闻采写蕴含着极大的主观能动性和创造性,这就更离不开正确的理论指导。培养采写能力的过程是多学科、多环节、多维度集成培养的过程,只有在懂得采访写作方法的同时,重视学习掌握专业的和有关的理论知识,知其然又知其所以然,才能在实践中较快地培养和提高自己的新闻采写能力。

作者

2015 年 4 月

目 录
CONTENTS

绪　论

信息交流与新闻的传播

　　新闻的社会传播现象,渊源于原始人类信息交流活动。

　　广义上的新闻现象,其出现的历史已很悠久,甚至可以追溯到远古时代。人类社会一经形成,人际交往逐渐密切起来,彼此依存的社会关系,改造世界的社会实践,使得相互间需要沟通信息以保持联系,于是产生新闻和新闻传播现象。原始人类为了生存和繁衍,最初以呼叫和简单的手势联络同伴,或用较剧烈的动作和象征性符号进行信息交流。比如,挥舞棍棒、投掷石块,召唤同伴共同狩猎或御敌;刻画某种形象,制作某种标记,示意哪里有鱼、野果或毒蛇猛兽。人类社会最早出现的上述信息交流活动,彼此之间相互交流的信息,从其事实发生的时间看,大体上由两个部分组成:一部分是内容上较陈旧的过去时信息,可称之为历史信息;一部分是内容具有新意的现在时信息,可称之为新鲜信息。新鲜信息,反映客观事物最新变动状态,往往与人类生活信息息息相关,因此更加受到社会群落的注意和重视,原始形态的新闻传播现象,正是在远古时代此类新鲜信息的交流过程中,随着人类社会实践的发展而孕育和产生。在以后的漫长岁月中,由于人类生活渐趋复杂和社会化,特别是出现语言、文字,以及物质技术条件的逐步改善,新闻的内容渐渐丰富,传播方式不断演进,社会影响也随之扩展。

　　语言出现之后,用以传递和交流信息的口传新闻,与原始形态的新闻传播相比较,既增进了传播内容的多样性和准确度,又大大拓宽了传播范围,这是早期新闻传播的一次飞跃。据传,大约距今 5000 年前,系统的文字已经形成,并被用来记事和互通信息。早在三皇五帝时代,我国就设有左、右史官,专司记载君臣言行——"动则左史书之,言则右史书之"(《礼记·玉藻》),并据以公告臣民。从此以文字为载体,出现记事录言的手抄新闻。比之口传新闻,它的影响较广、较远,传播信息也更为准确一些。但是,原始的手势、音响、标记新闻,以至口传新闻和手抄新闻,其传播的内容、范围、速度及其影响毕竟还是有限的。到了发明印刷术,尤其是发明活字印刷之后,后来又进入电子时代,先后产生印刷新闻和电子新闻,有了近代报纸,有了现代化的广播、电视,并随着人们精神生活和物质生活更为丰富多彩,新闻才以空前的琳琅满目的内容,同时以空前的速度传播、影响于全社会。近年在我国也已诞生网络媒体,其新闻传播的方式和速度,更具有区别于传统媒体的独特优势。

在现代社会里,人们之间的依存程度更高,各方面的联系更为频繁和紧密,这就越发需要各种信息的相互沟通。什么叫信息?按信息论的解释,"信息是任何过程和客体中差异性的反映",是"事物状态的消息"。现代的人们尽管可以通过多种途径了解外界信息,但最主要的还是靠新闻传播。不难想象,如果报纸和广播、电视等媒体一旦中断新闻的传播,那将出现怎样的一种混乱局面呢?因此,以传递信息并做宣传为宗旨的新闻,理所当然成了现代人日常不可或缺的精神食粮,现代社会既是信息社会,也不妨说是"新闻社会"。

这里,从新闻的社会传播及其影响,我们来看看新闻在媒体中的地位。

报纸历来以刊载新闻为主,人们看报也往往先看新闻以获取信息,所以报纸曾被称作"新闻纸"。新闻作为报纸的"主角",占据报纸的主要篇幅,报纸也主要是通过传播新闻来起作用的。一般地讲,每天的报纸,可以没有诗歌、小说、散文,也可以没有评论文章和小品,但若没有新闻,报纸则无法出版,甚至会失去其存在的价值。当今社会生活日新月异,社会的信息需求不断增长,而报纸信息量的加大又主要靠新闻。早在20世纪40年代,延安《解放日报》社论《把我们的报纸办得更好些》,就曾旗帜鲜明地指出:"报纸既不是书籍也不是杂志,它的生命主要就寄托在大大小小的新闻和通讯上面。"报纸不仅不能没有新闻,而且总以醒目的版面突出新闻。由于新闻的传播情况如何直接关系着报纸的命运,各地报纸几乎都把"主攻新闻"当作自身改革的突破口,力求改进新闻报道,并尽可能增加新闻的数量。

现代化宣传舆论工具——广播、电视,尽管有着提供新闻、娱乐、教育等多元化效用,但首先是作为新闻媒体——新闻同样是广播、电视的"主角"。据新华社报道,国家统计局一项调查表明,我国城市居民在晚上7时以后看电视比较集中,收视率最高的是新闻节目。另据了解,在我国城乡,居民、农民早晨大都收听新闻广播。可见,电台、电视台吸引听众、观众的主要节目显然是新闻,尤其是在社会变动或发生重大事件的时候,新闻节目更为广大受众所关心。

我们的广播电台,这几年已显著增加新闻播出次数,不少电台每小时整点报时后就有新闻。从中央电视台到地方的电视台,电视新闻的播出数量也在逐渐增多,有一些台还专门开通新闻频道。各电台、电视台播出的主要新闻节目,一般都被安排在受众最为集中的"黄金时间",新闻在各档广播、电视节目中占有不可代替的重要地位。中央人民广播电台早晨的《新闻和报纸摘要》,一直保持极高的收听率,听众遍及全国城市和农村,很多干部、群众甚至已养成每日必听的习惯。中央电视台1套晚上7点开始的《新闻联播》,长期以来一直是全国电视收视率最高的"拳头"节目。

西方的报纸和广播、电视机构对新闻的重视程度有时令人吃惊。据有关资料介绍,西方国家有些报纸为尽快向读者提供新闻,可以有凌晨版、上午版、中午版、下午版、晚版、午夜版。尤其是有影响的大报,常以所载新闻多、报道面广而著称。西方的主流电视台,通常也把播出新闻的多、快,作为赢得观众的重要招数。而与报纸、电视相竞争的广播电台,更是要在新闻的迅速传播方面显现出自己的优势。美国最大的广播公司全美广播公司有一套节目,每小时有40~50分钟播出新闻。另有一种全新闻广播电台,昼夜24小时基本上都是新闻广播,只是在两次节目中间才插播一些散文、音乐、广告等。在美国,遍及各大城市的这种全新闻电台,其听众数量和广告收入均占各类电台的首位或第二位。据统计,英国BBC广播公司用英语及4种其他语言,每天向全世界播出百余次新闻节目,每次9分钟。

新闻在报纸上和广播、电视中的"主角"地位,是由新闻越来越广泛而深刻的社会影响所决定的。新闻这一最便捷、最迅速的信息传递载体,作为人际交流的一种普遍而有效的中介和桥梁,它的及时、大量的社会传播,每日甚至每时每刻都可能对公众的思想、情绪和行动产生影响。如果说,我国的改革开放开始还不能被大家普遍理解,那么,现在改革开放已经成为时代的大潮,这也是同多方位、多层次的改革开放报道分不开的。重视和善待进城农民工,同情和关怀弱势群体,这已真正成为社会共识,党和政府的相关决策精神是决定性的,同时也离不开新闻舆论的正确引导。

在社会主义条件下,我们的新闻通过传递新的情况、经验、知识、问题等各种信息,起着宣传政策以推动实际工作的作用,起着交流思想以引导舆论的作用,起着普及科学文化知识和表彰先进、批评落后以及打击敌人的作用;同时作为民主形式,又是领导机关同人民群众协商对话的一种渠道。鉴于新闻广泛而深刻的社会影响,我们党和国家领导人历来都非常重视新闻工作,肯定党的新闻工作对于宣传政策、推动工作和传播思想文化的重要意义,强调报纸、广播、电视作为党的"喉舌",必须坚持社会主义方向,坚持正确的舆论导向。

新闻和新闻采写活动

新闻,新发生或变动的事实的报道。它是人们社会实践的详实记录,展现当今时代,反映时代脉搏。报道事实的新闻,由于具有广泛而及时地公开传播信息的功能,越来越受到公众的关注并成为一种需要,才有报纸、广播、电视以及网络新闻媒体,才有记者和业余报道者的新闻采访与写作活动。

新闻从何而来?新闻来自客观事实,是事实的记录和再现。事实第一性,新闻第二性。一个是源,一个是流,先有事实而后有新闻,两者的关系不容分离,更不容颠倒。

客观存在的事实决定新闻,新闻反映客观存在的事实,这是马克思主义一条基本的新闻原理,是唯物论的反映论在新闻工作中的具体应用。在这个问题上,我们曾经有过教训,即所谓"坐在家里想点子,跑到下面找例子,关起门来写稿子",以至于夸大、歪曲甚至杜撰事实。尽管这只是在某些时候、某些人当中出现的问题,但这样的结果,完全颠倒了存在与意识、事实与新闻的关系,社会影响很不好。这种脱离和违背实际的倾向,直到现在依然值得我们引以为戒。

正确认识事实与新闻,即源与流的关系,对于新闻的采访写作具有根本的指导意义,也是采写活动是否有效的关键所在。新闻是从事实而来,没有事实便没有新闻,怎样的事实便构成怎样的新闻,绝不能以主观的意志为转移。我国人造卫星上天,香港、澳门回归,以及加入 WTO、北京申奥成功、神舟系列航天载人顺利返回、成功设立亚洲基础设施投资银行,等等,这些重大新闻广为流传,决定因素不在采写者的能力和技艺,而是客观存在着"上天"和"回归"等不争的事实。新闻反映客观事实,事实是新闻的母体,但又不是所有的事实都能成为新闻。那么,怎样的事实才能成为新闻呢?简单地讲,可能构成新闻的事实,必须是新近发生(变化、发展)并含有信息的事实,也就是公众"欲知、应知而未知"的事实。一江春水向东流,年复一年,几乎天天如此,人们司空见惯,这虽然是事实,却不是新闻;假如,有一天,江水泛滥,或被截流、改流,也许是洪水成灾,也许在兴修水利,那就可能是新闻了。因为客观事实在变动,出现新的情况,富有了新的信息含意。由此可见,新闻来自事实,更确切地说,新闻出自事实的变动。

先有事实,后有新闻,新闻以事实为依据并受事实的检验。这是体现事实与新闻关系的一个方面。另一方面,客观事实即使是有新闻价值的事实,它本身还不成其为新闻。新闻虽由事实构成,但新闻不是事实本身,而是事实的报道,或者说是事实的信息的传播。举例来说,在新疆库车县境内,发现一个大峡谷,峡谷半山腰有个千佛洞,被命名为"阿艾石窟"。这是新疆首次发现的汉文化石窟,也是唐代中原汉文化在古西域流传的历史见证。这个重大考古发现是 1999 年 9 月底的事,在两个多月内,它只是作为事实的客观存在而已。直到 12 月 3 日,经《文汇报》记者予以报道,新疆发现阿艾石窟一事才成了新闻,并引起京、沪和新疆等地读者的关注。① 这条迟到的新闻形成的经过恰好说明,要是发现阿艾石窟的事实未被公开报道,仅仅是在场目睹和知情人晓得,那么,事实只不过是事实,并没有也不可能成为新闻。事实是个客观存在,是自在的东西;新闻却属于观念形态,是主观与客观相结合的产物。大千世界随时都在发生各种各样的事实,但客观事实的发生、变动及其意义并不为广大的人们所了解。只有当事实经过报道者的认识和反映,成了一种信息被传播开来,新闻才能出现在为数众多的读者(听众、观众)面前。

如上所述,客观事实构成新闻,有一个人为的转化过程。这个过程的实现,必须具备三个要素:客观存在的事实,有新闻价值的信息,人们的认识和反映。

前两个要素,事实及其所蕴含的信息,是新闻得以构成的客观基础。对事实的认识和反映这个要素则体现人们的主观能动性,发挥这个要素作用的过程,就是新闻构成的最终实现过程,也就是主观与客观相结合的过程。

从事实到新闻的全过程可以看出,客观事实之所以能够成为新闻,关键环节在于人们认识事实和反映事实。这对新闻业务而言,就是新闻的采访与写作(或摄录制作)。在由事实转化为新闻的过程中,新闻采访与写作的特殊功能是:把握客观事实,提炼新闻信息,并赋予相应的运载形式。把握客观事实,就是发现、了解新近事实的发生经过和具体内涵,充分认识事实的特性及其社会意义,同时收集足以构成新闻的事实材料。从新闻采写的运作程序看,这是采写功能的第一个表现,实际上是表现采访的功能。事实的新近发生并不等同于新闻信息,新闻信息是指新闻事实所蕴含的具有传播价值的信息,这就要去芜存精,从中提炼,以求达到新闻主要是传播信息的目的。提炼新闻信息,则在第二层次上表现了采访活动的功能,有时采访与写作结合运作。但要实现新闻的传播,还需要发挥新闻写作的功能,即赋予信息以相应的运载形式,这是对客观事实的一种反映手段。新闻作为信息的载体,有消息、通讯等多种体裁形式,这就应当根据事实性质、情节内容及其信息含量,选定相应的体裁,同时经过周密的构思写成新闻,从而使信息得以传播。

---

① 据俞果《歪打正着》一文,载《新闻记者》2000 年第 6 期。

新闻采访与写作的功能,说到底,就是对事实的认识和反映功能。从这个意义上讲,不仅仅是没有事实便没有新闻,没有采写活动,新闻也还是无从形成。这也说明,掌握新闻采访与写作技能是记者的基本功。

2004年9月8日《人民日报·华东新闻》头版,关于安徽省启动"阳光工程"取得阶段性成果的报道,尽管只是一条不足400字的短新闻,却受到读者特别是农村读者的关注,新闻的全文如下:

带政府补贴参加职业技能培训
安徽近 4 万农民受惠"阳光"

本报讯 安徽省"阳光工程"自今年5月启动以来,已取得阶段性成果。截至8月底,全省累计培训农村劳动力6.19万人次,实现农村劳动力转移3.92万人。

"阳光工程"是由国家六部委联合实施的劳动力转移培训工程。它由财政出资,对参加培训的农民给予补贴,以定向、定单培训为主要形式,以职业技能培训为主要内容,以促进农民就业为最终目的。

安徽省"阳光工程"正式启动以来,实行由政府、企业、个人共同投入的多元化投入机制。每位参加培训的农民可获得250元政府补贴。其中,中央财政负担100元,省级财政100元,市县财政共同负担50元。今年,全省计划通过这项工程对16万农民工进行职业技能培训。

目前,全省各市县已基本形成以职业高中、县农广校、技工学校、民办培训单位为培训主体,其他培训机构为补充的培训体系。

我们不妨从这条新闻的形成过程,对采访写作功能作一些具体分析。

把握客观事实——

安徽省"阳光工程"自2004年5月启动以来,截至8月底,全省累计培训农村劳动力6.19万人次,实现农村劳动力转移3.92万人。此项由国家六部委联合实施的劳动力转移培训工程,使得农民带政府补贴参加职业技能培训,是我国当前为农民办实事的重要举措之一。安徽省培训农民工这一事实,对于缓解社会劳动力供需矛盾,有着鼓舞人的普遍意义。

提炼新闻信息——

时下,越来越多的企业对农民工提出技能要求,面对这种新出现的情况,在实现农村剩余劳动力转移过程中,众多农民因为缺乏一技之长,以致出现"就业难"的问题。安徽省启动"阳光工程"取得阶段性成果,这个新鲜事实蕴含着这样的信息：农民"就业难"问题，将随着各地以培训职业技能为主要内容的"阳光工程"的实现而得以解决。

赋予运载形式——

把握了事实，提炼了信息，这就要进一步发挥新闻写作功能，即赋予信息相应的运载形式。记者经过采访，根据新闻事实选材、量体裁衣，运思行文，写成简要的消息《安徽近 4 万农民受惠"阳光"》，最后，通过报纸刊发实现新闻的社会传播。新闻的多种体裁形式各有所长，其中消息体裁运载信息较简便、迅速，也最能让人一目了然。关于安徽"阳光工程"的事实，运用消息来作报道，应该说是恰当的，这合乎人们急需获得信息的心理。

新闻采访与写作的关系

新闻采访和新闻写作，二者是互为制约、相辅相成的关系。为了及时、准确地进行新闻报道，作为认识实际和反映实际的两种专业手段，新闻采访与写作缺一不可，有时还须交替使用，即在采访过程中兼有写作，或者在写作过程中再作补充采访。

新闻领域的采访与写作活动，共同的目标是依托事实的报道传播新闻信息，包括物质的信息和精神的信息。正是由于活动目标的一致性，有机地形成新闻采访和新闻写作的辩证结合关系，谁也离不开谁。但从新闻构成的总体程序和所起作用考察，新闻采访与写作各自又负有不同的使命。新闻采访，旨在识别新闻和获取素材，主要是了解实情、搞清真相，开发、掌握信息资源，为新闻信息的传播创造必要的条件；新闻写作，旨在反映并表现新闻事实，主要是根据采访得来的事实材料，作一番由表及里的分析、取舍和组织，而后采取恰当的体裁样式（信息载体）和表现方法，使客观存在的事实成为供作传播的新闻。任何形式总是由事物的内容而定，但任何事物都有它存在的形式。可以说，采访所要解决的是新闻内容问题，写作所要解决的则是新闻形式问题。

从实现新闻传播的全过程来看，新闻采访是首先必须经过的一个阶段，是一种不可缺少的重要手段。如若没有经过采访，没有认识事实和掌握事实材料，新闻写作就成了无米之炊，再高明的巧妇也难以做出饭来。有人不顾有无实际素材，说什么"只要笔头硬，就能写新闻"，这是无稽之谈。不是有个笑话嘛，从前有一秀才，熟读诗书，满腹经纶，写文章妙笔生花。有一次，县太爷让他写一篇反映当地稻谷丰收的称颂文章，他因为不了解农村情况，缺乏实际感受，苦思冥想三天三夜，文章还是写不出来。他的妻子就说："我生儿子也没有你这般苦啊!"秀才叹道:"你生儿子苦,肚子里总还有个儿子,而我腹中是空空如也。"何况新闻是事实的报道,没有事实根据又从何写起呢?! 然而,新闻写作作为实现新闻传播的又一个必经阶段,一种事实反映手段,它对采访活动起着制约和检验的能动作用。就像有了活鱼、鲜肉,还需要精心烹调,才能做出可口的菜肴。采访到了事实材料,有了好的内容,还需要好的写作形式和技巧来表现。你会不会写,写得好不好,这与能不能保证和提高报道质量息息相关。再说,写什么,怎么写,写消息还是写通讯,往往也不是动笔写作时才开始考虑的,而是在采访过程中就要酝酿的。写作时如若发现材料欠缺,那还得通过继续采访来加以补充。

新闻的采访与写作,相辅相成,不可偏废,但两者关系又不是完全对等的。其中,采访是占首位的、决定性的因素。如同事实与新闻的关系一样,采访在先,写作在后,未经采访,无从写作。据此,我们可以得出结论,新闻采写关系的实质是采访决定写作,写作成败取决于采访的成败。

新闻采访决定新闻写作,具体表现在以下几个方面:

1. 只有认识事实,才能反映事实。而对客观事实的认识,尽管可以贯穿于整个采访写作过程,但是,认识事实的任务基本上在采访阶段完成。

2. 新闻反映客观事实,新闻写作有赖于对事实的采访。抓新闻就是抓事实,写新闻就是写事实,新闻写作是作为事实的写作。如果没有采访到足够的事实材料,笔下的功夫再好,也不可能写出真正的新闻。

3. 采访的深度和广度,直接关系到写作的深度和广度。要想写作深刻、全面地反映客观事实的新闻,必须先做深入而广泛的采访。一些新闻作品,之所以不能深刻反映事实,除了与记者的认识和反映水平有关以外,问题常常还出在采访不深入上。

4. 内容决定形式,形式服从内容。用什么体裁写作,写长或者写短,如何表现为好等等,都要看采访获得的事实内容来定。这就叫"量体裁衣"。本来明明是写消息的题材内容,硬要拉长篇幅,勉强写成通讯,结果缺乏应有的情节、细节,"通讯"也就不成其为通讯了。反之,削足适履,把可以写通讯的内容写成简略、概括的消息,丰富的事实也就得不到生动、形象的反映。

感觉的东西不一定认识它,而只有认识它,才能更好地感觉它、反映它。新闻写作的基础在于采访,采访决定新闻写作,这符合人们对客观事实的认识和反映规律,也是新闻采写经验的总结。在我们的新闻队伍里,有些同志特别是初做记者工作的同志,容易产生"重写作、轻采访"的倾向,把采访看得非常简单,转一转、问一问就算了事,不愿意在采访上多花力气。结果怎么样呢?由于先天(采访)不足,事实不清,材料不齐,要么来个"米不够,水来凑",甚至搞什么"拔高"之类；要么写作时间拖得很长，新闻还是写不出来。新闻界的经验是，"七分采，三分写"，或者叫"六分跑，三分想，一分写"，就是把更多的精力要用在采访上，采访的时间往往长于写作时间。实践证明，采访成功了，可以说新闻已基本到手，写作只是水到渠成的事。所以，在新闻工作单位，从来都强调和讲究采访，记者的水平也主要表现于采访水平。

我国早期的北京《晨报》1921 年 7 月 19 日刊载过一则《招聘专任访员启事》，文内有这样两段：

> **访员底资格**　熟悉北京城乡各种社会情形，耳目灵通，采访新闻能说出原委。笔下好不好不论。

> **访员底职务**　每天有一定时间到本报社问闻，笔述或者口说都可以。除此以外，编辑部如有要特别访查的社会情形，也归访问（按：似为访员之误）。①

这里讲的专任访员，即指记者，要求应聘的记者熟悉城乡情形，耳目灵通，能够笔述或口说新闻，而对"笔下好不好"，看来并不在乎。可见，早在半个多世纪以前，我国新闻机构已很重视记者的采访。

民国初年，上海《时报》驻京特约记者黄远生以写"北京通讯"著称于世。他在谈到记者条件时，认为，"新闻记者须有四能：一、脑筋能想；二、腿脚能奔走；三、耳能听；四、手能写"。②

这前"三能"都属于采访问题，远生的通讯也正反映出他在探采新闻方面非凡的活动能力。对此，邹韬奋曾给予高度评价，说："每逢有重要事故，他总能千方百计从最重要的来源，用最迅速的手段，探得最重要的新闻材料，写成有声有色亦庄亦谐的通讯供给读者。"③

当时的著名记者邵飘萍，强调报纸工作以采访最为重要，因为构成一张报纸的最重要原料是新闻，而新闻之取得乃在采访。美国有的新闻专家甚至认为记者笔下的功夫不强，照样能当一名出色的记者，但不善于进行访问是绝当不好记者的。且不管这个论断是否失之偏颇，强调善于采访才能当好记者却并不过分。

埃德加·斯诺的《西行漫记》（原名《红星照耀中国》）之所以风行各国，用他自己的话来概括，与其说是由于这一本著作的风格和形式，倒不如说是由于

---

①　转引自蓝鸿文：《新闻采访学》，北京：中国人民大学出版社，1984 年，第 7 页。

②　黄远生：《忏悔录》，据《中外记者经验谈》，北京：中国人民大学出版社，1983 年，第 93—94 页。

③　邹韬奋：《新闻记者活动的正确动机》，见《中外记者经验谈》，北京：中国人民大学出版社，1983 年，第 2 页。

这一本书的内容。那么,这本名著关于报道中国革命的丰富内容他是怎么得到的？两个字:采访。1936 年 6 月至 10 月,斯诺不畏艰难险阻,在西北的革命根据地,即后来以延安为中心的陕甘宁地区,对我们党领导的革命斗争作了客观、公正的了解,随后依据实地采访所得写成《西行漫记》。我国的著名记者范长江,能够写出《中国的西北角》,那也是他深入西北各民族地区采访的收获。著名军事记者阎吾的新闻作品,同样是他"亲临火线"、"在部队生根"的战斗结晶。

20 世纪 60 年代初,新华社记者郭超人随登山队员一起行军,接连写出了几篇反映我国登山运动员的颇有影响的报道。记者在谈采写体会时说:"我们爬过岩坡,翻过雪地,亲眼看到珠穆朗玛峰山中神秘而又壮丽的自然景色,深刻地体验了登山队员们的生活……更重要的是进一步了解了登山队员们的思想感情和精神面貌,与他们打成一片,为以后的报道创造了很好的条件。"[1]《经济日报》记者罗开富,1984 年秋从江西的瑞金出发,沿着当年红军长征路线,用一年时间步行到陕北吴起镇,跋涉二万五千里,先后发稿 320 篇,共计40 余万字。他一路走一路采访,沿途以第一手资料写成的连续报道《来自长征路上的报告》,被人们称誉为"脚板新闻"而盛传一时。记者的这种"脚板"精神,坚持进行耳闻目睹的现场采访,在国外新闻界也是被肯定的。日本朝日新闻社的辰浓和男就提倡记者"要用自己的脚去寻找"新闻[2]尽管新闻观点可能不同,采访重于写作的实际感受却是相同的。尤其是广播电视的现场直播,融采写活动于一体,固然要有一定的口头写作基础,但更需要的是扎实的采访功底。例如,中央电视台 2004 年关于雅典奥运会赛事直播报道,2005 年 8 月中央电视台、浙江电视台对台风"麦莎"的现场报道,记者(主持人)在现场能触景生情、出口成章,主要靠什么？靠采访,目击采访。

诚然,强调采访,注重采访,这并不意味着可以忽视新闻写作,绝不是说写作就无足轻重。按照辩证唯物主义观点,采访是写作的前提和基础,写作是采访的表现和结果,既要深入采访,又要讲究写作。我们之所以突出采访的作用,用意就在于强调在新闻采访写作实践中,首先要把采访工作做好,从而使新闻写作立于坚实的基础之上。当前,广大受众对新闻报道的要求越来越高,随着新闻改革的深化,进一步改进新闻报道,在业务上就要求先把采访工作做深、做细、做实。

---

① 郭超人:《和英雄的登山队员们在一起》,载《新闻业务》1960 年第 6 期。
② 〔日〕辰浓和男:《用脚去寻找》,转引自《中外记者经验谈》,北京:中国人民大学出版社,1983年,第 517 页。

新闻采写研究及学科特点

新闻采访写作，是一种技能，又是一门科学。新闻采写学科是新闻学的有机组成部分，属于实用新闻学（或称应用新闻学）范畴，主要是研究新闻采访写作活动的规律、原则和方法，同时涉及文、史、哲和传播学、心理学、社会学等多学科的集成运用。近几年，我国新闻事业的深入改革和兴盛，进一步拉动新闻采写学科的研究，而且已有一大批论著陆续出版。

我们的新闻采访和新闻写作学，以马克思主义新闻学原理为指导，共同致力于从客观事实到新闻的转化过程的研究，彼此配合和相互渗透，但又有各自特定的研究对象。新闻采访学着重研究记者的采访，包括采访的性质、特点、任务，采访的指导思想、原则和工作路线，采访的活动方式和方法、技巧。新闻写作学所要着重研究的，是新闻写作的特殊规律和要求，新闻体裁的演变特征和写作方法，以及新闻的主题、结构、选材和语言，等等。

进入新世纪，我国改革开放形势在健康发展，人们社会实践的各种新鲜信息频频传来，随之新闻的采访领域越发广阔，内容更为丰富，写作技法也不断推陈出新。诸如近年来颇受欢迎的深度报道，与分析性、解释性新闻比较，既有共同点，又有不同处；现场感强烈的新闻素描和所谓"蒙太奇"式报道，似乎出自新闻特写却别具特色；还有扬图片新闻之长的摄影通讯，特别是正在兴起的网络新闻。如此种种，都需要我们及时总结，并提升到理论上来进行研究。

新闻采访学和新闻写作学，既然是新闻学的应用学科，这就在研究方法上提出了相应的要求。从实际出发，遵循马克思主义的认识论、反映论，坚持理论联系实际并服务实际的原则，这应当是我们研究新闻采访写作的基本方法。

这里讲的实际，是指我国新闻界的实际和国情实际，如果离开了这样的实际，我们的研究是毫无价值的。为了使新闻采访学和新闻写作学的研究能够对新闻采写工作起到推动作用，我们必须用辩证唯物主义的观点，从历史的和现在的、中国的和外国的新闻采写经验中，实实在在地研讨和总结规律性的东西，把它上升为科学的系统的理论，再把理论运用于实际，指导实际。

存在决定意识，意识反映存在，没有人们的社会实践，也就没有反映实践的科学。上面我们已经讲过，新闻现象，包括原始形态的新闻，早在远古时代就出现了，而新闻采访学、新闻写作学作为新闻业务研究的科学，却是在新闻成为近代一种社会事业以后才有的，并随着新闻事业的发展而发展。在我国新闻界，曾经长期存在新闻有学无学的争论，一些同志对新闻采访写作学的研究更是抱怀疑态度。现今完全认为"新闻无学"的说法似乎已不复存在,但对新闻学尤其是它的应用学科的认识仍远远不够。有一种意见认为,采访也好,写作也好,无非是技能问题,谈不上什么"学",只要有文字基础又能从事社会活动就行。其实,新闻采写技能的掌握和发挥,有它内在的规律。既有规律可循,其中就有学问,就值得我们去认识、去研究。还有一种意见,说领导叫采访什么就采访什么,让怎么写就怎么写,无需再去研究采写规律。这种情况的确是不同程度地存在过的,但这是过去"左"的思想对新闻事业和新闻研究严重干扰的结果。

新闻采访写作有无规律,到底是不是有"学",之所以看法不一,从中也反映出我国新闻学自身还不是一门很成熟的科学。新闻采访写作作为新闻学的分支学科,更没有形成源于实践又比实践超前的完整的科学理论体系,极需要大家在研究过程中进一步创建和完善。

新闻学被认为是一门科学进行研究,从1845年德国学者普尔兹所著《德国新闻事业》算起,迄今已有160多年历史。若以美国新闻教育和研究事业的兴起为标志,则不满一个世纪。我国的新闻学研究迟于欧美国家,到20世纪20年代前后方始着手。徐宝璜的《新闻学大意》,邵飘萍的《实际应用新闻学》,戈公振的《中国报学史》,是国内最早的新闻研究专著。至于我国无产阶级新闻学的研究起步更晚,毛泽东《对晋绥日报编辑人员的谈话》,刘少奇《对华北记者团的谈话》,以及陆定一《我们对于新闻学的基本观点》等著名文献均在20世纪40年代问世。我国的新闻研究几经磨难,在党的十一届三中全会后迅速崛起,成果累累。目前,我们在这方面的研究任务,就是要在深化新闻改革和总结新鲜经验的基础上,借鉴和学习世界各国新闻同仁的经验和方法,加强科学的系统的理论探讨,建设有中国特色的包括新闻采写学在内的新闻学事业。

专门研究采访写作规律及其活动原则、方法的科学——新闻采访学和新闻写作学,具有两个明显的特点。

一是更加强调实践性。

整个新闻学具有实践性,其中采写学科的实践性更强。新闻采访与写作的基本理论和基本知识,总的看多为方法论,只有掌握科学理论和必要的操作方法,才有可能进行有效的采写活动。当然,方法不是目的,而是达到目的的手段,方法又离不开一定思想观点的指导,采写方法正确与否不能不受制于怎样的采写理念。总之,新闻采访写作学作为新闻领域的应用学科,它所要解决的是采写实践问题,新闻采写能力只有在实践中才能培养起来。我们学习采访写作,掌握相关理论知识是完全必要的,但是,如果只会说,不去干,就算能把采写原理、守则倒背如流，那还是不会采、不会写。

从实践中来，到实践中去，学以致用，以学带术，这正是新闻采写学科的研究目的。

也就是说，研究是为了应用，为了从理论高度指导实践，更好地把握新闻采写技能，提高采写水平和效率，又通过实践来丰富和发展新闻采访写作学。

二是有鲜明的政治性。

新闻工作受到一定政治倾向的制约，新闻记者不可能是单纯的文字匠、摄影（像）师，新闻的采、写、摄、录等不可能是纯技术的，而总是透过对事实的报道表露一种倾向、一种观点。只不过记者倾向和观点的表露程度，可能因人因事因时而有所不同。其表露的形式，可能是公开的、直接的，或者是隐蔽的、间接的。正如有的学者指出，我们不仅传播新闻，同时也传播真理；不但报道事实，而且表明观点；不但给人们以信息，而且向人揭示事物的本质，展示事物的发展趋势。包括记者工作在内，我们的新闻工作是党的整个事业的一个组成部分，不言而喻必须坚持党性原则。因此，对新闻采写的学习研究，必须站在党和人民的立场上，自觉地体现党的政治观点和方针政策，任何时候都要保持政治上的敏感和判断力。

本学科的实践性、政治性特点，对我们学习新闻采访与写作提出了明确的要求。我们应当在马克思主义思想路线的指引下，既要加强思想政治的锻炼，要学会从政治上观察分析问题；又要结合理论学习注重实践技能的训练，努力培养新闻采写的动手能力和创新能力。

［绪论教学参考］

一、教学目的和要求

本章作为开篇绪论，除了让学生对新闻采写活动有个轮廓性的总体印象外，主要是为了解决学习新闻采访与写作的指导思想问题。具体一点讲，就是通过了解新闻和新闻传播的由来、影响，特别是采写活动在实现新闻传播中的特殊功能，以及采访与写作的关系、新闻采写学科的特点，从而端正学习态度，明确学习方法，提高学习效率。

学习的具体要求：

第一，结合新闻学原理，进一步理解新闻现象的出现、发展和社会影响，明了新闻在媒体中的地位，从而对新闻及其采写活动引起足够的重视。

第二，以马克思主义认识论、反映论为指导，理解新闻的构成过程，从中深刻认识新闻采访与写作的功能,并在实践中历练记者的基本功。

第三,摆正采访与写作的辩证统一关系,把握二者关系的实质,警惕和克服"重写轻采"倾向。

第四,弄清新闻采写学科的研究对象、方法及特点,联系实际,重在应用。

本章的教学方式,以教师讲授理论知识为主,可结合组织一次课堂讨论。

二、基本知识点

1.公众的信息需要与新闻传播。

2.客观事实怎样转化成新闻。

3.新闻采访写作的功能及其意义。

4.新闻采访决定新闻写作。

5.新闻采写学科的研究及其特点。

三、内容提要

绪论的内容,包括简略介绍新闻传播的起源、发展,新闻在媒体中的"主角"地位;解说新闻的由来及其构成的要素和过程,采访、写作对实现新闻传播的特殊功能;阐明新闻采访与新闻写作的辩证关系,以及新闻采写学科的研究对象、方法和特点。

内容重点之一:新闻的构成过程,采访与写作对实现新闻传播的特殊功能。客观世界发生的事实变成新闻,有着一个人为的转化过程,即认识实际和反映实际的过程。这个过程的完成,其中最基本的环节是采访与写作(摄录)。新闻采写的功能就是把握客观事实,提炼新闻信息,并赋予相应的运载形式传播于社会。

内容重点之二:新闻采访与新闻写作二者关系的实质,即采访决定写作。就其总体关系看,新闻采访与写作互为制约,相辅相成,而其中占第一位的决定性的因素是采访。新闻采访是写作的前提和基础,新闻写作过程是取舍、组织和表现事实的过程。

在明确新闻采写学科的实践性、政治性特点的基础上,如何有效地运用理论联系实际的学习方法,这是学习上的一个难点。这个难点也不是仅仅靠学习本章就能解决好的,要结合每一章,坚持重在应用,既要理解和掌握基本理论知识,更要注重在实践中培养新闻采写能力。

四、思考与作业题

1.学习新闻采访写作,先要了解新闻传播的由来及在媒体中的地位,特别是要了解新闻的构成过程,这对掌握采写理论知识并指导实践有何意义?

2.结合新闻实践,加深认识什么是采访写作对实现新闻传播的特殊功能,如何在实际工作中充分发挥新闻采写的作用。

3.怎样正确理解新闻采访与写作的关系及其实质? 强调要注重采访,是不是意味着可以不必讲究写作?"重写作、轻采访"对搞好新闻报道有什么害处?

4.采访与写作是技能,也是科学,对此你原来是怎么看的,现在又怎么看? 学习新闻采访学和新闻写作学,应该如何把握其实践性、政治性特点?

5.从采写写作角度试着评析一条消息和一篇短通讯,分别指出提供了怎样的信息、事实材料是否充分、表现方法恰当与否,等等。

第一章　新闻采访与记者

第一节　怎样认识新闻采访活动

一、采访和采访的性质

采访的采,就是搜集、采录;访,就是访察、查证。新闻采访,作为采集新闻素材和访问采访对象的合称,是指新闻记者和媒体通讯员,为完成报道任务或了解某些情况,围绕发现、识别新闻和采集新闻事实材料而进行的调查访察活动。

"采访"一词,在我国始见于东晋史学家干宝的《搜神记·序》。"若使采访近世之事,苟有虚错,与先贤前儒分其讥谤。"(据《晋书·干宝传》)。我国历史上曾出现过各种采访活动,而采访的动机与目的各不相同。有的考察史实或地理,如《史记》、《徐霞客游记》;有的采集民间歌谣、风土人情,称之为"采风";有的调查官吏的政绩,实为"考绩",如唐宋设立的"采访使"。这些虽是采访活动,但与新闻活动并无联系,不能同新闻采访混为一谈。新闻采访是获取新闻并收集素材的一种专业性社会活动,随着近代新闻事业的崛起和发展,这才出现专门从事采访活动的记者,"采访"才逐渐被作为新闻工作专用术语,而我国早期则称之为"探访"、"采集"或"探索新闻"。新闻采访这种专业活动,之所以区别于其他社会活动,说明它具有与之不同的素质属性。它的这种特有的本质属性,决定采访的规律是发现并把握新闻事实。那么,新闻采访的性质是什么呢?

从马克思主义的认识论看,采访的性质是:以客观事实为对象,以新闻报道为目的的调查研究。在新闻采访中,对客观事实进行调查研究的过程,也就是主观认识客观的过程。我们党领导的新闻工作,从一开始就强调采访要深入群众,注重实际调查,实事求是地了解和认识客观事实。采访不同于为总结经验、探索规律的工作调查研究,不同于为弄清事实真相、寻求正确结论的专题调查研究,也不同于为个案取证的司法调查研究和为掌握行情的市场调查研究。采访的主旨在于获得新闻信息,它是一种专业性极强的特殊的调查研究活动。

毛泽东一贯提倡调查研究,早就指出"没有调查就没有发言权"。他还曾要求"记者到下面去,不能人家说什么,你就反映什么,要有冷静的头脑,要作比较……要独立思考,不要人云亦云"①。

周恩来同志非常关心记者的采访活动,主张记者采访要面向基层,着眼于群众,广泛深入地进行调查研究。他说:"你们记者,要像蜜蜂。到处采访,交流经验,充当媒介,就像蜜蜂采花酿蜜,到处开花结果,自己还酿出蜜糖来。"他还对调查研究的方法和原则作出了深刻的阐述:"我们下去调查,必须对事物进行分析、综合和比较。""要坚持毛泽东同志的三条原则:从群众中来,到群众中去;集中起来,坚持下去;坚持真理,修正错误。"②

刘少奇同志多次强调,党和人民的记者要与广大人民群众保持密切的联系,经常深入到群众的实践中去调查研究。他在对华北记者团谈话时指出:"你们去访问,不论访问什么人,要得到群众的心里话,是很不容易的……如果能够真实、全面、深刻地把群众情绪反映出来,作用就很大。人民的呼声,人民不敢说的、不能说的、想说又说不出来的话,你们说出来了。如果能够经常作出这样的反映,马克思主义的记者就真正上路了。"③他明确指出:报纸工作人员"是调查研究的专业工作人员。报上的一切文章都应是调查研究的结果"。④

毛泽东、周恩来、刘少奇等中央领导同志关于调查研究的许多重要论述,不仅对记者采访活动具有重要的指导意义,而且极大地丰富了新闻采访学,成为研究新闻采访的理论指南,使社会主义的新闻采访学科建立在科学的世界观和方法论基础之上。

在马克思主义的认识论和调查研究理论的指导下,我国新闻学术界对采访与调查研究的关系,新闻采访的性质问题,进行过多次有益的探讨。20世

---

① 《毛泽东新闻工作文选》,北京:新华出版社,1983年,第59—60页、212页。

② 周恩来:《加强调查研究》,见《周恩来选集》下卷,北京:人民出版社,1984年,第313、314页。

③ 刘少奇:《对华北记者团的谈话》,见《刘少奇选集》上卷,北京:人民出版社,1982年,第404页。

④ 转引自胡绩伟:《报纸工作人员是调查研究的专业工作人员》,见《中外记者经验谈》,北京:中国人民大学出版社,1983年,第67页。

纪50年代,大家曾经运用毛泽东的《实践论》和关于调查研究的基本观点,分析研究新闻采访活动。认为新闻采访,首先要对客观事物有感性的认识,而要取得这个感性的认识,记者就要对客观事物做细致的调查与研究。采访过程,就是记者对客观事物的认识逐步加深的过程,即由感性到理性、由认识现象到认识本质的过程。20世纪60年代初,新闻界总结了"大跃进"年代新闻报道浮夸失实的教训,大兴调查研究之风,深入基层进行实际调查。但在"十年动乱"期间,我们党关于调查研究的传统和作风,新闻界总结出来的深入实际、调查研究的宝贵经验,都遭到了严重的破坏。党的十一届三中全会以后,才从根本上拨乱反正,恢复和发扬实事求是的思想路线和深入调查研究的优良传统,并在新闻采写实践中对调查研究的重要性有了进一步的认识。进入新的世纪,我国现代化建设和改革开放中的新情况、新问题层出不穷,各行各业的信息需求日益迫切。在这种情势下,更要把握好采访的性质,加强对实际情况的调查研究,以便及时、准确地传播各种信息。

二、新闻采访的特点

在社会主义条件下,从广泛的意义上讲,新闻采访与一般的调查研究有共同点:都以马克思主义认识论为指导,使主观认识符合客观实际;都要用正确态度和科学方法,弄清事物的真相,探求其本质;都必须从实际出发,认真分析、研究和解决问题。但作为特殊的调查研究,采访活动有其自身的个性,表现出以下一些特点:

1. 新闻性

新闻性也称专业性。这一特点,集中表明新闻采访与其他调查研究的区别。

尽管所有调查研究活动都离不开客观存在的事实,而记者所要采访的事实则是新近发生(变化、发展)的,并具有明显的公开性和普遍意义。如果事实的发生、变动已经过去多时,或发生的事实不宜传播,或事实本身不被各界公众所关心,那么,这种事实就不值得报道,一般也就不需要去采访。新闻采访,顾名思义,记者为获取新闻而采访,没有新闻则无所谓采访。

2. 突击性

新闻的采访讲求时效,往往受到时间的限制,要求在较短的时间里完成采访报道任务。这是记者采访的特点,也是难点。一般的调查研究都比不上记者采访的速度,尤其是突发性事件,更要求快采快写,迅速报道。

这一特点,要求记者具有强烈的时间观念和突击采访的能力,这是加快信息传播的需要,也是新闻竞争的需要。现在科学技术日新月异,国内外新闻竞争日趋激烈，采访的突击性特点尤为突出，这样才能把握采访新闻的时机和主动权，以最新信息赢得读者（听众、观众）。

3.灵活性

新闻采访的灵活特点，表现在两个方面。一方面，涉及面广，接触范围大，不受采访对象和调查研究内容的局限。各行各业新近发生的有新闻价值的事实，各个领域出现的新情况、新成就和新问题，都在记者广阔的采访视线之内，可以根据报道需要，扩展调查的内容和范围，或者变换采访对象，跟踪新的线索。而一般的调查研究，大多局限于有关的行业范围或专业领域。

采访灵活性另一个方面的表现是，有时需要较为全面系统的调查研究，以求占有大量生动的材料，写成深度报道、调查报告等。通常，只需集中一点，致力发掘精彩的新闻素材，不必拘泥于事情的全过程，也不必一味追求材料的系统化。

4.持续性

客观事物发展的阶段性，加上事物本质特性，常有一个逐步显露的过程，这决定了新闻采访又有持续性的特点。采访的持续性，就是随着客观事物发展变化和本质的显露，在一段时间内，有间隔又有联系地开展采访活动。比如，一项公众所关注的重大工程，可以从动工兴建、建设过程到建成完工，分阶段进行采访报道，不必等到事情完才去采写总结式的新闻。某些交通事故、自然灾害等突发事件的采访，同样可以体现持续性特点。

还有一种情况，面对重大的新闻题材，空间距离较大，事实内容繁复，采访活动往往不能一次性完成。诸如"中国质量万里行"、"西部大开发见闻"等等，这也需要从不同侧面、不同角度或不同地区，持续进行采访报道。

三、新闻采访的作用

旨在新闻传播的一切活动，包括采、写、编、播等多种活动，其基本的活动是采访。新闻来自事实，而客观事实发生变动，只有经过实地的采访，才能了解和把握它，也才能从中识别和获取新闻。因此，作为新闻机构最重要的新闻活动，采访特别是新闻发生的现场采访，其作用不言而喻。具体来讲，新闻采访的作用主要表现在以下几个方面：

1.发现和落实线索

采访的作用，首先是发现新闻线索。茫茫大千世界，到哪里找新闻，这要有个线索，可以循着线索去采访。所以说，新闻线索是记者要着力捕捉的对象，发现线索通常是记者采访活动的出发点。即使是有线索的采访，因为线索的新闻因素往往不完整，甚至有真有假，只有通过实际调查了解才能落实。

如某地露天广场将于某日举行某著名歌手演唱会,众多歌迷翘首以待,圈内人士断言到时座无虚席。这种情况很可能出现,但只是一个线索。第一,事实尚未发生,会不会因为气候或别的原因,演唱会不得不改期;第二,场内是否听众爆满,还须到时查实,也有可能由于入场票价较高,使得一些歌迷望而却步。

寻找线索的过程,其实就是发现新闻的过程,掌握了新闻线索,意味着可能进而获取新闻。新闻界有所谓"穷记者"、"富记者",其"穷"与"富"的区别,即在掌握和积累新闻线索的多寡,其中线索富裕的记者,就可以不断发现新闻并作出报道。但必须指出的是,新闻线索不等于新闻事实,它只是为新闻报道提供尚待证实和扩展的信息。记者对了解到的线索,不能不信,也不能轻信,而要经过实地采访,鉴别真伪,掂量意义,然后依循已有的线索深入采访。关于新闻线索,在后面有关的章节还将展开阐述。

2. 取得第一手材料

新闻报道所依据的事实材料从哪里来?答案只有一个:从采访中来。到实际生活中采集新闻素材,尤其是第一手材料,这是采访作用的重要表现。

采访中需要广泛收集各种材料,包括口头谈话记录、书面文档资料,以及现场目睹的情况,等等。而记者所要着重了解和掌握的,是在新闻现场耳闻目睹的第一手材料。什么是第一手材料?它是不经过任何中转环节,直接从要报道的新闻事件当事人、参与者那里得来的材料,或是记者在现场观察所得的材料和有关物证材料。有人往往把知情者和目击者的转述当作第一手材料,其实,这还不是新闻事实的原始来源。经过知情者和目击者的转述这个中转环节,这与当事人提供或记者观察采集的材料会有不同。记者直接听取当事人的叙述和现场观察,其真实性、准确性和可信度,都超过转述的间接材料。因此,记者采访要到新闻事件发生的现场去,尽可能找到新闻事实的源头,采集准确可靠的第一手材料。

第一手材料的优点,就在于它有很强的实证性、生动性和可靠性。新闻报道的成功之作,记者都注重当面访问当事人,直接到现场观察,充分掌握和运用第一手材料。当然,当事人的回忆、指证和记者的观察,有时也难免有局限性,甚至有所偏失,而且要求记者对每个新闻事件的细枝末节都亲自检验,事实上也是难以完全做到的,这就需要收集一些必要的第二手、第三手材料,并在新闻报道中恰当地运用这些间接材料。

3. 增进感性认识

感觉的东西不一定认识它,只有认识的东西才能更好地感觉它。采访的又一个重要作用是认识事实。客观事实具有怎样的性质、特点,到底值不值得报道,光听他人间接介绍或凭自己的感觉是远远不够的,有时甚至是不可靠的。这就要经过采访,当面听取当事人、知情人叙说详情,并直接观察体验,从中获得亲知,增进感性认识,在此基础上加深对事实的理解。增进对新闻事实的感性认识,这是正确深刻地反映事实的先决条件,而增进感性认识的惟一途径是深入现场采访。凡是成功的事件和人物报道,现场的情景,生动的细节,先进人物的精神风貌,以及事物的本质特征,几乎无一例外,都是记者在采访中亲闻亲见亲身感受才发掘出来的。关于徐虎、李素丽的报道之所以得到广泛赞赏,固然得益于人物本身的魅力,但同时也是记者深入采访的结果。全国劳模、上海水电修理工徐虎,北京公交车售票员李素丽,他们助人为乐、无私奉献的崇高品格,如果记者不做深入的采访,没有经过无数次跟班体验,那就不可能有真切的认识,更不可能在报道中得到感人肺腑的反映和再现。

4. 核对新闻事实

记者对获得的事实材料,还要进行认真细致的核对查证。经过核实,真实的可用;发现有矛盾、不真实的,应弃之不用。采访中这样核对新闻素材是非常必要的,它可以纠正差错,防止失实;同时也有助于记者全面地看问题,正确把握新闻事实和报道分寸,避免出现主观片面性。

来看案例,这是获得第 22 届中国新闻奖的一条电视消息——《富裕的"低保户"》。2011 年 4 月保定易县龙湾头村举行了一场低保选举,原本用于补助贫困村民生活的低保政策,因为某些领导打招呼,使得富裕户反而评上了低保。按常理,《今日资讯》栏目组的记者应在接到线索后立即对县龙湾头村的低保选举进行采访报道,点出此次选举的重大意义。但该栏目的记者并没有立即按常规报道思路进行采写,而是前往易县龙湾头村进行深入采访调查,并通过对村里贫困户和富裕户的走访,发现被评上的"低保户"家里不仅有私家车,还经营着旋耕机、播种机等;相反,真正的贫困户却家徒四壁,温饱都成问题。正是因为记者对获得资料的真实性抱有怀疑态度,用全面而非片面视角看问题,才避免了被资料牵着鼻子走、报道出一篇虚假新闻的后果。

如果记者采访不深入,把当选的低保户当作事实来报道介绍,那就成了一篇假新闻。因此,特别要认真核查采集的间接材料。因为间接材料经过两个或两个以上中转环节,可能有误传或讹传之处,"失之毫厘,谬以千里";也可能因时间、条件发生变化,已不是事物的原貌。因此,对所要采用的第二手、第三手材料必须经过调查核实,鉴别真伪,以保证新闻报道的准确无误。

第二节 采访的指导思想和工作路线

一、采访指导思想

（一）坚持唯物论的反映论

唯物论的反映论，运用到记者的采访活动中，就是面对事实，尊重事实。这也就是说，我们要按照客观事物的本来面目来认识事实，客观事实是什么样就是什么样，不夸大也不缩小，不拔高也不贬低，绝不能因某种主观需要而改变事实真相，甚至歪曲事实、混淆黑白。

记者怎样才能坚持唯物论的反映论？

1.要真正处理好新闻与事实的关系。我们已经多次讲过，新闻依存于事实并受事实的检验，客观存在的事实是"源"，报道事实的新闻是"流"，没有事实便没有新闻，怎样的事实构成怎样的新闻。作为采访的指导思想，坚持唯物论的反映论，我们就要正确处理新闻与事实的关系，以事实为依据，围绕事实进行采访。

2.要有实事求是的勇气。实事求是，这既是采访的指导思想最基本的体现，又是采访活动必须遵循的重要原则。新闻记者作为我们伟大变革时代的忠实记录者、科学真理和先进思想的热情传播者，应该有勇气坚持实事求是的科学态度，一切从实际出发，如实反映客观事物。这种勇气来自记者的高度事业心和社会责任感，来自唯物主义的观点对客观事物和社会问题的深入观察与思考。

3.要遵纪守法坚持原则。在社会主义商品经济的条件下，记者尤其要坚持原则，严格遵守法纪，不要以稿谋私、不搞"有偿新闻"，遵守新闻工作的职业道德，保持廉洁奉公的优良品德作风。这样才能坚持唯物论的反映论，按照事物的本来面目作客观公正的报道，保证新闻采写的客观性和真实性。

（二）讲究唯物辩证法

新闻是新近发生或变动的事实的报道，是人们对客观事实的记录，因此新闻的采访要讲究唯物辩证法。

1.有取有舍，正确选择

大千世界每日每时都在发生各种各样的事情，其中包括新闻事实。记者在采访的时候，想要有所收获，就要有所舍弃，而不能"抓到篮里都是菜"。实际上，任何一新闻机构和传播媒介，都不可能"每事必报"，而且，也是没有必要的。记者面对纷繁复杂的各种事物,总是要经过必要的选择,有取有舍,这就是辩证法。在进行新闻选择时,需要运用新闻价值和宣传价值尺度,并力求客观、公正、全面。

2.辩证地观察、分析事物

只有这样,才能对事物作出正确的判断和取舍,防止机械唯物论和主观片面性。特别是改革开放时期出现的比较复杂的新闻事件和新闻人物,记者在采写中要多观察、多思考,多一点辩证法,少一点片面性;如果简单化地用"非白即黑"、"非此即彼"的思维方式来对待复杂的事物和问题,往往会造成新闻报道的片面与失真。比如一位新闻界领导说:"新闻急需改革,最主要的是改革新闻工作者陈旧的思维方式,非此即彼的偏狭评价。"

3.注意事物的相互联系

任何事物的发生与存在都不是孤立的、偶然的,而是相互联系、相互作用的,从而构成普遍联系的现象之网,每个相对独立的事物不过是这个网上的一个结。因此,记者的采访报道活动,要注意事物的相互联系。这种联系不是一眼就能望穿的,而是经过深入观察分析,认真调查研究,才能透过现象把握事物的内在联系,抓住本质的东西。在改革与开放时期,情况复杂多变不断出现矛盾,记者的采访活动更需要用唯物辩证的观点深入观察与思考,采写出有意义、有深度的报道。

(三)要有历史发展观点

事物不仅是普遍联系的,而且是不断发展的。新闻采访要从运动、变化和发展中去观察事物,采集正在发生和变动的、新鲜的事实。只凭老经验、固守老框框,是难以发现和采集到新鲜的有意义的新闻事实的。因此,记者在采访中要运用历史发展的观点,去发现有价值的新闻。

1.要用发展的眼光看待客观事物

事物总是在不停地变动的,变动出新闻。记者要以敏捷的头脑,锐利的目光,密切注视事物的变动与发展,及时发现事物的苗头、变化的征兆,从事物的新发展、新变化中发掘出有意义的新闻。这就要求记者必须从客观事物的运动、变化和发展中去观察事物,从中捕获正在发生和变动的新鲜的事实,只凭老经验,固守老框框,是不能发现有意义的新闻事实的。

2.要善于从事物发展中捕捉其特点和新意

新闻报道(特别是典型报道和经验性新闻),要求以个性反映共性,用有特点的、典型的事例反映一般。仅有静态的笼统的材料,缺乏事物变动中新鲜的、有特点的事实,只能是些旧闻或背景材料,不能反映现实生活和实际工作的新变化、新发展,因而往往难以吸引受众。用历史发展的观点来观察与思考,要不断地求新、求异、求实,增强创造性思维能力,善于从一般中发现特殊,共性中找出差异,及时捕捉在发展变化中显示出来的有新意和特点的新闻事实。

3.发掘事物发展中深刻的内蕴

记者在调查采访中,若孤立地看事物,就事论事,很难发掘出什么新意;如果用历史发展的观点深入调查与思考,通过纵横对比,今昔对照,就能发现事物发展变化中的丰富内涵。如前些年一篇反映江南某地"三桶"变化的报道,记者用历史发展的眼光来观察居民使用马桶、水桶、垃圾桶的变化:旧时的马桶几乎不见了,一幢幢居民楼都用上了抽水马桶;挑水桶成为历史遗物,自来水流进了千家万户;垃圾桶内"硬件"(酒瓶、罐头盒)增多,而过去尽是些烂菜皮、菜头。记者正是通过今昔对比,向纵深开掘,从平凡的事物中揭示其本质内蕴,捉住事物变化的社会意义:人民生活得到显著改善,美好的前景展现在人们面前。

再以"改革开放 30 年"选题过程为例,记者找到了一段流行语在不同年代的不同说法,从细微的措词变化中,发现了社会的巨大变化,写出了一篇《"东北三宝"大换血》:20 世纪 70 年代前,东北三宝是"人参、貂皮、乌拉草"。随着80 年代改革开放,胶皮棉鞋(乌拉鞋)没有人穿了,乌拉草也就失去了作用,而养殖户开始兴起,养鹿专业户成为东北的致富典型,于是东北三宝变成了"人参、貂皮、鹿茸角"。到了新世纪,由于讲究科学发展,注重环境保护,保护野生动物深入人心,而东北人工养蛙户大范围出现,蛙油成了滋补的"软黄金",所以东北三宝又变成了"人参、蛙油、鹿茸角"。这种变化趋势,折射了不同时代的发展理念和标志性经济发展事件,因而这篇报道获得了中国地市报新闻奖二等奖。①

(四)突出人民群众的作用

人民群众是历史的创造者,这是历史唯物主义的基本观点。记者在采访中,要牢固地树立群众观点和为人民服务的思想,突出人民群众的地位与作用,把群众的社会实践活动列为报道的主要目标和内容。为此在采访中要正确处理这样几个方面的关系:

1.人民群众和领导个人活动的关系

人民群众不仅是物质文明的创造者,而且是精神文明的建设者,是创造历史、推动社会前进的决定力量。我们党主张多宣传人民群众、少宣传领导个人。应该把群众的活动、各阶层人民在改革和现代化建设中的新成就、新创

---

① 据《中国地市报人》,2014 年第 1～2 期,文《成就报道如何小中见大》。

举,作为采访报道的主要对象和内容,充分反映人民群众在现代化建设中的主人翁地位与作用,不断推进我国的社会主义事业。

2.先进人物和群众作用的关系

任何先进模范人物总是在一定环境和条件下成长起来的,都离不开领导的支持和周围群众的帮助。采写先进人物,要把握好适当的分寸,顾及当时当地的环境与条件,在突出先进人物事迹和思想的同时,也要恰如其分地反映周围群众的作用,体现"红花也要绿叶扶"的融洽关系,使先进人物与周围群众互映生辉,取得更好的报道效果。

3.领导机关活动与人民群众实践的关系

我们党领导下的新闻传播媒体,需要宣传党和政府的方针政策、指示意图,使上情迅速下达,沟通上下联系,指导工作,引导舆论。如果记者的采访活动只停留在上层机关的活动上,不深入基层,不了解下情,就容易脱离实际。所以,记者要处理好采访"两头"的关系:既要跑上头,采访领导机关的重要活动,又要跑下头,深入基层群众的实践活动,并且把这两头很好地结合起来;多采写人民群众在现代化建设中的改革成就和创造性劳动,及时反映群众对改革和建设提出的各种问题、意见和要求,使采写的报道做到上情下达与下情上达相结合,反映舆论与引导舆论相结合。

二、采访工作路线

记者采访工作路线,概括地说,就是深入实际、深入群众。

深入实际、深入群众,是我们党的新闻采访工作的优良传统和作风。在革命战争年代,记者克服重重困难,甚至冒着生命危险,奔赴前线阵地,采写军事报道;在艰苦的条件下,深入田间炕头,和农民促膝谈心,反映群众的心声。尤其经过延安整风运动,经过学习整风文献和《中共中央关于调查研究的决定》,学习毛泽东同志关于加强调查研究的重要论述和1942年3月8日给《解放日报》的题词"深入群众,不尚空谈",新闻界对深入实际、深入群众这一采访工作路线普遍有了进一步的认识,并坚决地贯彻执行。当时的《晋察冀日报》曾明确指出:"要以毛泽东同志的思想为指导,向实际进行系统的深刻的调查研究,深入到实际工作的里面去进行采访,不依靠浮光掠影与道听途说,而依靠老老实实地亲自动手去搜集材料,发掘问题。"[①]当今深化改革,扩大开放,坚持科学发展,构筑和谐社会,大力推进"四个全面",记者采访报道不断面临新的情况和问题,到改革与建设的实际工作中去,到广大群众中去,进行深入全面的

---

① 见 1945 年 7 月 13 日《晋察冀日报》社论:《论如何提高一步》。

采访更有迫切而重要的意义。

深入实际、深入群众，这是一条正确的采访路线，是我们采访活动的传统，也是当前对新闻工作"三贴近"的新要求，即贴近实际、贴近生活、贴近群众，它体现了实践第一的观点和群众观点。如前所述，新闻报道要按照事物的本来面目及内在规律来认识事实、报道事实，而深入实际，深入到工作和生产的实践中去进行认真的采访调查，则是记者认识和报道客观事物惟一正确的路线。同时，记者深入实际采访的过程，又是深入群众、了解群众的过程，"从群众中来，到群众中去"，是党的群众路线在新闻采访中的具体运用。坚持这条正确的采访路线，记者深入到实际中、群众中进行采访，就可以使采访工作立于不败之地，从而使新闻报道切合实际、贴近群众，具有广泛的群众基础。

客观实际和群众实践活动是新闻报道的源泉。千变万化的现实生活，丰富多彩的群众实践，为记者提供了取之不尽、用之不竭的报道题材。穆青同志说得好："群众生活，实际生活，是新闻报道的源泉，我们必须把新闻报道扎根在实际生活的土壤，这样才有生命力。如果脱离了群众，脱离了实际，那么我们的新闻报道就丧失了生命力。应该把这个问题提到这样的高度看待，把它作为一个最重要的基本建设抓起来，要在编辑记者中形成这样一个良好风气。"①有作为的新闻记者应投身于人民群众的实践中，深入到现实生活中，感受时代跳动的脉搏，同变革现实的人们接触，熟悉他们的思想感情，了解他们的活动和业绩。只有这样，才能源源不断地采访到真正的新闻。

记者怎样深入实际、深入群众？

1. 到第一线去

这个"第一线"，就是群众实践的第一线。在改革与建设时代，亿万群众的社会实践，不断创造新成绩、新经验，也不断出现新情况、新问题，这些都是新闻采访的题材。记者越深入第一线，越能采集到有意义的题材。如果老在上面守株待兔，依赖现成材料当"二传手"，好新闻是出不来的；光靠跑"衙门"采访，也跑不出好记者。我国老一辈新闻工作者，在艰难困苦的环境里，不怕困难，历尽艰辛，深入到第一线采访，获取真实而丰富的新闻素材，已为我们作出了榜样，也积累了不少宝贵的经验。

我国著名记者范长江，1935 年 7 月，以《大公报》特约记者身份，到西北地区进行实地考察。他战胜重重艰难险阻，历时 10 个月，全程 4000 余里，足迹遍及川、陕、青、甘和内蒙古等广大地区，采集了许多生动的素材，撰写成著名通讯《中国的西北角》，深刻反映了当时西北地区政治的黑暗和人民的疾苦，在

---

① 引自《新闻工作散论》，北京：新华出版社，1983 年，第 328 页。

广大读者中引起强烈的反响。范长江同志在总结记者工作经验时强调,一个记者应该到群众实践的第一线去采访,这样才能"了解广大群众的动态、思想感情,熟悉群众的生活和问题,懂得群众的心思……一个记者应该在群众中生根,应该到处有朋友"。①

记者到第一线去,深入实际采访,要提倡多深入基层,多联系群众,探寻新闻的源头,直接采集生动可靠的第一手资料。要下功夫,真正"沉"下去,观察事物,调查典型,分析问题,向广度和深度发掘新闻事实,不要只满足采写一些一般化的、浅层次的报道。

2.重要的是"心入"

记者深入实际、深入群众,既要"身入",更要"心入"、"神入",或者说思想深入。汉代著名的思想家王充在《论衡·别通篇》中说:"涉浅水者见虾,其颇深者察鱼鳖,其尤深者观蛟龙。"这说明一个道理:一分耕耘,一分收获,耕耘有多少之分,涉水有深浅之别。"涉浅水者"、"颇深者"、"尤深者",由于三者涉水的程度不同,其结果也有差别;涉水颇深,收获较多,涉水愈深,硕果愈丰。我们有作为的新闻工作者,要有"涉深水者"的勇气和毅力,深潜到群众生活海洋的深处,用敏锐的目光去探珍寻宝,采写有价值的新闻报道。

记者到实际中、群众中采访,真正做到"心入",说起来容易做起来难。这就要求:

有强烈的社会责任感——

记者深入实际、深入群众,不应是浮光掠影、走马观花式的,只抓一些表面的东西;也不应是现实生活的冷漠旁观者,不关心实际工作和群众的意见呼声,而应该有高度的政治热情,强烈的社会责任感,肩负起新闻记者的使命。有了这种责任感和使命感,在采访实践中由"身入"到"心入",积极主动地进行深入采访和跟踪调查,探求事物来龙去脉及其发展趋势,就能抓到实际工作的重要题材和群众关心的报道。

真心实意地同群众打成一片——

记者深入群众进行采访活动,要善于交朋友,热情相待,以诚相见。记者和被采访对象之间的关系,不能看成是"挖事实、取材料"的单向关系,而是沟通思想、交流信息的双向关系。这种双向交流的采访活动,不能用简单生硬的方法,要讲究采访的艺术,同群众情感相连,打成一片,使采访深入到群众的"内心世界",听到群众的真话、实话、心里话。

对客观事物作由表及里的分析——

① 见《通讯与论文》,北京:新华出版社,1981年,第315、317页。

客观事物是复杂的,事物的本质往往被形形色色的表面现象掩盖着。记者下去采访,如果只是"身入",看到一些表面现象就动手写稿,写出来的报道容易表面化、一般化。所以,作为"心入"的一种表现,记者在采访中不能浮在表面,囿于一点,而要用心对事物的内部与外部联系进行由表及里的分析研究,透过现象揭示事物的本质。

建立采访基点——

所谓采访基点,就是在一定的期限内,记者根据需要选择建立采访活动的联系点、立脚点。记者建有自己经常联系的采访基地,这就为及时发现线索,了解社会动向,进行深入采访提供了有利条件。

记者建立采访基点,好处多多。采访基点是记者布置的信息网络,经常沟通记者与群众之间的联系,可以成为记者的耳目和助手,可以源源不断地获取各种新闻信息。对采访基点发生的事情,出现的问题,或者养育的典型,能够及时发现和掌握,从而提高采访的效率。记者有了采访基点,还利于经常了解点里的情况,并通过基点这个窗口,进而透视面上的动向,这样点面结合,采访报道就更有针对性,更能取得良好的宣传报道效果。

采访基点的建立,要考虑能适应形势发展变化的实际需要,注意代表性、典型性和分布的合理性。如在不同地区、不同行业建立基点;同时注意有不同类型、不同层次的基点,包括先进的与后进的、上层的与基层的。这样便于记者多渠道、多层次了解情况,拓宽采访报道的路子。采访基点建立以后,应尽可能相对稳定,并保持联络,经常互通信息。

第三节 采访:记者的第一位工作

一、记者职业及其历史沿革

采访作为新闻报道的基础,全部新闻工作最基本的活动,在各新闻媒体都是由记者承担的。新闻记者的任务当然不只是采访,而采访是新闻记者第一位的工作,记者的能力和水平也主要表现于采访能力和水平。

新闻记者,通称记者,指的是新闻传播媒体专职采访报道人员。在报社、广播电台、电视台通讯社和互联网站,记者也泛指新闻工作者,包括社长、台长、总编辑、编辑、播音员(主持人),以及通联工作人员,等等。这是因为他们也担负着新闻采写任务,故外出采访常以记者身份出现。党政部门和其他一些单位,也有人兼职或专职从事新闻工作的,可以是有关媒体的通讯员,但不是记者。

记者是从社会分工中独立出来的一种专门职业,同时又是新闻机构的一种专业技术职务。记者的职业定位是:采写新闻,提供信息。在我们国家,改革开放以来,党和人民的新闻事业日益繁荣,全国职业记者队伍不断壮大。目前,我国记者设有四级专业职称,即高级记者、主任记者、记者和助理记者。根据报道手段的不同,通常分为文字记者、摄影记者(两者统称报纸记者或通讯社记者)、广播记者、电视记者和网络记者。根据任务分工的不同,有专业记者、机动记者、地方记者、特派记者、驻外记者等区别。

现在我国从城市到农村,几乎到处有广播、报纸、电视、网络也在快速普及,人们对记者这一职业早已不陌生了。殊不知,我国之有记者,不过百余年的历史。记者作为一种社会职业,是随着近代新闻事业的出现才出现的。

中国最早的古代报纸,迄今有据可考的,始于唐代邸报(进奏院状、杂报等的总称)。有人认为,记者职业应该是和邸报同时出现的,其实不然。现存最早的邸报实物是藏在英国大不列颠博物馆里的唐归义军《进奏院状》,它的内容可以佐证这种官方邸报大都刊载诸如谕旨、奏章一类的公文,抄编邸报的邸吏肩负政治活动和新闻活动双重任务,而且政治活动是主要的,新闻活动只是附带的。由此可以说,仅仅是严格意义上的报纸的雏形——古代报纸虽在唐代即已产生,但专职从事新闻工作的记者仍未出现。新闻记者一定要采写新闻,而采写新闻的并不一定是记者,只有在新闻媒体以采写新闻为其职业的人,才能称作记者。

据记载,到了北宋末年,除有官方内部发送的邸报,社会上还出现一种小报。编发小报的人,起初也是驻京邸吏,他们借工作之便,暗中以发小报为副业,并有"在京无图之辈及书肆之家",跟着编撰小报"镂板鬻卖";后来,又有主要以经营小报为生的群体出现,由于小报时断时续时有时无,故未发展成一项社会职业。

不过,据当时有关小报的记载,说,"近来有所谓小报者,或是朝报未报之事,或是官员陈乞未曾施行之事。先传于外,固已不可……访闻有一使臣及暗院子,专以探报此等事为生"。[①] 表明宋代已经出现接近于新闻记者的采访活动。16 世纪中叶,明王朝允许民间自设报房,公开印行《京报》,至清代这种报房已有 10 家左右。尽管如此,《京报》内容多转抄邸报,报房人员兼营其他业务,还不能算是记者。总之,无论是在进奏院工作的邸吏,还是从事小报、《京报》的编撰者,在他们身上都具备了职业记者萌芽性的特点,但还没有形成一

---

① 转引自丁淦林:《中国新闻事业史》,武汉:武汉大学出版社,1990 年,第 13 页。

种独立的社会职业。

我国第一家中文近代报刊《察世俗每月统记传》，1815 年由英国传教士在马六甲（属马来西亚）创刊。中国人梁发担任刻印和发行工作，并为该刊写稿，因此梁发被认为是我国最早的报人之一。19 世纪 50 年代以后，国人自办的报刊大量涌现。1872 年《申报》在沪创刊时，设了两个访员专职，采写本市社会新闻。这可能是我国最先出现的职业记者。过后，一些报馆也陆续设有"采访新闻之人"，当时称为访员、访事或采访人等等。但在 19 世纪后期，在出现国人自己办报的高潮中，一般报纸发行量少，报馆规模小，几个人凑成一个办报班子，合采、写、编、发为一体，记者与编辑、发行人之间并无严格的界限。资产阶级改良派代表人物王韬、康有为、梁启超、严复等可谓我国第一代报人，但还是不能称为职业记者。

20 世纪初年，资产阶级报刊风起云涌，并有了一支专业与业余相结合的记者队伍。从辛亥革命到五四运动前后，我国报纸的发展出现第二次高潮。伴随着报纸大量涌现和人们对新闻的需要，严格意义上的记者职业逐渐形成，记者队伍也在扩大，并改变着自己的社会地位。与此同时，新闻界从国外引进"记者"这个名词，不久便成为社会上对专职报道人员普遍公认的称呼。记者曾被视为科举不第的"落拓文人"，这时却成了左右舆论的社会活动家。上海等地许多大报，都聘有受过西方教育而且活动能力和采写水平较高的记者常驻北京，其中的佼佼者当以黄远生、邵飘萍等为代表。黄远生在我国新闻史上是最早以采写新闻通讯而著称的名记者，他曾留学日本，先后任北京《亚细亚报》、上海《申报》等报纸的撰述或特约记者，他的以时政报道为主的"北京通讯"风靡一时。报社的访员称为记者，据说也始自黄远生，他在"北京通讯"上首先使用"记者"作为自称的代名词。稍后出现的名记者邵飘萍，年轻时就为《申报》写稿，被聘为通讯员。之后，他不论在哪里，都与记者这职业结下了不解之缘。留学东京，与学友办东京通讯社；在杭州，与杭辛斋合办《汉民日报》；到上海，同时受聘为《申报》、《时报》和《时事新报》撰写时事短评。在北京他创办了新闻编译社，又被聘为《申报》驻京特派记者，后又创办有广泛影响的《京报》。邵飘萍对重大时局秉笔直书，笔锋犀利，分析透彻，冯玉祥将军称赞"飘萍一支笔，抵过十万军"。大约在 1925 年前后，各大报纸编辑部基本上都有了内外勤的分工，还吸收日本新闻界的叫法，称外出采访的人为"外勤记者"。

从上述史实不难看出，我国记者成为一个独立的职业是经过漫长的过程的。大体上可分两个阶段。第一个阶段是古代报纸向近代报纸飞跃时期，出现了一批不同于古代报纸的从业人员。他们专门从事新闻工作，但由于各方面条件限制，报社规模多为类似手工作坊的小报馆。报馆内部的报人往往身兼数职,报业内部分工尚不明确,采写、编排、发行工作是合在一起的。这时候记者职业虽未完全独立,但同古代兼办报刊的官员已有了质的差别。他们不仅以此为职业,而且开始从社会各业中分离出来,初步明确记者的职业定位,这是记者职业独立的关键一步。第二个阶段是近代报纸向现代报纸飞跃时期,这是记者作为社会职业的正式形成阶段。报纸在这一时期开始向企业过渡,内部分工越来越细,专门从事外勤采访的记者,从编辑工作中分离开来,职业记者诞生了。

记者形成一种相对独立的社会职业,在西方要比我们早得多。15～16世纪,资本主义生产关系首先在地中海沿岸发展起来,世界上第一份近代报纸《威尼斯新闻》,1566年诞生在意大利的威尼斯,于是出现了以采集和提供新闻信息为职业的人——资产阶级记者,据说当时还有过新闻记者工会。

无产阶级新闻记者,是在无产阶级登上政治舞台,并且创办自己的报刊以后出现的,从新闻史上讲,是在大众报刊时代产生的。无产阶级记者的历史,不论从近代第一个工人政党英国宪章派于1837年创办《北极星报》算起,还是从马克思和卢格于1844年创办"第一个社会主义的刊物"《德法年鉴》开始,都已超过一个半世纪。在无产阶级新闻事业产生发展过程中,无产阶级领袖发挥了重大的作用。他们亲自投身到这一事业中来,并成为无产阶级新闻记者的表率。马克思从1842年起就开始为《莱茵报》撰稿,他一生中直接担任过主要职务的报刊有11家,先后在120多家报刊发表过文章。马克思办《新莱茵报》(世界上第一张无产阶级报纸)时是他从事新闻工作的全盛时期。恩格斯同马克思一道参加了《新莱茵报》的工作,恩格斯还曾担任《德意志电讯》和《知识界晨报》的通讯员和《德意志——布鲁塞尔报》驻巴黎记者。

列宁先后办过《前进报》、《火星报》、《新生活报》等报刊。十月革命胜利以后,列宁肩负着党和国家的领导重任,仍然把自己列入记者的队伍。1918年10月,当苏维埃新闻记者工会成立时,列宁马上向记者工会委员会提出申请,申请书发表在10月24日的《真理报》上。1921年,在一份调查表上,列宁仍然填写自己的职业是"记者"。

我国老一辈无产阶级革命家,也是我国最早的杰出的无产阶级新闻工作者。李大钊主编过《新青年》,为马列主义在中国传播作出了巨大贡献。毛泽东1918年在北京大学就参加过新闻研究会的活动,后来在湖南创办了《湘江评论》。周恩来于1913年至1919年在天津南开学校学习时,主办过《敬业》、《南开校风》,1920年又创办了《觉悟》。在欧洲留学时他还写过不少《旅欧通讯》。瞿秋白于1920年至1922年作为《晨报》特派记者访问十月革命后的苏联,采写了《俄乡纪程》、《赤都心史》等大批通讯,回国后又先后当过《新青年》、

《向导》的编辑,《前锋》、《热血日报》的主编。

在新民主主义革命时期,曾有许多优秀的中国共产党人投身于新闻事业,以笔为枪,在斗争中锻炼成为出类拔萃的记者。更有一些正直的记者从事实中明白了只有社会主义才能救中国的道理,自觉地投身到无产阶级革命事业中来。一代报人邵飘萍、著名记者邹韬奋和范长江等,就是他们当中杰出的代表。

无产阶级新闻记者都是在实际斗争中锻炼成长起来的。

二、记者的职责与使命

(一)记者的职责

新闻记者的职责,最根本的就是及时提供事实的报告,即通过采访,尽快报道新近发生的重要事实。我们无产阶级记者即人民记者,其职责就是通过事实的报道,当好党的耳目、喉舌,当然也是人民的耳目、喉舌。

西方资产阶级新闻学者总把记者捧为"无冕之王",其实,记者这一职业从来就不是无所不能的。在西方,记者采访被限制,甚至被迫害的事屡屡发生。就拿中东海湾战争来说,美国在正式出兵之前,1990 年 11 月就拟定了《海湾战争新闻采访的规定》。根据这项长达 6 页的法规,所有采访必须有军方人士陪同,记者不能单独行动;所有关于海湾战争的报道在发表之前,必须经过军方的"安全检查"。另外还对记者采访实行所谓"共享新闻圈"的办法,在 1000 名记者中只有 100 多人能进入沙特,其他记者只能根据他们采访到的材料编发稿件。即使进入沙特的记者,若不受军方控制自行采访,不是被拘留,就是被吊销采访证。一名因此而被拘留过的纽约记者说,他们"很多时候都无法对外报道战地的情况,因为我们每一句话都被军方操纵"。近年美国在伊拉克的战争,记者采访报道同样还存在受限制的情况。

马克思曾指出,人民报刊按其使命来说,是社会的捍卫者,是无处不在的耳目,是人民精神的千呼万应的喉舌。[①] 这里讲的人民报刊的使命,自然也是人民记者的使命。刘少奇同志就对记者说过:"你们的笔,是人民的笔,你们是党和人民的耳目喉舌。"[②]

因此,记者的工作,就是要把自己与社会联结在一起,不仅要使上情下达,还要使下情上达。无产阶级记者传达上情,反映下情,就是在尽党和人民的耳

---

① 马克思:《新莱茵审判案——马克思的发言》,见《马克思恩格斯全集》中文版,第 6 卷,北京:人民出版社,1961 年,第 275 页。

② 刘少奇:《对华北记者团的谈话》,见《刘少奇选集》上卷,北京:人民出版社,1981 年,第 404 页。

目、喉舌的职责。

我国无产阶级新闻界,历来重视宣传党的方针政策和有关指示精神,以使上情下达。毛泽东同志 1948 年在《对晋绥日报编辑人员的谈话》中指出:"马克思列宁主义的基本原则,就是要使群众认识自己的利益,并且团结起来,为自己的利益而奋斗。报纸的作用和力量,就在它能使党的纲领路线、方针政策、工作任务和工作方法,最迅速最广泛地同群众见面。"建国以来,这一传统得到继承和发扬,新闻工作者都能够积极主动地宣传党的路线和方针、政策。在下情上达方面,记者可以通过各种途径,把群众的要求、困难和呼声,反映到各级党组织,直至党中央。党的政策在执行的过程中,也将接受实践的检验。

作为记者的根本职责,其所提供的事实的报告,大量的是面向社会传播的新闻。这就要求记者随时了解和掌握社会各领域的动向、事件、人物、经验和问题,使自己成为一个眼观六路、耳闻八方的信息灵通人士。改革开放中有一年,基建规模再度膨胀,特别是非建设性项目摊子太大。《人民日报》记者及时报道国务院要求各地停建缓建楼台馆所的新闻,并且连续报道各地执行国务院规定的情况,对执行情况较好的省份逐个点名表扬。接着又报道了中央决定审核各单位在北戴河的建设项目,并且削减了 40% 的建设计划,给那些执行国务院规定不力的省份比较大的舆论压力。为了贯彻中央、国务院关于严格压缩基建规模的政策,《人民日报》记者在这一事情的宣传报道过程中,确实起了党的喉舌的作用。他们及时发现问题,加以充分报道,从而形成舆论,促使有关部门和单位及时解决问题。20 世纪 90 年代初,农民买化肥难、职工子女入托难、买肉难,北京、上海等一些大城市买火车票难等问题,各家新闻机构的好多记者作了适当的报道,引起有关部门的重视,采取了一系列调整措施,缓解了矛盾,促进了工作。

(二)记者的使命

记者的职责决定了记者的使命,使命是职责的具体化。我们党和政府所领导的报纸、广播、电视和通讯社的记者,总的使命,就是运用新闻手段,传播对社会有益的信息,宣传党与政府的主张和方针、政策,反映人民群众的活动和意见。新闻记者具体的使命,即日常工作任务主要有三大项:

1. 及时采写新闻

记者的本职工作就是采集新闻信息并加以报道,这也是记者日常的主要使命。时刻注意发现新闻,广泛选取素材并赋予运载形式,不失时机地进行采访报道,这样,记者才有其存在的意义。记者首要的也是基本的使命——采写新闻,目的是要通过新闻报道使媒体的社会功能发挥作用。可以说,新闻传播媒体作为最大众化的信息载体,最具影响力的舆论工具,它的社会功能主要靠

新闻报道来体现。在我国,新闻报道的作用主要是:

第一,传递信息,沟通情况。人们的一切活动都与周围的客观世界有着不可分割的联系。随着社会的发展,人们的交往日益密切,国内外发生哪些大事,经济建设有哪些发展,科学技术有哪些成果,市场上新出现哪些热销商品,社会上有哪些新貌奇闻,等等,都是人们迫切想知道的。新闻大量、及时的报道,就能最大限度地满足受众的信息需要。新闻记者作为信息的使者,及时报道现实生活中的新情况、新创造、新经验和新问题,这就起到了传递和交流各方面信息的作用。人们每天都关注新闻报道,目的也就在于获知信息,以沟通与外界的联系。这个问题,我们在第一章已经谈得比较多了。

第二,宣传政策,推动工作。我们的报纸和广播、电视,历来注重宣传党的路线和方针政策,使之最迅速、最广泛地同人民群众见面并落实到行动中去,用党的政策指导和推动各项工作。媒体宣传政策、推动工作,除了发表领导同志的重要讲话,刊播有关言论和文章,大量的是通过新闻报道来起作用的。即通过新鲜、生动的事实具体阐释党的政策的正确性及其威力,还可以介绍工作方法和经验,提出并解决工作中的问题。这几年,新闻媒体连续不断刊播各地区、各单位(部门)贯彻执行改革开放政策的新闻,还经常报道世界各地的政治经济活动,这些都对实际工作具有推动作用或借鉴意义。

第三,扶正祛邪,引导舆论。以正确的舆论引导人,这是新闻媒体的重要指导方针。新闻报道总是既运载信息,又体现主观倾向,起着不可替代的舆论导向作用。特别是对先进典型的报道,树立榜样,扶正祛邪,其影响更为人们所共睹,雷锋、焦裕禄、孔繁森、任长霞等先进人物的宣传就是很好的例证。他们的优良思想作风和模范事迹,一直在群众中产生积极的影响。运用典型引导社会舆论,当然以正面宣传为主,有时通过事实的报道,开展批评,揭露问题,也可以促使人们接受教训,从新闻舆论上起到兴利除害的作用,这也就是新闻的舆论监督作用。

第四,普及知识,开阔视野。新闻报道在传递信息的同时,也往往提供各种科学文化知识,这可以开阔人们的视野,启发人们的思想,使之更好地投身现代化建设。在知识经济时代,更体现"知识就是力量",人们对知识的渴求愈发紧迫。20世纪是科学文化知识充分发展的世纪,我们可以预见,进入21世纪,新的知识必将在更广阔的领域不断涌现。与此相适应,记者也应当重视知识性新闻的报道,注意充实新闻报道的知识含量,让读者(听众、观众)从中增长知识。

2.反映内部情况

这也是我们记者的一项重要使命。新近发生的各种事实,即使是具有一定新闻价值的事实,有些也不宜或暂时不宜公开传播。记者可以而且应该把采访到的这一类事实材料写成"内参",提供给新闻单位内部或送交领导部门参考。

记者跑的地方多,同各方面的人士打交道,能掌握较多的新情况,发现一般人所不易发现的问题。正因为这样,我们党一向重视记者反映的内部情况,要求记者当好党的耳目。早在1953年7月,党中央就新华社记者采写内参问题作过专门规定,指出记者要利用他们的便利条件,反映工作中存在的一些问题、缺点和群众的思想情况,供给中央负责同志参考。①

从某种意义上说,"内参"起的作用并不亚于公开的报道。有些"内参"受到党中央领导同志的重视,毛泽东、周恩来等同志曾多次为新华社写的"内参"作过批示。新华社上海分社有位记者在十一届三中全会以后的5年间,共采写稿件521篇,其中220篇是内部的调查材料。在这些调查材料中,有54篇得到中央领导同志的批示。有的为党中央和国务院就某些问题作决策提供了依据;有的作为中央部委和上海市委的正式文件下达到所属厅局,促进了实际工作;有的协助国务院有关部门为基层解决了久拖不决的困难和问题;有的先进经验则得到中央肯定后转发或公开报道。

那么记者怎样才能完成这一任务呢?

一是要有正确的目的。记者反映内部情况不是为了获得某种私利,必须以对党、对人民高度负责的精神来对待"内参"采写工作。

二是要有坚持真理的精神。真理常常与谬误并存,坚持真理必须与谬误作斗争,要敢于揭露矛盾,批评一切不良倾向和不正之风。

三是要如实反映情况。内容必须确实,力求客观全面,反对粗枝大叶、道听途说,防止主观片面和夸大其辞,并须说明资料的来源。

四是要处理好与被反映单位的关系。内容比较重要的,除了与这个单位核对事实之外,还要与上一级领导部门及时通气,以争取支持,采取相应的措施。

3. 做好群众工作

做好报纸(广播、电视)的群众工作,是记者的又一项重要使命。通过群众工作,可以进一步加强新闻媒体和广大群众的联系。毛泽东同志早就指出过,报纸不能关起门来办,而应贯彻"全党办报、群众办报"的方针。刘少奇同志1948年《对华北记者团的谈话》中也说:"党依靠你们的工作,指导群众,向群众学习。"

---

① 见《中国共产党新闻工作文件汇编》中卷,北京:新华出版社,1980年,第250页。

记者要经常和读者(听众、观众)保持联系,特别要做好三个环节的工作:

首先,接待群众来访,处理群众来信。列宁高度重视群众的来信,称群众来信是政治气候的"晴雨表"。毛泽东同志1951年就曾批示,必须重视人民来信,要把这件事看成是共产党和人民联系的一种方法,不要采取掉以轻心的置之不理的官僚主义态度。记者热情对待群众来信来访,得到群众广泛支持,新闻事业才能兴旺,才能更好地发挥党的新闻工作的巨大作用。

其次,做好通讯员和作者积极分子工作。记者在采访过程中,要注意发现作者积极分子,组织他们写稿。同时要耐心地、经常地做好通讯员的培养工作,给他们传达报道意图,帮助他们分析事实,修改他们的稿件。还可根据需要,和通讯员合作采写新闻报道,互相取长补短。作者积极分子和通讯员,有些还是研究理论和实际问题的专家。平时就要与之保持联系,需要时就向他们约稿,这对提高报道质量很有意义。

再次,组织受众评议,掌握反馈意见。

组织群众读报评报、评广播、评电视,是记者掌握反馈意见和增强新闻传播社会效果的一项重要工作,可以建立评议组织,可以搞民意测验、受众调查,或召开受众评议会、专题研究会。在广泛评议的基础上,最好能挑选某一宣传内容、某个专栏、版面、标题等,邀请受众进行综合分析和评论。通过组织受众评议,掌握反馈意见,不仅有利于记者自身工作的改进,还有利于推动整个新闻事业的发展。

第四节 怎样做一名合格的记者

记者工作关系到社会公众的利益,我们的新闻记者,更是党和人民的耳目喉舌。所以,要真正成为一个合格的记者,必须具备应有的素质和修养,这样才能完成记者所肩负的各项使命。

一、记者的素质

(一)政治素质

当今世界上,不同阶级、集团的新闻机构,都有它的政治倾向性,记者采写活动不能不受到一定的政治立场和观点的制约。我们建设高素质的记者队伍,必须把提高记者思想政治素质放在首位,强调记者要讲政治,要讲政治方向、政治立场、政治纪律、政治责任,以及政治上的敏感和鉴别力。

对我们的记者来讲,政治素质的基本要求是:政治上有较高的觉悟和严肃的态度,坚持马克思主义的立场、观点、方法和四项基本原则,有理想、有道德、有文化、有纪律,以党和人民的利益为重,立志为社会主义服务、为人民服务。要提高我们记者的政治素质,必须努力做到:

1. 坚持社会主义方向

记者讲政治,最重要最根本的是在思想上、政治上自觉地同党中央保持一致,在任何情况下都要坚持社会主义方向。邓小平同志多次强调:中国搞现代化,只能靠社会主义,不能靠资本主义。我们坚持的社会主义,必须是切合中国实际的有中国特色的社会主义;我们坚持的政治方向,就是有中国特色的社会主义的方向。

建设中国特色社会主义,是全党和全国各族人民共同的奋斗目标,体现了人民群众的根本利益。因此,作为一名记者,为社会主义服务和为人民服务是完全一致的。在坚持社会主义方向这一原则问题上,我们的绝大多数记者表现出明确而坚定的政治立场,这也是我们党的新闻事业取得重大成就的主要原因。

2. 以正确的舆论引导人

正确地把握舆论导向,以正确的舆论引导人,这是我们办报、办台的方向性问题,也是记者工作中一个有重大原则意义的问题。1996 年 9 月 26 日,江泽民同志在视察人民日报社时的讲话中,强调了舆论导向的重要作用。他指出:"舆论导向正确,是党和人民之福;舆论导向错误,是党和人民之祸。党的新闻事业与党休戚与共,是党的生命的一部分。"①

记者坚持以正确的舆论引导人,作为锻炼和提高政治素质的一项重要内容,就是要有政治意识、大局意识和责任意识,正确处理改革、发展、稳定的关系,报道什么,不报道什么,怎么报道,都要从全局出发,从党和人民的整体利益出发。凡是涉及政治性、政策性的报道,更要慎之又慎,务求对党的政治主张和方针政策作出正确的宣传解释。

3. 保持与群众的联系

社会主义政治是人民群众的政治,群众观点、群众路线是我们党的基本观点和根本工作路线。强调记者保持和密切与人民群众的联系,依靠群众一起来办好报纸和广播电视,正是党的群众观点、群众路线在新闻工作中的运用,这也是记者提高政治素质的一门必修课。

新闻来源于群众的社会实践,记者工作离不开群众的支持。再说,采访报道活动,尽管多为单个活动,但不是一种个人行为。我们的记者,受命于党和

---

① 据《新闻战线》1996 年第 11 期。

党领导下的新闻媒体，记者工作关连着党和人民的利益，处处要为党和人民群众着想。我们从当代名记者穆青、李普、田流等人的成功经验中，可以发现一个共同之处，就是他们坚持投身到群众中去，同群众建立密切的联系，从而很好地反映群众的实践活动及其首创精神。

4. 重视学政治、讲政治

记者政治素质要提高，就必须自觉地重视学习时事政治，认真学习马列主义、毛泽东思想，当前特别要学习和实践中国特色的社会主义理论体系。

科学理论对客观世界作出理性的概括，是认识世界和改造世界的工具和武器。记者也只有掌握科学的政治理论，才能进一步增强政治自觉性。学政治更要讲政治，时刻意识到自己所肩负的政治责任和社会责任，并有高尚的精神境界，在采写活动中识大体，顾大局，为党和人民提供优秀的新闻作品。许多老一辈新闻工作者，之所以能在长期的新闻实践中作出卓越的贡献，说到底，就是因为他们无论在战争年代，还是在和平建设时期，都能保持坚定的政治信念，具备良好的政治素质。

(二)业务素质

如果说政治素质对于记者报道水平和报道效果起决定作用的话，那么，业务素质则关系着记者是否能够胜任自己的工作。记者的业务素质，主要是指掌握和运用新闻手段的能力，即新闻的采访报道能力。这通常表现在以下几个方面：

1. 社会活动能力

作为一个社会活动家，记者要活跃在社会的舞台上，兴趣广泛，善于社交。我国新闻史上著名记者邵飘萍就是以广交游、勤访察而著称的。当时邵飘萍的新闻触角伸到社会各个角落，上至北洋军阀国务总理段祺瑞，下到寻常职员百姓，因而能在纷乱的局势下游刃有余，经常披露一些"独家新闻"。

善于社交，多方接触群众，记者才能从各个角度对新闻事件、新闻人物有一个明确的了解，不仅能抢先得到重大的新闻线索，而且在采访中会得到各方面的支持，汇聚各个方面的材料，写出的报道就更有说服力，也更加全面、公正。著名的美国记者斯诺，一到陕北，就戴起了八角帽，身着军装，骑着战马，从黄河西岸到六盘山麓，从后方窑洞到与白军犬牙交错的前沿阵地，足迹遍及陕甘宁边区的大部分地区。他不仅同毛泽东、周恩来等中央领导进行深入的交谈，而且和战士、工人、教师、农民广泛接触和交流，还参加了红军的篮球、乒乓球比赛。斯诺很强的社会活动能力，是采访获得成功的重要因素。

2. 记者的职业敏感性

从纷繁的社会现象中，敏锐地识别什么是新闻，这要求记者具备新闻敏感性。记者的这种职业敏感性，来自对实际情况、有关政策和新闻特性的把握以及采访经验的积累，而最重要的是通过深入调查研究进行合乎逻辑的分析和判断的结果。

1982年12月4日，新华社记者采访五届人大五次会议，当荧光屏上映出"弃权票三张"的字幕时，记者脑中就闪出：这倒是个新闻，应该写进消息里去。但这样没有"一致通过"的报道岂不是"胆大妄为"？果然，大会的一位副秘书长对3张弃权票写进消息提出不同意见。这时，杨尚昆同志问："记者同志，你主张写进消息的理由是什么呀？"记者说："第一，有3张弃权票的事实，新闻报道首要一条是真实性。第二，今天下午出席的代表有3040位，这3张弃权票占不到总有效票的千分之一，而它表现了我国的民主进程。第三，今天还有许多外国记者前来采访，你不报，他们会报。第四，等外国新闻界报了，中国老百姓再得知这'出口转内销'的新闻，自然不会满意。"杨尚昆同志听完后说："你的理由很充分啊！"小平同志也点头同意。第二天，全国各大报据新华社电讯，就宪法通过情况作了报道，其中透露有弃权票这一细节。

3. 文字功底和口才

记者肩负采访报道任务，在采访到大量事实素材之后，就要通过书面或口头方式，尽快把新闻报道出去。因此，一名记者要有良好的文字功底和口才，这是必须具备的本职业务技能。文字功底，指的是文字表达能力和写作技巧，包括严密的逻辑思维能力、丰富的语法知识运用能力、良好的修辞能力等等。口才，主要指口头表达能力，这不仅对广播、电视记者来讲是一种业务素质，报纸记者采访时也有一定的口才要求。对于摄影记者和电视记者，还要有新闻摄影、摄像及录音、制作的能力。

新闻的时效性，还要求记者在写作上能够倚马可待，一挥而就，而且讲究文采，符合新闻写作规律。我国著名记者范长江、邓拓等人在文学修养和文字表达能力方面都有独到的造诣。范长江的《塞上行》、邓拓的《燕山夜话》都具有以古论今、文笔流畅的特点，深受读者欢迎。

随着新闻事业的不断发展，记者还要学会运用现代化的传播手段，特别是要具有电脑的操作能力。目前新闻采写、编辑、印刷多已实现电脑化，掌握这些现代化的新闻采编工具，可收事半功倍之效。网络媒体的记者，这方面的要求就更高了。

（三）心理素质

从新闻采访心理学看，记者应当具备与其工作特点相适应的心理素质，以便更好地完成新闻的采访和报道任务。记者的心理素质大体包括：

1.好奇心理

就是对新鲜、奇特的事物抱有浓厚的兴趣,而记者的好奇心理主要是求新心理。对客观事物尤其是新事物好奇,常常可以发掘出有魅力的新闻。我们注意到了这样一种现象,孩子感知客观世界的能力提高之快,远远超过成年人。这是什么道理呢?就是因为儿童的好奇心最强,外界的一切在孩子眼中都是那么新奇,那么令人神往,于是在这种好奇心驱使下,他们很快就感知和接受外界的一切;成年人虽有了解周围世界的兴趣,但往往没有孩子那样强烈。记者有好奇心是职业的要求,不仅要对那些未曾见识的现象有强烈的兴趣,还要有孩子般的眼光,即使是人们认为平常的事物,也要留心看看,看它有没有什么新的含意。

值得注意的是,好奇而不猎奇,不是去片面追寻奇闻怪事,更不是去猎取那些低级趣味的东西。记者的好奇,就是要对变动着的周围世界保持强烈的兴趣,不放过新近发生的一般又不一般的种种事实,从中寻奇探胜,发掘新闻。

2.竞争意识

新闻以新见长,以快制胜,耽误了时间就可能失去新闻价值。当代新闻同行之间的竞争,往往是时效的竞争。记者具备竞争意识,就要争时间、争"活鱼",争独家新闻,以最快的速度抓住那些刚刚发生或正在发生的重要事实加以报道。

这些年,我国新闻界的竞争也已逐渐活跃起来,给新闻事业带来了生机。

2011年9月20日下午13点42分,嘉陵江一餐饮船发生翻沉,记者在得到消息后第一时间跑向事发现场,做了两次现场报道,向观众生动地呈现了事件突发的情景和险情发生后消防、海事等相关部门为营救落水人员所做出的种种努力,完整地记录了整个全过程,涨水——船舶翻沉——人员落水漂流遇险——11人获救,不仅传递了险情的紧迫、生命面临危险的紧迫,烘托了主题,增加了现场的气氛,也最大限度地满足了观众同步的收视期待。

3.冒险精神

这要有"不入虎穴,焉得虎子"的勇气,敢于冒自然界和人为的种种风险,甚至不惜献出自己的一切。

记者的采访面对整个社会,而新闻采访现场并不都是风平浪静的,遇到诸如战争、探险、试航、试爆,以及地震、火灾、凶杀等天灾人祸现场,记者就可能面临种种职业风险,甚至会有生命的危险。

作为记者的一种心理素质,冒险精神的表现,通常是指敢于冒恶劣的自然环境、可能的意外变故,以及政治上的打击迫害等风险。因此,记者如果缺乏心理准备,是难以适应各种采访工作的。当然,冒险不能是无意义的,盲目冒险更是莽撞行事,记者冒险应尽可能避免盲目性。

4.坚强的意志

记者的采写活动,常会碰到工作上、生活上的一些困难和挫折,这就要有坚忍不拔、百折不挠的意志,有"明知山有虎,偏向虎山行"的气魄。采访中,也可能会触犯某些人的利益,他们会设置各种人为的障碍,阻碍记者正常工作。这就需要记者像松树那样"咬定青山不放松",顽强地完成采写任务。

记者工作是艰苦的工作,不仅要劳力,而且要劳心。怎样深入掌握和认识新闻事实,怎样更好地进行及时的报道,这就要求记者具备坚强的意志,适应艰苦的劳动。

(四)身体素质

正由于记者工作常常兼以紧张的脑力劳动和体力劳动,对记者来讲,体格健全也是必备的素质。据介绍,国外心理学家将当代人的工作紧张程度划分为10级(级数越高越紧张),列前3位的是:矿工(8.3级),警卫人员(7.7级),飞机驾驶员和新闻记者(7.5级)。在2006至2007年对湛江市三家新闻单位的585名记者、编辑进行健康检查的结果显示:湛江市三家新闻单位大部分新闻从业人员肝胆、血脂、泌尿系、乳腺检查、血压、心电图等相关指标异常增高,处于亚健康状态。这一调查结果很值得记者警惕,可要保重身体啊!

为能担当和胜任新闻采写工作,记者应该十分重视锻炼身体,健康才能经得起吃苦受累和各种自然环境的考验。

二、记者的修养

同上述素质要求相一致,记者应该加强自身的修养。记者修养也是记者素质,我们把记者素质和修养分开来讲,只是为了阐述方便。

(一)知识修养

记者的社会接触面广,各行各业都可能涉及,需要广博的知识,成为真正的"杂家"。这从知识的结构来分,大体上有4种。

1.政治理论知识

我们的记者是思想宣传工作第一线的战士,是面向社会各界的思想政治工作者。记者工作必须用马列主义、毛泽东思想作指导,在新的历史时期,特别是要用邓小平理论"三个代表"重要思想来观察、分析客观事物。这就要求记者学习和掌握政治理论知识,加强这方面的知识修养。

记者的采访重在认识事物,需要有较高的认识水平。毛泽东同志说过:我们的眼力不够,要借助望远镜和显微镜,马克思主义就是我们观察事物的望远镜和显微镜。记者要提高马克思主义理论修养,以此来武装自己,提高认识能力。如农村刚出现联产承包责任制这个新事物时,曾有不少人认为这是倒退,走回头路。这时,一些有远见的新闻工作者,运用马列主义关于生产关系必须适应生产力发展的基本原理进行分析,判明责任制有利于解放生产力和提高农民生活水平,于是旗帜鲜明地作了突出的报道。如果对这些问题认识不清,报道就可能有片面性。同时,学习马克思主义方法论,对于提高记者的思维能力和工作能力都大有裨益。

2.新闻学专业知识

这就是新闻学基础理论和业务知识。我们的记者队伍中,还有相当一部分人没有接受过系统的新闻专业知识教育,他们从事新闻实践多靠摸索和模仿。有些同志虽有实践经验,但由于缺乏系统的专业知识,也不能有效地把自己的经验上升到理论,难以用理论更好地指导实践,进一步提高便成了困难的事情。

记者一定要努力学习马克思主义新闻理论基础,了解中外新闻事业史,掌握新闻业务各方面(采、写、编、评、录、播、摄等)的专门知识。总之,记者同其他行业一样都不应该是一个盲目的实践者。当代新闻教育事业发达,新闻研讨活动广泛开展,新闻学书籍增多,记者要充分利用这些条件,这对提高采访报道水平是十分必要的。

3.社会与自然科学知识

记者以社会的方方面面为报道对象,需要社会科学和自然科学的基础知识,尽管不可能也不必要样样都懂,但要尽量有所涉猎,多多益善,这样采访报道就更能得心应手。就目前工作需要来看,文史哲和经济等方面的知识,与记者的关系更密切一些。语文功底深就能熟练地驾驭语言文字,为新闻内容的反映和表现添彩;懂得历史知识,就能以古鉴今,把握历史与现状的联系;马克思主义哲学是我们的世界观和方法论,掌握哲学知识,观察事物和研究问题就要高人一筹。随着进一步改革开放,经济建设已成为报道的中心,记者具有经济知识,可以拓宽经济报道思路,采写出有深度的经济新闻。如今,涉外活动日益频繁,而且中国新闻事业要走向世界,外语和计算机已逐步成为记者必备的知识之一。进入21世纪,科学技术将飞速发展。在世纪之交,中国科学院、新华通讯社预测"新世纪将对人类产生重大影响的十大科技趋势",涉及物质、生命、地球系统、认知神经、能源、材料、生物、信息、太空和环境保护领域的科学与技术。记者如能用心学习掌握这些方面的一些知识,无疑会对有关的采访报道工作大有帮助。有些国家的《新闻法》规定,从事工业报道的记者必须是工程师,搞农业报道的记者必须是农艺师,有的记者的确也是某方面的专家。我们并不要求记者都成为专家,但需要重视的是,记者平日所学习的任何知识,对新闻报道工作都具有潜在的价值。

（二）作风修养

记者的思想、工作作风,不仅关系着自身职责的履行,而且会造成社会影响,所以对于记者的作风修养应有较高的要求。

1.求实、正派、勤奋

求实,应是记者最基本的思想和工作作风。从实际出发,尊重事实,才能作出客观公正的报道。如果不顾实际,弄虚作假,则不仅败坏记者及有关媒体的声誉,而且会误导工作、贻害社会。

正派,这是党和人民对记者的要求。记者作风正派,能坚持原则,主持正义,不搞歪门邪道,采访报道才能实事求是。正派才能求实,求实也是正派的一种表现。

勤奋,包括腿勤、脑勤、手勤、嘴勤等等,记者缺一不可。所谓"拳不离手,曲不离口",业精于勤,任何成就都是勤奋的结果,这是生活的真谛。记者的工作,需要常年奔波采访、笔耕不止,不勤奋怎么行?! 西方新闻界也讲勤奋,普利策有过一句名言:"懒人是当不了记者的。"

2.深入实际,深入群众

这既是采访工作路线,同时也是衡量记者工作作风是否踏实的标志。只有保持深入的作风,生活在实际生活中,生活在群众中,才能真正履行一个记者的职责。记者脱离了实际,脱离了群众,就如鱼之离水,将寸步难行。

深入实际、深入群众程度如何,从某种意义上说,将决定新闻采写活动的成功与否。有的记者作风不深入,总是喜欢"浮"在上面,下去采访也浅尝辄止,转一下就回来了,结果搜肠刮肚找不出几条像样的素材。实践一再证明,凡是影响广泛的重大报道,全国获奖的好新闻,几乎无一例外,都是记者深入采访的产物。

3.待人真诚,谦虚谨慎

中国古代思想中非常重视至诚待人和讲究信用,并认为诚与信是相通的。待人接物方面的这种传统思想观念,对记者进行社会活动仍然适用,而且正是值得倡导的一种记者作风修养。记者能够对被采访者坦诚相待,言必信,行必果,这可以带来许多朋友、许多机遇。记者也只有以诚、信待人,才能以己心换彼心,感动被采访对象,使之主动协助搞好报道。

要诚恳待人,还须谦虚谨慎。记者工作受到群众的欢迎和尊重,但记者千万不能自以为是,甚至好为人师,这样的记者是很难博得被采访者的好感和信任的。而应虚心地向群众学习,做群众的学生。在采访报道过程中,记者对事物的分析判断,对党的政策的把握和体现,更须慎之又慎,草率从事就容易出错。谦虚谨慎不仅能使记者与采访对象顺利交流,而且也是记者提高思想和业务水平所必需的。

4. 发扬艰苦奋斗的光荣传统

艰苦奋斗是我们党的光荣传统,也是无产阶级新闻队伍的光荣传统。当年靠艰苦奋斗,使我们的新闻事业由小到大发展起来,记者队伍也日渐磨练成熟。今天发扬艰苦奋斗的传统仍有其现实意义。

目前还存在这种现象:有的记者爱讲排场、摆阔气,每到一处,住房要套间,出门要有小车接送;不管有无必要,下去采访总要有人陪同,俨然一副"钦差大臣"模样。对这样的记者,群众只会敬而远之,不会向他掏心里话。这种作风造成的后果,定是脱离群众,失掉无产阶级新闻记者的本色。上面讲到过,记者工作是艰苦的,特别要付出艰苦的脑力劳动,只有发扬艰苦奋斗的光荣传统,才能很好地履行记者的使命。

(三)职业道德修养

记者的职业道德是在长期的工作实践中形成的。它一方面贯穿着某些社会公德的基本原则,另一方面又是根据新闻工作的特殊需要和实际情况而逐步完善的。新闻记者的职业道德准则,正式形成条文、公之于众,也还是 20 世纪的事。1914 年,瑞士新闻业总会通过决定,较早提出新闻道德规范。第二次世界大战以后,即 1947 年,联合国拟定的《国际报业道德规范》,反映了部分社会公德,但受资本主义社会基本道德原则——利己主义的影响。职业道德的规范有阶级性,但有些基本内容则是相通的。资本主义社会的新闻界慑于公众责难,也曾规定记者不得"为私人利益做宣传"。

在社会主义道德原则的指导下,通过长期的新闻工作实践,形成了我们的社会主义新闻职业道德。《中国新闻工作者职业道德准则》于 1991 年中华全国新闻工作者协会四次会议通过,1994 年、1997 年又先后作了修订。《准则》指出:"继承和发扬党的新闻工作优良传统,树立良好的职业道德,维护新闻工作的严肃性和声誉,对于发挥新闻舆论的引导作用,对于建设一支政治强、业务精、纪律严、作风正的新闻队伍,保证新闻事业健康发展,具有十分重要的意义。树立正确的世界观、人生观、价值观,自觉遵守新闻职业道德,应该是每一个有理想、有抱负、有操守和富于敬业精神的新闻工作者对自己的基本要求。"具体的道德准则有这样 6 项:一是全心全意为人民服务;二是坚持正确的舆论导向;三是遵守宪法、法律和纪律;四是维护新闻的真实性;五是保持清正廉洁的作风;六是发扬团结协作精神。

关于新闻职业道德,有的内容前面已经谈到,有的将在以后有关章节结合讨论。这里,着重讲讲两个问题。

1. 反对"有偿新闻"

记者要取信于群众，取信于社会，必须保持清正廉洁的作风，这是记者基本的职业道德准则之一。我们的记者，本着全心全意为人民服务的宗旨，应当说绝大部分同志都是能自觉遵守职业道德的。

但像 2013 年广州《新快报》记者陈永洲这样收受钱财、在未经核实的情况下连续发表失实报道的现象也时有存在。诚如中国记协所称，陈永洲的行为严重违反了《中国新闻工作者职业道德准则》，严重违背了新闻真实性原则，严重损害了新闻媒体公信力。

坚持新闻真实性原则，不搞有偿新闻、新闻敲诈、虚假报道，这是记者的从业底线，如果一个记者突破底线、放弃良知，就不配做记者，也辱没了记者这个称号。

2. 处理好与同行的关系

记者与同行的关系主要指不同新闻单位之间的关系。在我们国家，不同新闻单位都是党领导的新闻机构，所有记者大目标一致，相互间是同志关系，没有根本利害冲突。因此，同行之间要团结协作，形成合力。搞同行相轻、妒贤嫉能是不对的。相互藏一手，甚至背后踩一脚，那更是不道德的。应该同行相亲，互相支持。

上海《新闻记者》2000 年第 4 期发表署名文章《同域兄弟 相煎何急》。据文章介绍，《广州日报》1 月 30 日报道《广州动物园 1200 头动物冤死》。第二天，《羊城晚报》刊文说，上述报道引起广州动物园一片哗然，园长斥责报道"谬误百出"，矛头直指《广州日报》。2 月 1 日，《广州日报》发表后续报道予以反驳，申明"动物园动物非正常死亡事件证据确凿"。2 月 4 日，《羊城晚报》刊发结论性报道《广州动物园事件水落石出工作组调查报告指出：有关传媒关于动物冤死的报道严重失实》。之后，《广州日报》没有在此问题上再作回应报道。

两家报纸在版面上展开新闻对攻，公开打笔墨官司，这样的事在我国新闻界实属罕见。其实，即使是某家媒体出现新闻失实问题，也完全可以通过内部交换意见，由其自行在报纸上更正，或以其它方式解决问题。

[本章教学参考]

一、教学目的和要求

本章是对新闻采访和关于采访的实施者——记者的综合阐述，从总体上解说采访的基本原理、原则和工作路线,为学生下一步学习掌握采访技巧和方法打好思想理论基础;同时,引导学生懂得怎样才能当好记者,以便今后在记者工作或有关岗位上更好地锻炼成长。

总的学习要求是,明确新闻采访的特性和任务、作用,掌握采访活动的指导思想和工作路线,并对记者职业的历史沿革及其职业要求有所了解。

学习的具体要求:

1.认识新闻采访的性质,懂得记者对客观事物进行调查研究的重要性,并通过对新闻采访与一般调查研究的比较分析,掌握新闻采访的基本特点。

2.弄清为什么采访是新闻工作者基本的活动,为什么从事新闻报道一定要经过采访;同时认识新闻采访的作用主要表现在哪些方面。

3.正确领会采访应遵循的指导思想,坚持实事求是,并能真正理解采访的工作路线是什么,怎样才能深入实际、深入群众,使采访获得成功。

4.大体了解记者是一种什么样的职业,这一职业的形成过程和职业定位;明确作为一名记者的职责,以及记者所肩负的使命。

5.充分认识记者素质与修养的内涵,具备这些素质与修养的必要性及其实践意义。

本章的教学方式,仍以教师课堂讲授为主,力求从理论与实践的结合上把有关概念、原理讲得透彻些。可以考虑约请有经验的记者,谈谈记者工作和怎样当好记者的切身体会。

二、基本知识点

1.关于采访的概念。

2.采访的性质、特点。

3.采访的指导思想和工作路线。

4.记者和记者职业。

5.记者的职责及其使命。

6.记者的基本素质与修养。

三、内容提要

本章前两节主要阐述采访的性质、特点及其作用,采访的指导思想和工作路线。这是学习新闻采访首先要了解和掌握的基本理论原则。后两节,通过简要介绍何谓记者,以及记者职业的历史沿革,着重讲解作为一名记者应当具备的基本素质和修养。

新闻采访的性质,是以新闻报道为目的的一种专业性极强的调查研究活动。新闻采访与一般的调查研究作比较,它的特点是具有新闻性、突击性、灵活性和持续性。认识和把握采访的特点,是本章的一个重点内容,采访指导思想最基本的体现就是实事求是,这也是采访活动的重要原则。

记者的采访工作路线,即深入实际、深入群众,这是本章内容的又一个重点。记者深入实际、深入群众,就要到第一线去,真正"沉"下去采访;既要"身入",更要"心入",即思想深入;要建立采访基点,获取各种线索和信息。

记者的根本职责,就是通过采访,尽快提供事实的报告,以传播新闻信息。事实,必须是新近发生(变动)的,而且是重要或人们感兴趣的。记者的职责决定了记者的使命,主要是及时采写新闻。此外,还须反映内部情况,做好群众工作。

一个记者,必须具备应有的素质和修养。这是本章内容的第三个重点。我国记者的素质包括:政治素质——有较高的马克思主义觉悟和严肃的工作态度,自觉地同党中央保持一致,坚持四项基本原则,立志为社会主义服务、为人民服务;业务素质——较强的社会活动能力,善于观察、分析和判断问题,并有较强的文字表达能力和口才;心理素质——具备好奇心理、竞争意识、冒险精神、坚强的意志;身体素质——体格健全,能吃苦受累和经受各种自然环境的考验。记者还需要多方面的修养,主要是知识修养、作风修养和职业道德修养。如何真正理解记者的素质和修养,并付诸实践,这又是本章学习上的难点,应对此作不懈的努力。

四、思考与作业题

1. 为什么说新闻采访是一种特殊的调查研究?新闻采访和一般调查研究有何异同?结合实例试述采访的特点。

2. 新闻采访起什么作用?为什么说搞好新闻报道先要深入采访?

3. 记者采访应遵循怎样的指导思想?对此你有何学习体会?

4. 联系采访实际(或所见所闻),简述贯彻采访工作路线的重要意义。

5. 谈谈你原来心目中的新闻记者和现在对记者的认识。

6. 记者作为一种社会职业是怎样形成的?记者的职责和使命是什么?

7. 记者必须具备应有的素质和修养,为什么?包括哪些内容?

8. 就怎样才能成为一名合格的记者写一篇学习心得。

第二章　采访准备工作

第一节　采访要有准备

一、做好准备是采访必经阶段

新闻采访活动是一项系统工程,广义上讲,包括准备阶段和实施阶段。有些初搞新闻工作的同志,对采访准备的重要性、必要性缺乏认识。他们自觉或不自觉地把采访的准备和实施分割开来,总以为采访就是出去了解情况、收集材料,至于采访准备工作可做可不做,不懂得做好准备工作作为采访活动必经阶段的意义与作用。

凡事预则立,不预则废。新闻采访活动也不例外。记者在实施采访之前,准备工作做得越充分、越具体,达到采访目的的把握性就越大;反之,达到目的的把握性就越小。实践一再表明,认真而周密的准备,有利于提高采访效率,甚至是保证采访获得成功的必要条件。

采访的目的是为了正确地认识客观世界,从而能动地反映客观世界。客观世界又是如此的丰富多彩、错综复杂,要想正确地认识它,并准确地反映它,就必须有充分准备,才能达到预期目的。如果采访前没有准备或准备不足,往往事倍功半,甚至徒劳往返。前面已经讲过,采访活动作为一种调查研究,有其自身的特殊性。正是这种特殊性,使得新闻采访比一般社会调查具有更大的难度,因此要求记者应当倍加重视采访准备工作。通常,记者要在尽可能短的有限时间内,了解清楚新闻事实的真相及其来龙去脉,要结识社会上各种不同采访对象并取得他们的信任和支持,而且采访涉及的范围广泛、内容繁杂,记者的知识结构和能力水平需要不断补充和提高,这些也都表明采访准备的必要性。

二、采访准备的实践意义

重视和做好采访准备的实践意义,突出地表现在以下几个方面:

第一,做好准备,可以增强记者的新闻敏感。

记者的职业敏感性——新闻敏感,是记者能敏锐地发现和捕捉新闻的一种特有的素质。事先有无准备或准备情况不同的记者,在进行同样的采访中,判断新闻价值能力的高低优劣,便会立见分晓。有一次,两位来自不同新闻单位的工业记者一起到鞍钢采访,介绍情况的同志谈到超额 1‰ 完成上个月生产计划,利用系数提高 1.5‰ 左右。利用系数是炼铁厂生产技术水平高低的主要标志,一个容积 1000 立方米的高炉,利用系数提高 1‰,一年就可增产生铁 10 万吨。鞍钢炼铁厂高炉利用系数一个月跃增 1.5‰,是个大新闻。其中一位记者具有这方面的知识准备,当即触发新闻敏感,于是采写了一条受人关注的新闻。另一位记者因为不知道利用系数是怎么一回事,也就看不出这一事实的新闻价值,只有空手而归。

新闻敏感如同作家的创作灵感,表现为一种顿悟性的思维活动。事先有所准备,脑子里潜藏着某种信息,采访中一旦同客观事实传出的有关信息发生联系,就突然闪现一种新念头、新认识,从而感知新闻在哪里,这就是采访准备对发现新闻所起的作用。

2011 年 8 月 24 日,上海各个区县医患纠纷人民调节机构正式挂牌成立,上海广播电视台的记者敏锐地观察到,这是上海进行社会管理创新、缓解社会矛盾的新举措。(新闻敏感)为什么记者会有这种新闻敏感呢? 因为记者平时就有观察到,医患纠纷是上海社会管理当中的一个老问题,迟迟得不到解决,而且往往都是医患双方通过法律途径加以解决。第三方调解则是一个新举措,有着不同寻常的意义。正是记者头脑中储存着这方面的信息,当他听到区县人民调解机构挂牌成立的时候,眼睛才会一下子"亮"了起来。①

第二,做好准备,是接近采访对象的第一步。

记者采访总是要先接近采访对象,然后才能打开话匣子,把采访进行下去。如果记者没有准备仓促上阵,有时这第一步就迈不开了。

这里举个外国新闻界的例子。1961 年 3 月 8 日,电影《乱世佳人》女主角费雯丽抵达美国纽约访问,她刚走进机场休息室,一位记者就唐突地问道:"费

---

① 集体:《聚焦医患"第三方"》,见《中国新闻奖作品选·2011 年度·第二十二届》,北京:新华出版社,第 116 页。

雯丽女士,请问你在《乱世佳人》中饰演什么角色?"费雯丽听了很不高兴,便反问记者:"你看过这部片子吗?"记者回答:"没有。"费雯丽不屑地说:"由于你缺乏常识,我们不必继续谈了。"说罢,拂袖而去。[1] 采访蜚声西方影坛的女明星,竟然连她在非常出名的影片中饰演什么角色都不知道,结果非但没有写成费雯丽访问记,自己倒成了"新闻事件"的主角,美联社专门对此发了一条消息,这位记者的尴尬情形不难想见。这种毫无准备的采访,一开头就提出浅薄无知的问题,即使采访对象再有耐心,恐怕也不愿和记者继续谈下去。我国著名导演谢晋也曾谈到过类似的问题。他深有感慨地说:"有些记者一采访我,就要从头问起,你是哪儿人啊?哪个学校毕业的?多大岁数……其实,这些问题只要事先稍稍做点准备,到时候都可不必问的。"[2]

第三,做好准备,能尽快拉近同被访问者的感情距离。

要使一个陌生的被访问者在尽可能短的时间内把记者视为"知己",产生亲切感和信任感,这不是一件易事,仅靠记者的热情和坦诚是不够的,还一定要做好准备。

新华社一位记者被派去采访文化界的几位名人,但记者对他们知之不多,就预先认真查阅资料,并找有关单位了解他们的情况,连有的人的雅号都掌握了。采访那天,记者来到一位长者面前:"您,就是号称'长白农人'的傅老先生吧?"那位长者听了一怔:"您是……""我是新华社记者。""啊,你怎么知道我的雅号?""您是著名的书法家,我是记者,今天特地采访您,当然应当了解一些情况,要不就搭不上话头。"傅老开怀大笑:"你们记者真有本事!"他就是傅耕野先生,但知道他的雅号的人并不多,因此,记者虽然是头一次和他见面,但彼此间的友谊在笑声中很快地建立起来了。接着,傅老从他的雅号谈起,谈了他的过去、现在和将来,也谈了中国书法的发展历史以及在世界文化艺术中的地位。谈话内容丰富,使记者得到很多珍贵的材料,出色地完成了采访任务。[3]

第四,做好准备,有助于开拓采访的深度和广度。

围绕一定的题材,收集和研究有关资料,是采访准备阶段的一项重要工作。这可以帮助记者扩大视野,加深对客观事物的认识和理解,为记者在采访报道中拓展深广度提供有利的条件。

2013年5月,浙江电视台《新闻深一度》的记者准备针对农夫山泉"标准门""质量门"等事件做个梳理。在这之前,节目组搜集了大量有关矿泉水的资

① 据《新闻知识》1988年第9期。

② 引自《谢晋谈珍惜采访时间》,载《新闻与成才》1986年第3期。

③ 黄智敏:《新闻采访艺术》,北京:学术书刊出版社,1989年,第89—90页。

料,包括矿泉水的两个标准体系——卫生安全标准体系和质量标准体系,根据适用性和强制力的不同又分为国家标准、行业标准、地方标准和企业标准。还有针对《京华时报》所质疑的"农夫山泉水不如自来水"中所提到的国标GB5749《生活饮用水标准》,记者前期查阅相关资料认定该标准属于卫生安全标准体系,该标准规定饮用水符合国家规定的生活饮用水卫生标准,也就是"自来水卫生标准"规定。除此之外,记者还了解到其它相关信息,比如我国只有天然矿泉水和饮用纯净水有国家质量标准,然而农夫山泉饮用水属于天然水,目前国家关于天然水的质量标准仍在制定中,只有浙江地方标准,也就是农夫山泉所标注的 DB33/383,而且根据美国的相关检测发现农夫山泉的质量标准都优于浙江的地方标准等等。从《京华时报》质疑农夫山泉的第一天起,节目组就一直在关注事态的进展。农夫山泉是一家浙江企业,作为浙江的主流媒体,节目组也一直在等待最合适的时机,对事件进行报道。5月6日,农夫山泉在北京召开新闻发布会,邀请了数百家媒体前往采访,发布会上出现了诸多不和谐之音,比如《京华时报》的记者现场叫板农夫山泉、发放报纸等等,当一起公共安全事件演变成一个企业和一家媒体的博弈时,矛盾冲突发展到高潮时,节目组终于等到了介入报道的最佳时机。随后记者与农夫山泉负责人面对面地访谈、开诚布公地交流,并且就公众最关心的饮用水安全的种种疑虑,对桶装水协会的相关采访资料等等进行了全面客观地梳理,也进一步促进了有关部门对饮用水标准的重新审定。这样理性深刻地对农夫山泉"水之争"进行全面剖析的评论,如果没有前期的大量准备,是很难做出一期优秀的新闻节目的。

第二节　采访的平时准备

一、平时准备的概念

采访的准备工作又可分为两种,即平时准备和临时准备。采访的平时准备,作为一种宏观意义上的准备,指的是不以某一次采访活动为目的的经常性准备。平时准备对实施采访而言,目标虽不那么具体,关系虽不那么直接,但这是一种更为重要的准备,是采访前临时准备的基础。这个基础打好了,一旦有了某项采访任务,临时再围绕具体任务作准备,就可以调动平时积累的知识和资料,使自己思路开阔,胸有成竹,把临时准备做得更加充分。即使是碰到紧急任务,来不及作临时准备,也可凭平时准备的扎实功底从容应付。

二、平时准备的内容

1. 学习理论政策，认清当前形势

我们的记者，负有宣传党的方针政策、表达人民意愿，并通过新闻宣传引导群众前进的历史使命，应该具有较高的马克思主义理论水平，对党和政府的各项政策有理性的认识。新闻报道中出现的那些片面性、绝对化、一阵风，不符合经济改革和精神文明的东西，以及报道内容肤浅，缺少给人以启示的内涵，其根本原因还是在于记者的理论政策水平低。所以，平时准备中，记者应首先抓紧学习马克思主义理论，同时，认真学习和掌握党的方针、政策，并根据党的政策精神，认清当前经济、政治和文化等方面的形势。这样，我们就能在采访中深刻认识和把握新闻事实，准确地作出新闻选择，正确地发挥舆论导向和指导工作的作用。

党的十一届三中全会后不久，随着党中央确定的一系列方针政策的贯彻，农村生产队开始有了自主权。这一变革，在人们心头激起波澜。有一段时间，经常可以听到这样的埋怨声："生产队自主权强调过头了，现在下面都不听指挥了……"有位媒体记者却提出了自己不同的看法。他走访了辽宁农村一些生产队，采写了以《分清主流和支流莫把"开头"当"过头"》为题的新闻述评。记者运用辩证唯物主义观点，对复杂的现实生活进行剖析，分清现象和本质、主流和支流，引导人们对变革中的农村形势有一个比较清醒的认识，坚定不移地贯彻党的十一届三中全会精神。显而易见，记者之所以能在一片"过头"声中，喊出不同的声音，在很大程度上是得益于他的理论修养和政策水平。

由此可见，掌握马克思主义，熟悉党的政策，应是我们记者首要的基本功，是采访的平时准备工作中最重要的内容。对于这一点，谢觉哉同志生前有过一段精辟的论述。当时有人说，新闻工作者的基本功首先是能写一手好文章，《北京晚报》记者问谢老这种说法对不对？据介绍，谢老回答说：好文章的标准是什么呢？文章的好坏，首先要看内容。好的文章必定是有思想见解的，至少能在思想上给人以启发，能提出一些别人没有看到或者没有着重分析的问题。人云亦云，没有独到的思想见解，没有比较深刻的思想，决不能说是好文章。当然，这是不容易的，这就要求我们站得比别人高一些，看得比别人远一些。这靠什么？不能靠聪明，而要靠我们真正地掌握马克思主义、辩证唯物主义，锻炼自己辨别是非的能力。这一条，对于新闻工作者来讲特别重要。

2. 了解全面情况，掌握社会动向

一位老记者在谈到记者的采访时作过这样的比喻：采访好像老鹰抓小鸡，老鹰在抓小鸡之前，总要飞得高高的，在天空中来回盘旋，发现目标之后，一头

往下扎。新闻总是通过个别反映一般,只有平时了解全局情况,掌握社会上各种动向,采访活动才有针对性,才能进行比较和鉴别。

记者平时了解情况和掌握动向的重点:

一是党的方针政策及其贯彻执行情况。

记者要了解党的方针政策本身,是一个方面;而了解政策贯彻执行的情况,则是另一个方面。及时、正确地宣传党的现行政策,使之迅速同人民群众见面,这是社会主义新闻工作的一项极为重要的任务。

记者要通过报道宣传党的政策,就要在平时学习政策、了解政策、领会政策精神;同时,要对政策执行情况了然于胸。因为各地区各单位贯彻执行党的政策的好与差、成功与失误,都将对全局产生一定的影响。贯彻执行得好,必然产生具有普遍意义的典型和经验;贯彻执行中的失误,必然有阻力需要排除。了解到这一切,就会使我们心明眼亮,嗅觉敏锐,不但能及时发现新闻线索,还能较准确地判断其价值的大小,使采访目标明确,及时抓住新闻。改革开放初期,一些地方分不清改革与不正之风的界限,把一些改革中搞活经济的做法也视为不正之风,甚至认为不正之风是改革带来的,以致造成人们思想认识上的混乱。新华社记者了解这种情况后,敏锐地感到引导人们正确看待改革与纠正不正之风的重要性。有一次,发现安徽省蚌埠市制定出划清不正之风的 7 条政策界限,立即进行采写,先在内部刊物上刊登;中央领导同志很快作了批示;省委根据中央领导的批示,以此稿为基础加以修改,作为省委文件上报中央;中纪委很快转发全国,并公开见报;不久,记者又采写了《蚌埠市一手抓改革,一手抓党风》的报道,《人民日报》在显著位置发表,产生了较好的社会效益。

2014 年 8 月,全国人大常委会通过《关于香港特别行政区行政长官普选问题和 2016 年立法会产生办法的决定》,香港部分人士发动"占领中环"非法集会,持续不断的政治不稳定性导致香港经济严重受损,市民生活受到影响。2015 年 1 月,国际人力资源咨询公司 ECA 发布一项关于今年最适宜居住地区的调查显示,香港全球排名下跌 16 位至第 33 位。新华网记者敏锐地感到引导人们正确看待全国人大常委会关于香港特别行政区长官普选问题决议及正确认识基本法的重要性,于是做了一系列梳理,写出《香港"占中"反思录》三部曲——《坚决维护基本法权威——香港"占中"反思录》、《包容共济促和谐——香港"占中"反思录》、《集中精力发展经济——香港"占中"反思录》,稿件一经发表,受到网民广泛关注,切实起到了主流媒体的舆论引导作用。

二是干部和群众在一个时期的思想活动。

人民群众是历史的创造者,是时代的主体。记者要把握住时代的脉搏,就要经常不断地了解干部和群众的思想活动,倾听他们的呼声、要求和愿望。只有这样,才能抓住群众关心的问题进行报道。

众所周知,我国农村实行"双包"生产责任制的局面,是从安徽首先打开的,这里面也有了解人民群众呼声的新华社记者的一份功劳。

1978年,安徽省遇到百年未遇的大旱。历来穷苦的凤阳农民率先进行分田包产,其他县也纷起效仿,或承包到队、到组,或包产到户。

但是,"左"的观念长期形成,而且似乎成了"正统"。尤其在安徽这个"典型"的地方,围绕着"包产到户",曾演出过不少人间悲剧。当"包产到户"这个有特定含义的词汇在江淮大地再次响起时,一些人"条件反射",胆战心惊,极力反对。在全国范围内,安徽省委也受到来自多方面的指责,指名道姓攻击某某"带头走资本主义道路"。

新华社安徽分社记者跋山涉水,走村串户,深入田间地头调查访问,写出了不少很有影响的连续报道,从各个不同的侧面和不同的角度宣传了"包产到户"这一符合社会生产力发展的新事物的强大生命力,为正在勇敢地冲击"左"的罗网,奋力创造奇迹的人们撑腰壮胆。

安徽分社的实践启示我们,记者只有多把目光投向人民,认真研究他们在一个时期的思想活动,才能把握住时代的脉搏,源源不断地采写出人民需要的新闻。

三是实际工作中的成就、经验、矛盾和主攻方向。

我们日常报道的重大主题之一是反映和指导当前工作,推进社会主义现代化建设事业。因此,记者在平时就要从宏观上对各方面的工作情况有所了解,主要是了解新的成就和取得成就的经验,以便通过正面报道,激励群众的积极性和创造精神。同时,也要了解新出现的矛盾,特别是主要矛盾。抓住了主要矛盾和矛盾的主要方面,也就是抓住了事物的本质和主流,才有可能把握时代的脉搏。这就要求记者多作分析,切忌碰到什么抓什么。还应该认识到,矛盾在发展变化,从中又会涌现新的经验和问题,而推广新经验、解决新问题,必须成为这个时期内的主攻方向。记者必须把自己的视野扩展到这些方面,细心观察,长期积累,以收厚积薄发之效,随时发现有价值的新闻。

四是各条战线涌现出的典型,冒尖的人和事。

新闻事实往往离不开人的思想和活动,记者在平时准备中要多分析人、研究人,但并非所有的人以及所有的事都有报道价值。应当抓典型,把目光集中到有典型意义的人和事上来。各条战线上涌现出的先进人物,代表着时代前进的主流和方向。在注重先进人物的同时,还应当及时捕捉其他人群中的人和事,因为他们同样具有典型意义。

　　一家专业报曾为一位有大学文凭的年轻人登了征婚启事。不久,报社收到一封署名"一个姑娘"的来信,说"读书苦,读书忙,读书还有啥用场"。这个姑娘信中流露出的情绪和提出的问题,正是当时社会上再次泛起的"读书无用论"、脑体倒挂等社会问题的集中反映,具有一定的典型性。在报社总编辑的支持下,这封信的全文加编者的话,发表在头版头条,并欢迎大家畅所欲言谈看法。"一个姑娘"的来信发表后,立即在社会上引起强烈反响,在两个多月的时间里,有近千封读者来信涌向编辑部,不同职业、各个阶层的读者对读书是否有用,如何看待知识和知识分子,社会分配等问题畅谈了看法,报纸因势利导,展开讨论并组织座谈会,取得了较好的社会效果。《光明日报》在头版头条转载了这封来信和讨论,中新社、美联社也发了消息,《人民日报》为此事发了两篇评论文章,国内外数十家新闻单位予以报道。

　　2013年正值"正能量"成为网络时下最热门的词语,一位普通的退休音乐教师,她凭着博爱情怀、达观人生和自己的音乐专长营造了一间间开心小屋,给社区的老人们带去了欢乐。就是这么一件小事情,这么一个草根明星,这么一间小屋子,却开创了老年人居家养老的新模式。从这件社区里的小事中,我们看到了这个时代即将面临的"银发浪潮",看到了空巢老人的养老问题,同时也看到了高楼林立的时代人情淡薄如一张纸的现状,人与人之间充满冷漠、不信任等。新闻播出后,社会反响非常好,当天收视率达8.6%。鲍美利在上海老年群体中,特别在周边社区成了交口称赞的"名人"。不少观众致电上海电视台,希望也能加入鲍老师的开心小屋,或者认识一下鲍老师。也有一些街道社区表示要借鉴开心小屋的模式,丰富更多老人的晚年生活。该片也得到上海市委宣传部的高度肯定,认为报道富有表现力和感染力,展示了一个退休老人的音乐梦、公益梦,传递了社会正能量。与此同时,报道还具有典型的社会意义和时代意义。

　　各种类型冒尖的人和事,是否具有报道价值,关键要看是否有典型意义,而要判断其典型意义,就要靠在平时准备中多观察思考,多分析比较。

　　3. 多方增长知识,广泛积累资料

　　随着我国社会主义现代化事业的发展,知识经济时代的到来,记者平时注意积累知识,特别是增长新知识,显得越来越重要了。

　　记者积累知识的途径,首先是阅读书刊,广采博取。广博的知识是靠一点一滴积累起来的,从长远看,读书的过程,就是多方面积累知识的过程。读报(刊)、看电视、听广播、上网,都可以增长知识。再就是结合工作,重点攻关。记者可以边采访边学习,重点涉猎一些知识领域。这样,既能适应采访报道的需要,又能在工作中增长知识。

平时注意资料的积累，诸如科技文献、名人传记、历史掌故、天文地理等资料，从中都可以增长知识，而主要目的是了解过去、预见未来，有的资料则成了新闻线索或用作新闻背景。新华社有位老记者20世纪50年代以来一直从事黄河的报道，人称"老黄河"。他积累的资料相当丰富，对黄河的历史变迁、泛滥防洪、人文典故等都有积累，仅收集黄河地图资料就有一大箱，对黄河的过去和现在了如指掌，他还熟悉沿河各地段的情况，所以采访十分主动。新闻界前辈冯英子1982年参加"长江万里行"采访，24天写了40篇通讯。在这次采访中，所到的地方都与《三国志》和《三国演义》有联系，有很多脍炙人口的传说和故事，他有计划地利用这些资料，说古道今，谈笑风生，不仅丰富了报道的内容，还增加了通讯的生动性和可读性。

记者需要积累的资料是多方面的。

第一，思想理论的积累。

这包括理论观点、方针政策、工作文件，以及记者的观察思考。记者的资料库里必须储存有关问题的经典论述、领袖言论及党的有关方针政策，党报、党刊的重要言论等等。

注意积累问题，可以促使记者不断思考，上下求索。在当前深化改革的年代里，新旧体制并存，各种社会问题相互交织，社会现象纷繁复杂。作为时代瞭望者的记者，有责任与人民群众一起去思考改革中出现的问题，一起去探索改革的前景。记者对新事物和新问题的认识，不是一下子就能形成的。一个印象的凝聚，一个观念的形成，一个时期思想脉络的发展，都会有个从低级到高级的过程，总是从朦胧到明确，从肤浅到深刻，从片面到全面，从不正确到正确。这是一个非常重要的思想积累过程。把这个思想过程随时记录下来，加以分析和总结，将是一笔极其宝贵的财富。因此，记者应及时记下自己的所思所想，记下闪现于脑际的思想火花，并不断加以深化和扩展，这有利于在采访中发掘新的报道主题。

第二，基本情况的积累。

情况明，线索多，进行新闻采访才能主动。情况积累，一般地讲，主要是收集和储存自己采访地区或报道分工范围内的基本情况，即一个地区、一个系统、一个部门、一个单位、一个人物的历史和现状。就一个地区而言，包括人口、耕地、山川、河流、气象、矿藏资源、农作物产量、牲畜头数、历史传统、风俗民情等基本情况；公交、财贸、文教、科技、卫生、基建、乡镇企业等各种数据；本地区各条战线著名的先进工作者和先进单位；以及本地区各行各业相应的基本情况，等等。

如果经常采访某一个系统，则要对这个系统的政治、经济、技术、人事等全面情况有所积累。新华社上海分社有位女记者分工报道上海纺织工业,她对该行业的情况经常积累,摘录了各项基本数据和技术经济指标,以及这些数据、指标同世界主要国家、国内兄弟省市的对比,从而认清上海纺织工业在国际、国内的地位。她还摘录了全系统 14 个行业、400 多家企业的概况、生产特点和在行业中的地位,以及主要企业的新老先进模范人物。为熟悉上海纺织工业的历史,她摘录了从黄道婆革新棉纺织技术,到近代中国工业史上第一家机器棉纺织厂的建立;从 20 世纪 50 年代的工业裁并改组,到 80 年代的调整和联合的主要目录。这些丰富的资料,帮助她在纺织业战线的长期采访中,写出了一系列有价值、有深度的好新闻和内参稿。

2007 年,芜湖以"医药分开"改革为发端的医改,从体制上破除"以药补医"的弊端,切断"医"和"药"之间的利益链,被誉为"芜湖模式"。医改三年,芜湖累计减轻群众药费负担 1.6 亿多元。群众医疗负担虽有所减轻,但药价虚高问题仍然存在,也带来各种质疑之声。2011 年,芜湖又有了新动作:8 月,药管中心更名为"药品医用耗材管理中心",将医用耗材纳入药管中心统一采购和统一管理,同时中心的职能也重新调整;10 月份起,全市含四县的 16 家公立医院全面实施药品零加成销售,当月估算,让利百姓 302.5 万元。《芜湖日报》分工报道芜湖医药行业的记者,长期追踪"医药分开"改革进程,多次随各级部门调研、考察,并深入基层医疗机构采访,写出了精彩的通讯。通讯以采访中听到的质疑为线索,通过主管部门的答疑、释惑,对芜湖医药分开的脉络展开梳理。不避存在问题,将芜湖如何对原有模式重塑、完善,开始对全市公立医院全面实施药品"零加成"销售为代表的"二次改革"层层剥茧,揭示二次改革的核心在于切断医务人员与药品供销商之间的利益链。文章有数字、有实例、有思考、有展望,如果记者本身对医药行业没有深入全面的了解,是写不出这样深入浅出的通讯稿的。①

第三,信息源的积累。

记者要信息灵通,必须有广泛的信息来源。因此,广交朋友,建立可靠的信息网络,也是记者积累的一个重要方面。

分布在各地、各业、各界、各个不同层次的朋友,就是记者获取各种信息的"耳目",捕捉众多新闻信息的触角。朋友越多,分布越广,相知越深,信息源就越充足,越可靠。首先要着眼于众多的采访对象,而且要经常联系,纳入自己的信息网络。此外,还要有目的地结交各行各业、不同阶层、不同类型的人士,

① 陈旻:《医药分开"芜湖模式"探路"二次改革"》,见《中国新闻奖作品选·2011 年度·第二十二届》,北京:新华出版社,第 261 页。

尽量扩大自己的信息来源。

在广交朋友的基础上,有意识地物色一些思想活跃、肯动脑筋、对新闻工作比较关心的人物,同他们保持密切的联系,为自己建立一个"智囊团",这也是积累信息、掌握活情况的好方法。"智囊团"中可以有主管部门的领导及其秘书和身边工作人员,也可以有一般的干部和通讯员。经常同他们聊天,向他们请教,既能够了解形势大局,也能够掌握很多报道线索。同时还应注意借助互联网络扩大自己的信息量。

第四,业务资料的积累。

为提高新闻业务水平,记者还应该注意收集一些业务性资料和语言资料,存在手头,经常翻翻,以便从中汲取营养,充实提高自己。业务资料的积累,具体包括:中外优秀新闻作品资料;新闻采访和新闻写作经验资料;办报(台)工作传统与改革资料;以及新闻研究与交流等方面的资料。至于语言的积累,首先要收集生动的群众语言,这是写活新闻的重要"家底";其次,在阅读中要随时收集格言、警句、谚语、歇后语、顺口溜等等。

积累资料的方法多种多样,不必拘泥于某一种方式。总结众多记者的实践经验,行之有效的方法是建立采访档案,勤写记者日记,以及笔记、剪报和做卡片等。积累资料可以充分借助数字化电子技术,把各种分类信息、学科知识和背景数据存储在硬盘和自己的电脑中。资料积累于平时,使用于报道,厚积薄发,益处多多。

第三节 采访的临时准备

一、临时准备的概念

临时准备,又称采访前准备,即在采访任务确定后,针对具体目标所进行的临时准备工作。作为平时准备的继续,临时准备是微观意义上的一种准备,它直接关系着采访的效率、质量甚至成败。关于临时准备工作,因为已有采访任务在身,时间上比较急促,往往容易被忽视,这就要特别引起注意。诚然,客观世界瞬息万变,有些紧急采访任务是原先料想不到的,这时不可能从容进行准备,但也要争取在采访前,在平时准备的基础上,力所能及地作些必要的临时准备。至于某些物质上的准备,如带好必要的文具用品或摄影(像)机、录音机等,临时再急再忙也不可忘记。

二、临时准备的内容

1.明确报道思想

每次采访,都应明确报道思想,也就是明确为什么要进行这次采访,应该报道什么和不应该报道什么。换句话说,就是要弄清楚关于此次采访报道的意图,包括报道范围、题材重点和其他要求。

在采访实践中,我们常常会发现这样的情况:有的记者接到报道任务后,便匆匆出发,仓促上阵,即使在采访前可以挤出时间,也不愿把精力花在准备工作上,而是凭自己的感觉和经验进行采访报道。应当指出,除非是某些突发事件的紧急采访,这种事先未作准备的采访活动难免带有盲目性,碰对了,也可能完成报道任务,碰错了,就会导致采访报道的失败。

改革开放初期,一位地方报纸的记者到华东沿海农村采访,看到农民捕鱼捉蟹,进行集市贸易,就写了一篇批评"小生产私有观念"与"自发资本主义倾向"的稿件。其结果可想而知,稿件没有被采用,还受到编辑部的批评。为什么会出现这种情况呢?关键在于这位记者在采访前没有认真学习党的有关政策,继续用"左"的眼光看待农村发生的变化。而另一位记者,由于采访前研究党的有关政策,把握了当时的形势,他来到农村后,看到农民摆脱了"左"的束缚,劳动积极性空前高涨,收入增加,生活改善,便及时采写农村改革促使经济发展的新闻,起到了正确的舆论导向作用。

一次,首都一家媒体的记者,要去湖北省襄樊市采访关于落实知识分子政策的经验。为了明确报道思想,出发之前,先是跑到国家科委了解全国科技知识分子政策落实情况以及存在的问题,又到北京市的一些单位找来有关的报告加以研究分析。这样,他就不仅知道全国在这方面有哪些问题亟待解决,工作中有哪些困难,而且知道一些人在哪些问题上存在错误认识。记者掌握了这些情况后,重点采访知识分子在襄樊工业起飞中的作用,这个市的领导干部怎样正确认识和解决有关的问题,终于写出了引起强烈反响的通讯《现代化的觉悟》。

2011年,河北一家媒体的记者,要写一篇河北省科研创新现状的消息。为了明确选题方向,记者深入研究,经过查阅相关资料和求证专家,发现河北基层科技投入严重不足的现状。扎实采访,获得第一手材料;在获得基本数据后,记者并没有匆忙写稿,而是深入到多个县(市、区)的科技部门、企业回访。期间,获得许多真实材料和生动的例证,终于写出了引起强烈反响的消息《基层科技创新遇"无米之炊" 去年我省 28 个县(市、区)财政研发投入为零》。

2. 了解采访对象

在与采访对象接触以前,即在临时准备阶段,记者应尽可能对采访对象有所了解。为什么? 第一,便于打开采访的大门;第二,对采访中的提问和挖掘素材有利。

北京人民广播电台的一位记者,准备采访琵琶演奏艺术家刘德海,便提前去约定。刘德海问记者想谈点什么,记者只提了些笼统的要求:"谈谈您的经历,谈谈您和琵琶相关的有趣的事,还可以谈谈您最近的工作和今后的打算。"几天后,记者再次找刘德海商定采访时间。刘德海问这位记者大概要谈多久?记者回答:"估计半天,可能还不够。谈不完,再找时间。"刘德海见这位记者对他毫无了解,便拿出自己的两篇文章,让记者先拿回去看看再来找他,并意味深长地对记者说:"这里面可能已经回答了你的不少问题。"记者意识到自己的失误,回去后认真阅读了这两篇文章,还找到不少有关刘德海的资料,从熟人那里打听到刘德海的一些情况。当他再次来到刘德海的面前时,对刘德海的情况已经有所了解,谈得十分投机。分手时,刘德海高兴地对记者说:"今天可是倾囊而出了,有许多事连同行们都不知道。"采访结束后,记者一口气写了4篇报道,分别被《人民日报》海外版、中央人民广播电台和北京人民广播电台采用。

由于采访对象的范围很广,既包括新闻事件的当事人和直接参与者,也包括目击者、知情人以及其他与之有关联的人,因此,事先恰当选择采访对象并对其有所了解,这是采访临时准备的一个重要内容。

那么,应当选择了解什么样的采访对象呢?

首先是最熟悉情况的人,即新闻事件的当事人。他们本身就是新闻事件中的新闻人物,或者亲自参与,最了解和熟悉新闻事件的过程和内情,讲的情况最真实可信,并且有权威性和不可替代性。因此,记者在事先或采访中首先要找到他们,以获取第一手材料。

日本利用教科书篡改侵略历史的事件至今已多次发生,20多年前,日本文部省就曾出版粉饰侵略的历史教科书,掀起一股反华逆流,引起中国人民和日本人民的极大愤慨,舆论大哗,我国媒体引用大量历史资料奋起抨击。在众多的宣传报道中,中央人民广播电台江苏记者站的报道十分突出。他们根据史料提供的线索,找到了南京大屠杀中的幸存者——74岁高龄的伍长德老人,搞了个录音报道,用他的亲身经历控诉了日本法西斯惨绝人寰的罪行,痛斥了日本文部省歪曲篡改历史的谬论。伍长德老人是这一事件的历史见证人,在战后曾出席过东京国际法庭作证。请他发表讲话,揭露事实真相,实在是再合适不过的了。

类似的例子,2011 年 9 月,阔别中国 70 载、滞留缅甸超过半世纪的远征军老兵杨剑达历经各种困难,终于得以回老家梅县探亲。《南方日报》记者获得消息后第一时间赶赴梅县,见到了杨剑达以及与他一同返乡的几个子女。通过与杨剑达 3 个半小时的对话,并采访他的家人,记者写出了《中国远征军老兵杨剑达:回家的路走了 70 年》。杨剑达作为远征军这样一个特殊群体中的一员,见证了那段远征军的历史。此次报道记者第一时间掌握了最权威的当事人的材料,掌握了大量生动的细节和故事,因而新闻稿广受海内外媒体赞赏。①

其次,在有些情况下,记者在选择当事人的同时,也不可忽略新闻事件的知情人。例如,采访一位工人奋不顾身跳入河中抢救一名溺水儿童的新闻,记者不仅要选择那位工人和被救的儿童作为采访对象,同时也应选择这次救人事件的目击者。一则是因为救人者和被救者在事件的发生过程中均处于危急状态,不可能顾及其他情景;再则,救人者品德是高尚的,也是谦虚的,往往不愿多谈自己。只有事件的目击者,才能够详细地谈出救人的现场情景,客观地评价救人者的英雄行为。就此事而论,选择当事人以外的知情人作为采访对象,就成为不可缺少的了。

再是多层次多方面的人物。当一个新闻事件发生后,熟悉情况的人很多,在选择采访对象时,不要仅限于某一个层次和某一个方面的人物,而要尽可能地向纵的和横的方面开拓,多层次多方面地选择。如采访一家工厂短期内实现扭亏转盈的新闻,既要找工厂和车间的领导采访,也要找班组长、普通工人、一般干部、工程技术人员采访,还可以找工厂的主管部门领导进行采访。要报道一部轰动的电视剧,不仅要采访导演、编剧、主要演员,还要采访普通的观众、艺术界的专家和知名人士,以及主管部门的同志。不同层次和不同方面的采访对象,观察分析问题的视野和角度不同,他们可以相互补充,把问题谈得更透彻、更全面、更深刻,有助于记者掌握更多、更新的材料,作出准确的判断。有时,还需要有意识地找一些持不同看法的人,不能只喜欢听一种意见,而拒绝听取相反的意见。

三是同一类型采访对象的典型。前些年出现许多个体饮食店,虽然方便了群众生活,但这些小店不太注意卫生。一家省电台记者了解到某县一家经营油条、豆浆的个体饮食摊很讲卫生,想搞个录音报道,树立正面典型。到这里吃早点的顾客很多,找什么样的顾客采访才具有说服力呢?有人告诉记者,

---

① 林旭娜、金强、周煦钊:《中国远征军老兵:杨剑达:回家的路走了 70 年》,见《中国新闻奖作品选·2011 年度·第二十二届》,北京:新华出版社,第 163 页。

附近一家医院的院长常常不自带碗筷来喝豆浆。记者就选择在他喝豆浆的时候访问了他，搞了个成功的录音报道。由于职业的习惯，医生是比较讲卫生的，这位院长到个体户饮食摊喝豆浆，不自带碗筷，足以说明这个个体户饮食摊的卫生搞得好。记者把他作为录音报道的采访对象，实在是恰到好处。

记者事先对采访对象情况的了解，可以包括生活、工作、学习、经历以及家庭、个性、爱好等等，不同的采访对象，了解的侧重点也有所不同。采访政界要人、社会名流，要着重了解其政治生涯及其思想观点、政治主张；采访著名的科学家，要熟悉他们的科研方向和成就；采访作家、画家，要熟悉他们的作品、风格和流派；采访战斗英雄、劳动模范及各行各业的先进人物，要了解他们的功绩、思想品格及其成长道路……采访对象千差万别，但是，采访之前要了解和熟悉采访对象，与采访对象"相识于采访前"则是共同的要求。

3. 收集背景材料

新闻的背景材料，有些可以在采访中收集，有些则需要事先准备，很多记者把收集、分析背景材料作为采访的起点。特别是对一些重大事件、重要人物的采访，要达到高速度和高效率，其背景材料除了平时的积累外，就得靠采访前收集。

比如，1999年6月20日，"黄河娃"朱朝辉驾驶摩托车飞越30米宽黄河壶口河面，对这一海内外较有影响的新闻事件，《北京晚报》记者在采访前就进行了背景材料的收集。在当天见报的消息导语后面记者引述了经过分析的背景材料：1993年，英国"飞车王子"埃迪驾驶摩托车飞越中国长城时，只飞出14米；"亚洲第一飞人"柯受良飞越长城也只飞了13米；两年后，"黄河娃"朱朝辉为澳门回归祖国捧出一片赤诚。很显然，由于收集和引用了背景材料，既显示了报道的倾向，又增强了事件的新闻价值。

2011年6月，越南在我国南海主权海域频频挑衅，这时云南电视台针对南海问题做了一期节目《南海：前世今生》，由于南海问题的行程时间长、涵盖事件多、背景十分庞杂，节目组在仅有的三天前期准备中海量阅读了近十万字文字资料，邀请了国内权威的南海问题专家、资深军事专家、海军少将作为访谈嘉宾，最后做出了饱含心血的节目。这期节目权威深入，很好地梳理了南海问题的历史渊源、主要争端以及解决南海问题的症结所在，传播了中国声音。很显然，由于收集和引用了背景材料，既显示了访谈的倾向，又增强了事件的新闻价值。①

---

① 陈睿、李思娴、张秋荻等：《南海：前世今生》，见《中国新闻奖作品选·2011年度·第二十二届》，北京：新华出版社，第359页。

收集背景材料的主要途径,一是跑图书馆,那里有各类专业的百科全书、名人录、年鉴、地理志等可供参考;二是充分利用单位资料室和记者本人的小资料库,包括录音(像)带、笔记本、卡片、个人电脑等;三是党政机关、社会团体、企事业单位的文件、报表、简报等,也可能成为重要的背景材料。此外,也可以向报道对象索要有关资料,诸如他们的总结材料、情况简报和相关的著述、剪报、照片、实物等。最后是要重视利用互联网络来收集有关的背景材料。

4. 拟订采访计划

采访计划,指记者对于采访活动的基本设想,包括采访的目的、步骤、时间,以及找什么人、提什么问题和采访中可能出现的困难及处置办法等。一般来说,简单的采访活动,大体有个打算和要求即可;重大事件、重要人物、专题新闻的采访,则需要拟订较为详尽的采访计划,以避免盲目性,提高采访效率。

根据已有的线索和初步掌握的情况,列出调查纲目,排一排需要向采访对象提问的问题,这是拟定采访计划应当着重考虑的内容。有两位记者要到山东诸城县采访发展农村商品生产的典型经验,事先就列有详细的调查纲目,共分 3 个部分、10 个方面的问题,包括为什么要选择畜牧业作为突破口、如何解决市场与商品生产的矛盾和怎样打进国际市场,等等。他们还把调查纲目打印出来分发给县委、县政府及有关部门,约请准备材料和意见,共同研究问题。这样,双方心中有数,预先作准备,采访活动的开展和深入便有了较好的基础。美联社记者尤金·莱昂斯曾经采访过斯大林,事先得知会面时间只有两分钟,由于没有准备提问的提纲,结果采访失败了。他回忆说:"在这令人兴奋的最佳环境中,我却没能提出意义重大的问题,对这一点永远感到内疚。"①

美国哥伦比亚广播公司节目主持人华莱士给自己定了个规矩,至少在准备好 30 个或 40 个扎扎实实的问题以后才去采访。他认为,准备提问的问题也是一种训练,如果事先没有充分准备,临时是很难提出问题的。②

此外,记者采访的知识准备工作,大量的要在平时进行,对于一些特定采访对象有关的专业知识,临时还得再作一些准备。

我们这里所说的特定采访对象,一般是指专家、学者、科学家、艺术家,以及一些特殊行业的人物、事件,同时也包括象征中华民族精神、内涵极其丰富的事物。这些人或事往往是共性较少、个性较多,记者平常掌握的知识或是远远不够,或是根本没有。访问这样的报道对象,临时的知识准备具有举足轻重的作用。特定报道对象涉及的知识都比较精深,内涵也十分丰富,掌握这方面

---

① [美]约翰·布雷迪:《采访技艺》,北京:新华出版社,1986 年,第 49—50 页。
② 虞家复:《我想再次采访邓小平——记美国著名电视记者华莱士》,载《中国记者》1987 年第 5 期。

有关的基本知识,就成了对报道对象认识过程的起点。没有这个起点,采访几乎无法进行。

有一次,一位年轻的记者去上海高桥化工厂访问一位老工程师。因为事先缺乏准备,对化工知识知之甚少,提不出重要问题,对老工程师的详细介绍又听不懂,所以交谈20分钟后,记者就感到无法再谈下去,只好匆匆告辞。记者总结教训,认真读了有关化工原理的书,又从侧面了解到这位老工程师的基本情况,得知他最近将催化剂的作用提高到30倍的杰出成就。第二次在工地上访问他时,一见面就直"攻"要点:"国外催化剂的作用,目前效能最多是17倍,您是怎样使它提高到30倍的?"老工程师一听,精神为之大振,立即热情接待记者,畅谈了两个多小时。

访问学有所长、技有所专的科学家、学者、工程技术人员,入门不易,深入更难,因为他们在某一方面的知识一般都达到博大精深的程度,如要深入挖掘,全面报道,更得作长时间的、周密的知识准备。作家(记者)徐迟采访知名数学家陈景润之前,为了弄懂哥德巴赫猜想这个数论中的著名问题,用了几个月时间,钻研包括马克思的《数学手稿》在内的有关数学著作,硬着头皮和数学上某些难懂的问题打交道。另有记者访问生物学家朱洗教授,也在事先翻阅他30多年中写的多达三四百万字的研究专著,才使采访获得成功。

在人类的社会分工中,有从事一般职业的人,还有一些从事特殊事业、特殊工种的人,如微型雕刻家和宇航员等。采访这样的新闻人物,事前的知识准备更为重要,不然,简直无从下手。美联社第一个宇宙航行新闻写稿人、著名记者霍华德·本尼迪克特,为报道"阿波罗"11号宇航员尼尔·A.阿姆斯特朗和埃德温·E.小奥尔德林的登月活动情况,做了长达数月的知识准备工作。他除了阅读浩繁的资料外,还广泛地接触飞行的操纵者、火箭专家、决策者和宇航员本人,向他们学习有关知识。

访人如此,探事亦然,尤其是像采访长城、黄河这类内涵特别丰富、知识包容量特别大的事物,采访前的知识准备更不能有丝毫的疏忽。

新华社摄影记者成大林,早就发誓要"沿长城从头至尾地拍出一套资料照片,让象征中华民族的伟大遗产形象永留人间"。1979年春节刚过,他如愿以偿地接受了采访长城的任务。当来到长城脚下,举起照相机,正要按下快门时,他感到茫然了。浩浩长城,从哪儿着手呢?平时觉得对长城很熟悉,可是今天一接触到它,却又显得那么生疏。长城到底有多长?它的构造如何?长城上的每种建筑物有什么作用?哪个朝代最早开始修建长城?山海关这段长城是不是最早的长城?一连串的问题摆在面前,这些问题涉及历史、考古、建筑、民族、军事等各学科门类。他深感需要知识,需要准备,便毅然放下相机,默默返回北京,重新开始艰巨而又有意义的访前知识准备工作。为了弄清这部长城史,他广泛涉猎,翻阅了大量文献资料,请教了历史学家、考古学家,积累了有关长城的许多活的知识,半年以后,当他再次踏上征途,重新开始考察长城的工作时,与半年前的情景大不同了。这一次,他凭着胸中的知识、手中掌握的资料,以山海关为起点,东到辽宁绥中县,北到河北抚宁县义院口,南到北戴河、秦皇岛,首先考察明代长城,然后逐段考察其他朝代修筑的长城,拍摄了两千多张资料片,结集出版了中英文对照《长城》画册和英文《长城》画册,以及《中国长城大事年表》、《长城史话》等专著。

[本章教学参考]

一、教学目的与要求

本章讨论采访为什么要有准备和采访准备的内容。教学的目的,是使学生提高对采访准备工作的必要性的认识,重视做好采访的平时准备,并根据特定的采访任务做好采访前的临时准备。

学习的具体要求:

1. 充分认识采访准备的必要性,弄懂采访准备的实践意义。

2. 理解采访平时准备和临时准备的概念和相互关系。

3. 切实掌握采访平时准备的内容及要求。

4. 深入掌握采访前临时准备的内容。

本章在教学上注重启发性,即在讲解清楚采访准备的必要性及其实践意义的基础上,主要是从不同侧面介绍有关事例,以使学生加深对采访要有准备的理解并展开讨论。同时,强调和引导学生重视培养采访平时准备的习惯;结合实际的或模拟的采访任务,进行临时准备的操作练习。

二、基本知识点

1. 采访准备的实践意义。

2. 采访的平时准备。

3. 采访的临时准备。

三、内容提要

从广义上讲,新闻采访活动,包括准备阶段和实施阶段。作为采访活动必经阶段,记者在采访前进行认真而周密的准备,有利于提高采访效率,甚至是保证采访成功的必要条件。新闻采访,要在尽可能短的有限时间内,了解清楚事实真相及其来龙去脉,要结识各种各样的采访对象,采访涉及的范围广泛、内容繁杂,记者的知识结构就需要不断更新与补充,因此要求记者倍加重视采访准备工作。

采访准备的实践意义主要表现在:可以增强记者的新闻敏感;做好准备是接近采访对象的第一步;能尽快拉近与采访对象的感情距离;有助于开拓采访的深度和广度。

采访准备工作可分为平时准备和临时准备。二者有机联系、互为补充,平时准备是临时准备的基础,临时准备是平时准备的继续。采访的平时准备和临时准备是本章的重点。平时准备的内容:学习理论政策,认清当前形势;了解全面情况,掌握社会动向;多方增长知识,广泛积累资料。

采访临时准备的内容:明确报道思想;了解采访对象;收集背景材料;拟定采访计划。此外,有时还需要对某些特定的采访对象进行知识准备。

四、思考与作业题

1.采访的基本任务是什么?需要充分搜索的新闻素材包括哪些方面?

2.采访平时准备和临时准备的关系如何?

3.采访平时准备主要包括哪些方面的内容?

4.采访前的临时准备主要包括哪些方面的内容?

5.结合采访实际,举例分析重视与不重视采访准备的不同后果。

6.你有无积累和运用资料的习惯?有些什么体会?

7.自己选择一个新闻线索,试拟定一个简要的采访计划。

第三章　实施采访三步骤

　　新闻采访活动的实施,一般来讲,需要经历三个步骤,即寻找新闻线索、识别新闻事实和采集新闻素材。当然,实施采访的三个步骤,也只是就大体而言,实际上并不能截然分开。有时,采访前已经掌握线索,那就可以循着已有的线索展开活动;或在识别新闻过程中发现新的线索;或根据采集到的素材重新识别新闻。

第一节　寻找新闻线索

一、线索和线索的作用

　　采访活动的实施,通常是从寻找和获取新闻线索起步的,即便事先已有线索也还有个落实的问题。新闻线索又有两种,一种是笼统的指向性线索,譬如哪里"效益农业"搞得好,哪里的国企体制改革有突破;一种是具体的事件线索,譬如某项体育大赛将在某地举行,一家研究单位培育成功品种优秀的"太空水稻"。

　　新闻线索也称采访线索、报道线索,是新闻事实发生和变化的一种信号、一种征兆,反映了事实的简略轮廓或一鳞半爪。线索,可能是一句话、一件物品、一组数字,也可能是一段材料、一种动向、一个景象,它对新闻事实的反映是不完整、不稳定的,有时甚至是不可靠的。实际情况到底怎样,究竟是怎么一回事,这都要在实地采访中加以验证。尽管新闻线索不等于新闻事实,而且含有种种不确定因素,但它隐约显示"发生了什么事"或"可能有个什么事",记者正是抓住线索才一步一步地采访到新闻的。

　　为什么说寻找线索是实施采访的第一步骤呢?

首先,线索是记者发现新闻的"窗口"和依据。新闻线索作为一种简单的、模糊的信息,通常表明已经或将要发生什么样的新闻,记者事先获得线索,从中生发新闻的敏感,这对于进行有效的采访活动是十分必要的。

山东潍坊电视台记者"听了一句话,抓到一条新闻",就是实例之一。青州农民李洪儒是当地的种花大王。1997年初,记者听说他也上了互联网。农民"上网"在当时当地是破天荒的事,这一线索当即使记者意识到可能是一条大新闻,它反映出中国农民通过网络走向国际市场的崭新风貌。后经农业部证实,李洪儒确为中国农民上网第一人,记者跟踪采访,终于采写了消息《李洪儒互联网上开花店》,获当年中国广播电视新闻一等奖。在"中国电视奖"1995年获奖作品中,有一条荣获短消息一等奖的《抢险工地老鞋匠》。报道中讲到,在湖北黄梅县的"八一"大堤上,一位老鞋匠挂了一块红牌子,写着"为战士服务——钱免"几个大字。这条从一件小事反映军民同心抗洪的新闻,也正是记者依循"一块红牌子"的线索"挖"出来的。

再比如,2011年4月的一天,《贵阳晚报》的记者在医院看望病人时,偶然听到几位护士闲聊:儿童用血太浪费,一袋200ml的血,输进50ml后,剩余的150ml就直接扔掉。这一线索当即使记者意识到可能是一条大新闻,事关民生,一方面,近年来"血荒"频发,各媒体集体呼吁积极无偿献血。而另一方面,如果情况属实,我国的用血制度是否存在漏洞,造成大量血源被白白浪费。随后,记者暗访了贵阳各大医院的儿童病房,发现多起浪费血源的案例,证实"护士闲聊内容"非虚。记者就这一问题对医生、血库工作人员、血液中心相关负责人以及无偿献血的爱心人士进行了深入采访,最终探到了事件的原委,提出"开源尚需节流"的思考,以及如何改变现状的建议。在第二十四届中国新闻奖的获奖作品中,有一条荣获电视消息二等奖的《21张火车票 敦煌全城找主人》。报道中讲到,敦煌当地的热心人通过几个小时的奔波,寻找被丢失的火车票的主人。当大多数媒体在关注"黄金周"游客数量创新高时,甘肃省广播电影电视总台的记者本来也准备去采访景区的,在路上的时候,却无意中发现敦煌全城所有出租车的顶灯上滚动着一条相同的寻找火车票失主的信息,很是纳闷,觉得这其中一定有新闻。正是记者凭着多年工作的新闻敏感,紧追不舍,才使得这条正能量的新闻报道在众多景区新闻报道中脱颖而出。

其次,线索的潜在价值决定新闻价值。新闻线索不仅显示哪里有新闻或者可能有新闻,可以为记者的采访指明去向和目标,而且往往"线索好,新闻就好了一半"(新闻界语)。有的记者说,写稿子有时费力不讨好,有时讨好不费力。究其原因,主要在于线索选择得怎么样,如果线索本身的意义就不大,又没有什么新的发现,那么,记者在采访中再怎么下功夫,也肯定采访不出有价值的新闻来。如果手头的线索好，就可能出好新闻，记者就会来劲，工作更加主动，采访的成效也大。

1999 年中国新闻奖获奖消息——《泉州发现数万年前"海峡人"化石》，它所报道的事实，证明台湾海峡数万年前是与祖国大陆连为一体的陆地，台湾早期人类是从大陆迁移过去的。消息结尾部分写道：此次在台湾海峡发现的近 3 万年前的人类化石与文化遗物，充分证明了台湾最早的人类和文化来自祖国大陆。"海峡人"化石和文化遗物的发现，为闽台原始人类行为、体质特征、迁移方式的研究和文化对比提供了重要的材料。

《泉州晚报》登载的这条消息，及时报道台湾海峡考古重大发现，不仅具有重要的科学研究意义，而且有力地驳斥了喧嚣一时的"两国论"，有着重大的社会政治意义。[①] 这条轰动海内外的消息是怎么采写出来的呢？据介绍，读者给编辑部打来电话，反映石狮市渔民从海底捞到动物化石。记者（原系历史专业副教授）敏感到这一新闻线索的重要性，立即与考古工作者赴实地考察，结果发现一件疑是人类骨骼的化石，经有关专家鉴定，证实该化石为晚期智人男性右肱骨，距今已约 1.3 万～2.6 万年，并被命名为"海峡人"。由此可见，某些重要报道的新闻宣传价值，很大程度上取决于记者事先掌握的线索。

2011 年 8 月 24 日，北京人民广播电台播发的一篇广播专题——《日坛边上的大型会所，你到底从哪儿来？》，记者抓住一个极具普遍意义的选题，即公园用地被越来越多的经营性、非公益性建筑侵占，并且勇敢地把它披露了出来。报道结尾部分写道：而事实上在日坛公园四周，已经遍布了近二十家大大小小的餐厅、会所、俱乐部、商店、仓库、货运打包站，院墙的概念已然变得非常模糊，而在记者对本市其他公园的采访中发现，这种状况随处可见。照这样下去，不知道公园最终将会姓"公"还是姓"私"？报道体现了媒体正确行使舆论监督的职责。

这篇专题的选题来自该台新闻热线，听众反映拥有全国重点文物保护单位"日坛"的日坛公园内正在兴建一处大型建筑。记者到现场后发现了问题的严重性，立即从热线报道，转为做专题。由于工地方面始终将记者拒之门外，记者一方面查找大量档案资料从外围突破，同时也长时间在工地外守候，终于录制到工地机电工程负责人、消防工程负责人等关键性人物的声音。在近一个月的采访过程中，记者不放过任何疑点，不折不挠、全面深入地采访了相关监管方各具意味的回应，层层披露的事实，为听众抽丝剥茧，触及谜底。节目播出前后，始终伴随着相关方的媒体公关，施加压力。专题播出后，连续数日

---

① 见《中国新闻奖作品选》(1999·第十届)所附资料，北京：新华出版社，2000 年。

大批听众打进新闻热线,反映自家附近公园被侵占的情况,这说明节目中报道的问题普遍存在,河北、山东等地的公园也有营利性场所在不断建设,个别地方侵占的范围还在不断扩大。由此可见,某些重要报道的新闻价值,很大程度上取决于记者事先掌握的线索。

另外,记者掌握新闻线索的情况怎样,对采访活动有着直接的影响。如果记者手头的线索又多又好,选择的余地就大,甚至可以好中选优,这样,记者就会工作主动,采访的成效也会大。如果记者手中缺乏线索,那就会着急、发愁,不知该怎么办才好,有劲也使不上。

二、获取线索的多种渠道

我们知道,新闻的本源是客观事实,新闻线索的本源当然也是事实,即人民群众的社会实践,丰富多彩的社会生活。所以,到实际中去,到群众中去,这是获取新闻线索的根本途径。

记者要获取新闻线索,除了直接深入实际、深入群众去寻觅以外,应当开阔视野,从多方面着眼,广开线索的间接来源渠道。

记者获取新闻线索的渠道主要有:

1. 组织渠道

又称上级渠道,各级党政组织,特别是上级领导机关,掌握形势、政策,了解全局情况。因此,来自党和政府的决策、决议,来自领导同志的谈话、报告、批示等,往往会分析当前的形势,阐明当前政治、经济、文化生活中的主要情况和问题,并且提出新的任务和努力的目标,提出解决问题、完成任务的指导方针与政策措施。这些既反映了当前的客观实际,又预示着一个时期将要发生的重要事情。

记者通过组织渠道,学习领导机关的决策、批示,聆听领导同志的谈话、报告,不但可以及早领会新的精神,明确报道的方向,从中可以发现重要线索,而且还可能产生某种预见性。在领导同志的谈话中,还常常会涉及一些典型的人物、事例、经验,或者对某些报道所作的提示。这样,记者就更能直接得到值得采访的新闻线索了。

2. 书面渠道

各种书面材料,包括领导机关所发文件,各个部门的工作总结、业务简报、情况反映,以及读者(听众、观众)来稿来信等等,通常反映群众的社会实践情况、成绩、经验和存在的问题。记者阅读这些书面材料可以从中发现新闻线索。人民日报记者采写的通讯《一个共产党员的信仰——李海成73次告状记》,被誉为新时代的"正气歌"。这篇通讯的线索就出自一封群众来

新 闻 采 写 基 础

信。写信人李海成是原河北衡水铁厂炼钢车间党支部书记、车间主任。他不忍心看到铁厂在下马中遭到严重破坏，坚定地同各种歪风邪气作顽强的斗争，连续72次给各级领导机关写信，最后写给《人民日报》的信已经是第73次了。

《浙江之声》于2013年5月8日至5月10日播出的广播系列报道《机器换人改变浙江制造》也是一例。这是一组获得第24届中国新闻奖的作品，线索来自浙江省委、省政府领导机关关于推进"555"计划机器换人的相关决策和经济发展的工作总结，"机器换人"的决策是针对东南沿海地区近年来出现的用工荒的问题，而浙江还面临着三个70%的困境：70%的劳动力为初中以下低素质人员，70%的河水断面为劣三类水质，70%为粗放低效的传统产业。如何打破这70%的魔咒？浙江省委省政府提出"机器换人"，尝试走出一条可持续发展的浙江之路，为全国做出表率。随后，在全国各地陆续开展用机器节省物力、人力、财力的尝试，有效解决用工荒的同时，也对环境改善起到推动作用，更是整个工业良性循环的催化剂。而这组系列报道也让老百姓对当前政府在做的工作、经济发展方面的变化和成效都有了很好的了解。

3. 社交渠道

作为社会活动家的记者，应该结交各个方面的朋友，把新闻"触角"伸向四面八方，形成一个纵横交错的信息联系网络，使自己成为"消息灵通人士"。所以对记者来说，多交一个朋友，就像多一个耳目，多一个消息来源。

中央人民广播电台上海记者站一位记者，就从朋友那里得到了许多可贵的支持。据介绍，一个星期天的晚上，这位记者在电车上遇到陈中伟医生和他的夫人。陈中伟是我国著名的骨科专家，记者多次采访过他并成为朋友。在交谈中，得知陈中伟要去美国参加一个重要的学术交流活动——克柴琴纪念演讲。随后又了解到，这次陈中伟是作为中国医生应邀前往演讲的，也是东方国家和发展中国家的医生第一次走上这个世界学术界权威性讲坛。陈医生回国后，记者马上去采访，先后发出较具影响的消息和通讯，还写了有重要参考价值的"内参"。

4. 会议渠道

2011年5月30日，湖北省委宣传部召开的一次会议上，副部长文成国谈到枝江市一位老党员退休20多年坚持免费服务"三农"。就是这么简短的只言片语中，记者挖出了一条重大人物典型的新闻，随即赶往枝江，得知其事迹确有重大报道价值，编辑部迅速制定了报道方案，成立了专题采访组，多角度、全方位、有章法地策划和推进报道，写出了一系列优秀的报道作品，形成了专题稿件《棉花奶奶 党员本色》。

此例表明,领导机关和各部门召开的会议,特别是像党代会、人代会和政协会议,以及各种工作会、先进表彰会、学术讨论会等,往往聚集了领导干部、先进人物、知名人士和各方面代表。这些会议常常是讨论党和政府的重大决策,或集中汇报、总结实际工作和研究解决问题的场合,是记者了解情况、获取新闻线索的好机会。记者除了完成会议本身的报道之外,可以利用会议的空隙时间,广泛接触与会人物,捕捉新闻线索。同时,从会议发言、简报及其他会议材料中,也能捕捉到线索。

5.传播渠道

平时,记者听广播、看电视、阅读报纸杂志、上网浏览,通过这些大众传播媒体,能从已发表的新闻和文章中,引出可作持续或深化报道的线索;或者从别人的报道中得到启发,产生联想,引申出新的线索来。

《人民日报》曾经转载台湾《中国时报》刊登的一封信,是台湾女作家康芸薇写给在大陆的母亲的。当时台湾与大陆民间的联络和往来还比较少。新华社记者面对海峡两岸人民盼望祖国早日统一的大背景,感到这是一个很有价值的线索。记者追踪采访,终于在四川成都找到了这位女作家的亲人,并获得了许多充满骨肉深情的材料,其中有一张家庭照片更是寓意深长。这张照片是康芸薇在大陆的姐姐、妹妹和弟弟三人,读过报上的那封信以后刚刚照下的。照片上康芸薇的姐姐和妹妹之间,空着一个位置,是特意给这位女作家留着的,因为康芸薇在兄弟姐妹中排行第二。女作家的姐姐还深情地在照片上题了四个字:"何时补齐!"随后,记者就以这张家庭照片为由头,写出了一篇既有思想深度又生动感人的通讯《"何时补齐!"》。

2011年12月2日,中国广播网民声博客博主毕国昌发表博文《孩子啊,你也太可怜了》,讲述了四岁小女孩在父母残疾后,用稚嫩的肩膀撑起破败之家、照顾双亲的故事。民声博客编辑看到这篇博文后,立刻与博主毕国昌取得联系,核实博文所写事实。与此同时,将该篇博客推送到民声博客和中国广播网首页,并且经编辑整理后发布到中广网图片频道和民声社区首页。通过网络的传播,越来越多的网友和媒体开始关注小孙悦的事情。中国广播网迅速成立报道组,两位记者前往黑龙江小孙悦的家里实地采访,先后发回11篇视频报道,前方记者做好报道的同时,后方编辑也积极策划,推出名为《爱,八方来——爱撑起四岁娃娃的家》的专题。专题以记者的报道和网友的互动为主要内容,以图文、视频报道的方式,全面、详实地展现了"一家有难,八方支援"的故事。

记者就以这篇博文为由头,采写了一系列生动真实的报道。如果记者平时不注意留心网络博客,是不会发现这样一条有价值的新闻线索的。

　　以上是从间接来源寻找新闻线索的几种渠道，其实，寻找和获取线索的渠道远远不止这些。常言说："处处留心皆新闻。"有不少新闻就来自日常生活之中，一些记者在乘车、购物、逛公园、坐茶馆时，也能抓住有价值的新闻线索。有的线索一时用不上，或者还不成熟，还可以储存起来，等时机一到，便可以顺藤收"瓜"。

第二节　识别新闻事实

一、怎样识别新闻

　　客观世界发生的事实能否成为新闻，怎样的新闻值得报道或不宜报道，记者对此有一个识别过程，也就是发现和选择新闻的过程。这是实施新闻采访的一个重要步骤。在采访中获得新闻线索，仅仅是发现新闻的开始，真正发现并认识新闻还需要深入采访。怎样才能发现新闻和认识新闻？对一个记者来讲，关键是要有新闻敏感，同时涉及有关的新闻观念问题。

（一）关于新闻敏感

　　新闻敏感的概念，在前面已有简要的说明，这里再补充作些阐释。在西方，新闻敏感又称"新闻鼻"或叫"第六感官"。意思是说，记者比常人多长了个"鼻子"，能够嗅出哪里有新闻。说起新闻敏感这种顿悟性思维活动，似乎很"玄"，只可意会，不能言传。其实，它是识别新闻的一种能力，综合反映记者的思想与认识水平、实际工作经验，以及对客观事物的观察、判断能力。作为记者必须具有新闻敏感，这是记者的一种宝贵的职业素质。1942 年 6 月，斯大林曾经强调指出："教给工人通讯员和农村通讯员某些最低限度的新闻技术当然是必要的。但是主要的不在这里。主要的在于使工人通讯员和农村通讯员在自己的工作进程中学习，并锻炼出新闻记者——社会活动家的敏感，没有这种敏感，通讯员就不能完成自己的使命。"[①]

　　至今，我们还清晰地记得，20 多年前关于"小平您好"那则报道。那是1984 年，在天安门广场举行建国 35 周年庆典，现场盛况展现党的十一届三中全会后方方面面的成就，值得报道的题材很多，记者从中突出报道庆祝游行队伍中高举"小平您好"横幅前进的镜头，当即在全国引起广泛热烈的反响，集中反映了各族人民对改革开放总设计师邓小平的拥戴之情。记者是怎么抓到这

----

　　①　引自斯大林：《论工人通讯员》，见《斯大林全集》第 6 卷，北京：人民出版社，1956 年，第 229 页。

样一条重要新闻的呢？说到底，是新闻敏感在起作用。

据说，在国外有过这样的事：某城市将有全国知名歌唱家前来演出，当地一家报社编辑部主管即让记者采访。记者当晚赶往剧院，只见关门大吉，原来这次演唱会已因故停止，便回家睡大觉去了。第二天早上上班，编辑部主管没等记者把停演缘由说完，大声申斥道："笨蛋！因故停演的背后就有新闻，你看看别的报纸不都报道了吗?!"这一传闻，尽管涉及的并非什么大事，却说明记者有无新闻敏感所造成的不同后果。类似的例子，2010 年 4 月初，宁德电视台播出了一条新闻一周仅有两人向市红十字会献爱心，当时记者本意是想表现宁德市民为西南干旱地区献爱心，不料到现场了解到，献爱心的只有寥寥两人，有些记者仍然按照原有的采访预案执行，结局是无功而返。但好在宁德电视台的记者及时变换思维方式，运用发散思维思考为什么会出现这样的尴尬局面，通过街头采访了解到，多数市民并不知道市里正在开展爱心捐助活动，也不知道通过何种途径献爱心之后，记者通过采访红十字会负责人，呼吁大家行动起来捐助灾区人民，这样的报道就比较成功。

这位通讯员说的缺乏从变化中抓新闻的敏锐性，正是我们要讲的新闻敏感。

根据国内外新闻学者研究，新闻敏感通常包括以下 4 种判断能力：

1. 判断某个事实能否引起读者（听众、观众）兴趣的能力

记者采访的新闻最终是向公众传播的，读者（听众、观众）对所传播的新闻是否感兴趣，就成为判断新闻价值的一个重要标志。这里讲的"兴趣"，即读者（听众、观众）的共同兴趣，而更重要的是指广大受众的关心与注意。正如有的同志指出的，我们的敏感，首先就要表现在对人民群众精神和物质需要保持敏锐的注意力方面。

2. 判断同一新闻事件的许多事实中，哪个最重要、哪个次之的能力

如果我们把新闻事件比作一座矿床，把新闻价值比作矿藏的话，那么，正如矿藏在矿床中分布是不均匀的一样，新闻价值在新闻事件中的分布也是不均衡的。记者凭新闻敏感，不但能够从大量纷繁复杂的事实中，发现具有新闻价值的事实，而且能够从同一新闻事件的许多事实中选择出最重要的事实，而不是胡子眉毛一把抓，以为"拣到篮里就是菜"。

3. 判断某一个线索是否可能导致重大新闻发现的能力

在复杂多变的社会生活中，新闻事实常常被一些不大起眼的现象掩盖着。不过，它也必然会露出种种蛛丝马迹来。这种种蛛丝马迹就可能是发现新闻的线索，记者可据此以新闻的视角辨别、判断事实，看它值不值得报道。

4.判断在已发表的新闻中,哪些同记者收集到的情况有关,从而发现更重要新闻的能力

任何事物都是互相联系的,又是不断发展的。具有新闻敏感的记者,有时从某条新闻所提供的信息中,可以产生丰富的联想,或循迹追踪,进行连续报道;或进而在事物变动的较深层次上,发掘出更有价值的新闻来。

从上述论断,我们可以认为,新闻敏感的作用,集中表现在见微知著,迅速获取线索,进而认识和抓住新闻。一般来说,记者有了新闻敏感,也就具有了一双非凡的"慧眼",可以从大量变动着的、纷繁复杂的普遍事实中,"一眼"就把新闻事实识别出来。除此以外,新闻敏感还有利于选取最佳报道角度。这里讲的角度,是新闻角度,也称报道角度。它是记者在采写新闻时挖掘和表现新闻事实的着眼点或侧重点。任何事物都具有多面性,"横看成岭侧成峰,远近高低各不同"。记者因时因地制宜,善于选取最佳角度,就能把新闻事实的价值最大限度地发掘出来。

新闻敏感是记者职业的一种特殊素质,有无新闻敏感,新闻敏感的强弱,这同记者的悟性即所谓"天分"不无干系,而主要的是靠在实践中培养、磨练。记者的新闻敏感集中表现为一种顿悟性的思维活动,就是突然闪现出来的某种新念头、新认识,或者说是一种直觉、一种灵感。它是记者头脑中潜藏着的某种信息(即主体信息),突然同外界的有关信息(即客体信息)发生联系和撞击之后,在极短的时间内所产生的一种思想认识上的突破或飞跃。从心理学的角度来看,具有新闻敏感的记者,大脑常常处于一种积极的思维状态——激活状态,即对外界相关的客体信息显得特别灵敏。如果记者突然间看到、听到或感触到某种客体信息,与记者头脑中的某种主体信息是"相通"的,那就会像"条件反射"一样,顿时产生一种强烈的反应。因此,按照辩证唯物主义的科学观点,新闻敏感完全可以通过在实践中培养训练而获得,也只有经过长期的实践锻炼和经验积累,新闻敏感才能逐步培养起来并不断增强。

根据新闻实践所积累的经验,培养新闻敏感,这种记者职业的敏感,应从以下几方面努力:

1.提高政治上的敏感性

新闻工作的政治性极强,新闻敏感首先是政治上的敏感。记者从事采访报道,首先要从政治上权衡利弊,并以维护某种政治利益作为基本准则。我们的记者,应当努力学习马克思主义的基本理论和党的主张、政策,加强政治上的敏锐性和洞察力,使自己的政治眼光逐步敏锐起来。许多记者的实践经验都告诉我们,记者的思想政治水平越高,新闻敏感也就越强,捕捉新闻的本领就会越大。

2.要懂得新闻价值

记者是不是懂得新闻价值,直接关系到能不能发现新闻。在社会生活和自然界的种种事实中,只有具有新闻价值的事实才能构成新闻,如果记者不懂得新闻价值,那就不能准确地判断是不是新闻,或者是不是重要新闻。所以,记者要弄懂并树立正确的新闻价值观念,学会运用新闻价值的尺子去衡量事实,这是培养新闻敏感的一个重要方面。

3.接触实际,注重实践

新闻产生于客观实际,社会生活是新闻报道的源泉。记者只有广泛接触实际,把握社会实际情况,了解广大群众的思想动态,同时增强自身的工作责任心,时刻把社会生活中的各种信息同记者职业联系起来,养成随时随地采访的职业习惯,这样,才有可能触发新闻敏感。

4.勤于思考和积累

思考出"灵感",实践长才干。勤于思考,就要注意积累知识和情况,如果记者头脑中的积累贫乏,那么,思维的空间就必然狭小,不容易产生联想,更难以产生创造性思维。因为记者头脑中积累的程度不同,外界的信息在头脑中引起的反响就不大一样,头脑中知识和情况积累丰富,平时"心中有杆秤,遇事有个比较",触发新闻敏感的机会就多了。

(二)关于新闻观念

采访活动受观念的制约,新闻观念正确,方法对路,新闻才能抓准,观念上出了偏差,必然抓不到真正的新闻。就如何发现和识别新闻而言,通常需要弄清楚这样几个观念问题:

新闻与历史——

新闻是明天的历史,历史是昨天的新闻。全国解放前夕,关于我三十万大军胜利南渡长江的报道,在今天已经是历史,在当时是重大新闻;深化改革、扩大开放,如今是鲜活的新闻,今后则是重要的历史。有过一种观点,认为以往的事,人们不知道又想知道的,同样也可以成为新闻。照此推理,一些古代秘史,或类似电影中的"城南旧事",岂不都成为新闻了吗?!如果旧闻往事可以成为新闻,这就改变了新闻作为新近事实的报道这一性质,把新闻与历史混为一谈了。《新闻出版报》曾发表署名文章,就一家地方报纸报道北京建成某名人纪念馆一事,指出其事实的发生已经过去多时,这已不是什么新闻,而是成为历史的旧闻。

新闻与历史都以纪实为己任,二者的区别仅仅在于"时限",即事实发生的时间界限。记者和史家都在据实记事,在这一点上,他们没有什么不同,记者的笔也应该是史家之笔。不同的是,记者主要着眼于信息的传播,记述新近发生的事实,史家则注重存史,记载历史上曾经有过的事实。时不我待,机不可失,我们应当确立新闻的时效观念。正确区分新闻与历史的界限,别把历史当新闻,目的就是要及时传播反映事物最新变动状态的信息。

如果报道失时,时过境迁,新闻就成了历史,而历史并不提供即时信息,只是反映过去了的历史事实。

新闻与宣传——

新闻与宣传作为两种社会现象,相互有着内在的联系,而且往往融为一体,但不是一回事。新闻是事实的报道、信息的传播,而宣传是观点的表达、倾向的显露,事实(新近的或过去的)只是论据。

过去讨论新闻的功能,一般强调新闻宣传,突出宣传功能。新闻是有倾向性的,新闻在社会上广泛传播,影响舆论,引导舆论,的确起着有力的宣传作用,所以新闻媒体历来是我们党的重要的宣传工具。需要指出的是,新闻重在告知,传播信息是新闻的基本功能。新闻也正是透过信息的传播,从而起到宣传作用的。摆脱或者游离信息传播功能,仅靠论证说理来进行宣传,新闻不成其为新闻,也就谈不上新闻的宣传作用了。当然,在媒体上需要刊播直接宣传观点、倾向的稿件,但那不是新闻报道,而是言论或文章。

改革开放后,以经济建设为中心,构筑社会主义市场经济体制,沟通和交流信息的需要日益凸显出来,新闻的基本功能是传播信息这一观念,在新闻界也较快地得到认同。1984年9月,邓小平同志为《经济参考》题词:"开发信息资源,服务四化建设",从此更大大提高了我们对新闻工作开发和传播信息的认识。

新闻与文学——

记者的采访跟作家采风,目的各异,要求不同。记者着眼"事实的真实",为新闻报道而采访;作家则求"艺术的真实",为文学创作而采风。

诚然,借鉴和运用文学手法,可以使新闻更具感染力,并富有审美价值。但是,各种文体包括新闻与文学,都有其质的规定性,量变幅度超越规定范围,势必导致质变。从采访到写作,新闻文学化倾向就存在这个问题,常见的表现是把文学的夸张、虚构和典型化引进新闻报道,甚至提出新闻是"信息载体+艺术品",认为"新闻作品应该既是信息载体,又是可供鉴赏的艺术品"。这种所谓的新观念,混淆了新闻与文学的界限,显然是站不住脚的。

新闻作为事实的报道,真实是新闻的生命,惟其真实,才有可能提供信息服务,满足人们的信息需求。新闻文学化倾向的要害,就在于它动摇甚至抹煞新闻赖以生存的真实性原则。新闻依据事实所传播的信息,完全是真实的、确定的;文学则不然,它是通过杂取合成,虚构典型环境中的典型形象。新闻的真实和文学的真实,二者有其根本性质的区别。某些新闻通讯,尤其是特写、报告文学,鉴于特定的事实内容和体裁特点,写人状物,叙事抒情,可以而且提倡借鉴文学手法,运用某些艺术技巧,但也有个"度"的限制,否则新闻就异变成了文学作品。

二、新闻选择两大标准

记者在发现可以成为新闻的事实之后,紧接着的任务,就是对新闻事实作进一步的辨别和选择。

新闻是一种社会意识形态,是某一信息的公开传播。因此,新闻选择不是一种随意性行为,不能以个人的主观意志为转移,而是有严格的标准作根据的。当然,持有不同的阶级立场、不同的政治倾向,或者在不同的国家和民族,新闻机构对于新闻的选择会有不同的具体要求;即使在同一国家、同一立场的报纸、广播电台、电视台,由于传播特点和对象的不同,各自在新闻的选择上也会有所差异。

新闻的选择,总的来讲,主要有两个标准,一个是新闻价值标准,一个是新闻政策标准。客观事实既具备新闻价值,又符合新闻政策,才能最后成为可供传播的新闻。也就是说,新闻要经过两道筛选,头一道要看某个事实是否具有新闻价值,值不值得报道;第二道就要看是否符合新闻政策,对社会将产生什么样的效果。只有新闻价值标准与新闻政策标准的和谐统一,才是新闻的最佳选择。在我们社会主义国家,新闻价值与新闻政策的结合点,就在于对党和人民的事业有利。

(一)新闻价值

客观事实是不是具有新闻价值,这是记者在采访中遇到的第一道选择,也是最基本的选择。如果没有新闻价值,那就不成其为新闻了。

新闻价值问题,在新闻理论课已有详尽的阐述。这里,我们从实践的角度,着重就新闻价值诸要素再来扼要地作些说明。

在我国新闻界,大家比较公认的新闻价值要素,主要包括新鲜性、重要性、显著性、接近性。

1.新鲜性

这是新闻价值的首要因素,因为新闻所报道的是新近发生和人们未知而欲知的事实,只有新鲜的事实才可能具有新闻价值。新鲜性包括两层意思,即时间新、内容新。一条新闻,时间上距离事实发生(变动)的时间越近,内容上包含人们的未知因素越多,就越有新闻价值。内容新又以时间新为前提,原本新鲜的内容要是报道耽误时效,就会降低甚至失去新闻价值。据说西方媒体划有一条"死线",发稿过了时间就不能用了。我们的新华社在改革中也作了规定,记者必须在事件发生后两小时内把新闻发到总社。

2．重要性

所谓重要性,是指某个事实既为广大受众所关注,又能对社会产生较大的影响。比如,党和国家的大政方针,有普遍意义的典型,重大的社会事件,等等。事实越重要,新闻价值越大。比起其他的新闻价值要素来,重要性更能体现记者的政治观点和思想倾向。有一些新闻,事情虽小,但能"以小见大",同样具有新闻价值的重要性因素。

3．显著性

这里指新闻事实具有不同一般、超出一般的性质。显著性通常表现在:一是人物、地点、事件的著名。平反一般人的冤假错案,影响不大,构不成新闻;可是著名的经济学家马寅初的错案被彻底平反,恢复名誉,并且肯定他关于节制生育的新人口论的正确,这就是大新闻。大寨也不吃大锅饭了、长江抗洪战士的事迹,这样的报道,则因其地点、事件的著名而引人注目。再是事物程度、数量的显赫。无论人物或事物,如果发展、变化达到某种与众不同的程度,就会由于突出、拔尖而变得显著起来,比如,某位运动员在国际大赛中夺魁,某县某乡粮棉产量破历史最高纪录等。另外,某些罕见、稀奇的事实,也都可以其显赫性而成为新闻。

4．接近性

接近性是指某个事实因和读者(听众、观众)有某种关联而产生"亲近"感。现在,世界新闻事业出现了一种向着区域化、专业化发展的趋势,其重要原因就是受接近性这个新闻价值要素的影响。接近性主要有地理、职业和年龄、性别等方面的接近,这又都与心理接近相联系。心理上的接近,就是报道的事实能同受众喜怒哀乐共鸣,从而产生一种特有的魅力和吸引力。

此外,趣味性、人情味等,也可能构成新闻价值的一种因素。趣味性是指事实所特有的情趣和意味,我们的新闻只能满足人们健康的趣味需要。人情味是指人际关系中同情心的反应。《解放军报》曾刊发《日本小姑娘,你在哪里?》的报道,叙说抗日战争期间在我国被抚养长大的日本小姑娘的事,在日本也引起了反响。

（二）新闻政策

这是对新闻事实进行的又一道选择。这道选择起着决定性的作用,它关系到具有新闻价值的事实能否进行公开报道的"命运"。

新闻政策,就是新闻媒体及其控制者(国家和政党)对新闻传播内容的强制性规定;也可以说,是国家、政党或地方党政领导机关对所属新闻媒体规定的宣传方针和宣传纪律,包括各种媒体的舆论导向和工作原则。世界各国都依据本国的社会制度、政治纲领、工作任务和本国国情以及具体的现实环境,分别制定具有持久性或阶段性的各种新闻政策。我国的新闻政策,是党对新闻宣传工作作出的决定、决议、指示,党中央领导同志和宣传部门负责人的有关讲话、专文、批示等。

具体来说,新闻政策通常体现在下列三方面:

1. 政治标准

这就是首先从政治上来衡量新闻事实,判断某个事实在政治上的利害关系怎样。我们记者发出的新闻,必须符合政治标准,这是最基本的条件。如果不符合政治标准,那就是大的原则性的问题。

新闻事业属于上层建筑范畴,而政治是经济的集中表现,任何阶级的政治都是以维护本阶级的经济利益,建立和巩固本阶级的统治为目的的。从马克思主义的原理来看,一个国家的新闻事业必然受制于并服务于经济制度和政治制度。在我国,新闻选择的政治标准大体包括——坚持无产阶级党性和四项基本原则,在政治上同党中央保持一致;遵守国家的宪法、法律、法令以及有关条例;合乎风俗人情、民族习惯和文化传统;维护共产主义理想和道德。

苏联著名记者鲍里斯·波列伏依曾在《永志不忘》一书里,谈过他的记者生涯中的一件事情。那是在卫国战争期间,在采访库尔斯克战役的过程中,他意外地发现了一位"无脚飞行员"。就在他采访的当天,这位"无脚飞行员"击落了两架敌机。波列伏依掌握到大量生动感人的材料,很快写出了一篇特写,并托人带回《真理报》编辑部。几天以后,这位飞行员荣获了苏联英雄的称号,而"内容丰富,引人入胜"的特写却没有发表。这是为什么呢?《真理报》主编的批语是:这篇特写"很有意思,但现在发表不适时"。主编进一步向波列伏依解释说:德军在库尔斯克战役中遭到了毁灭性的失败,为了转移视线,戈培尔(当时希特勒的宣传部长)现在大肆叫嚷,说什么俄国军队已一蹶不振,已经将最后的预备队投入战场,老人、小孩、未治愈的伤员,统统被投入战场。在敌人这样的鼓噪下,发表介绍"无脚飞行员"事迹的特写,显然是"不适时"的。上面这种"不适时"的思考,就是一种政治上的权衡。就这篇介绍"无脚飞行员"事迹的特写来说,无疑是颇有新闻价值的;对于正在抗击德国法西斯的苏联人民,这样的报道将会起到鼓舞、激励作用。然而,这只是问题的一个方面。另一个方面就是必须考虑报道的效果,要权衡政治上的利与弊。如果当时不作这种政治上的权衡,轻易地发表了这篇特写,那就必然给德国法西斯提供舆论上的"炮弹",以致造成对苏联人民非常不利的后果。

改革开放初期,我们一度集中地宣传"让一部分人先富起来",关于"万元户"的报道比比皆是,但很快又突出宣传"以社会主义公有制为基础的共同富裕",热情表彰那些诚实劳动、无私奉献的人与事,这就是出于政治上的考虑。新闻界强调"政治家办报"(办台),坚持正确的舆论导向,这么多年在宣传改革和现代化建设过程中,新闻报道遵循政治标准,都不同程度地对实际工作起了促进作用,给人民群众以极大的激励和鼓舞。

2. 新闻宣传思想

这是在一个时期,新闻传播要着重宣传什么、不能宣传什么的指导思想。新闻宣传思想的规定,是我们党和国家鉴于全局的利益和实际工作需要,对新闻事业实施领导和管理的一种手段,对新闻舆论进行宏观监控的必要措施。

随着形势的发展变化,新闻宣传思想会有不同的内容和要求。这种新闻宣传思想最终反映在宣传的社会效果上,从中体现宣传价值,即新闻事实本身所包含的有利于传播者,并且能够体现传播者的主观意图(思想、观点、主张)的素质。因此要求记者在选择新闻时,必须注意到事实的本质与党的政策和中心工作相一致,而且最好具有典型性和针对性。记者选择的新闻事实,越有宣传政策、启迪思想和推进工作的普遍意义,越能正确回答社会生活中出现的问题,就越是能够体现新闻宣传价值。

3. 新闻媒体自身的编辑方针

这是从狭义上来说的一种新闻宣传思想。我们国家的新闻机构,都在党和政府的统一领导下开展工作,新闻报道的政治方向和基本原则都是一致的。但是,由于各个新闻传播媒体各有自己的特色和优势,有着不同的受众对象、报道侧重点或地方特点,并且承担着不尽相同的工作任务,这样,在具体的工作原则与编辑方针上,各个新闻媒体又有一些不同的规定和做法。

这里,我们仅以几家报纸为例,看看对于同一个新闻事实的不同处理方式。

2015年1月24日,澳大利亚亚洲杯1/4决赛中失利的中国国家足球队打道回府,尽管此次亚洲杯上止步八强,但中国以三战三胜的完美记录进入1/4决赛让世界为之震撼。《足球》报封面上有醒目的几行大字"创造历史""有种!",而且第一版刊登长篇通讯,并且配发了评论;《体育报》也在第二版上作了重点报道;《人民日报》则仅在体育版发布了几条新闻;《健康报》却只字未作报道。

为什么几家报纸会有这么大的差别呢?主要原因就是由于各报的编辑方针不同。对于《足球》报来说,它是专门报道足球运动和足球界活动的,读者对象又是足球爱好者、足球运动员等。中国足球队第一次在大型国际比赛中战胜世界强队,这在我国足球界无疑是一件大事,球迷们也很希望了解这场比赛的幕前幕后情况,因此,《足球》报理所当然把这场比赛的胜利作为一条重大的新闻作出详细报道。对于《体育报》来说,它要报道各类各项的体育运动,而足球只是其中的一项,虽然足球是比较重要的一项,但它只是全局中的一个部分。这样,《体育报》就只是作为比较重要的新闻进行报道。作为中共中央机关报《人民日报》,它是面向全国具有国际影响的综合性报纸,比起这场足球比赛,它有许多更重要的新闻需要发表。至于《健康报》,它是面向医疗卫生战线的,其基本编辑方针是为提高广大劳动人民的健康水平服务,一场足球比赛的情况和它没有多少直接关系。同样一个道理,分别以少年、青年、老年或妇女为主要读者对象的报纸,各自也有不同的编辑方针。

从上面的分析中可以看出,由于各个新闻传播机构的编辑方针不同,它们选择新闻的具体标准也是不同的。各报、台记者采写新闻,只有紧紧把握自己的新闻传播媒体的编辑方针,才能做到"产品对路",提高社会效益。

第三节　采集新闻素材

一、新闻素材的采集任务

从采访活动的总体进程来看,实施采访的又一步骤,也可以说是最后步骤,就是采撷和收集足以构成新闻的事实材料——新闻素材。上面已经讲到,记者采集素材,不同于作家、艺术家采风,也不同于社会工作者调查论证材料,而是以新闻报道为目的的。记者需要采集的新闻素材,一般包括下列几类:

1. 概貌素材

这就是新闻事实概括性材料,也就是事物发生和发展的概况及有关数据等。这类概貌素材,反映新闻事实的面貌轮廓及其特点,从总体上报道新闻是怎么回事,显示其信息的基本内涵是什么。新闻尤其是消息写作,概貌素材是不可缺失的一种新闻素材。

优胜劣汰,资本向优势企业集中,这本是市场竞争的题中应有之义,但同时也是体制转换时期最艰难最微妙的一个问题。1996 年"长虹"彩电的生产企业长虹厂主动降价,客观上已为存量资产流动重组创造了条件。当时《经济日报》刊发了一篇题为《降价之后是重组》的报道,文中写道:

> ……论生产能力,"长虹"去年生产彩电 305 万台,今年可达 420
> 万台,平均每 1.69 秒生产 1 台,达到了国际公认的规模生产能力;论
> 市场占有率,国内每年 1000 多万台销量的市场,"长虹"占据 22%;

论品牌,"长虹"品牌评估价值据说高达 87.6 亿元,列中国第二品牌……"长虹"此次降价,幅度高达 8%～18%,而彩电行业平均利润仅为 7%～10%,这么大的降幅,显然已超出一些彩电企业的承受能力。

这段材料有"长虹"彩电年生产能力、销售市场占有率、品牌评估价值和最近降价幅度的全面情况和确切的数据,开门见山,切中要害,为下文批评一些地方对当地企业、产品垒筑起有形无形的保护网,明里暗里阻拦企业间的跨地域并购重组提供了事实依据。如果缺少这种全面情况的材料,新闻报道就会显得零散、芜杂,不能给人以完整而深刻的印象。

2.主干素材

主干素材是指构成新闻的主要事实材料,即基本内容。新闻的主干素材,说明和补充概貌,反映新闻事实的详细情况和有关细节,具备必要的各种新闻要素,其中包含事实发生的时间和地点、事件和相关任务,以及成绩和缺点、情况和问题、经验和教训等等。

一条题为《我国中医研究当心别人赶上》的新闻,报道广州市中医院传统医学康复中心副主任梁永汉在日本等地考察访问时的所见所闻。据称,近年日本掀起"中医热",先后设立了 80 多家针灸高等学校,共有针灸、艾灸、按摩师十八万多人。日本学者声言要在三五年内,在中医中药方面超过中国。这则消息在简述概况之后,着力运用了日本研究改进中医中药两方面的主要事实材料,具体而准确地报道日本正在赶超中国。文中写道:

> 日本在汉医汉方(即中医中药)学术研究方面,其特点是应用现代化医学知识来解释中医,用现代先进科学技术进行诊断,用汉医汉方进行治疗。他们普遍使用 B 型超声波、CT 扫描等最先进的医疗设备判断病情,与汉医望、闻、问、切的结果相对照,确诊后再用汉医汉方做治疗。例如,针灸治疗肢体麻痹病人时,通过电脑等设备显示的图像可以看出患者血液循环改善的情况,并可以表明哪些针灸疗效最佳……他们把我国许多古代验方和常用中药,进行药理分析之后,研究出数十条适合于日本民族的新配方。如用于治昏迷的苏醒方,具有兴奋和增强体质作用的甘草伤寒汤。

新闻中的这些主要事实材料,有力地说明日本正在赶超中医中药。可见,体现主要事实的主干素材,作为新闻得以成立和展开的支柱,这在记者采访中是采集新闻素材的重点。只有全面把握主干素材,才能通过及时的报道,让公众进一步了解事实的真相并获得信息。

2015 年 1 月 28 日,《人民日报》题为《九万里风鹏正举(全面深化改革一年来)——以习近平同志为总书记的党中央深改元年工作述评》的一条新闻,报道了在 2014 年全面深化改革开局之年,以习近平为总书记的党中央在各个领域所取得的一系列成就。文中写道:

2014 年,习近平总书记先后八次主持召开中央全面深化改革领导小组会议,"八审"具有标志性的重要改革方案,"八论"改革目标任务和路径方法,从战略和战役层面对改革实施作出具体部署。

……

中央全面深化改革领导小组第二次会议对序盘阶段的改革工作提出了总要求,制定了 2014 年工作要点,排出当年要完成的 80 个重点改革任务予以重点督办。领导小组第四次会议上,审议通过了《党的十八届三中全会重要改革举措实施规划(2014—2020 年)》,逐项明确了 336 项重要举措的目标、路径、时间节点和可检验的成果形式,为未来 7 年全面深化改革绘制了完整系统的大施工图。

2014 年 8 月和 12 月,领导小组分别审议通过了上半年全面深化改革工作进展情况的报告和 2014 年全面深化改革工作的总结报告,及时总结经验和不足,明确改进工作的方向措施,12 月提出领导小组 2015 年工作要点和贯彻实施党的十八届四中全会重要举措2015 年工作要点,对新的一年改革任务提前作出明确部署。

……

2014 年 10 月,党的十八届四中全会通过《中共中央关于全面推进依法治国若干重大问题的决定》。

……

财税体制在国家治理中始终发挥基础性、制度性、保障性作用,虽经多次调整和完善,但始终未触及深层次矛盾。政策上的修修补补已经无法解决根本性的问题,来一次制度上的创新和系统性的重构势在必行。2014 年 6 月 30 日,中央政治局通过了《深化财税体制改革总体方案》,明确改进预算管理制度、深化税收制度改革、调整中央和地方政府间财政关系三项重点任务。

……

2014 年,党中央启动了农村承包地、集体建设用地、宅基地"三块地"的改革。引导农村土地经营权有序流转,强调把农民土地承包经营权分为承包权和经营权,实现承包权和经营权分置并行。部署农村土地征收、集体经营性建设用地入市、宅基地制度改革试点,坚持土地公有制性质不改变、耕地红线不突破、农民利益不受损三条底线，在试点基础上有序推进，强调绝不能犯颠覆性错误。

……

新闻中的这些主要事实材料，都是深化改革元年成就的历史见证。可见，体现主要事实的主干素材，作为新闻得以成立和展开的支柱，这在记者采访中是采集新闻素材的重点。只有全面把握主干素材，才能通过及时的报道，让公众进一步了解事实的真相并获得信息。

3.事例素材

新闻的事例素材，当然是典型事例，显现事物的特性，指示事物的实质，使主要事实得到印证，富有很强的说服力。新闻采访，特写的写作，往往运用典型事例来表现主题，消息写作有时也需要适当使用事例素材。

2005年6月9日《人民日报》一版头条，刊发该报记者关于苏北新型工业化步伐加快的报道。从这条新闻，我们不妨来看看记者除了把握反映苏北新型工业化概貌和主干素材以外，还采集了哪些典型的事例素材。

> 江苏盐城垃圾焚烧有限责任公司投资1.2亿元的1号发电机组，近日开始进入试运行阶段。如果运行正常的话，这台发电机组，每天可以"吃"掉全市一半的生活垃圾并综合利用100吨秸秆。
>
> 射阳县东南村有个纺织工业集中区，聚集着108家企业，土地集约利用，污水集中处理。宿迁市明确要求24家企业，在明年年底前必须搬离运河边。江苏辉煌太阳能公司发明了双向集热等不少具有自主知识产权和重大节能意义的新技术和新产品。
>
> 今年以来，盐城悦达起亚公司生产的千里马轿车，在全国经济型轿车中销量第二。

这是采集和使用的事例素材，典型、突出，各有个性。通过这些材料，展现苏北在加快新型工业化步伐进程中，产业结构发生转变，工业新项目正在做强，给人以具体而深刻的印象。

2013年9月21日，海南广播电视台旅游卫视《海南新闻联播》播出的《新闻特写：第四次搬迁》，反映海南建设发展大背景下，当代海南基层干部心系发展俯身为民的扎实作风。从这条新闻，我们不妨来看看记者采集了哪些典型的事例素材。

> 首先，记者切入点小，昌江基层干部刘红建和拆迁户林益锋一家人之间的故事，展现了他们有拆迁矛盾，又有深厚交情的微妙关系，人物之间有笑、有泪、有冲突、有温情。

林益锋的拆迁故事之所以有特殊性，主要在于他37年搬了四次家，每次搬家都是服从于当地的经济建设。

【正文】

"刘红建每次来，总是耐心倾听，讲解政策，他自己也记不清来老林家多少次了。

同期声：昌江县石碌镇太坡孔车村村民林益锋

（以前都差不多每天。）

同期声：海南昌江循环经济工业园区管理委员会主任刘红建

（有十来天是每天都来。）

（他每天都来。）

（白天早上。）

一来二去，跑得多了，刘红建和老林一家人慢慢熟络起来。连院子里看门的小狗，都不再把他当生人，看他进门也不吱声了。"

这是采集和使用的事例素材，为了表现刘红建来老林家的次数多，片子中说"老林家院子里看门的小狗看他进门都不吱声了"，很是生动形象，表现了海南基层干部扎实勤奋、不辞辛苦的作风，和海南淳朴的民风。

4. 典型事例和细节

典型事例，最有代表性，最能说明事物的特点、揭示事物的实质，具有很强的感染力和说服力。凡新闻上乘之作，都精心采集和选用富有典型意义的材料。正像有的记者所说，用能代表一般的典型例子，来说明本质东西，给人的印象是清楚明白，并且是突出的。

细节，一个个细节，构成新闻事件中那些细微而含义深邃的情节。在采访中，要深入细致地观察和采集与新闻事件有关的场面、环境，人物的语言、行动等细节，并和新闻事件的整体联系起来。这些细节往往能使新闻报道生动逼真，增辉生色，富有情趣。尤其是采写人物通讯、专访等一类的报道，更需要用典型生动的细节来刻画人物的思想性格，展示其精神风貌。如具有广泛影响的优秀通讯《领导干部的楷模——孔繁森》，文中引用了在采访中收集的许多感人至深的细节素材，在写到孔繁森第二次远离妻儿老母进藏工作时就有这样的细节：

要走了，孔繁森默默地站在母亲面前，用手轻轻梳理着母亲那稀疏的白发，然后贴在老人的耳朵旁，声音颤抖地说："娘，儿又要出远门了，到很远很远的地方去，要翻好几座山，过好多条河。"……想到也许这是见年迈多病的老母亲的最后一面，孔繁森再也抑制不住内心的感情，"扑通"跪在母亲面前："自古忠孝不能两全，娘，您要多保重！"说完，流着眼泪给母亲深深磕了一个头。

孔繁森收养三个藏族孤儿后，经济上更加拮据，可他不能让孩子们受委屈。通讯在写到他为此而去卖血时，又用了细节材料：

> 1993 年春的一天，孔繁森悄悄来到西藏军区总医院血库，要求献血。护士看着他那已经斑白的鬓角，婉言劝道："您这么大年纪了，不适合献血。"孔繁森连忙恳求道："我家里孩子多，负担重，急需要钱。请帮个忙吧！"

这一细节读后催人泪下，感人至深。像这样生动感人的细节材料，要靠记者在采访中精心采集，有时要到现场观察体验才能获得。

5. 背景素材

新闻事件的发生，新闻人物的出现，都不是偶然的、孤立的现象，有它产生的环境和条件，发展变化的原因。对有些新闻事实，为使读者、听众更好地理解，需要作些解释和说明。这些原因、条件和解释说明等，都属于新闻的背景素材。

新华社的一条电讯，报道在为期 4 天的新西兰国际跳水大奖赛上，中国运动员夺得了总共 8 枚金牌中的 5 枚。电讯的最后一段写道：

> 新西兰大奖赛是本次国际游泳联合会跳水大奖赛的第二站。首站比赛在中国北京举行，中国选手包揽了 6 枚金牌。本次大奖赛共有 11 站。

这最后一段用的就是新闻背景素材，旨在说明尽管新西兰大奖赛并非本次大赛的结束，但在第二站保持优势，就为今后几站的比赛创造了有利条件。这里使用的北京素材属纵向背景，反映事件的内部联系，事件发展的来龙去脉。另外一种横向背景，用来交代事物的外部联系，与周围事物的关系。采集这些纵向和横向的背景材料，并在新闻报道中适当地加以运用，有助于阐明事物的特征和意义，丰富新闻报道的内容。

《生活报》的一条消息，报道在二战期间日军 731 部队曾用人体进行生物战细菌战研究的直接证据首次披露。消息中写道：

> 2011 年，哈市社科院 731 国际问题研究中心"美国解密日本细菌战档案调查研究"课题组成员，利用两周时间，赴美国国家档案馆和国会图书馆开展 731 部队问题调研，查找日本交换至美国的 731 部队核心资料。课题组将带回国的资料装订成 20 本，进行了一年多

的翻译整理工作,目前已完成近200万字的翻译稿件。

……

研究中心负责人杨彦君说,当前我国保存的"731"资料多为二战后收集的资料,主要是口述和证言材料,缺少第一手的文件证据资料。

这一段用的是新闻背景素材,旨在说明此次直接证据披露的重要性,在对731部队研究的进程中又迈出了重大的一步,这是对日本右翼势力企图否认、歪曲侵华日军细菌战历史最有力的回击。这里使用的哈市社科院731国际问题研究中心素材属纵向背景,反映事件的内部联系,事件发展的来龙去脉。另外一种横向背景,用来交代事物的外部联系,与周围事物的关系。采集这些纵向和横向的背景材料,并在新闻报道中适当地加以运用,有助于阐明事物的特征和意义,丰富新闻报道的内容。

有些背景材料还有助于凸显新闻价值。如《长江上游仍在砍树》这条短消息,所以能在全国评比中荣获大奖,主要是因为抗洪背景使消息显得重要起来。这一消息发表的时间是1998年8月19日,而在此前几天,即8月13日,时任中共中央总书记的江泽民亲临长江抗洪前线查看汛情,鼓励军民夺取抗洪抢险最后胜利。当时长江洪水滔天,牵动着全国人民的心,而在长江上游仍有人在砍树。此间舆论纷纷指出,洪水表面上看起来是自然灾害,却与乱砍乱伐等人为因素有重大关系。消息依托长江抗洪这一重大背景,写到"行不出1000米,数万根粗木密密麻麻地塞满了几百米宽的江面",可见问题的严重程度,由此也更表现了消息报道的新闻价值。

再如《人民网》上的一篇通讯《曝踩踏事故当晚领导吃大餐》之所以引发网友热议,主要是当时的上海踩踏事件的背景使得这条新闻显得重要起来。这篇通讯发表的时间是2015年1月14日,当时距上海跨年夜踩踏事件刚刚两周时间,关于此次事故原因仍在调查中,有说事发时看到楼上有人撒类似人民币的代金券引起人群哄抢。这篇通讯则指出了另一条线索,2014年12月30日晚,部分黄浦区参加活动的领导曾在外滩源附近一家高档日本菜餐厅用餐。关于这件事是否与跨年夜踩踏事件有因果关系,网友看法不一。如果没有这个特殊的新闻背景,也许关于官员吃豪餐的这条消息早就融入在众多反腐倡廉的新闻报道中了。

以上几方面的新闻素材,在采集过程中还需要注意核实。只有真实无误的材料才可以用,发现有矛盾、有出入的要查证核对,虚假的材料则应弃之不用。有位记者一次到一个县去采访学习"典型",对象是个由基层干部提拔上来的县委书记,十分健谈。他与记者谈了10天,介绍了许多情况,其中说到他记了几十万字学习马列的笔记,尤其是"列宁的《反杜林论》印象最深刻"。记者一听就产生了怀疑:《反杜林论》是恩格斯的著作,怎么说成是列宁的,而且说对这一著作"印象最深刻",真是这样吗?记者发现疑点,于是就要来他的笔记,一看笔记内容多是抄录报刊上的文章、社论,并没有真正学习什么马列。几年后,这个"典型"人物几经沉浮,终于被撤职了。采访中这样核对新闻事实是非常必要的,它可以改正差错,防止失实;同时也有助于记者全面地看问题,正确把握新闻事实和报道分寸,防止主观片面性。

二、新闻素材的开掘

识别新闻和采集素材,作为实施采访的两个步骤,彼此紧密联系,有时还须交错进行。新闻素材采集过程,有时也是进一步发现、认识新闻的过程。在采集上述各种素材的过程中,为了能够反映事实的本质特性,或能说明某一问题,往往需要深入进行各方面的开掘。

《羊城晚报》曾经发表总题为《就业,路在何方》的 3 篇报道。报道说,今年广州国企分流出来的职工,不再按"下岗职工"安排,而是直接进入劳动力市场重新择业。未来 5 年广州年轻又有文凭的生力军将涌入市场求职;年龄不小、文化不高的失业者更多的是集中在第三产业,特别是社区服务业;广州"十五"规划提供不少于 25 万个就业岗位。

这组报道从全局出发,分析经济社会发展趋势对劳动力市场需求的变化,既阐述了党和政府的方针政策又为再就业者当参谋,很好地体现出报道的深度,从中反映了记者对新闻素材的开掘深挖。

《中国日报》曾经发表总题为《中国企业走向非洲》的系列报道。记者采访的时间正值北非系列事件略微平息的 2011 年 4 月,各国包括中国正在评估系列事件对本国经济及双边经贸关系会带来怎样的影响。该系列报道的每篇都是独家报道,被采访的对象都是和中非经贸事务直接相关的重要人物,其中包括商务部副部长傅自应、商务部西亚非洲司副司长李小兵等,除此之外,记者也对非洲部分国家的领导人做了专访,还参观了中国在非洲的部分援助项目,进一步了解到非洲对中国投资的积极态度。素材开掘之一,这几篇系列报道从全局出发,紧紧围绕了一个核心观点,即北非国家的动乱导致非洲国家对发展经济、改善民生的追求达到了前所未有的高度,非洲国家的领导人欢迎来自中国的投资、技术和资金,希望中国的投资能够帮助他们实现经济繁荣的目标。素材开掘之二,从报道深度上又拔高了一层,无形中驳斥了西方对中国投资非洲的曲解,冲破了中国投资非洲是为了掠夺非洲资源这样的谣言。这组报道数据充足,事例丰富,全方位多角度地呈现了中非经济合作的情况。

那么,怎样开掘素材呢?

1. 善于结合

把对立统一的两方面结合起来考察,这是认识事实从而采集素材的有效途径,也是新闻采访的一种艺术。结合艺术包括上下、点面、纵横、正反等方面,在深入采集素材过程中较为常用的是上下结合和点面结合。

上下结合——

上下结合即上级精神与客观实际相结合,"上情"与"下情"相结合,也就是新闻界经常讲的"吃透两头"。"上头"指党的方针、政策和上级指示精神,"下头"指下边的实际情况。吃透上下两头,这在记者采访实践中是统一的、密切联系的。吃不透"上头",不能深刻领会上级精神,即使采集到一大堆素材,仍然"剪不断,理还乱",整理不出个头绪。吃不透"下头",情况不明或若明若暗,新闻素材就抓不到"点子"上,更难以开掘出真正的典型材料。吃透两头,上下结合,这才能挖到有用的材料,写出好的新闻。

"文革"内乱结束后不久,新华社播发的短消息《天安门事件完全是革命行动》,虽然只有 200 多字,却在全国产生深远影响,引起国际舆论的瞩目。这一报道的采访经验给人以多方面的启迪,其中就包括上下结合。那时,党中央作出部署,各地正在拨乱反正,包括一批冤假错案有待平反,但也有些人心有余悸,不敢大胆放手工作。1978 年 11 月间,北京市委召开常委扩大会议,讨论深入揭批林彪、"四人帮",加快首都"四化"建设,会上宣布广大群众 1976 年清明节到天安门广场悼念周总理、声讨"四人帮",完全是革命行动,对于因此而受到迫害的同志要一律平反、恢复名誉。在这次会议的许多新闻事实材料中,对全国来讲,为"天安门事件"平反更为重要,既贯彻中央精神,又切合各地实际,是众所关注的大问题,新华社专门就此发了报道,对当时全国平反工作起着很大的推动作用。

点面结合——

从个别到一般,从特殊到普遍,这一认识事物的规律,反映在采访上就是点面结合。也就是说,记者在采访活动中,要把点里的个别事实与面上的普遍事实联系起来,进一步认识其新闻价值,并深入开掘新闻事实材料。点面结合,可以是由点到面,"解剖麻雀",也可以是"面上出题目,点里做文章"。

陕西礼泉县双合村农民武荣奇,从 20 世纪 80 年代末开始带着一车苹果闯武汉,净赚 6000 元,由此一发不可收。到了世纪之交,双合苹果已销往国内外,百户人家的村子有 10 多家落户他乡办企业,生意红红火火,有的买了小汽车。随着农村的改革和发展,农民外出经商办企业,一部分人先富起来了,这已不是什么新鲜事,但联系面上的情况进行考察,却成了一条重大新闻。新华社记者在采集双合村这个点里的新闻素材以后,又从面上了解到,仅据四川、河南、山东等省统计，外出打工、做生意的农民超过 2000 万人次，全国农村出游人（次）数达 3.8 亿。正是由于记者把点和面的事实材料都挖掘出来，才形成 1999 年优秀消息报道《我国农民的生活半径迅速扩大》，深刻地展示出中国农村的历史性巨变。请看这条消息的开头部分：

> "三十亩地一头牛，老婆孩子热炕头"，这个我国农民传统的生活理想如今已被放弃。即使在农业资源富饶的关中地区，农民们也纷纷走出老家，到外面去寻求新的发展空间和生活。

2013 年 11 月 25 日，河南人民广播电台的《新闻深一度》播出一期节目《小村大事》，该作品也是以小见大，从一个村庄的变迁，探索现阶段农村一种新的发展之路。

河南作为农业大省，对"三农"问题探索，显得尤为重要和迫切。2013 年 11 月 21 日，中央人民政府网站公布首批"美丽乡村"名单，信阳市平桥区郝堂村入选。这个村庄的变化，是对城市化大潮中的农村、农业、农民问题的一个深入探索。

当记忆中的乡村渐行渐远。发展潮流更多地涌向城市，广大乡村该如何发展？农民该如何有尊严地体面地生活？农业该如何产生价值？河南信阳郝堂村在尝试回答这些问题。

这篇报道深入浅出，从一个小村的变化，写出一个时代的发展趋向。作品结构讲究，两线并行，使报道层层深入递进，彰显时代特色。作品首尾呼应，报道内容厚重，素材运用灵动，具有较强的感染力。

采访中对结合方法的运用，除了点面结合以外，还有纵横结合、正反结合等。纵横结合是一种立体交叉式的情况综合，纵向指对事物历史与现状的了解，横向指对一事物与他事物有机联系的把握。正反结合则是正面的点和反面的点之间的结合，包括先进与落后、正确与谬误、美好与丑恶的说明对照。记者从实际出发，灵活运用各种结合方法，都将更好地认识事实和深挖素材。

2. 找出特点

在采访中，记者不只是泛泛了解情况，而且要深入寻找事物的特点，这是一种常用的新闻采访艺术。所谓找特点，就是找事物的个性，找不一般的事实，挖掘有特点的题材和细节等，从中提炼新的报道主题。

怎样找特点？一是从认清形势入手。这就是在经济建设、政治思想、文化教育、社会生活等领域，认清全局和局部、主流与支流的联系与区别，以求对事物有个客观、全面的看法，从中找准事物的特点。20 世纪 90 年代以来，我国农村深化改革，家庭联产承包责任制不断得到完善，越来越多的农民脱贫致富,连摩托车、汽车、钢琴、电脑也开始进入农家,这是全局情况。但在相当一部分地区,包括富裕省市的局部山区农村,不少农民仍较贫困。这样,认清形势,把握全面,不只弄清楚了事物的共性,更在于容易找出事物的个性特点,一批优秀新闻作品由此问世。

再是通过比较分析。只有对事物各种因素及其相互间的关系进行比较并作分析,才能鉴别出某些复杂事物的特点。比如,这些年在改革开放大潮中,各地普遍注意引进外资,嫁接改造传统产业和老化的技术设备,使得一大批国有企业获得新生。从中央到地方的新闻媒体对此作了大量报道。随着对外开放的扩大,合资企业的增多,这类题材的采访报道怎样找出新的特点呢? 1996年3月,《今晚报》记者在采访中经过比较分析,发现有些企业在合资过程中由于对原有厂房、设备估价过低,让外方占据了主要股份,这不但造成国有资产白白流失,还丢失了我们中国人的尊严。而天津奥的斯电梯公司我国投资方在外方增资扩股时,依法提出按照国际惯例对企业资产进行评估,结果使我国国有资产大幅度合理增值。记者抓住这一特点,深入挖掘新闻素材,突出以"天津奥的斯中方股东经营国有资产有创举"为主题,及时采写消息《重新评估国资增值3.5亿元》,发表后在社会上尤其在国企界引起积极的反响,并被评为中国新闻奖一等奖。这一实例说明,从比较中鉴别,在鉴别中分析,这是开掘有特点的事实材料的有效途径。

3.抓住问题

指导性强的新闻,都有一定思想深度,都应提出问题、解决问题。表现在新闻采访中,首先是能够把问题抓住,面对"问题线索"深入采集说明问题的新闻素材。这里说的问题,是指事物的有普遍意义的矛盾,诸如事业发展中出现的阻力,不利于国家建设和人民利益的倾向,不适应时代潮流的思想障碍,实际工作和群众生活中迫切需要解决的难题,等等。这种种问题多是我们社会前进中的矛盾,有时成了公众关注的热点、焦点。采访抓问题,就必须注意矛盾的发展和转化,研究它的历史和现状,以及新的动向、新的苗头,通过事实的报道揭示矛盾、分析矛盾,并提出解决矛盾的办法,以引起社会各方面的重视。

农民增产不增收,相当一部分地区农民负担过重,这曾经是比较突出的问题。山东电视台于1999年11月26日播出一条新闻,题目是:《陵县退还农民400万负担款》。报道中写道:

> 前不久,陵县根据群众举报,对农民负担进行突击检查。发现有些乡镇利用平摊税款、重复收费等方式多收了农民400多万负担款。碱场店乡就平摊给每个农民20多元的屠宰税,县里发现后,当即让乡干部做了深刻检查,并把钱全部退还给农民。

采写这条消息的记者,在采集新闻素材时,就能注意深挖反映减轻农民负担问题的材料,因而使报道具有明显的针对性和指导性。另外,见诸媒体的关于如何有效治理污染、如何通过民主法制建设遏制腐败、如何避免重复建设等等报道,所以在社会上产生广泛影响,这都与记者在采访中善于抓问题分不开。

经济发展与环境、资源的矛盾日益加剧,环境的日益恶化,资源的粗放利用与开发,经济效益和社会效益的不协调,比如浙江的五水污染、北方重工业基地的雾霾、海洋资源的枯竭等等,GDP 的增长是以资源、环境为代价的,如何保证经济的可持续发展,已经成为我们各行各业亟待破解的难题。党的十八大明确将生态文明建设放在突出的地位,与经济、政治、文化、社会建设共同构成五位一体的社会主义现代化建设的总布局。

浙江电视台 2013 年抓住生态文明建设这一当前经济建设最大的问题,结合本地"五水共治"的实际情况,推出大型系列活动,"寻找可游泳的河",节目以"清清河水、共同呵护!"为主题,在全省范围内寻找可游泳的河流,从最初的"寻河"、再到后来的"问水",大型新闻行动《寻找可游泳的河》敢于直面矛盾说真话,以"问题意识"、"建设心态"和"专业精神",从百姓关切的问题出发来主动设置议题,因而报道本身具有明显的贴近性和实效性。节目之所以一经播出就引起观众热议与它始终以问题意识贯穿其中是分不开的。

[本章教学参考]

一、教学目的与要求

本章集中阐述整个新闻采访活动的实践进程,目的是让学生明确采访活动应当怎样有序地开展和深入,懂得和掌握采访的实际操作要领。通过本章的学习,要对实施采访的步骤、目标和具体任务有所认识,以便有条不紊地进行采访并取得应有的成效。

学习的具体要求:

1. 了解新闻线索的来源、特点,以及获取线索的各种渠道。

2. 边学习、边实践,努力培养新闻敏感,并端正有关的新闻观念。

3. 加深理解新闻选择的意义,把握新闻选择的标准及其内涵。

4. 明确新闻事实材料的采集任务和要求。

本章的教学,注重课内课外结合。在课堂上,尽可能运用具体事例来阐明知识原理和实践要求。在课外,围绕实施采访的三步骤,组织学生动手操作练习并交流体会。

二、基本知识点

　　1.新闻采访的实施步骤。
　　2.新闻线索及其来源渠道。
　　3.新闻敏感的概念、作用和培养途径。
　　4.关于新闻价值和新闻政策。
　　5.如何采集并深挖新闻素材。

三、内容提要

　　新闻采访从准备到实施是个系统工程,而有序地实施采访活动又是记者的主要任务。

　　采访的实施阶段,大体上可分为三个步骤。真正领会和把握采访实施步骤的内涵,这对于完成采访任务是极为重要的。作为采访活动的起步,寻找和落实新闻线索是发现新闻的"窗口",尽管新闻线索不等于新闻事实,但它往往显示已经或将要发生什么样的新闻;而且线索的潜在价值决定新闻价值,往往"线索好,新闻就好了一半"。新闻线索来源于人们的社会实践,获取线索的根本途径是"到实际中去,到群众中去"。同时,也可以通过组织、书面、会议、社交和传播等渠道寻找各种线索。

　　实施采访的又一步骤,最重要的步骤,就是识别新闻事实,包括发现和选择新闻,这是本章内容的重点。发现新闻的关键在于要有新闻敏感,它综合反映记者的思想与政策水平、实际工作经验,以及对客观事物的观察、判断能力。有无新闻敏感和新闻敏感性的强弱,这同记者的"天分"不无关系,而主要是靠在实践中培养、锻炼。培养新闻敏感,一要提高政治敏感性,二要懂得新闻价值,三要接触实际、注重实际,四要勤于思考和积累。如何认识和培养新闻敏感,是我们学习上的一个难点。新闻的发现,还要有正确的新闻观念,弄清新闻与历史、新闻与宣传、新闻与文学的联系和区别。发现和选择新闻是相辅相成的,新闻选择的标准,一是新闻价值,一是新闻政策。

　　由事实构成的新闻,全靠事实材料来表现。采集新闻素材是采访活动最后一个步骤,从而为新闻写作提供了先决条件。一次完整的采访,需要采集的新闻素材一般包括五类,即概貌素材、主干素材、事例素材、细节素材和背景素材。新闻素材的深入挖掘是采访的一种艺术,要善于运用结合艺术并能找特点、抓问题。这是本章内容在学习上的又一个难点。

四、思考与作业题

1.什么是新闻线索？寻找和落实新闻线索的意义何在？

2.指出获取新闻线索的根本途径和各种渠道，并说明理由。

3.关于新闻敏感的概念。新闻敏感与新闻的发现有何关系？

4.怎样培养新闻敏感？为什么说新闻敏感首先是政治上的敏感？

5.理解并端正有关的几个新闻观念。

6.新闻选择的标准是什么？通过听广播、看电视或阅读报纸、浏览网站，应用新闻选择的知识试评1～2条新闻。

7.一次完整的采访，需要采集的新闻素材应包括哪几类,各类新闻素材有何不同？

8.怎样进一步深挖新闻素材？

9.综合简述实施采访三步骤——寻找线索、识别新闻和采集素材。

第四章　采访方式方法

第一节　访　问

一、访问及其形式和类型

（一）访问和访问形式

访问作为基本的采访活动方式，是指记者直接走访采访对象，当面询问情况、提出问题并与之交谈，从中了解事实真相及其来龙去脉，进而收集构成新闻的事实素材。记者要报道大千世界各种新近发生的事实，无不需要与采访对象打交道，而打交道的方式主要是访问，采写以观察为主的目击式新闻，一般也离不开访问活动。

长期的新闻实践表明，记者必须学会并善于访问，不善于访问是绝对当不好记者的。记者的访问，常常是个别访问，也可以是集体访问。不论是个别访问或集体访问，都要事先选好访问的对象——当事人和知情人。

个别访问，即记者与采访对象单独交谈，这是记者采访中常用的访问形式。个别访问能根据采访对象的不同特点，较好地与采访对象交流沟通，以达到采访的目的。记者需要采访的新闻事实，有的涉及采访对象的某种利害关系，有的引不起采访对象的共同兴趣，有的则可能存在不同的看法；还有些事实的发生和来由，需要了解人物的内心活动、思想矛盾，等等。鉴于这种种情况，如果邀集众多采访对象在一起进行访问，往往不能彼此多谈、细谈、详谈。再说，个别访问也便于灵活安排时间，选择采访对象觉得方便、合适的访问场合。所以，为了弄清事实真相和有关问题，获得事实的细节材料，个别访问是主要的访问形式。

　　集体访问,这是记者邀约多个采访对象在场的访问形式。这种集体访问形式,一般是召集座谈会(或称调查会)。对于一些牵涉面较大、较复杂的客观事实,或是有争议的问题,需要广泛地进行调查了解,这就可以运用座谈会形式。在座谈会上,各方面人士从不同角度、不同层次发表看法和意见,介绍有关情况和事情的经过,不但有利于记者把握全局,并可通过讨论更好地弄清事实和问题的症结。毛泽东同志当年是很擅长开座谈会的,他写的文章内容非常充实,材料具体生动,大的如《湖南农民运动考察报告》,小的如《宁冈调查》、《兴国调查》等,都是我们学习的范例。

　　记者要开好座谈会,开会前必须作好准备。要根据采访要求,选择采访对象,拟定讨论提纲,最好先把提纲分送给与会者;对重点人物,还要个别先谈,说明记者的意图和要求,使座谈会讨论目标明确。座谈会人数不宜过多,一般三五人或七八人即可,以便于与会者有时间畅所欲言。座谈时,记者应冷静观察,广听博纳,对于不同意见的争论,千万别轻率表态、强作结论。有时,还须在会后结合进行个别访问,进一步了解事实细节或问题的前因后果。

　　从广义上讲,记者招待会或新闻发布会,可以说是另一种形式的集体访问。这种集体采访方式,与一般的访问活动不同,它是访问对象主动邀集记者前往采访,而且是各媒体记者同时在场访问。记者招待会、新闻发布会,通常由政府部门或是社会团体、企事业单位举行,有时也有以个人名义出面举行的。

　　围绕某一重大事件(活动)而举行的记者招待会,主持人在简要说明原委后,主要是就记者的提问作出回答和解释。这种形式的特点,是一群记者采访同一个信息源,而不是记者各自采访不同的对象。招待会的时间有限,参加采访的记者又多,这就要求记者做到:一是有竞争意识,根据本媒体报道意图和读者(听众、观众)需求,不甘坐视旁听,积极争取提问;二是问题提得准,一矢中的,简明扼要,这在事先就要作好准备;三是注意多思考,鉴于招待会上不是每个记者都有提问的机会,当其他记者提出问题,主持人解答时,应分析其内容有无新闻价值,以便补充、丰富自己掌握的新闻素材;四是边录音、边作笔记,这样更能抓住要点,加深理解,也便于整理录音。在新闻发布会上,往往也结合答记者问,这时记者就要根据发布的新闻,提出有必要提出的问题或询问有关情况。

　　(二)访问的不同类型

　　访问,由于访问内容不同,可分为若干类型。各种访问类型,有时需要穿插运用。

1.因事件访问

顾名思义,这是就某一事件而进行的访问活动,报纸上和广播、电视中大量动态报道,即属这类访问的结果。事件访问的重点是了解发生什么事,以及事件发生的时间、地点、人物(单位)、原因和结果。有些突发性事件,一时原因不明或未有结果,可在持续采访中访问了解。对于采写深度报道的访问,在掌握基本事实的基础上,主要抓事件的背景、原因及其意义和影响等材料,以求深入事物的内部,揭示事物本质,既要反映现状,也可追溯以往,预测未来。

2.因人物访问

人物访问是对新闻人物、著名人士的访问,访问的重点在人。人物访问怎样才能访问得好,不少记者的体会是,新闻人物和著名人士不可能有大量时间陪你闲聊,所以一定要有准备,并以各种办法消除隔阂、动之以情,使之乐于接受访问。还要注意自身的形象和态度,更不要胡吹乱捧,以致引起对方反感;对于对方不愿谈的事,不要一味追问;尤其提问不宜太多,只有非问不可的问题才问。这类访问要着重了解人物的性格、经历和有关言行,以便在报道中表现其个性形象。访问先进人物,着重突出显示人物的精神面貌及其成就。

3.因经验访问

指导性明显的经验性报道,在我们的新闻传播媒体中是常见的,记者的采访活动相当一部分是出于介绍经验而进行的访问。这类访问着眼工作成就特别是取得成就的规律性,同时分析这些成就和经验是在什么样的条件下创造的,能够给人们以什么样的启迪和教益。因经验访问,旨在用典型经验推动全局,指导实际工作,所以访问中应当注意选择有普遍意义的经验。因经验访问往往也要访问人物,任何经验的积累都离不开人的创造性。

4.因问题访问

这类访问是为研究某一问题或批评某一失误而进行的访问活动。当今,在改革开放过程中,新的问题层出不穷,受众总是以很大的兴趣关注新事物、新问题。对于因问题访问,着重点当然是问题所在。为什么产生这样的问题,原因又是什么,怎样来解决,报道出去有何意义,这些都要在访问时搞得一清二楚。至于批评性的问题访问,更要以与人为善的积极态度,在确保事实确凿无误的前提下,认清问题的症结和性质,注意掌握批评的分寸并留有余地。

5.因争论访问

这类访问是针对某一争议有的放矢的访问。我们的舆论是一律的,又是不一律的。在改革开放的具体实践中,对一些问题会有各种各样的不同意见。如长江三峡工程的上马还是下马,海南岛的建设规划设计,当前的经济改革措施、教育的产业功能和社会公正,婚前检查怎样进行,计划生育政策要不要调整,对富裕阶层的赋税是否加重等等问题,就曾经有过争议。我们采访报道有关争论,目的是集思广益,为党和政府提供决策参考。对问题争论的访问,最重要的是不可先入为主,带有偏见,而应客观、全面地听取各方面的意见。访问对象要选择权威性或代表性人士,作深入的了解,抓住要害,突出重点。

二、"搭桥"艺术的运用

记者向采访对象访问,对采访对象来说,往往是一种突然的插入因素,对方可以接受,也可以不接受;即使接受访问,他也可以多讲或少讲,有个配合是否默契的问题。通常,记者在访问中要同素不相识的人接触交往,开始彼此在心理上、感情上好像隔着一条鸿沟,尤其是采访对象由于陌生而感到拘束,这就会影响访问活动的展开。因此,成功的访问,总是先要在感情上接近对方,缩短彼此的距离,使双方尽快由"生"变"熟"。这在新闻界称之为"搭桥",或称"一分钟接近法"。

记者"搭桥"是访问中接近对方的一种技法,也就是斯诺前夫人韦尔斯讲的"斯诺法"。她说:"新闻记者在采访中的聪明睿智,就是表现在特定的环境里,选择合适的话题,造成一种生动活泼的气氛,同采访对象一见面就像老朋友似地谈起来,无拘无束……这主要是斯诺的方法。所以,我就把这种采访艺术命名为斯诺法。"①

韦尔斯介绍了自己在采访中运用"斯诺法"的例子:"比如说,我那次见到了毛主席,拿出了一张斯诺照的毛主席照片。这张照片,就好比桥一样,把我同毛主席之间联系起来了。从这张照片里,毛主席可以引起丰富而有趣的联想,发生心灵的交感。当然,没有这张照片,也可以采访,但是气氛就不会那么自然了。""又比如最近(指 1981 年)在西安,我见到了王震。我说,我记得我们俩是同年的。我在延安的时候是 28 岁,现在 72 岁了,你是不是 72 岁呢?这个问题引起了他会心的微笑。我们之间的气氛更加融洽了。当时,还有好些人在场。我就对大家说,我还会唱《南泥湾》。于是,大家都笑了,要听听我唱《南泥湾》,气氛更加活跃了。"②

有一年,著名京剧表演艺术家关肃霜经过武汉到古荆州演出,《湖北日报》和武汉的其他报纸都曾发表了访问记。当地《沙市报》记者赶到荆州时,关肃霜正准备外出探亲访友,说:"省里的一些报纸已经报道,你就不必采访了吧!"这是记者早就预料到的,所以事先作了准备。关的话音刚落,他赶紧说:"荆州

---

① 艾比:《韦尔斯与〈西行漫记〉》,载《新闻战线》1979 年第 4 期。
② 艾比:《韦尔斯与〈西行漫记〉》,载《新闻战线》1979 年第 4 期。

是你的故乡,我最爱访问家乡人。"接着就把事先想好的一个古怪问题提了出来:"您知道荆州城内满族人关姓的来历吗?"并介绍道:"关姓祖先曾跟随努尔哈赤立下赫赫战功,关姓便是努尔哈赤赐给的,努尔哈赤最信奉关云长。"这番话立即引起关肃霜的兴趣,她笑着说:"噢,我家原来还是贵族哩!"记者接着又说:"您回家乡来,知道您祖宅前的一口古井在什么地方吗? 我访问过您家三个人,我知道。"关肃霜被感动了,便邀记者一起走亲戚。路上,她一边环顾着56载梦萦魂绕的故乡,一边向记者诉说自己的乡恋乡情。别具一格、生动感人的专访《关肃霜探亲记》就是这样采写出来的。[①]

上述两例充分说明了"搭桥"的重要性,也表现了搭桥技巧,其中奥秘在于找到使采访对象感兴趣的接近点。斯诺前夫人韦尔斯采访毛主席时拿出斯诺照的一张毛主席照片,她采访王震将军,说和王震将军同年,还会唱《南泥湾》,正是这些接近点构成了交往的"桥"。《沙市报》记者访问关肃霜的成功,也就在于找到了关的"乡恋"这一接近点。当然,记者借以"搭桥"的因素是各种各样的,除开头谈到的有关实物、年龄、乡谊,诸如职业、经历、爱好、专长的接近,还有通过熟人引荐等等,都可以成为"桥",这在心理上称作"一致吸引力"。

上面两个例子还说明,要找到与采访对象感情上的通道,迅速搭起接近的"桥",记者应当尊重对方,以礼相待,并注意文明修养,尤其事先了解、摸透对方情况很重要,这也是新闻界的共同经验。有一位记者采访中国女排,双方都不熟悉,又正当紧张集训,访问的局面怎么打开? 趁女排姑娘的休息时间,记者问:"你们在救球时,练得爬不起来时,想什么呢?"姑娘反问道:"你说呢?"记者有所准备,胸有成竹,就说:"想死!"姑娘们乐了:"你怎么知道? 我们练得实在受不了的时候,就是想死。事后头脑冷静下来,就想,拿冠军哪有那么容易,不吃大苦能行吗?!"由于姑娘们对记者产生一种熟悉感,原来的心理距离一下子拉近了,当时顾不上交谈,便纷纷将自己的日记拿给记者看。

三、记者的提问技法

访问的学问,很大程度上表现在得当而巧妙的提问,需要讲究提问的方法和技巧。提问技法多种多样,可根据不同对象、不同情况,有针对性地灵活掌握,有时还得交替使用。

直入法——

开门见山,正面提出问题。访问一般多用这种提问方法,特别在活动现场和对突发事件的采访,时间非常紧迫,更要直截了当提问。使用直入法有两种

---

① 据署名文章《采访名人的艺术》,载《新闻战线》1986年第3期。

情况,一种是宽泛性的,一种是特指性的。

比如,采访一场篮球赛,上半场甲方以 55∶48 暂时领先乙方,记者(主持人)向在场专家提问:"对上半场比赛,您作何评价?"这就属于宽泛性提问。这样提出的问题范围较宽,回答的内容选择余地也大,对方不受拘束。特指性提问是就某个问题指定回答的一种提问,答案内容的限制比较严格,有时要求对方态度明确,不能模棱两可。如"您对高考有信心吗?""这次试验是否成功?"

迂回法——

记者的访问遇到障碍,对方回答含糊或不想回答,不妨采取迂回方法,往往容易奏效。迂回法又称"漂近法",即从侧面提问,由远及近,逐渐引入正题。

一位女记者去武汉医学院附属第一医院,采访护理界的后起之秀朱桃英。在病房办公室,朱桃英显得十分拘谨,眼睛盯着记者的笔记本,结结巴巴地说:"请不要采访我,我没有先进事迹。"为消除她的紧张心情,记者收起了笔记本,"好吧,我们今天不谈这个了。"随即转换话题:"我家有个病人,已经躺了两个月(真的),我想了解一下,该怎样护理病人?"这时,记者注意到朱桃英大大地松了一口气。"噢,不同的病人有不同的护理方法。"她问:"你家谁病了呢?"好了,经过这一迂回,双方开始了无拘无束的谈话,记者趁热打铁,言归正传,提出一个又一个问题。在对方专心回答这些问题时,记者不经意地打开笔记本,作了简要的笔记,而此刻她也不介意了,双方一直融洽地谈了 3 个小时,告别时都很愉快。

引导法——

在访问活动中,有时会出现问而不答或答非所问的场面,这未必是对方不愿意谈,而是不善谈话,不知道从哪里谈起。面对这种情况,记者就应对症下药,适当地加以引导,启发采访对象的思路和谈话兴趣。但要注意,引导必须顺乎自然,不能强加于人,否则效果适得其反,俗话说"强扭的瓜不甜",就是这个道理。有个部队涌现了一名特等射手,尤其是夜间射击在全军首屈一指。记者在射击场上找到他,请他介绍过硬的本领是怎么练出来的。他低着头,半晌才冒出一句话:"不练就打不准,打不准就消灭不了敌人。"接着又是沉默。怎样才能使对方谈下去呢? 记者采取了引导式的提问方法。

问:听说你随部队一起到南方去过?

答:去过。

问:那里热不热?

答:比这里热多了。

问:天这么热,你还练不练瞄准?

答:咋不练?

问：趴在地上瞄准不出汗吗？

答：哪能不出汗。

问：衣服湿了没有？

答：湿了。

问：湿到什么程度？

答：浑身上下都湿了，有时一爬起来，地上就留下一个湿漉漉的人影儿。

循着"地下就留下一个湿漉漉的人影儿"这句话，记者顺藤摸瓜，采访到苦练本领的生动的细节，写进了《把革命的刀磨得霍亮亮》这篇通讯里。

反激法——

这与激将法相似，就是从逆向、从反面提出问题，以刺激和触动对方的情绪，引发对方解释表白的欲望，使他不得不讲述事实的真相或回答问题。这种反激法，一般适用于自持身份不愿谈，或出于谦虚不想谈的采访对象。

当年斯诺采访毛泽东同志，谈到他的个人身世，开始他不肯谈。斯诺便说外面有很多误传，为使人们有所了解，这对于事业是很有作用的。经记者这一激发，毛泽东同志畅谈了几个晚上。世界著名的意大利女记者法拉奇，有一次采访美国前国务卿基辛格。当时美国在越南战场正处于"微妙"阶段，由于穷兵黩武，劳民伤财，国内民怨迭起，反对侵越。美国统治集团焦头烂额，进退两难，即任总统的尼克松暗底下准备同越南谈判，可在表面上又要气壮如牛。面对法拉奇的访问，基辛格不便向记者吐露底细，总是回避"越南和谈问题"。这时，法拉奇采用反激法提问："很多人认为，您和尼克松接受那个协议，实际上是对河内的投降！对此您也不愿谈吗？"基辛格坐不住了，如果不予反驳，等于承认外界议论他们向越南投降的事实；如果反驳吧，又怕露馅，但考虑自身利益，不得不把越南问题谈下去……

有的采访对象心存疑虑，往往对敏感问题不敢谈。这时，记者也可用反激法提问。如把"请谈谈你是怎样同这个贪污犯作斗争的？"可以反问成："你举报他的问题不怕报复吗？"反问要对准要害，提出对方不得不回答的问题，但不可逼人表态，不触及个人隐私。同时注意谈话环境和对方的理解程度，避免引起误会以致弄巧成拙。

四、如何使访问取得成功

访问大有学问，不仅应当讲究提问技法，更要善于处理访问中可能遇到的一些问题。据一些记者的经验谈，为使访问活动取得成功，必须把握好以下要领：

其一,因人而异,随机应变。

访问的对象千差万别,有年龄、职业、职务、经历的不同,有文化程度和兴趣爱好的不同,有性格内向、外向与健谈、寡言的不同。记者的访问,应该因人而异采取不同的对策。

出于采访报道的需要,在访问中记者要像演员一样进入角色,连一言一行、服饰打扮,都得考虑不同对象和所处环境。如到农村山区采访,无论言谈、衣着以及生活习惯,处处以"入乡随俗"为宜,否则就会与农民群众拉开距离,若是傲慢无礼,给人的"第一印象"就更不好了。采访领导和专家、学者,记者举止不当,或不懂装懂,都会使对方产生反感,访问也就无法进行下去。

采访对象接受记者访问,往往会有迥然不同的心理反应,所以要求记者具备临场应变能力。有的热情主动,积极配合,这就比较好办。有的被动、勉强,问一句才答一句,这就要耐心阐明采访的意图,引起对方重视,调动谈话的情绪。有的初次和记者见面,心情紧张,显得局促拘谨,甚至默默不语。怎样使对方开口,打开访问的局面?先要尊重对方,以礼相待,态度诚恳,使得对方有一种亲近感和信任感。再是不妨放松一下,通过闲聊、说笑来活跃谈话气氛。对方如已开口交谈,则可点头、打手势以示肯定,鼓励对方的谈兴和信心。总之,面对各种被访问者,喜时,乘兴多谈;疑时,解其顾虑;疲劳时,适可而止;拒谈时,暂不强求;碰到对方夸夸其谈或有意迎合,要冷静分析,有所防范;对方不善谈话的,则应慢慢启发诱导。

其二,从具体问题突破。

在全国人大的一次会议期间,有家媒体的记者要采访钱三强,恰好钱老晚饭后有空,答应接受记者访问。

> 钱:"让我谈什么?"
>
> 记者:"请您谈谈参加这次人大会的感想。"
>
> 钱:"哎呀,我们两个今晚不用睡觉了。这样笼统的问题叫我如何谈起呢?"
>
> 记者:"那就从科技方面谈谈吧。"
>
> 钱:"科技方面的问题很多,究竟谈哪一点?"
>
> ……

最后,还是钱老自己选题,就政府工作报告中关于自力更生发展科学技术问题谈了认识。

这一实例给我们的启示是,访问活动要善于从具体的问题上突破,大而无当的询问和提问,容易使采访对象感到为难,不知从哪里谈起。诚然,访问一般都是从粗到细、由浅入深的，有时请对方谈谈诸如看法、感受、印象也有必要，但通常应当力求把问题提得具体些，总是越具体明确，对方越是好回答。当年，斯诺在陕北访问农民所提的问题就很具体："你有多少地？""你得缴多少税呢？""要是下次白军来了，你还走吗？"这样对具体问题具体提问，农民也就有话可说了，新闻事实发生的原委和细节往往也是在具体的回答中"挖"到手的。

其三，抓住交谈的重点。

记者访问应放得开、收得拢，谈话也可以不拘形式，但切忌漫无边际，无的放矢，而要抓住交谈的重点，并善于启发对方的思路，诱导对方谈到"点子"上来。涉及紧要的情节、关键性的问题，更要抓住不放，问个水落石出。

访问中交谈的重点如何把握，这要从实际出发，根据当时情况和采访需要而定。通常，所谓交谈重点，指的是围绕实现访问目标，需要着重获知的能够说明问题的主要事实内容，包括构成新闻的各个要素，事实的特点、情节和有关问题等。比如你去访问一位抗洪英雄，谈到英雄平时生活、学习、工作（训练）和家庭情况，这些材料也可能是有用的，甚至是采写英雄成长过程的重要材料。但若报道的主题是抗洪，那么，交谈的重点，应该是英雄在抗御洪水中的表现，突出英雄为了人民生命财产安全，如何在紧急关头不顾自己的安危挺身而上。

2000 年春节期间，《浙江日报》头版头条位置，刊发反映一个农家变化的小通讯，从一个侧面折射出改革开放以来的农村新貌。在普通农民家庭，家事、农事、邻里事，话题可以涉及方方面面，而记者的访问着重围绕"变化"展开，抓牢双方交谈重点——这个家庭"十大新闻"（大事喜事）和变"压岁钱"为"压岁书"，并以此构成通讯的具体内容。全文不足 600 字，既与春节气氛相融合，又表现了改革变化这一主题，能给人以思想上的启迪，颇有可读性，受到读者好评。

其四，营造讨论氛围。

"酒逢知己千杯少，话不投机半句多"，这种心理效应在访问中屡见不鲜。记者访问谈话，并不是一种单向行为，简单、生硬的一问一答，好像在"审问"，效果肯定不妙。有经验的记者，常在访问中采取讨论式，把单向提问变成双向交流，从中引发共同的兴奋点，这样谈话就会趋于融洽而深入。

早在 20 世纪 80 年代早期，我国第一台巨型电子计算机——银河一号，在国防科技大学研制成功。一天下午，记者闯进"银河"软件研制人员陈火旺和吴明霞夫妇家。当时，陈火旺不在，女主人正忙着收拾行装，准备晚上出差外地。看来记者来得不是时候，访问很可能会话不投机，但记者又不甘心空手而归，便以关心的口吻问道："您走了，老陈又天天到机房加班，谁管孩子？""谁管？"吴明霞叹了口气："没人管，由他们在家里造反呗！""孩子学习成绩怎么样？这可得操心啊！"……这种讨论式的交谈，果然打开了吴明霞的话匣子，她收起拒人于千里之外的神态，饶有兴趣地跟记者谈了起来。谈到做一个科技人员和做一个好父亲之间的矛盾，大儿子高考落榜后对身为教授的父亲的怨艾，还谈到"银河"机怎样成了他们夫妇的精神寄托。记者把这一切写进了长篇通讯《啊，璀璨夺目的银河》，其中这夫妇俩的事迹被认为是最感人的一节。

实践证明，记者注意营造一种讨论的氛围，访问活动往往容易奏效。特别是谈到有争议的问题，可以通过开诚布公的讨论达成共识，双方意见相左，则应求同存异。

第二节 观 察

一、采访中的观察

观察，就是亲眼目睹和体察，运用视觉功能感知客观事物。人们对客观世界的认识均从感觉开始，而视觉是人最灵敏的感觉器官。据有关实验，外界的信息 85% 是由眼睛输入的。可见，人类一切社会实践活动，包括记者工作在内，几乎都离不开观察。

汉代伟大史学家司马迁为弄清秦灭魏时有关"放黄河水淹大梁"的传说，他仔细地察看了当时大梁的城墙，终于从上面找到被水淹过的遗迹，又经询问当地百姓，证实确有其事，才把这一事实写入《史记》。我国的书画、篆刻家齐白石为了提高画虾的技巧，自己特地养了虾，经常观察、揣摩虾的生活习性。开始，他画的虾长臂和躯干变化不大，长须也大都画成平摆的 6 条长线。经过长期细心观察，他发现虾在破水冲跃时，双钳闭合，躯干伸展；虾在轻游漫浮时，则是双臂弯曲，长须缓缓摆动的。后来，他据此一一作了修正，把这些观察到的虾的动作纳入画中，虾，被他画活了。新闻采访所以要进行观察，也是一个道理。

新闻采访中的现场观察，这是记者对客观事物所进行的一种察看体验活动，简单讲就是用眼睛采访。采访中通过现场观察，先从外观上感觉事物，进而由表及里地认识事物，对完成报道任务具有重要意义。记者的访问，尤其是人物专访，常常也需要结合观察，以感觉对方的音容笑貌、神情气质和环境氛围。至于现场感强烈的各种目击式新闻，主要是靠记者的视觉功能在起作用；特别在某些场合，比如正在紧张运作的抢救现场或公安执法现场，当事人根本无法也没有时间同你交谈，记者就只能用自己的眼睛观察。

还有一种特殊的情形，采访受到严格限制，不允许记者提问，除了观察则别无选择。1946年10月16日，10名德国法西斯战争罪犯被纽伦堡国际法庭以绞刑处死，美国合众社记者斯伯里·史密斯到现场目睹了这一事件的全过程。在这样的一种场合，记者被禁止同任何人交谈，因此只得全靠目击采访。经过细微的观察，史密斯在长篇通讯中记述了为受众所关心的许多细节。在他的笔下，各个战犯在行刑中动作、表情各不相同。例如，他对屠杀犹太人的刽子手斯特雷切是这样描写的：

> 这个罪犯形容丑陋，猥琐，身材矮小，他穿着旧得露了线的外衣和系上领扣的绿色旧衬衫，没系领带。他瞥了一眼矗立他眼前的三具绞架，其中有两具用来处死罪犯，第三具作备份。在很快瞥了一眼绞架后，斯特雷切环视行刑室……

> 这时，斯特雷切的双手被紧紧地捆在背后。两名卫兵，一边一个，把他引到左边的一号刑台。他以坚定的步伐，走完了通往第一个木台阶的6英尺路，但是，他脸上的肌肉却在紧张地痉挛着。当卫兵要他停下验明正身时——他尖叫一声：

> "希特勒万岁！"

> 他的尖叫，使记者不由得打了一冷颤。这时，记者正以美国新闻界惟一代表的身份，在现场观看执行死刑。[①]

观察作为一种常用的采访活动方式，又可分为事前、同步和事后观察。事前观察，指的是记者对某一事物变动前所作的观察。这种观察，一般都用于较大型活动的采访，并且大多是为同步观察做准备的。例如，采访一场体育大赛，事前就要对场地、环境和有关运动员作必要的观察，以便在现场同步观察中，最大限度地获得新闻信息。同步观察，是在事物变动的同时，记者在现场实地进行观察。这种观察比较起来，就更及时、更全面、更准确，记者的感受也更为深刻，许多优秀的目击新闻、现场报道，都是记者同步敏锐观察的结果。但是，由于时间、精力和不可预料等原因，记者要做到事事同步观察是不可能的，只有那些重大而又可预知的事件，才是记者争取同步观察的目标。事后观察，则是指事件发生后的观察。这时虽已看不到正在发生的事实，但记者仍可根据现场遗迹、环境反应等，来考察事实发生时的情况及其后果。采访实践中，记者的观察活动，大多属于这种事后观察。

---

① 转引自黎信：《西方新闻作品选读》，北京：中国广播电视出版社，1984年。

二、现场观察的作用

记者在新闻采访中的现场观察,有着访问交谈不可替代的多种作用。观察的作用是由它自身的特点衍生出来的,其主要的表现是:

1. 产生真情实感

观察最明显的一个特点是直观性,即面对新闻事实正在发生或发生后的情形进行直接的观察。作为直面事实以获取新闻信息和素材的一种采访活动,新闻观察的过程,是记者主要通过视觉器官同客观实际接触沟通的过程。正是这一直观性特点,决定观察具有使记者对客观事实产生真情实感的特殊作用。

记者到现场观察,直观感觉客观事实,这就是有了实感,产生真情,从而更好地了解和认识事实。记者直接观察到的一切,总是具体的、形象的,而且印象深刻,这又能使新闻报道具体生动,并富有现场气息和感情色彩,增强可读性和感染力。例如,如何看待抗日战争的历史,记者听了受害者对日本帝国主义侵华罪行的控诉,心中就会很自然地产生对侵略者的憎恨;如果再去当年日本侵略者进行血腥大屠杀的现场观察一番,目睹遗留下来的累累白骨等各种罪证,这种对法西斯罪行的憎恨感就会更深刻、更强烈,从而把这种反侵略的感情渗透到新闻的字里行间。

尤其是人物报道,光听别人讲述介绍,总嫌笼统、抽象。只有同本人见面,直接听其言、观其行,观察对方的外貌、气质和活动事迹,这样才能有真情实感,也才能寄情于文,生动再现。有的先进人物,记者采访时可能已经不在,但在听取别人介绍的同时,到本人工作、生活过的地方进行观察,也会得到某些实际感受并引起共鸣。早些年刊播的通讯《县委书记的榜样——焦裕禄》,让人眼含热泪,激动不已,即是一例。

2. 捕捉瞬间印象

观察的直观性特点,反映在它的作用上,还可使记者在现场采集丰富的新闻素材,尤其是可以捕捉稍纵即逝的瞬间印象。客观世界发生的事实往往瞬息万变,记者在观察中得到的瞬间印象,常是采访现场报道所需要的生动形象的"活"材料,有时还起着历史的见证作用。

1983 年 8 月 21 日,菲律宾反对党领导人阿基诺在马尼拉国际机场被枪杀。事隔一年后,有关方面查明刺杀阿基诺的是菲律宾军人,证实了当时跟阿基诺同机抵达的日本记者的目击报道。这个报道所记述的正是记者在现场捕捉到的瞬间印象:

　　飞机到达马尼拉后,阿基诺被进入机舱的三名军官(佩戴肩章)

围起来带出机舱……三名军官中的两名突然拔出枪来,连续两三声枪响,已从阶梯上走下并迈出两三步远的阿基诺"吧哒"一声,直挺挺地向前倒下了。

......

正当我眼看着血从阿基诺的头部喷出,并想到"啊,他被害了"的时候……打死阿基诺的那几个军官逃进军车中,转眼间不见了……

出现在新闻现场的瞬间印象,其内容极为广泛。变动着的事件细节、环境气氛、现场活动,以及人们的表情、动作、语言、神态等等,都可能成为记者所要获得的素材。这种瞬间印象中得来的第一手材料,对于再现现场情景的通讯、特写写作尤为可贵。

3. 易于辨别真伪

验证性也是现场观察的一个特点。大千世界的万事万物,无一例外都是客观存在,不以人的主观意志为转移。一般而言,记者到现场观察,亲眼所见无可置疑,即所谓"耳听为虚,眼见为实"。这一特点显示的观察作用是,在新闻现场亲眼目睹,最容易辨别真伪,从而掌握可靠的第一手资料。

在采访当中,采访对象自述或转述的情况,由于对方记忆不清,讲得不全面、不确切,也有的报喜不报忧,好说过头话,这就会掺有"水分",出现这样那样的事实差错。责任心强的记者,为避免报道失实问题,在听取情况介绍之后,再去事件发生的现场观察,以验证、核对事实。《人民日报》记者陈柏生采写毛主席纪念堂落成的新闻,经过访谈了解,又几次察看工地,甚至连建筑物的 44 根廊柱都一根一根数过。根据她原已掌握的素材,北大厅装灯 125 盏,后经核查,却只有 110 盏,是因为在施工中改动了原来的设计。

全国农业劳模李顺达谈到记者的采访时说:"给人们印象最深的是记者们那种实事求是的精神。1946 年在太行劳模会上,解放日报有位记者,要报道我劳动致富的事,我向他介绍了修地 20 亩、盖房 4 间等事实。这是我亲口向他介绍的我自己家的事,不会有啥出入,但他还是坚持要跟我回家看一看。那时,山里都是羊肠小道,只能骑毛驴。他坚持和我一起步行,可把他累坏了。当时我想,来回吃这么大的苦还不是为了那几个数字。没想到登报时,把盖房 4 间,改成盖房 3 间、厨房 1 间了,可不是嘛!做饭的厨房和住人的房子差别还大哩!"[1]

---

① 见《李顺达谈记者作风》,载《新闻战士》1983 年第 2 期。

4.加深认识事物

现场观察,实际上不只是用眼睛看,而是在大脑的支配下,眼、耳、鼻、舌、身各种感觉器官同时运作。这就是观察的另一特点——综合性,由此又表现出观察能使记者对客观事物深化认识的作用。

俗话说:"说一千,道一万,不如看一看。"是的,一些口问、耳闻闹不清的东西,你到现场看一看,就可以一目了然。观察体验,感受思考,对事物获得亲知,就更能促进感性认识向理性认识升华。正如有的老记者讲的,不到现场,不到第一线,不到事情发生的地方去,怎么能采写出独具见解的报道?!

这里,我们来看看一个国外的例子。勒丽·蓓蕾是个著名的美国女记者,她在担任普利策所办的纽约《世界报》记者时,社会上传闻纽约伯勒克威尔岛疯人院里存在着虐待患者、侵犯人身的行为。由于疯人院控制十分严格,人们很难了解事实真相,勒丽·蓓蕾于是大胆地想出了装疯卖傻到疯人院里去侦察的主意。人们把她当成了真疯子,送进了纽约伯勒克威尔岛的疯人院。在这些日子里,她经历了一次又一次令人难以忍受的虐待,亲眼看到了疯人患者非人的生活,对患者被虐待的种种事实有了深切的认识。当她把这一切都了解到手的时候,便设法逃出了疯人院。不久,勒丽·蓓蕾便把这个疯人院的内幕公布于众,立刻引起了社会舆论的关注,政府和疯人院当局不得不对疯人院进行整顿,使疯病患者的待遇得到了很大改善。

见多就能识广,有时,观察中记者受到某一事实的启发,还有利于酝酿新的更深刻的报道主题。

三、观察的一般方法

1.选好观察位置与时机

观察位置与时机如何选择,对于一个记者,尤其是电视、广播记者和摄影记者来说,关系到能否进行有效的观察,甚至会影响一次采访的成败。位置选得好,时机恰当,这才能观察到事物在变动中最典型的状态。

选择观察的位置,一要考虑观察对象的具体情况,力求该看的能够看得到、看得清。客观事物是千差万别的,观察位置的选择也应因人因事而异。观察一次集会活动,几百人的与几万人的就大不相同,前者只需站在一般高度上看几眼,就可以一览无余,而后者找不到相应的高度与角度,就无法观察到整个场面。二要考虑报道思想,使观察到的内容能够体现报道的目的和要求,而要做到这一点,观察前就要有所设计。三要考虑报道形式的不同,观察位置的确定也有所不同。一般讲,写消息,更多考虑的是事件的概貌、简况;写通讯,更多考虑的是事实的具体化与形象性。此外,位置的远近也要从报道的需要考虑：近察，可以看清细部，但看的范围小；远眺，可以看得广，但细部看不清。

关于观察时机的选择，最重要的是选在能够集中反映出事物、人物特征的关键时刻，这就能以较短的时间，获得预期的观察效果。修建一个大型水库，记者不可能一直呆在工地观察，而在建库过程中如大型的定向爆破、大坝合龙等重要机会，记者是不会放过亲临现场观察的，因为这些壮观的现场，最能显示出群众的智慧和伟大的创造力。一次国际体育大赛的报道，需要观察的现场很多，记者一般把观察的时机选择在我方有希望夺魁项目的决赛上。对于一个人观察时机的选择也是这样。例如，报道一位外科医生医德如何高尚，技术如何精良，那么最好观察他如何替危重病人做复杂手术的艰难过程。其次，观察时机的选择，记者还要考虑到观察对象所能提供的观察机会，并充分利用这些机会。如果采访报道月食、日食情形，就要抓紧在气象部门预告的时间观察，错过时间，则时不再来。新华社记者采写通讯《白象走出森林的时候》，把观察白象的时机确定在黎明，是因为根据白象活动的规律，除了这个时候，就很难观察到白象了。

第二十四届中国新闻奖中有一则关于"点鸟奖湖"的作品，江西电视台记者采访拍摄电视消息《南矶湿地启动"点鸟奖湖"》新尝试，为了拍摄到点鸟奖湖的第一手影像，记者与点鸟奖湖队员一起先乘船走水路进入湿地，拍摄到鄱阳湖候鸟遮天蔽日的奇景。候鸟有自己的生活习性，如果记者不选择合适的时机，是拍不到这样壮观的候鸟景象的，更不会拍摄到点鸟奖湖的情景了。

2. 概览与细察相结合

记者在现场观察，要善于区分重点与非重点，从而确定概览什么、细察什么。所谓概览，即"鸟瞰法"，是对某一事物作大略而全面的观察。所谓细察，就是对事物的局部或细节作重点的、仔细的观察。概览和细察的作用，是相辅相成的，从一个完整的观察来说，没有概览，就无法把握整体，通观全局；如果只作概览，而没有细察，对于事物的某一重要局部就不可能看得很仔细，就很难掌握事物的特点与细节。因此，概览和细察必须视情况而定，有机结合。

概览是为了解全面、把握全局服务的。对于那些在报道中用来表现事实轮廓和梗概的材料，或者在分析问题、综合情况时用作参考的事实，通常就要概览。但要尽量看得广一些、全一些，避免以偏概全。概览毕竟属于走马观花，也并非事无巨细，一一全看。因此，概览的"全"，只是与细察相对而言，实际上，概览的内容最好是根据报道的范围和要求有所选择。比如，我们报道一个钢铁联合企业生产搞得好，一般不可能对这个公司的所有工厂、车间、班组全部看过，只能选看其中比较典型的或关键性的几个地方。

概览结合细察，这是点面兼顾认识事物的重要方法，细察部分常常又是报道中需要重点描述的内容，所以不能观而不察、察而不细。细察应当有的放矢，瞄准事物整体有代表性的局部和环节，舍得花费时间和精力，并在有限的时间内，精力高度集中，尽可能做到明察秋毫，以获得丰富的信息和真切的感受。当然，这还得靠记者平时自觉地多做观察锻炼。西方有些记者擅长现场的仔细观察。美国记者布雷迪在谈到观察时说："要注意到有些细枝末节是能够加深采访对象留给你的印象的。这或许是他的外表——从服饰和姿态到水灵灵的眼睛和突出的喉结；或许是他的住房、汽车、办公室；或许是保持整洁呢还是不修边幅……要注意观察他的双手，看这双手是否反映出他的习性？是否常修指甲？是否老是显得傲慢似的两手插在裤兜里？手上的皮肤是皱痕道道还是光滑滋润？"[①]

3. 边看边想边感受

观察离不开眼睛，更离不开大脑。就是说，要结合用眼睛看，有意识地思考和感受。只有这样，观察才能取得应有的成效，并具有一定的深度。因此，一般应当注意几个问题：

首先，不要停留在表面现象。

客观世界很多事物，它的现象反映本质，就比较容易观察和识别。但是，有的现象并不直接反映事物的本质甚至有可能歪曲本质，对于这类现象，记者就要在观察中开动脑子、用心分析，力求透过表面现象，看到事物的本质，得出正确的结论。

2014 年 9 月 13 日，央视《新闻调查》播出一期节目——《少年之死背后》，反映的是郑州一家戒除网瘾的封闭学校——搏强新观念培训学校，19 岁女孩玲玲被教官体罚，几个小时的"加强训练"之后不幸致死的事件。但是记者并没有仅仅停留在事件现象上作猎奇式报道，大肆渲染，而是透过现象紧紧抓住悲剧的本质，从最初的目击者和相关警察对事件的还原，到引发对搏强学校的怀疑，进而延伸出去，通过搏强学校、家长、普通学校、教育部门等多个层面，剖析了它的深层动因，提出了应试教育模式所造成的弊端，认为只有上了大学才算成才，而学习成绩的优劣也就成了判断学生好坏和其能力大小，以及是否具有发展前途的标准，除此之外，应试教育模式也造成诸多师资建设的弊端，比如教师唯成绩为尊，对学生差别对待。记者通过类似事件的综合反思和讨论，从本质上揭示出，要避免这类悲剧，必须反思整个教育系统的建设，真正兼顾不同孩子的教育需求，才能从根本上解决问题。

---

① ［美］约翰·布雷迪：《采访技巧》，北京：中国新闻出版社，1985 年，第 181 页。

第二,善于发现事物的特征。

观察中如何发现事物特征,这就不是仅用眼睛所能解决的问题,而必须通过比较,同中求异,从共性中找出个性。有比较才有鉴别,有道是:"不比不知道,一比吓一跳。"

湖北省潜江县王场镇委一位通讯员,一次听说张新乡农民企业家李家龙把一家濒临破产的油脂厂闹腾得十分红火。等他赶去采访,地区报纸已经发了这个厂起死回生的消息。还能不能再挖出点新东西来呢?他在厂里把情况了解清楚以后,又骑上自行车到附近的7家油脂厂作了一番观察、一番比较,发现李家龙承包的油脂厂有三个"特别":一是人家用歪锅木锨人工炒籽,而该厂用平锅机械炒籽;二是人家蒸料用汽盆,而该厂却改用蒸桶;三是人家车间的下脚料废品俯拾皆是,该厂却当宝贝使用。特点找到了,文章就好做了,他以《李家龙承包亏损厂"三着棋"使企业生机勃发》为题作了报道,此稿先后被几家媒体采用。

第三,重要的问题在于理解事实的意义。

新闻不是也不可能"有闻必录",新闻传播总得有一定的社会意义,或传递信息,或起某种宣传教育作用,或提供新的经验、知识。记者在观察中结合思考、感受,重要的问题是对客观事实所蕴含的意义能够认识和理解。

1995年6月,中央电视台、河南电视台记者在河南的南阳、漯河、周口等几个小麦主产区采访,看到北方各地的大批农机来到河南收割麦子,记者经与20多名农机手交谈,又采访了当地农民和农业主管部门负责人,深感这一事实不仅在中原历史上是第一次,而且它还蕴含着这样几重意思:农村改革后农民对农业机械的渴求;农民在市场经济规律的驱动下自发跳出小农经济圈子,摆脱地域束缚勤劳致富;联系甘肃、河北、陕西等地农民历史上就有腰挎镰刀外出帮人收麦的习俗,如今来到中原的这批新"麦客"则成为社会变革、历史进步的缩影。记者基于对这一事实涵义的认识和理解,当即采写出颇具影响力的报道。

2011年2月,《新民晚报》的记者介绍了2011年寒假的一桩小事,上海市少儿图书馆举办"播撒诚信种子"的活动,向全市中小学生出借新书,无需任何凭证,不办理任何手续,结果在约定日子里,八成图书如期归还,诚信的种子在数百位小读者心中发芽。《小读者横穿大半个上海来还书》这篇报道之所以在2012年的中国新闻奖中斩获大奖,主要在于记者觉察到这一事实背后所蕴含的意义,一方面,道德滑坡问题一直是人们关注的热点问题,也是牵动人们神经的敏感问题,"彭宇案"、"小悦悦"、"地沟油",诚信的缺失已经到了非常严重的程度;另一方面,随着独生子女越来越多,父母的溺爱,家庭教育的缺陷,导致孩子们越来越自我。一个看似小小的尝试却在全社会中倡导出讲求诚信的风气,给孩子们上了一节符合社会主义核心价值观的道德课,这也反映了孩子们所受教育的正确引导作用。

第三节 特殊方式的采访

所谓采访的特殊方式,是指时间较长的,或是流动性的、隐秘性的采访。其实,种种特殊方式的采访活动,都离不开采访基本方式即访问和观察的运用。

一、蹲点采访

这是深入实际、调查研究的一种采访活动方式。蹲点采访有两种情况:一种是新闻媒体根据报道需要,派出记者到一个点里去进行深入的调查研究,在调查研究的基础上,写出有分量的新闻;一种是新闻媒体派记者参加党政机关统一组织的蹲点工作组,边工作,边采访,点里工作搞完,经验出来了,记者也就可以完成报道任务。蹲点采访方式的特点是,采访的周期比较长,调查研究深入细致,搞的报道比较扎实,适合于对贯彻某项重大方针政策的宣传,或就某一重要经验、重大题材作深度报道或系列报道。

蹲点采访对新闻工作者来讲,是深入实际、深入群众的极好机会,既可锻炼社会活动能力,又可改进采访作风,对一些新参加工作的"三门"记者更有其特殊意义。记者到基层蹲点采访,生活在人民群众的社会实践之中,还可以亲身感受党的政策的威力,把握好宣传党的方针政策和群众创新精神的主动权。过去一般习惯于在蹲点结束后,搞一次性的经验报道。随着新闻改革的不断发展,蹲点采访根据需要,可随时作阶段性的"横切面"报道,免得新闻变旧闻。

记者蹲点采访,特别是参加工作组蹲点,要注意把中心工作和新闻工作结合起来,既当工作人员,又当记者。新闻工作者不同于一般党政干部,在蹲点的过程中,应处处不要忘记从新闻角度审视、积累报道素材,以便及时采写新闻报道。

中央电视台于 2011 年派出记者来到新疆喀什塔什库尔干塔吉克自治县,与乡干部、塔吉克族老乡同吃同住同翻悬崖,用心去体会、去观察、去记录,孩子们的坚强乐观、乡干部们的尽职尽责,报道过程中记者不扣帽子、不贴标签、不唯苦、不唯远、只唯真,真实记录、真诚面对,采写出了七集《走基层·塔县皮里村蹲点日记》,带给观众的是一份深沉的思考,无论是进步还是落后,都是今天中国的基本国情,对这样的国情有了最深刻的认识,我们才有更多的、更明确的方向,更多的、具体的努力来化为行动,来改变我们的中国。与此同时,开创了走基层节目"电视连续剧化"报道的先河,引发观众在微博上的热议。

二、巡回采访

巡回采访也就是游动采访、旅行采访,其特点是流动性大,通常适用于某些重大题材的报道。记者每到一地,停留的时间虽短,但沿途视野广,反映的内容具有对比性和连续性,如按某一主题的沿江(河)、沿海、沿铁路线采访,或《质量万里行》、《西部纪行》等。

《解放军报》两位记者,两年沿中国大陆周边采访一圈,行程5.6万公里,其中单是骑自行车沿海疆采访就达1.8万公里,采发新闻和内参稿100多篇。他们在1986年3月8日,从丹东骑自行车出发,沿海岸线采访;在广西的北仑河口改乘越野汽车,沿陆地边防线采访,经过了昆仑山、帕米尔、阿尔泰和大兴安岭等大川名山,边旅行边采访。途中,他们遇到了泥石流和暴风雪等许多险情和困难。在新疆昭苏县的中苏边境采访,为了核实乾隆皇帝在此树立的一块写有"平定准噶尔勒铭格登山之碑",他们四肢着地才爬上了积雪数尺的格登山,可是,又找不到下山的路,只好抱着照相机顺着雪坡滚下来。1988年3月8日,他们胜利地回到了出发地丹东。

2011年是西藏和平解放60周年,中央关心,世界瞩目。为铭记历史、激励未来,西藏日报从2010年9月底开始,精心选题,认真策划,先后派出5路记者,分赴昌都、那曲、林芝等地(市),沿当年解放军进藏路线全程进行采访,写出了这组出色的系列报道。解放军进藏路大多处于人迹罕至的高山、峡谷、荒原区,采访记者不顾海拔高、路途险,穿越羌塘草原、翻越皑皑白雪、跨过湍急的冰河,历时数月,行程万里,采写了数十篇稿件,拍摄了近万幅图片。整组报道以当年解放军进藏路为主线,用类似游记的方式、散文的笔法,结合历史与现实,讲述一个个发生在解放军进藏路上的感人故事,面上结合60年来的历史变迁,生动而深刻地反映了西藏和平解放60年来所发生的巨大变化,思想性、教育性强。

三、易地采访

指记者到本职工作范围以外的地区采访。例如,根据报道需要,中央新闻单位驻山东的记者被临时派往西藏采访,省报驻甲地的记者被派往乙地采访,完成了既定任务之后,再回到原来工作的地区。近几年,一些省级记协还统一组织各媒体记者集体到外省区进行易地采访活动。

易地采访的优点是,使记者容易产生新鲜感并触发新闻敏感,同时,这也是一种新闻交流的极好机会。据新华社的同志介绍,他们每年要组织三四个小分队,每队 2~3 人,成员从各分社抽调,然后深入下去抓好稿,历年好稿有一半以上是小分队抓的。不过,对参加易地采访的记者来说,从熟悉的地区到陌生的地区采访,人地两生,困难较多,这就要求记者扬长避短,知难而进。

为顺利完成易地采访任务,要围绕报道专题,制定一个周密的采访计划,包括采访要求、步骤、措施等。有了周密而可行的采访计划,易地采访就可主动地、有条不紊地进行下去。易地采访一般都是临时组建一个报道班子,需要注意协调好内部人际关系,使它形成一个团结、合作的集体;同时协调好与当地领导机关和同行的关系,取得他们的支持与配合。

四、隐性采访

隐性采访又称秘密采访或暗访,是与公开采访相对而言的,即指不暴露记者身份的采访活动。

我们党和人民的新闻工作,受到社会广泛的尊重和支持,记者完全有条件以公开的身份采访,一般没有必要采取隐性采访方式,但是在特殊情况下,隐性采访还是需要的。改革开放以来,新闻媒体强化舆论监督功能,隐性采访也在所难免。如社会服务行业实行承诺制可以说是当今人们生活中的一种新景观,而人们关心的热点在于承诺是"一纸空文"还是"一诺千金",为此,在 1996年岁末,新华社记者暗访了北京几个承诺示范窗口,包括北京火车站、工商银行王府井储蓄所、天坛医院等。记者暗访的结果是,多数窗口行业礼貌待客,服务质量明显改善,但在有些地方,态度粗暴、恶语伤人的顽症并未根除,出租车"拒载"、"斩客"现象相当严重。

再比如"强拆强迁"是目前社会转型期遇到的一大社会问题,2011 年 5 月15 日《焦点访谈》播出了一则新闻评论,题为《茅台镇上的强迁之痛》。这期节目的线索是由当地群众提供的,赶到当地后,记者并没有急于展开采访,而是暗中摸底和观察。记者看到,镇政府的执法队不定时来巡查、催促搬家,而商户们为躲避执法队,随时都要关闭门户暂停营业,大家苦不堪言。同时,记者也隐蔽拍摄下了执法队干扰正常营业、强行扣留商户财物的种种细节。

像上述这样的暗访报道,便于了解平常采访不易了解的事实真相,而且披露记者在不公开身份情况下的实际见闻,更能使人信服。

隐性采访的长处是,不会因为记者的采访而改变事实的本来面目,比较容易了解到真实的情况。这种特殊的方式,较多地使用于批评性报道和对违法事件报道的采访,以便实施舆论监督,通过揭露问题,促使解决问题,并警示世人引以为戒。当然隐性采访对采写某些肯定性、表扬性的稿件同样适用,这便于防止对方夸大事实或不愿公布自己的功绩。隐性采访的不足之处也较明显,即难以得到采访对象的配合和协助,了解情况可能不全面、不深入,有时还会引起对方的反感。因此,凡能进行显性(公开)采访时,如果没有特殊的情况,就不要也不应当采用隐性采访这种活动方式,况且其适用范围也有一定的限制。

这里,特别需要注意两个问题。一是隐性采访必须在法律所允许的范围内进行。公共场合发生的事实,如上述新华社记者对北京服务行业的暗访在法律上被认定是可以通过媒体公之于众的;但在非公共场合,以及涉及国家机密、公民隐私等,则是法律所不许可的。为保障未成年人的合法权益,隐性采访对他们也不适用。二是不得违背正常的新闻采访原则。记者应以观察者的心态出现在现场,一定要尊重客观事实,更不能用设置陷阱等手段来达到隐性采访的目的。同时要把事实了解、核对清楚,确保报道的真实和公正。

[本章教学参考]

一、教学目的和要求

本章通过讲解新闻采访方法论及其应用,目的在于引导学生初步地学会进行有效的采访活动。尽量把采访搞得活一些、深一些,为新闻传播创造必要的条件。这在学习中,就要着重领会并掌握采访的基本方式——访问和观察的内涵,特别是访问、观察所常用的方法与技巧。

具体的学习要求:

1.真正弄懂访问和访问的意义,以及如何使访问活动取得成功。

2.能理解在访问中怎样"架桥"和各种提问技法。

3.明确现场观察的特点及其功能,初步掌握一般的观察方法。

4.对蹲点采访等几种采访方式也要有所了解。

5.采访方式方法的学习,重在应用,多多实践。

本章强调实践教学,即除了必要的理论阐述,多安排些时间对学生进行可操作性的观摩和训练。比如,结合课堂讲授,播放记者访问的录像,或以现场观察为根据的目击报道录音等。在课外,则可组织几次访问实习,并鼓励学生养成平时注意观察的习惯。另外,还可以在校内举行模拟记者招待会等。

二、基本知识点

1. 采访的基本方式：访问与观察。
2. 访问中的"搭桥"艺术和提问技法。
3. 访问活动要领。
4. 观察的一般方法。
5. 特殊采访方式。

三、内容提要

作为采访的一种基本活动方式，访问是指记者直接走访采访对象，当面询问情况、提出问题并与之交谈，从中了解新闻事实并获取素材。其形式常常是个别访问，也可以是集体访问，包括召集座谈会（调查会）、参加记者招待会或新闻发布会。由于采访的内容不同，访问类型有：因事件访问、因人物访问、因经验访问、因问题访问、因争论访问。成功的访问，总是先在感情上接近对方，即找到使采访对象感兴趣的接近点，缩短彼此的心理距离，这在新闻界称之为"搭桥"，是一种采访艺术。访问的学问，很大程度上表现在巧妙的提问，提问的技法多种多样，通常包括直入法、迂回法、引导法和反激法，可根据不同对象、不同情况，有针对性地灵活掌握，有时还得交替使用。要使访问取得成功，还应善于处理可能遇到的一些问题，把握好访问活动要领：其一，因人而异，随机应变；其二，从具体问题谈起；其三，抓住交谈的重点；其四，营造讨论氛围。

采访的又一种基本活动方法——观察，就是到新闻现场亲睹和体察，运用视觉功能感知客观事物，也就是所谓"用眼睛采访"。现场观察的作用主要表现在：能产生真情实感；可捕捉瞬间印象，易于辨别真伪；深化对事物的认识。观察的方法，一般要选好观察位置与时机，位置选得好，时机恰当，才能观察到事物在变动中最典型的状态；要把概览与细察结合起来，概览即"鸟瞰法"，是为了解全面、把握全局服务的，细察则是对事物的局部进行仔细的观察，以掌握事物的特点与细节；要边看边想边感觉，这样观察才能取得应有的成效，并具有一定的深度。采访中如何进行访问和观察，这是本章内容的两个重点，关于访问活动要领，以及在现场观察时怎样边看边想边感受，又是学习中的难点，需要通过采访实践进一步领会和积累经验。除了访问与观察，还有一些比较特殊的采访方式，主要包括蹲点采访、巡回采访、易地采访、隐性采访。

四、思考与作业题

1. 关于采访中访问与观察的概念。

2.为什么说个别访问是采访最常用的形式?

3.怎样开好座谈会(调查会)?

4.记者与访问对象之间为什么要"搭桥",怎样"搭桥"?

5.要使访问取得成功,应当把握哪些活动要领?

6.试述"用眼睛采访"的重要性。

7.如何理解一般的观察方法?

8.结合采访实践练习,谈谈对访问与观察的体会。

9.为什么有时要采用特殊的采访方式? 如何认识隐性采访?

第五章　新闻写作规律和要求

第一节　新闻写作的客观规律

一、什么是新闻写作规律

　　新闻写作是在采访基础上所进行的一种新闻实践活动,其理论知识来自实践经验的总结和提高。新闻写作的知识体系,包括基础理论知识和文体写作知识,体现新闻写作活动的客观规律。规律来自实践又制约着实践,我们学习新闻写作,先要对其自身的规律性有所认识。

　　任何写作活动,都以现实生活中客观存在的事物为基础,如果脱离现实那将是毫无意义的。新闻写作,更是直接反映客观事物即新闻事实的一种手段。所以,"文章是客观事物的反映",这可以说是各类文体写作的普遍规律。

　　由于反映客观事物的特点和手法不同,各类文体又有自己特殊的写作规律。如以新闻与文学、评论相比较而言,文学创作的规律是源于生活、高于生活,它对客观事物的反映,追求"艺术的真实",不必拘泥于真人真事;评论写作的规律是逻辑论证、重在说理,它对客观事物作出抽象的概括,讲究具体问题具体分析。新闻的写作,也正因为有着自身的规律,这才使得新闻文体同文学、评论等明显地区分开来,表现出它独立存在的意义和价值。

　　关于新闻写作规律,在新闻界众说纷纭,看法各异。有一种意见,认为新闻写作的根本规律是真实性;有的说"新、短、快"就是新闻写作规律;有的则把新闻写作规律表述为一种公式:文字功底＋新闻敏感＋政策观念。这种种见解,从新闻写作的要求来讲,无疑都是正确的,也是合乎规律性的,但还不能概括新闻写作规律的全部内涵。

那么,新闻写作的规律是什么呢?

从新闻形成过程看,新闻写作规律集中表现为:服从事实和事实的报道。新闻属于记叙文范畴,这种别具一格的纪实文体,写作上千变万化,但万变不离其宗——报道事实,怎样真实地又快又好地报道事实,你就应当怎样来写。

新闻写作服从事实和事实的报道规律,顾名思义,首先要服从事实,再是要服从事实的报道。新闻的写作服从事实,包含两层意思。一层意思是,以事实为根据,尊重事实,忠于事实,反映事实原貌,这是新闻真实性原则在写作活动中的运用和体现;另一层意思,写什么,怎么写,必须从事实出发,受事实的制约,"看菜吃饭,量体裁衣",使新闻表现形式与事实内容相一致。

服从事实,报道实事求是,对新闻写作来讲,是根本,是立足点,也是衡量一篇新闻作品成败的基本标准。但要进一步看到,仅仅服从事实,这还不能完全体现新闻写作规律。新闻不单纯是记录事实、再现事实,而且要体现对事实的评价,即记者的意见、观点,并使读者或听众、观众乐于接受,从而对广大的受众产生影响。为此,新闻写作在服从事实的前提下,还须服从事实的报道。新闻写作服从事实的报道,就是要全面把握新闻特性和新闻的传播需要,即以事实为本,力求新意,争取时效,并考虑公开传播的效果,达到新闻报道的目的。同时讲究事实的反映艺术,善于表现事实的社会价值,把新闻写得更有吸引力和说服力。我们社会主义新闻的写作,更要坚持马克思主义的立场、观点、方法,对事实作出正确的反映和评价,不仅给人以有益的信息,而且使人从思想上得到启发和教育,并尽可能适应人们的审美追求。

过去关于春耕生产的一些报道,几乎每年都讲"动手早",甚至强调比去年又提前多少天。其实,春耕生产有极强的季节性,要是不加分析地老讲"早"、讲"提前",这样几年下来春耕不就成了"冬种"了吗?这种写法不仅违背事实,不符合事实的逻辑,而且显得老套、一般化。有的消息报道某省"从去年的洪涝自然灾害,认识到必须兴修水利",这也让人感到不可信。兴修水利,年年在强调,岁岁有报道,其重要性难道由于"去年"遭灾才开始认识?如果说是对兴修水利加深了认识或增强紧迫感、责任感,则可能比较切合实际。由此可见,服从事实和事实的报道,作为新闻写作规律,制约着新闻写作的实践活动,不承认规律,不尊重规律,就会在写作上出现这样或那样的问题。

二、对规律性的认识依据

新闻写作服从事实和事实的报道这一规律,归根结底,决定于新闻对事实的依存关系。这就是我们对新闻写作规律总的认识依据。

首先,新闻源于事实、报道事实,没有事实则没有新闻,这是社会主义新闻学在新闻与事实关系上的基本观点。从这一观点看写作,新闻写作作为事实的反映和表现手段,它以事实为根据并受事实的检验,有赖于具有新闻宣传价值的新近事实而起作用,如若离开事实也就无所谓新闻的写作,即所谓"皮之不存,毛将焉附"。新闻界的经验也一再证明,什么样的新闻取决于什么样的事实和对事实的认识,也只有采访到事实材料,把握事实的本质及其特征,才有可能巧于构思和写好新闻。新闻必须真实,这是我们党的新闻工作的优良传统,也是新闻实践活动必须遵循的首要原则。新闻失实现象的发生,或是形式脱离内容,如把短消息硬拉成长新闻,本来是写消息的素材非写成通讯不可,以及选材不精、表达不当等等,都是违背新闻写作的客观规律的。

其次,新闻虽由客观存在的事实构成,却不是事实原封不动的翻版,也不可能是"有闻必录"。自在的具有社会传播价值的事实,转化成作为观念形态的新闻,这是人们认识客观并能动地反映客观的结果。新闻写作,既要服从事实,就是尊重事实的客观性;又要服从事实的报道,就是讲写作活动的主观能动性,即按社会传播的特点和要求,对事实作出恰当的取舍、使用和表现,进而不失时效地把新闻传播出去。新闻写作服从事实和事实的报道规律,体现了新闻对于反映事实的客观性和主观能动性的统一。

某年6月,浙江新安江水库因上游地区连续降雨,水位超过汛期控制线,遂于28日开闸泄洪。第二天,当地新闻媒体和外地某报均就此事作了报道。让我们来看看两家报纸的新闻:

本报新安江水电站28日电 28日下午,新安江水库开闸泄洪。17时37分,随着一声电铃响,坝顶的龙门吊车缓缓地将重320吨的5号闸门吊起,平静的库水一下从80多米高处沿弧形坝体冲下,在坝前形成蘑菇云似的庞大水球,而后向下游滚滚流去。

这次泄洪是新安江水电站1960年建成后第二次,上一次是在1966年。今年4月1日至6月27日,新安江流域降雨量已达1120多毫米,比常年增加1/2。泄洪前,水库水位超过了汛期控制线,是新安江水库建成后的最高水位……目前,电站仍继续正常发电,泄洪指挥部负责人说,今后将根据洪水情况决定泄洪量。

本报新安江6月28日专电 "黄河之水天上来",古代李白诗句中那瑰丽雄奇的景观,在新安江电厂大坝的泄洪中真实地再现了。17年一遇的新安江电厂大坝泄洪,于今天下午5时38分开始。

当坝顶两台各160吨级的吊机,吊起10米高、18米宽的泄洪闸门时,处在107.25米高度的库区江水,以每秒5000立方米的流量冲出,好似千万条狂怒的巨龙,挣脱群山和大坝年长月久的封锁,奔腾呼啸地冲向滚滚东去的大江。二三尺长的大鱼,成群地被冲出闸门,顺随飞溅的浪花,被抛向半空,再摔进下游江面。当地万余名群众怀着寻奇探胜的心情,分聚在两岸山腰上尽情观赏。据了解,这足以令人惊心动魄的人间奇景将持续66个小时……

上面两条新闻,报道新安江水库泄洪的同一内容,由于对事实的认识以及表述上的差异,报道效果迥然不同。前一条新闻,按事实原貌反映事实,强调泄洪是为保大坝安全和正常发电,并说明今后将根据洪水情况决定泄洪量。新闻对泄洪情景的朴实描写,意在表现人定胜天的伟大力量,字里行间充满与群众息息相通的融洽感情。这种反映实际的写法,遵循新闻写作规律,坚持服从事实和对事实的报道,自然也会获得读者的好评。

两相比较,后一条新闻,则违背新闻写作的客观规律,以致造成不良的传播效果。它以《新安江电厂大坝昨起泄洪　万余群众观赏奇景》为题,开头就写什么"瑰丽雄奇的景观",接着又赞叹这是"足以令人惊心动魄的人间奇景",还说在场的群众"怀着寻奇探胜的心情"在"尽情观赏"。这样的描绘和渲染,同现场的景象、气氛相悖,显然是失实的,特别是新闻中显露出的思想感情与事实的逻辑不符,难怪使人觉得报道者是在幸灾乐祸。正如有的文章所批评的,忍痛泄洪的背后是揪动人心的灾情,这算是什么样的"人间奇景"? 当地群众又怎么会"寻奇探胜"来"尽情观赏"? 文章指出,写新闻、写作品、看问题是很强调感情和"立足点"的,只要同广大群众融成一片,安危、甘苦共之,那就会写出另一番心情和景象来。

第二节　新闻写作基本要求

不同体裁的新闻各有特点,写作上的要求也各有不同,还可以不拘一格写新闻,但都必须遵循客观的规律。从新闻实践中总结出来的基本的写作要求,是新闻写作规律的具体体现,也是对各种新闻体裁写作的共同要求。

一、纪实写真

真实是新闻的生命,是新闻写作的第一要领。学习新闻写作,必须从记事实、表真情学起,做到如实地反映客观存在的事实,包括整体事实以至每个细节都必须确凿无误。我们可以而且应当对事实有所选择和取舍,也可以从不同的角度反映,但绝不允许改变、歪曲甚至捏造事实。一就是一,二就是二,不能虚构、"拔高"或添枝加叶;对于事实的说明、分析和判断,也要符合事实的本来面目。

新闻失实现象的发生,完全是人为因素造成,这除了立场、观点上的偏见,或因利益驱动而故意造假以外,通常是由于缺乏知识、经验或求实作风。新闻写作要如实地反映事实,从导致非故意失实的原因分析,特别要处理好事实与真实、主观与客观的关系。

1. 事实与真实

事实总是真的,假的不是事实。然而,人们对事实的观察和判断不一定正确,于是本是由事实构成的新闻有时却并不真实。客观事实和新闻真实,两者是统一、一致的,但不能简单地画等号。这在写作上就要求正确看待"事实与真实",弄清相互间的联系和区别。

值得注意的问题之一:不要被表面现象所迷惑。

2013 年 12 月 3 日,一组东北大妈在北京"碰瓷"老外的新闻图片在网络上引起广泛关注,诸多官方媒体大量转载,舆论压倒性地指责当事大妈李女士"讹钱"。然而据新京报记者调查,此组图片所表述内容与事实有所出入。目击者称,该大妈的确被老外撞倒,但老外驾驶无牌摩托车撞人后,用中文辱骂被撞者。次日上午,有四名警察返回现场调查此事,知情人透露,大妈并非碰瓷,并且对此图片表述表示愤怒。当事大妈李女士称,因自己心脏一直不好,被撞倒后,她心脏病发作,被送往医院,并非故意碰瓷。这个实例说明,生活中确有其事,作为新闻却未必真实,这就是现象与本质之间的复杂性。"大妈'碰瓷'老外"的时间、地点、人物、事件都没有错,实际上却是假象。网媒据此发稿、转载,不问"为什么",难免失实。

值得注意的问题之二:不能不顾及宏观事实。

江泽民同志在论述新闻真实性问题时明确指出:"我们的新闻工作者要做到真实地反映生活,就要深入进行调查研究,不仅要做到所报道的单个事实的真实、准确,尤其要注意和善于从总体上、本质上以及发展趋势上去把握事物的真实性。"①

新闻中反映的事实,往往是某个点里的事实、单个的事实。这种事实即微观事实,必须与面上的总体事实也就是宏观事实统一起来,才能真正把握新闻的真实性,新闻才具有普遍意义。新闻的写作,抓住一点,不及其余,要找一两个例子证明某一观点这并不难。有些事虽然在某个点里确实存在,但只是个别的甚至是很特殊的情况,拿到面上看即从总体上来看还是不真实的。改革

---

① 引自《关于党的新闻工作的几个问题——在新闻工作研讨会上的讲话提纲》,载《求是》1990年第 5 期。

开放不久的一段时间,"万元户"、"致富乡"的新闻比比皆是,有的报道农民上银行存款论斤称,问他存多少,说存"一斤八"。这些单个的事实无可怀疑,但报道多了,似乎我国农村已经很富裕,其实有些地方还没有达到温饱水平。

基于上述认识,我们可以再次得出结论,新闻报道从采访到写作,务必注意点面结合,绝不能一叶障目而不见泰山,在考虑报道点里单个事实的时候,不能不顾及面上的宏观事实,切勿以偏概全,犯片面性。"面上出题目,点里做文章",这正是新闻界的经验。

2. 主观与客观

有过一条新闻,报道安徽合肥市园林职工"从去年开始,着手培育了近20万株适宜家庭盆栽的月桂、六月雪等木本花卉","他们准备以低廉价格供应全市居民每户一盆。届时,合肥城里人家,可望庭内鲜花盛开,窗前月桂飘香"。从这一段报道看,合肥城里的家家户户,因为会有"一盆"月桂或六月雪,就"可望庭内鲜花盛开,窗前月桂飘香"了,这不是有点玄乎吗?而且,好像在此以前,合肥居民家里没有养花的,就等着这一盆花来"飘香"和美化,这让人们觉得不可思议。诸如此类,言过其实或牵强附会的问题,在新闻的写作上并不罕见,甚至可以说是一种常见病。原来客观存在的事实由于写作上夸大、拔高,任意渲染,主观脱离客观,最后却成了失实的"新闻"。

新闻写作中的"合理想象",这是主观脱离客观的一种突出表现。新华社曾经就通讯《马特洛索夫式的英雄黄继光》展开过讨论。这篇人物通讯比较完整地写了黄继光在上甘岭战斗中英勇献身的过程,对于英雄在战斗中的具体动作做了不少细致的刻画。如:

> 一阵阵的冷雨落在黄继光的脖子上,敌人的机枪仍然嘶叫着,他从极度的痛苦中醒来了。他每一次轻微的呼吸都会引起胸膛剧烈的疼痛,他四肢无力地瘫痪在地上,他挣扎着用负伤的左臂半支起身体,然后用最后的力气举起左臂,把手雷向火力点扔过去。

又如:

> 祖国人民望着他,他的母亲也在望着他,马特洛索夫的英雄行为鼓舞着他,他像一支离弦的箭,向着火力点猛扑过去……

通讯见报后,读者提出疑问:黄继光已经牺牲了,记者究竟是从哪里获得这些材料的呢?据记者说,通讯材料来源之一,是一位躲在坑道口旁的机枪射手,他曾目击黄继光的动作。来源之二,是记者本人在战后亲赴现场所看到的情况。在此基础上,记者再按照一般人都能够体会的合理的想象,把他的战斗动作和处境心情加以较具体的描写。大家在讨论中认为,新闻通讯不是文学作品,人物的每个细节、动作都必须是事实,任何凭"合理想象"的写法都是不允许的。

再是一些陈词、套话和不适当地使用文学手法,也容易造成报道失实。有些新闻动不动就是热烈欢迎、隆重开幕、圆满结束、重要讲话、国内首创、精彩表演等等,情况到底如何,是否恰如其分,常常大可存疑。有的报道,描写"油灯跳了一下,她的父亲咽了气",这显而易见是在硬套小说文笔,事实上哪能这般凑巧。

二、用事实说话

(一)为什么要用事实说话

新闻用事实说话,作为一条报道原则,一种实践方法和技巧,这是新闻写作的最大特点和优势,是新闻区别于文学、评论等文体最显著的标志。新闻依存于事实,受众想知道的主要也是事实,如果新闻不用事实说话,则不成其为新闻。

围绕是不是用事实说话的争论在新闻战线曾经是很激烈的。10 年"文化大革命"动乱期间,"假、大、空"文风泛滥,"空话新闻"、"套话新闻"极为盛行,其影响之恶劣至今记忆犹新。经过拨乱反正后的这么多年,尤其是随着新闻改革的深化,报纸、广播和电视上的新闻,从总体来看已较重视并善于用事实说话,但有一部分新闻仍存在这方面的一些问题。

一是概念化。有的新闻,除地名、时间和几个数字外,几乎全是空洞的概括。有一条新闻,报道某地"从去年下半年起,发动群众制订乡规民约,认真检查执行,促进了物质文明和精神文明的建设,社会风气明显好转"。全文约600 字,不见一件具体事实。举例说明风气好转时,也只是说过去两个失足青年现在变得"遵纪守法、积极劳动"云云,仍然是些抽象的概念。

再是套话多。"在什么什么指导下","为了什么什么",或是"一致认为"、"他们体会到"、"群众说"之类,除非确有需要,这都不完全符合用事实说话的要求。另有一些报道,事实少,议论多,不着边际。诸如"措施得力,成效卓著"、"科技兴农、因势利导",或是"为现代化建设作出积极贡献"等等。如果有事实,不是发空论,这样的议论当无不可,而问题往往在于只作议论,查无实据,暴露了事实的不足。与此相反,要是罗列一大堆现象,不说明什么问题,看上去具体材料很多,这还是没有用事实说话。

为什么写新闻会不用事实说话呢?除了不懂或不善于运用这一新闻的基本表现方法以外,一种情况是掌握事实不充分,只好"米不够,水来凑",再一种情况是生怕人家看不出新闻的意义,于是就加以议论一番。

(二)怎样用事实说话

怎样用事实说话？简单讲，就是写出事实并把事实说清楚，即"根据事实来描写事实"，而不是"根据希望来描写事实"。这包括以下几项具体要求：

其一，直接陈述事实，切忌"大帽子底下开小差"。

其二，不能以抽象的概念和议论代替事实的报道。

其三，实事求是，按事实本身的逻辑展开新闻。

新闻的写作，要用事实说话，其主旨在戒"空"求"实"。这里的"说话"，首先是不讲空话，要用事实表现事实；其次是寓理于事，通过事实的逻辑说明问题。需要特别指出，新闻要用事实说话，绝不是所谓"观点加例子"，不是把事实仅仅作为例证来阐释某一观点，而应当把观点隐蔽在对事实的报道之中。

用事实说话，这也是我们党的一个新闻传统。下面，就来看看新闻史上堪称典范的一条新闻。

    新华社晋绥 1947 年 2 月 7 日电   文水县云周西村 17 岁的妇女共产党员刘胡兰，在上月 12 日被阎军逮捕，当众审讯。阎军问她是不是共产党员，她答"是"。又问，"为什么参加共产党？""共产党为老百姓办事。""今后是否还给共产党办事？""只要有一口气活着，就要为人民干到底。"至此，阎军便抬出铡刀，在她面前铡死了 70 多岁的老人杨桂子等人，又对她说："只要今后不给八路军办事，就不杀你。"这位青年女英雄坚决回答："那是办不到的事！"阎军又说："你真的愿意死？""死有什么可怕！"刚毅的刘胡兰，从容地躺在切草刀下大声说："要杀由你吧，我再活 17 岁也是这个样子。"她慷慨就义了。全村父老怀着血海深仇，为痛悼这位人民女英雄，决定立碑永远纪念。

这条新闻，在写作上的一大特点就是善于用事实说话。它通过如实描述刘胡兰壮烈牺牲的感人场面，具体、形象地反映了英雄为人民的解放视死如归的革命品质，从头到尾没有一句空话和议论。作者的观点却非常鲜明，洋溢着无产阶级感情，但作者的观点和感情并非直接托出，而是巧妙地寄寓于对事实的组织和陈述当中，倘若加上一些对英雄的赞誉和评论之词，那反而显得多余了。

此外，根据记者的经验，必要时注意写明消息来源，交代新闻事实的出处，这也是用事实说话常见的一种方法，有时是新闻用事实说话的重要方法，也是一种写作技巧。有些在来源上不言而喻的事实，以及时间、地点、人物、事件等新闻要素，只要清楚明白，读者(听众、观众)当然不会生疑。目击性报道也不必处处加上"记者看到"字样。而对那些阐明事件原因，说明内部联系或预示发展趋势的事实,通常应当注明消息来源,以免令人误以为是记者瞎猜和编造的。西方记者颇精于此道,借以使人相信他的报道和增加新闻的分量。

1991 年 3 月 18 日,海湾战争刚刚结束,美联社从伊拉克南部发出一则电讯,报道巴士拉又陷内乱伤亡重大。导语写道:"逃往科威特的难民们今天说……伊拉克南部巴士拉的大街上陈尸 5000 多具。"接着,几乎每一段都注明消息来源,如"他们说"、"他说"、某某"汽车修理工"说,或者"在前线的一位美军营长"某某说。当谈到"伊朗的直升机……空投补给物资"和"南部地区到处在挨饿"时,记者还特意交代"这些说法尚无法从独立的消息来源得到证实"。

三、新闻要素的交代

(一)新闻要素指什么?

新闻要素,是指新闻事实的主要构成因素。交代新闻要素,作为包括消息、通讯等体裁在内的新闻写作的又一基本要求,这是把事实报道清楚的起码条件,也是新闻写作的重要研究成果。

新闻要素一般包括何时、何地、何人、何事、何故,通称"新闻五要素",又称"五个 W"(五要素的英文都是"W"开头的:When、Where、Who、What、Why)。早在 1945 年,延安《解放日报》曾发表短论,指出新闻必须有五个"W","犹之乎人的头脸必须有耳、目、口、鼻一样,缺少一件,就会不成样子"。写新闻就得写明新闻要素,几乎已是一种常识,连百来字的简讯也不例外。

> 2015 年 1 月 22 日 18:30,亚洲杯 1/4 决赛将迎来一场焦点大战,势头正劲的中国男足将在布里斯班迎战东道主澳大利亚。佩兰坦言,澳大利亚是主场作战,胜算略高一些,但国足会全力以赴。新闻发布会上,佩兰表示,国足赢球概率为 45%。

这条简讯,仅 97 字,但新闻五要素样样具备:

何时——今日 18:30。

何地——布里斯班。

何人——中国男足。

何事——中国男足迎战东道主澳大利亚。

何故——亚洲杯 1/4 决赛。

在西方后来有一种观点,认为新闻要素应当是五个"W"和一个"H"(How,怎么样)。关于"新闻六要素"的说法,有它一定的合理性,近年来在我国新闻界也颇为流行。不过,事情有了结果固然应该写上去,有些事情不一定立刻有什么结果,则不必为了等待"怎么样"(也称"如何")而贻误报道。

（二）为何必须交代新闻要素

1.是新闻的构成规律所决定的。任何一件事、一种现象,总有它发生的时间和空间,总有其特定的内容和来龙去脉,并且往往离不开人的活动。因此,及时报道事实的新闻,在写作上必须把构成新闻事实的诸要素交代清楚。

2.为适应新闻受众的普遍心理。人们之所以需要新闻,主要是想要了解周围世界变动着的事实,以便从中获知各种信息。报道事实的新闻,如果对其构成要素不作交代,或时间、地点不明,或来龙去脉模糊,新闻的受众就无法清晰地了解事实真相,就得不到完整的信息,甚至会对报道的事实产生疑问。

3.这也是新闻用事实说话的要求。作为事实的构成因素,正是新闻的具体表现。新闻用事实说话,这就要求起码对新闻要素作出清楚无误的交代。新闻要素越是交代得清楚、准确,越能增强新闻的真实感和说服力。

新闻各个要素在报道中的地位与作用互不相同,彼此有主次之分。通常情况下,均以"何事"为核心要素,无事则不成新闻。"何事"要素通常离不开其他要素,其他要素则各自同"何事"按一定的规律发生关系。但就每一条新闻来讲,除了必须交代"何事"要素,不一定"五要素"或"六要素"加"如何"即结果齐全,更不必都写进导语,关键在于使受众了解新闻所报道的基本事实。

下面这条简讯,就只有"何事"和"何人"(集体)两个要素:

> 法新社2日报道,法国和英国一致同意制定一个联合建造防空护卫舰的计划。这艘军舰将在今后10年内投入使用。

某些非事件性新闻,由于事情的发生是个渐变过程,没有也不可能有确定的某一点时间,只能表明新近、目前或一整段时间的笼统概念,如"今年以来"、"去冬今春"等。另有一些新闻,事情的原因、结果尚未弄清,或者没有必要去写,自然也就无须交代。

（三）怎样选用新闻要素

从新闻的写作实践看,交代新闻要素,重要的是选择和运用要素。选择要素的目的在于区分突出什么和不突出什么,在此基础上,才能使各个要素得到恰当的运用。究竟应该突出什么要素,这要根据新闻宣传价值的大小作具体分析,并结合考虑报道的需要。消息写作,对需要突出的要素应当在导语里交代,其他次要的要素可以分散在主体段落里。

如上所述,"何事"是新闻诸要素的核心,而且常被放在突出的地位。那么,每条新闻是不是都应该突出"何事"呢?这却要看它是不是属于最重要的要素。如果"何事"要素具有较大新闻价值就应当突出在导语里。

下面一条新闻的两种写法,关于应当如何突出"何事"要素,通过比较,颇能说明问题。①

　　中华人民共和国邮电部 7 日召开座谈会，畅谈对人大常委会《告台湾同胞书》的感想，积极建议与台湾邮电部门尽快进行通邮通电的商谈。

这是一条消息的导语，导语中一并交代何人、何时和何事，而没有把新闻中最重要的"何事"要素突出出来。很明显，这里最有价值也最为人们所关心的是"何事"，即建议与台湾通邮通电。至于"何人"或"何时"要素，可以在消息里边作出交代。为此，英国的路透社在转播这条新闻时，导语改成：

　　据……今天报道，北京已建议台北就恢复台湾与大陆之间的邮电业务问题进行商谈。

至于"何时"这个要素，是新闻的一个基本成因。有些新闻，特别是一些突发性事件，应该突出何时。如获得 22 届中国新闻奖的广播系列作品《7·23 动车事故大救援》中，海峡之声广播电台于 2011 年 7 月 23 日至 24 日，对 7·23 特大动车事故发生时所作的现场连续报道就是一个很好的典范：

　　系列之一：《温州双屿路段发生动车事故 温州消防第一时间投入救援》

　　这里是海峡之声新闻广播正在为您播出的《海峡广角镜》，现在是北京时间 21：00 整。听众朋友，现在插播一条突发新闻。今晚 20：40 分左右，由北京发往福州的 D301 次动车发生了严重车祸，本台记者洪涛就在这趟列车上，他刚刚爬出车厢。接下来我们来连线洪涛，了解现场的情况……

　　系列之二：《医疗救护力量到达救援人员全力救人》

　　这里是海峡之声广播电台新闻广播正在播出的《海峡广角镜》，现在是北京时间晚上 21：15 分，我们继续来关注温州动车事故的消息。据刚才本台记者洪涛的连线报道，温州消防官兵已经在第一时间展开现场救援，大型破拆设备和周围部分群众也投入了救援。现在再次接通洪涛的电话，了解现场的最新情况。洪涛，我现在听到你身边有救护车呼啸的声音……

　　系列之三：《坚守在现场守护住希望》

　　（救援现场）

---

①　据洪天国：《现代新闻写作技巧》，北京：中国新闻出版社，1986 年，第 13 页。

听众朋友,今天下午5点多,温州消防的搜救人员在对高架桥上的损毁车厢进行清理时,发现了一名幸存的小女孩……①

值得注意的是,何时要素尽管也很重要,但无个性,不同的新闻常以何事、何人、何地相区别。除非具有特殊的意义,新闻一般都不在导语里突出"何时",而只是紧连在何事后交代或移到导语以后的段落交代。例如:

广州铁路局涟源车站扳道员谭德定在当班时,眼见儿子被电击死,为保证行车安全,依然立岗接车的感人之事,职工传为美谈。

2月5日13时50分左右,正在当班的扳道员谭德定听说变压器旁有个小孩被电击倒了……

有过一种倾向,不管是否确有突出的必要,总喜欢一落笔就写"×月×日",这大概是受讲述民间故事习惯用"很久以前"开场的影响。如果滥用"何时",势必冲淡或掩盖了真正需要突出的要素。尤其是一些不及时的报道,更不必强调旧的时间要素。

获得23届中国新闻奖的作品《钓鱼岛争端舆论引导系列报道》也是一个典型案例。其中一篇报道的开头这样写道:

日本政府一意强推钓鱼岛"国有化"行动,令这场争端变为中日关系上的"9·11"。两国关系直落谷底,局势日益紧绷。

日本的"购岛"消息是在10日下午披露的。自当天起,中国就陆续采取了一系列反制措施,包括外交声明和交涉、军事准备、派海监船巡航等,被外界称为"多合一"保钓。

作为系列报道中的一个部分,2012年中国新闻社的这篇报道就将最重要的信息——日本政府强推钓鱼岛"国有化"行动,中日两国关系紧张置于文首,而淡化消息披露的具体时间。②

"何人"、"何地"这两个要素,常常只是作为"何事"的配合性要素来运用,显得比较次要。但若人物或地点著名、显要,有时可能作为重要要素来加以突出。至于"何故"和"怎么样"两个要素,可能要进一步挖掘。有一种深度报道,"何故"尽管不一定出现于导语,但十分突出。某些事件性连续报道,人们关注"怎么样"(结果),那就需要把这个要素先在导语里交代。

---

① 刘洪涛、钱志军、郑逸舟:《"7·23"动车事故大救援》,见《中国新闻奖作品选·2011年度·第二十二届》,北京:新华出版社,2012年,第332页。

② 钟鸣九、钟新、钟闻:《钓鱼岛争端舆论引导系列报道》,见《中国新闻奖作品选·2012年度·第二十三届》,北京:新华出版社,2014年,第440页。

四、新快短活与写作

（一）新闻要新

新闻，新闻，新的见闻，所以常说新闻姓"新"。这个"新"的界定含义，当然主要是指事新，即报道的事实要有新的内容和新的意义，而"事新"又以"时新"为前提，过时的旧闻不成新闻。

新闻改革初期，《天津日报》率先提出"抓活鱼"（讲求新闻时效的一种形象化比喻），目的是要让报纸上的新闻，如同活蹦乱跳的鲜鱼上市，这在当时很有针对性，在新闻界引起强烈反响。华罗庚获得香港中文大学荣誉理学博士学位，内地报纸以"最近"这一模糊的时间概念报道这件事，实际上迟了 50 天。香港某报对此提出批评，说这一类"最近"的新闻实为旧闻。当时中央有关领导同志认为"这个批评很对"，还补充了一些新闻缺乏时效性的例子，指出"是彻底改革的时候了"。

新闻的写作，要从新近发生或变动的事实着眼，尽可能取材于新事，写出富有新意的内容。事情过时已久，即使为人们所未知，也不要冒充新闻来加以报道。有些新闻，特别是一些非事件性新闻，像落实某项政策、创造某个经验、作出某一成绩等等，事实的发生有着一个渐变和发展的过程，这不会因其全过程时间较长而失去新闻价值，但在写作上需要讲究的是新闻根据的挖掘，从中找出事实发生的"新近点"。

如上文提到的黑龙江电视台播出的电视消息《超强农民：1＝190》，这篇报道虽然介绍的内容涵盖仁发农机合作社在土地流转、规模经营、规范运行等多方面经过长期探索、实践取得的成功经验，但报道开头仅仅抓住"新近点"，即合作社年终分红的火热现场来引入报道，而不是陈述历史，因此能够吸引观众。

> 黑龙江省克山县仁发现代农机专业合作社规模经营，连片种植，发挥出大农机优势，合作社一个农民的工作量，相当于 190 名中国普通农民做的农活儿。
> 今天，克山县仁发现代农业农机专业合作社红灯高挂，1222 户社员选出的 43 位代表正在参加一年一度的社员代表大会，并领取 2012 年红利。上午十点，院子里鞭炮齐鸣，分红仪式开始了。

报道以"今天"为最新节点，通过"今天"的丰收现场来回顾仁发合作社如何实现"一个农民的工作量，相当于 190 名中国普通农民做的农活儿"。这种倒叙的写法，让受众既能感受到新鲜感和新近感，又能体会到农机专业合作社这种新的运营模式所带来的切实成果。①

新闻要"新",就要突出新意,而不要使新意被庞杂事实的叙述所淹没。如有一条消息:

> 中国外科大夫采用新的接骨方法来治疗良性和恶性骨瘤。
>
> 这个新办法是山东医学院附属医院内科采用的⋯⋯
>
> 这个医院把死人的骨组织接到患者的关节上,以代替长骨瘤的骨组织⋯⋯

这条消息最重要也最新鲜的内容,是"把死人的骨组织接到患者的关节上",但却被淹没在第三段的叙述之中。如果把这一最富新意的事实突出在导语里,那就更能引人注目,更能激起人们的阅读兴趣。

(二)新闻要快

新闻的"新"和"快",两者是密切联系在一起的。新闻写作上的快,是指它的急就性,即所谓"倚马可待",广播、电视的现场报道更要出口成章。行军打仗讲兵贵神速,新闻写作讲"文贵神速"。

新闻特性决定写作上要快。因为事实之成为新闻,必须具备两个条件,即内容条件和时间性条件。所谓时间性,是指事实的新近发生和及时传播。现代社会,各方面的节奏都在加快,新闻更是首当其冲。

新闻的快节奏,涉及采、写、摄(录)、编(制)、播诸多环节。就写作来讲,包括结构形式、表现艺术和语言的使用等等,既保证新闻质量,又要快写快发。怎样才能写得快呢?最重要的是增强时间观念,改变写作上"慢三拍"现象;再是动笔之前,理清思路,吃透材料,明确需要突出的内容和说明的问题,这样胸有成竹,才能下笔成文。至于遣词造句方面,不必语不惊人誓不休,只要表述恰当、清楚即可。当然这要在平时打好文字功底,提高表达能力。

报道迅速,以快制胜,这在西方新闻界早已成了生存竞争的一个焦点。他们有时一分一秒计算发稿时间,一些媒体还规定每天截稿的"死线"。正是出于竞争需要,西方的记者争先恐后,一般都有很强的时间观念。前些年中美建交期间,一天上午,邓小平同志会见美国记者。会见结束后,据说美联社记者回到旅馆十几分钟就发了消息。人家采写新闻之快,的确值得借鉴,不过要警惕,我们不能为图快、抢先而不顾新闻的准确性。

近年,我国"新闻迟缓"弊病已基本克服,时效性普遍增强,各报、台"今天"

---

① 杨国栋、李永和、李鑫:《超强农民:1=190》,见《中国新闻奖作品选·2013年度·第二十四届》,北京:新华出版社,2014年,第104页。

或"昨天"的动态新闻明显多了。不少日报和晚报当地新闻版报道的几乎全是当天或昨天的事,中央和地方广播电台、电视台常常插播"刚刚收到的消息"。新华社在与国际上几家大通讯社的时效竞争中也常名列前茅,这从一个侧面反映出新闻改革成果,以新闻的快节奏去适应社会的快节奏。

(三)新闻要短

新闻的快又与短分不开,写得短才能写得快,而且短又是新闻的一种优势。短新闻多,还能加大广播、电视节目和报纸上的信息容量,而且容易使受众入耳入目,便于人们收看、收听或阅读。

新闻改革至今,无论消息、通讯等都短下来了,同时普遍出现几句话的通讯、一句话新闻和标题新闻,但写作上的长风仍时有抬头。看来,写短新闻,需要经常提倡,尤其要提倡现场短新闻。

有一种思想倾向,总以为短文难见功夫,看不起"火柴盒"、"豆腐块",好像惟有大块文章才有分量、才有影响。其实,见不见功夫,有没有分量,不能简单地以新闻的长短评判,主要是看内容,看所写新闻对事实的认识和反映水平。好的长文固然难写,写好短稿也非易事。这不仅仅是要求字少句短,更重要的是对报道的事实进行提纯和浓缩。新闻的写作,文约事丰,短而精粹,很是难能可贵,它要求写作者必须具备善于观察、分析和归纳事物的能力,以及善于驾驭语言文字的高度技巧。毛泽东同志在解放战争期间为新华社撰写的许多新闻就是这方面的范例。如《我三十万大军胜利南渡长江》,内容丰富并有深刻的意义,而全文只有 200 来字。

为把新闻写得短些、再短些,应当注意些什么呢?

1.直截了当。这就是提倡简洁、明快的新闻文风,不要转弯抹角或拖泥带水。消息的写作更应开门见山,直叙其事。

2.空话少说。如果空话多,再加上一些不必要的形容和议论,新闻怎么不长起来? 同时,要坚持"意尽"即"言止",多余的或可说可不说的一概不说。

3.一事一报。一条新闻通常只报道一件事实,不要贪大求全、面面俱到。报道中的每个段落,也以简短为好,不宜内容庞杂。

4.锤炼语言。本着经济的原则,力求语言准确而洗练,并符合规范化标准。消息的写作要像发电报一样,一字千金,能用单字表现的不用短语,能用简单句的不用复合句。

5.舍得割"爱"。这就要有自我删稿的勇气,挤掉稿件中的"水分"。完稿以后最好再细看几遍,把多余或可有可无的字、句、段,坚决地统统删去。

(四)新闻要活

新闻写作上的"活",是指对事实的反映要生动、活泼,并灵活采取适当的表现形式。

初学新闻写作，往往喜欢模仿，照着报纸上、广播中的新闻稿依样画葫芦。初学起步，如同写字描红、临帖，模仿没有什么不好。但是，文贵己出，模仿是为了创新，如果老是生搬硬套别人的写法，新闻就显得老套、呆板，教人一看便乏味生厌，这也与新闻所报道的丰富、生动的客观事实不相适应。

活泼的新闻离不开活泼的文风，八股腔无法把新闻写活。更要注意的是，世界上的事物尽管类似的很多，但彼此总有不同的地方，能不能写出事物的特点、个性，避免模式化、一般化，这才是新闻能不能写活的关键。

> 在长沙市浏城桥农贸市场卖肉的个体户黎少钦最近立章公告群众：短称一两，赔罚一斤；欺骗顾客卖了猪婆肉，赔偿损失，罚款交公。
>
> 黎少钦"一家班"肉担卖肉，顾客要瘦的砍瘦的，要肥的砍肥的，童叟无欺，生意做得不马虎，尤以质好秤足在顾客中赢得了信誉……浏城桥附近有个老人，自己和家人到黎家肉担买了4次肉，4次都复了秤，一点不少。老人第5次到黎家肉担买肉时，伸出拇指说："你算是檀木雕的身子——硬扎！"……

个体户卖肉，若是单从斤两不缺报道，未免失之于一般化。此文抓住要点，同中求异，群众的语言尤为生动，新闻就写活了。

再看一则山东广播电视台生活频道《生活帮》栏目于2013年2月8日播出的关于农民网商的电视消息——《廉价蒲草"编"出亿元淘宝村》：

> 我省的博兴县湾头村生产一种很有地方特色的产品，在淘宝网上一年的销售额超过1个亿。这个偏僻的乡村是怎样搭上了网络经济的快车？到底又是什么东西这么抢手呢？双十一这天，记者来到了湾头村，感受庄户人的网络狂欢。……
>
> 画外：在年轻人的带动下，年近60的张洪文也琢磨着开个淘宝店。
>
> 同期：(博兴县湾头村村民 张洪文)a o e
>
> 画外：从这张1块钱买来的《幼儿汉语拼音字母表》开始，张洪文用了两个月的时间学会了打字。
>
> 同期：(博兴县湾头村村民 张洪文)一开始感到有点别扭。亲，亲是啥意思。
>
> 画外：现在，张洪文成了村里年龄最大的淘宝店老板，卖出的货物遍及全国。
>
> 同期：(博兴县湾头村村民 张洪文)西藏、新疆还都有，内蒙、甘

肃、香港,香港我卖了好几次了。

······

近年来,农民网商已不再是"新"闻,但这篇报道抓住"双十一"这个网络狂欢日深入探访"淘宝村",通过年轻大学生回村创业的经历及老年人对网络的观念转变,展示了电子商务在湾头村落地生根的独特现象。记者从一般化的新闻中挖掘出了新的视角,采访对象带着浓浓的地方特色的同期声亦尤为生动。从上述两个案例可见,新闻的活,说到底,活在事实本身,善于把握生动鲜活的内容并把它"活"现出来。

新闻要写活,生动的事实固然是根本,同时还须讲究谋篇布局和语言的使用,切忌陈词滥调千篇一律。一些记者在结构上求"活"的体会是:"行文避沉闷,宜取跳跃式",尤其是消息的写作,一个意思一小段,像一行一行的诗句一般,读来会感到比较轻松。新闻语言则以平实、简明见长,并由于事实的生动而有生动之感。

现在看,多出视觉新闻,即运用一点形象来表述事实,写一些视觉因素多一点的新闻,这是把新闻写活的好"窍门",特别值得我们重视。据老记者的经验谈,新闻写作上要有所突破,就要把概念的表述诉诸真实具体的形象,报道的内容可闻、可见、可触、可感,这样,新闻也就"活"起来了。现在不仅电视新闻中视觉冲击力强的消息开始逐渐增多,而且广播和报纸中形象动感比较强的视觉新闻也构成了一道独特的风景线。比如 2000 年 11 月 16 日中国国际广播电台记者从耶路撒冷发来的报道,很自然地让听众随着记者的叙述,犹如见到一幅幅清晰的视觉画面。报道这样写道:

> 蓝天,白云,橘黄色的天堂鸟花,红色的玫瑰,还有人们抑制不住的啜泣。15 号,以色列就这样送别了一位为中东和平作出了重要贡献的杰出女性——莉娅·拉宾。
>
> 当地时间 15 号上午 10 点整,她的灵柩在白蓝两色以色列国旗的包裹下,静静摆放在特拉维夫市政大楼前当年拉宾总理中弹倒下的地方。5 年前正是在这个广场上举行了一次令人终生难忘的和平集会。
>
> 当犹太右翼青年阿米尔用罪恶的子弹结束了刚刚唱完"和平之歌"的拉宾总理的生命,坚强的莉娅毅然接过丈夫手中未烬的和平火炬,开始了她为中东和平伟大的奋斗历程。市政大楼前的广场已改名为拉宾广场,在以色列它是和平的象征。
>
> 15 号这一天,几千名以色列人从全国各地赶来,拿着鲜花和蜡

烛,排着长队,将广场边狭窄的人行道挤个水泄不通,轻轻走过莉娅的灵柩,与她做最后的告别。

又比如 24 届中国新闻奖作品《青海冷水鱼飞到北上广》。这是 2013 年 7 月 12 日青海广播电视台《农牧天地》栏目播出的一则广播消息,记者的现场描述让听众如临其境,报道中有两段现场感尤为强烈:

> 7 月 11 号,记者在龙羊峡库区青海民泽龙羊峡生态水殖有限公司的冷水鱼养殖基地看到,在清澈见底的黄河水中,密密麻麻肥美的虹鳟鱼,时而翻江倒海般地游动,时而争先恐后地抢食,把平静的水面搅得波澜壮阔、十分壮观。

> ……在养殖场干净整洁、灯火通明的加工车间里,穿着洁白工装的工人们正在紧张忙碌地处理刚刚捕捞的虹鳟鱼。从开膛清洗到称重装箱,迅速仔细,井然有序。

第三节　正确使用新闻语言

新闻的语言是一种文体语言,正确把握和使用新闻语言并体现其特色,这也是各种体裁的新闻在写作上的共同要求。

在融合多种文章语言成分的基础上,根据新闻特点创新、发展而来的新闻语言,有着表述事实、传输信息的品质和风格,并由此形成自己的语言特色。语言作为表情达意的工具、传递信息的载体,怎样使用好新闻语言,对于新闻写作是一个不容忽视的问题。

一、新闻语言的品质和风格

新闻报道的事实是客观存在的,用来陈述、表达事实的新闻语言,不同于事务、文学、评论等其他语言,主要是它与众不同的语言品质,这就是选词造句的客观性。诚然,一个记者,对客观的事实总有爱憎褒贬之别,在语言的运用上难免增加了主观的感情色彩,但为了使新闻受众把握事实的本位信息,仍然不能不受词语客观意义的制约,消息报道更是如此。

新闻语言的客观性,并不排斥新闻的倾向性,恰恰相反,客观的语言正是为新闻传播的主观意图服务的。新闻表现倾向性的基础是客观事实,只有客观地再现事实的本来面目,才能适应受众心理,进而收到预期的传播效应。新闻语言的主旨功能在于表达客观事实,而主观认识和感情的强烈外露,势必干扰读者(听众、观众)对事实原貌的了解和把握。

新闻语言的客观特色,通常表现在:

1. 中性词多于褒贬词

中性词并不直露记者感情,褒贬词则明显表现爱憎倾向。新闻的写作,特别是消息写作,一般多用中性词,少用褒贬词,以求客观地叙述事实,并通过事实的报道去影响受众。

1957 年 2 月 12 日,关于上海严寒的一则报道,在叙述最低温度下降到 —7.4℃以后写道:

> "前天一夜风雪,昨夜八百童尸。"这是诗人臧克家 1947 年 2 月在上海写下诗篇《生命的零度》中开头的两句。这几天要比 10 年前冷得多,但据上海市民政局调查,到目前并没有冻死的人。民政局已布置各区加强对生活困难的居民特别是孤苦无依的老人的救济工作……

这条消息通篇没有使用带有浓烈感情色彩的褒贬词,但我们透过记者对上海前后 10 年的对照,以及市民政局在严寒中采取的措施,看到了新旧社会两重天。

2. 修饰语的限制性多于形容性

多用限制性的词语,尽可能减少起修饰作用的形容词(组),可使新闻作品朴实无华地表述事实。如果对事物状态、程度、数量等所用的定语、状语不加限制,不适当地多用形容词渲染,就容易模糊客观事实的本来面貌。有一条消息,报道某知名美籍华人在西子湖畔的活动情况,文中出现诸如"神采奕奕的"、"兴致勃勃地"、"精彩的"等修饰语,甚至形容"月色下的她显得风姿绰约,就像一枝梅花,清雅而高贵"。这样直露感情的描绘,作为新闻报道,不是未免太过夸张了吗? 报道中不是不能用形容性词语,但是,切不可多用、滥用。

3. 句子的陈述口气多于感叹口气

感叹语句往往使强烈的情感外露无遗,直接表示赞扬或谴责。陈述语句虽然也可带上一些感情,但语调比较平静,没有明显的抑扬,这更适合于表述事实的新闻写作,以达到通过报道事实来体现思想感情的预期目的。上述《上海严寒》的消息,记者是怀着浓烈的感情歌颂新政权的,但在对比上海解放前后 10 年两次严寒时,作品中使用的全是陈述口气,人们看了报道却会感叹万千。当然,有一些新闻,包括批评性或评述性新闻等,适当使用感叹语句还是必要的。

报道事实的新闻,基本功能在于传播信息,它不仅决定新闻语言的客观性品质,同时也使新闻语言表现出平实、明快的风格。2004 年 9 月 23 日《人民日报·华东新闻》,有一条题为《杭州中小学将迎秋假》的简短消息:

今年 11 月,杭州的中小学生将迎来首个"秋假",时间为一周。在市教育局近日组织的秋假意见征询会上,教育专家们认为,杭州在全国率先实行中小学一年四假制,增设春假、秋假,避免了长时间学习给孩子带来的倦怠感,又能让正在长身体的孩子们在春秋两季多亲近自然,有更多个性发展的空间。

杭州市教育部门表示,今年 11 月秋假的具体时间,由各学校根据教学安排、教学进度确定,长度为一周。学校可在秋假期间安排秋游、秋季运动会、社会实践等活动,但不允许上文化课;另外,要给学生留出适当时间自由安排。秋假过后,中小学校还将实行冬令作息时间,由上午四节课、下午两节课,改为上午、下午各三节课。

为体现更人性化、科学化的安排,杭州市对一年四假期制的具体规定作出调整。比如,许多家长反映孩子放假后无人看管,针对这一问题,市教育局要求中小学校在春假、秋假期间开放图书馆、计算机房、体育馆等场所,并组织学生参加各类文体活动。

这条不起眼的消息报道,尽管写作上并无特别讲究之处,但它的用语平实、明快,颇具新闻的语言风格,在消息写作中有一定代表性。全篇不见记事状物的华丽辞藻,没有一个用以修饰的形容词,而只是质朴无华地叙述事实——杭州在全国率先实行中小学一年四假期制及相关情况。至于为什么在寒、暑假外增设春、秋假,该文转达专家看法,其意义也就很清楚了。

24 届中国新闻奖的报纸消息《寒冷冬夜 母女俩互绑跳河轻生 人命关天好小伙三次下河施救》亦可作典范以供参考。

12 月 12 日晚 8 时 10 分许,兰州市小西湖立交桥北处发生一幕悲剧,不知何故,一对母女绑着绳子一同跳下冰冷的黄河。在兰州卖冬果梨的皋兰县什川泥湾村好小伙魏万国看到这一幕后,奋不顾身跳进黄河,三次下水救人,最终在随后赶来的七里河区消防中队官兵、靖远路派出所民警及周围群众的帮助下,母女俩被救上岸,遗憾的是母亲已经死亡,生还的女儿被送往兰州市第二医院救治。

当晚 8 时 30 分许,市民杨先生爆料称,有两人在小西湖立交桥桥北处跳河寻短见,一年轻小伙发现后跳进黄河救人。记者赶到现场后看到,公安、120、消防人员已赶到现场施救。8 米多高的河堤下,七八名消防战士正在将一女子捆绑在担架上,河岸上的民警、消防人员、周围群众 30 多人紧拉绳索,通过扶梯拽拉救人。

"母亲大概有 50 多岁,救上来时就死了,女儿看着有 30 多岁,还活着,正在抢救。"杨先生告诉记者,"救人的好小伙正在警车里避寒,他三次下河救人,太了不起了,令人敬佩。"

警车上,救人小伙被冻得发抖,他使劲地抽着烟,说话声音也在颤抖:"晚上 8 时 10 分许,我在河边听到扑通一声,回头一看有人跳河了,便立即跳进河里救人。"他告诉记者,他叫魏万国,皋兰县什川泥湾村人,今年 22 岁,在兰州卖冬果梨。

现场目击证人兰州市民霍金山说,当时他们两口子正在黄河边散步,看到在河边绑着绳子一起走的母女俩突然跳河了,魏万国看到后,立即脱掉衣服跳进河里施救。"魏万国为救她们下了三次河,真是一个好小伙。"霍先生的妻子说,魏万国下河把脱下的衣服交给她时,她还问魏万国,衣服中装着多少钱,魏万国却说:"钱是个啥?救人要紧。"说着就跳进了河里救人。

"在 120 来之前,我第一次已经从河里把她们俩拽上河滩了,当时母亲还活着,但她们似乎铁了心不想活了,母女俩一起向我洒水,想让我松手,但我死死抓住她们没放手。谁知,就在我报警的空当,她们又进到黄河里了。"后来,消防人员赶来后,母女俩被打捞上岸,但母亲已经死了,女儿被救起后,连同救人者魏万国一起被送到兰州市第二医院救治。

采访中,没人知道这对母女为何跳河。有人猜测可能是家里出了无法调解的矛盾,或者是家中有人出现了感情问题想不开,也有人认为,母女两人中,有人在附近的医院看病,也许是药费没有着落走上极端的路。目前,由于活着的女子一直处于昏迷状态,没人知道她的具体身份信息。

关于救人的英雄事迹在日常生活中可谓老生常谈,而仍有不少新闻对此不惜华美之词予以颂扬。这篇报道一改往日英雄传记式的写作文风,专注于传播信息,在 990 字内将新闻素材中涉及的主要内容交代清楚,读来顺畅流利。作者就事实描写事实,没有刻意拔高或过分渲染,用朴实真诚的语言赞美救人者,宣传了正能量。

新闻语言以记叙为特征、实用为目的,它的表现风格首先是平实。老子说"信言不美、美言不信";孔子说"辞达而已";李白有"清水出芙蓉,天然去雕饰"的诗句。语言平实的特点是不用或少用形容词之类附加成分,不用或少用比喻、夸张的修辞方式,陈述事实、描写景物、措辞平易、富有实感。新闻有时需要对人和事作出形象的或抒情的描绘,这在语言方面也是沿着事实的逻辑修饰,务求自然而不雕琢,委婉而不浅露,清新而不花哨。

作为风格的又一表现,新闻语言的明快,就是对客观事物的表述,清晰明白、干净利落,使得读者一目了然。

二、新闻语言的个性特色

1.确切

新闻写作在语言的使用上,历来以准确、贴切见长,叙事状物既清楚明白,又恰如其分。高尔基说过:"作为一种感人的力量,语言的真正的美,产生于言辞的准确、明晰和动听。"文学作品况且不能容忍朦胧、含糊的描写,对于反映事实的新闻报道,其语言的确切,就更是它的一大特色了。这也正是新闻真实性原则对语言的要求。

新闻的选词标准是,多用精确语言,少用模糊语言。通常,新闻语言的精确度较高,对于一些无法或不必精确反映的事实细节和数据,也要有相对精确的定量、定性(程度)表达。但在社会交际中,语言的模糊性是一种普遍现象,所以新闻的语言也保留有"模糊"成分,而不必都像科技语言那样高度精确。"模糊"又不失之于含混,有时反而更能给人留下印象,比如说,参加抢修堤坝的村民有962人,不如写成近千人。

应该指出,新闻语言中有限度的模糊性,它与文学创作是截然不同的。在此从有关书报中取了两段都写"暴雨成涝"的文字,一属文学语言,一属新闻语言,对两者作了一番比较。一段取自浩然长篇小说《艳阳天》:

> 那雨,一会儿像用瓢子往外泼,一会儿又像筛子往下筛,一会儿又像喷雾器在那儿不慌不忙喷洒——大一阵子,小一阵子;小一阵子,又大一阵子,交错、持续地进行着。

> 雨水从屋檐、墙头和树顶跌落下来……千家百院的水汇在一起在大小街道上汇成了急流,经过墙角、树根和粪堆,涌向村西的金泉河。

另一段选自《南方日报》刊登的消息:

> 昨晚午夜前后……倾盆大雨下个不停。据广州市气象观测站报告,仅今天凌晨一个钟头之内,就已降雨145.5毫米……暴雨来势猛,雨量大,暴雨时间长,使得广州市地势低洼的一些路段渍水淹进了部分厂房、库房和民房等,郊区一些地势低洼的菜地渍水成涝,造成了一定的损失。有读者来电,东风东路水均大街和水均南街有近200户住在大楼底层的居民受水浸,室内积水深30多厘米,至2时

发稿时止,暴雨还在继续不停地下着。

两例比较,首先是语言效果不同。前段文字特色在于艺术地再现生活,并不注重暴雨大到什么精确程度,成涝损失到什么精确程度,而是描绘雨大成涝的形象画面。后一段,精确词和模糊词搭配效果传递暴雨成涝的信息,精确程度较高。再是定量要求不同。模糊语言偏重"定量分析",但文学语言中模糊词定量比新闻语言笼统,形容性强。前一例中的那雨"大一阵子,小一阵子"、"千家百院"等,与后一例中"降雨145.5毫米"、"近200户"相比,其所用模糊词的定量要求,则远不如后例精确。

2.简练

新闻以精炼为贵,以繁冗为病。新闻语言应当简洁、洗练,干净利落,切忌拖泥带水。文约而事丰,这是我国纪实文体的传统,同样是对新闻写作的要求,其中就包括语言简练。也只有言简意赅,新闻才能写得短些、再短些。

新闻的写作尤其是消息写作,应当用最经济的语言传输更多的信息,遣词用字要惜墨如金,能节省就节省。这就要说短话,写短句,少用、慎用形容词;一句话可以说清的就不说两句、三句,其中多余的词、字都不应保留。鲁迅说过,写完后至少看两遍,竭力将可有可无的字、句、段删去,毫不可惜。他在写作中充分地体现了这种主张。如在《死》中有一段,初稿是:"在这时候,我才确信,我是到底相信人死无鬼,虽在久病和高热中,也还是没有动摇的。"到定稿时改成:"在这时候,我才确信,我是到底相信人死无鬼的。"这一删节,使句子更为简洁而不损原意。在不少的新闻作品中,陈词滥调时有出现,甚至废话、套话连篇,不清理这些语言杂质,语言就无法简练。

此外,在句子结构上,强调简洁直叙,不要让复杂的句式结构和修辞手段淹没事实。如有一篇通讯写道:"不但在播种的时候,他天天在地边转,嘱咐年轻人播匀播齐;而且在麦苗出土后,他照样天天在地边转,见有缺行断垄的,就用随身带的种子,一一补齐。"一位同志把它改写成:"播种时,他天天在地边转,嘱咐年轻人播匀播齐;出苗了,他又带着种子来到地头,把缺苗的地方补齐。"这样一改,字数减少1/3,原稿的意思也未见损伤,主要是修改稿没有用"不但……而且……"的句式,比起原稿简练多了。

3.朴实

质朴无华,具体实在,这是新闻语言的又一特色。

李白有诗曰:"清水出芙蓉,天然去雕饰。"这倒与新闻语言要求朴实相一致。语言朴素就要"有真意,去粉饰,勿卖弄",不必一味追求词藻华丽,不搞那种华而不实的花架子。新闻写作使用朴素的语言,自然而无造作,可靠而不虚浮,也就更能吸引和取信受众。报道事实的新闻,它的语言既要朴素又要实在,不能抽象,不能概念化,包括时间、地点、人物、事件等等,都必须表述具体,言之有物,让人觉得看得见、摸得着。

新闻语言讲究朴实,不等于不能描绘,这种描绘不是文学作品的"创造性描绘",而是实际生活的直观写照。新闻所描绘的"形象"是"事实形象",而不是"艺术形象"。前面反映暴雨成涝的两段文字,是用来对照说明新闻语言的确切性的,其实也可以说明新闻语言的朴实性。你们看,"那雨,一会儿像用瓢子往外泼,一会儿又像筛子往下筛","大一阵子,小一阵子",这里描绘的就是艺术形象。报道中描绘的"暴雨来势猛,雨量大,暴雨时间长",则是事实形象,显得朴素自然,真实可感,体现了新闻语言的个性化特色。

4.通俗

新闻语言的特色还表现为通俗,就是浅显明白,大家容易懂,具有社会通用性。新闻的大众传播惟有以通俗的语言表述事实内容,这才能为大众所理解和接受,从而产生应有的传播效果。

通俗的语言也就是群众语言。新闻语言的通俗,要求从读者(听众、观众)的认识水平出发,运用群众熟悉的语言形式,即接近口语的书面语,广播、电视的新闻语言应该尽可能口语化。作品的句子、段落也宜短不宜长,广播稿更要通顺流畅,句型简短,琅琅上口。在报纸书面语中,可以使用倒装句,如"成本低、繁殖快、省饲料、多积肥、肉可吃、皮可卖,这是××县××乡××村总结出的养兔六大好处"。要是成为广播语言,这样的倒装句,听众会感到莫名其妙,待听到最后才知道是在说养兔时,前面的六大好处已记不清了,因此一定要把"××县××乡××村总结出的养兔六大好处"写在前面。在古代汉语中,基本上使用单音节词,现代汉语则绝大多数使用双音节或多音节词。像"但"、"曾"、"虽"、"应"、"较"等,这在书面语里可用,在广播语言中都应改为"但是"、"曾经"、"虽然"、"应该"、"比较"。

新闻的通俗语言,还要避用生僻字和费解的词语,并节制使用专业术语、行业习惯语、方言、古词、外来词等等,有必要使用时应作出解释,帮助新闻的受众理解语意。

第四节 关于"功夫在笔外"

一、"笔内"与"笔外"

以上证明的新闻写作基本要领,以及新、快、短、活的要求,是依新闻写作规律从"笔内"着眼的。实际上,冰冻三尺,非一日之寒,写诗、作画讲究"功夫在笔外",写好新闻也是一个道理。新闻写作虽是事实的写作,入门容易写好难,这不仅要求"笔内"过得硬,而且需要"笔外"的功夫,"笔内"与"笔外"又是融为一体的。

所谓笔外功夫,相对而言,主要是泛指新闻专业以外的社会实践能力和水平。

笔外功夫的深浅、厚薄,直接关系到能否准确而生动地报道事实。可以这样说,要把新闻特别是通讯、特写真正写好,新闻性、思想性、可读性兼备,在具有笔内功夫的同时,往往取决于为之垫底的笔外功夫。这个问题,其实在前面记者的素质修养部分已经谈到,现在我们从"笔外"视角再来讨论一下。

笔外的功夫是一种综合性储备。这种储备,应用于写作,积累于平时,积累愈厚,发之愈佳。解放战争时期新华社播发的电讯《中原我军占领南阳》,这则被誉为经典之作的报道,背景材料运用得非常精彩,在很大程度上得益于笔外功夫。这里节录开头一段:

新华社郑州 1948 年 11 月 5 日电 在人民解放军伟大的胜利的攻势下,南阳守敌王凌云于 4 日下午弃城南逃,我军当即占领南阳。南阳为古宛县,三国曹操与张绣曾于此城发生争夺战。后汉光武帝刘秀曾于此地起兵,发动反对王莽王朝的战争,创立了后汉王朝。民间所传 28 宿,即刘秀的 28 个主要干部,多是出生于南阳一带。

这条电讯,作者能恰当引述历史典故、民间传说,借以烘托和强化新闻的意义,看似信手拈来,传神之处跃然纸上,这就是平时对时局的观察和史地知识的储备起了妙用。改革开放的今天,我们大量的新闻报道能够结合信息的传播,剖析形势,指明方向,不断鼓舞群众沿着社会主义道路前进,这也表现了记者的笔外功夫,而不是单凭一枝"生花妙笔"所能做到的。倘若笔外的储备贫乏,又不善于调动,新闻的写作就很难得心应手,即便写成也必定缺乏深广度和表现力。

二、加强笔外功夫

笔外功夫是多方面的。总结许多记者的写作经验,加强笔外的功夫,应着重从下列几个方面努力。

思想政治方面——

我们的新闻宣传,就是要宣传真理,宣传党的路线和方针、政策,宣传社会主义现代化建设中的新人、新事。宣传是否正确、是否得当,不是写作原理本身所能管的事,而是一种笔外的功夫。

加强这方面的笔外功夫,记者平时就要认真学习马列主义、毛泽东思想和邓小平理论,提高马克思主义思想水平和政策水平,同时认清当前政治、经济、文化等各方面形势。只有这样,才能对所报道的事实作出正确的分析和判断,才能使新闻报道产生有利于党和人民事业的导向作用。

要写好一条新闻,记者的思想观点对头,政治上敏感和有判断力,这具有决定方向的意义。特别是一些思想性强的新闻,更是如此。新闻写作能否正确抒发记者感情,也以记者的思想是否正确为先导。著名通讯《领导干部的楷模——孔繁森》的报道之所以成功,很重要的一点是从政治上着眼,思想上共鸣。正如最早报道孔繁森的山东电视台记者组在采写体会中说的:采访中,我们面临的一方面是很大的工作量,另一方面是非常艰苦简陋的工作条件这样双重的压力。寒冷的冬季给我们带来的是剧烈的高原反应……我们发扬"特别能吃苦,特别能忍耐,特别能战斗"的老西藏精神,以学习孔繁森的实际行动来完成这次在西藏的采访。①

生活阅历方面——

记者要有生活基础,了解社会,了解群众。如果远离生活的广阔天地,就事论事,视野狭窄,写出的新闻就不可能反映时代的脉搏。

在一次"新闻讲座"上,诗人顾工曾以自己的创作体会,提请记者注重生活的积累。他解放前在上海曾为前途的渺茫而痛苦,有一次徘徊于黄浦江边,突然有人靠近了他一下,回家后发现口袋里掖了一份传单,打开一看是本《新民主主义论》,当即被吸引住了。以后他参加一个地下党领导的业余剧团,党的领导人也让他去散发传单,这件事在他一生中是一个很有意义的经历。到了1956年,北京一家报纸为庆祝我们党诞生35周年约他写诗,他就写了一篇《传单》。这正是他把生活积累起来,到一定的时候迸发了,成为作品了,《传单》的第一句话就是"我曾经站在黄浦江边"。

新闻和文学都是反映客观事物的,写作的源泉都来自生活,只是表现的方法和特点不同。诗人顾工讲的创作与生活的关系,对我们一样有启发。有经验的记者,能够看到处处有新闻,这靠的什么?其中重要的一条:生活的积累。所谓"人情练达即文章",说的也是这个意思。

记者个人的生活经历毕竟有限,主要是通过调查研究来积累生活。例如,

---

① 据侯春翔:《简论新闻语言》,载 1987 年《新闻学刊》增刊。

黑龙江克山县的黎明大队,用发展牧业和多种经营的收入购买农业机械,又用腾出的劳动力发展工副业,这样互相促进,实现农业机械化,提高了作物产量。前来采访的记者认为,这里的情况体现了中国式农业机械化的特点和主攻方向,共写了3篇通讯和1条消息,当地党委还印成小册子散发。记者从这里得出具有普遍意义的结论并写出报道,这就与生活的积累有关。原来记者曾经在一个农业机械化试点县了解到,由于资产缺乏,只好借债买机械,债越欠越多;又由于工副业不发达,机械化腾出的劳力闲着无事,农产品产量也跟不上去。记者经过多方调查和对比,深感我国人多地少劳动力富裕,当前农业机械化主攻方向是增产,而不是片面追求提高生产率。

知识修养方面——

我国社会主义现代化建设事业和知识经济的迅猛发展,对记者的知识积累要求也越来越高,尤其是写一些专业性较强的新闻,对有关知识包括高新技术知识都应当懂得一点。而从写作业务的基本功来看,关系最为密切的是人文科学方面的知识修养。

作为新闻写作文化内涵的两个重要范畴,这里更要强调文学与美学方面的知识修养。掌握文学表现艺术和美学思想,并使之与新闻的笔内功夫融合,就能大大加强新闻的感染力量。新闻不同于文学,说来说去,在于它所报道的是事实,在如实反映的基础上,文学手法大可运用到新闻写作上。消息的简捷,既是新闻特点的要求,也是我国记叙文"清简明白"的写作传统。《聊斋》的一些纪实性写法,行文简约,表现力强,对改进消息写作很有参考价值。人物传记、纪实散文与人物通讯的写作,在手法上几乎没有什么差别,尽可以借鉴文学以丰富自身。

新闻的美学思想突出地反映在对意象和意境的运用上。意象,即以反映客观事物的形象来揭示蕴含的意义。新闻写作特别是通讯、特写的写作,十分注重现场感、形象性,这正是运用意象思维方式。意象的奥妙不在言传直露,而在感性的认识,讲求意与象的和谐,从中晓之以理。如新华社优秀通讯《县委书记的榜样——焦裕禄》中,"白茫茫的盐碱地上,枯草在寒风中抖动"、"他办公坐的藤椅上,右边被顶出个大窟窿"等一类描写,都表现具有象征性的意象。意象又同意境相连。新闻意境是指记者的感情与事实融会贯通的一种艺术境界,也就是对新闻事实进行传神的描绘,让人感到言尽而意未尽。抒情的通讯比消息更重意境的表现。抒发感情是构成意境的主导因素,意境中的感情务求真实而自然。

祖国的语言源远流长,极为繁复。充实语言功底,必须学习语法、修辞和与之有关的逻辑学,并尽可能多地储存单字和词汇,勤于练笔(或口语训练)。

修辞学家陈望道讲过一个例子,说明一字之差而其意相去甚远:"吃不得"表示东西腐败或有毒,"吃不起"表示东西太贵,"吃不了"表示太饱了吃不下,"吃不来"表示不合胃口。体会语言这种微妙的地方,积累的词汇又多,这就可以提高语言表达水平。"忌讳"这一社会文化现象,对于新闻的选词也有一定的影响。比如,某家婚宴结束,不能写成婚宴"完了"、"散了"。新闻写作一般应避用令人不悦之词,改用不伤人自尊心的委婉词语。

[本章教学参考]

一、教学目的和要求

这是本教材新闻写作部分提纲挈领的一章。学习这一章,目的是使大家对新闻写作的指导原则和方法论原理及其特点先有一个大体的了解,以便系统学习新闻写作基础理论知识和文体写作知识。为此,必须弄懂并理解新闻写作的客观规律性及其实践要求。

学习的具体要求:

1. 根据新闻与事实的关系,真正认识和把握新闻写作规律,更要在写作实践中运用这一规律。

2. 从体现客观规律的高度,深入理解新闻写作的基本要求,并着眼于实际应用。

3. 认识作为一种文体语言的新闻语言,学会在写作上体现新闻的语言品质、风格和特色。

4. 懂得加强"笔外"功夫对提高新闻写作水平的理论与实践意义,力求充实新闻写作的政治、文化内涵。

本章的教学,着力于新闻写作基础理论即基本原理和守则的阐释,并联系实际让学生加深理解。结合本章知识内容,可在课内外组织选读新闻作品或收听、收看有关录音、录像,解答学生提出的问题。

二、基本知识点

1. 新闻写作规律。
2. 新闻写作的基本要求。
3. 新闻语言的品质、风格和特色。
4. "笔外"功夫及其内涵。

三、内容提要

本章内容,主要是阐述新闻写作的规律和基本的实践要求,即记实写真、用事实说话、交代新闻要素、新快短活。同时,一并讲解如何认识和使用新闻写作在使用语言,以及如何加强"笔外"功夫。

由于新闻写作对事实的依存关系,新闻写作与文学、评论写作,既有共同规律,即"客观事物的反映",又有各自特殊的规律。新闻写作规律,集中表现为:服从事实和事实的报道。就是说,写什么,怎么写,要以事实为根据并受事实的制约,而且尽可能加快报道速度,争取新闻时效;同时,讲究事实的反映艺术,增强新闻的表现力和感染力。这是本章重点之一。另一重点内容,是遵从新闻写作规律,阐释新闻写作的基本要求,包括纪实写真、用事实说话、交代新闻要素和新快短活。如实地反映事实,不走样更不造假,这是新闻写作的根本,是新闻真实性原则在写作上的体现。作为新闻特别是消息的基本表现方法,用事实说话,就是用事实来表现和展开新闻,而不是以空话和议论代替事实的报道。新闻要素包括时间、地点、人物、事件、原因及结果,只有把新闻要素交代清楚,才能使人准确无误地了解事实。新闻姓"新",写作上就要注意内容新、时间新,以快制胜,以短见长,力求生动活泼。新闻的写作力求新、快、短、活,这说起来容易做起来难,需要在实践中潜心探索和积累经验。

要把新闻写好,还应讲究语言的把握和使用,善于体现新闻语言的客观性品质和平实、明快的表现风格,以及新鲜语言的个性特色:客观、确切、简练、朴实和通俗。此外,要重视从思想政治、生活阅历、知识修养等等方面,努力锻炼和增强"笔外"功夫,并使"笔内"与"笔外"融为一体,以提高观察、分析问题的能力和新闻写作水平。"功夫在笔外"作为本章的一部分内容,在学习中是个难点,必须深刻理解、融会贯通。

四、思考与作业题

1. 怎样认识新闻写作规律?认识的依据是什么?

2. 联系自己(也可以是别人)的写作实践,总结一下符合或违背新闻写作规律的经验教训。

3. 对新闻要坚持纪实写真有何体会?并根据新闻用事实说话和交代新闻要素的要求,以媒体上的消息为例试作评析。

4. 如何理解新闻报道的新快短活要求?挑选两篇新闻作品(或习作),按新、短要求进行修改。

5.真正理解新闻语言的品质和表现风格。新闻语言有哪些特色？为什么？对照有关作品(或习作)，指出语言上的毛病。

6.关于新闻写作"功夫在笔外"，你有些什么看法？怎样来加强"笔外"功夫？

第六章　新闻写作的构思艺术

第一节　新闻主题

一、新闻都有主题

　　尽管新闻所报道的事实是客观存在的,但记者不可能作"纯客观"的报道,而总是通过报道或表示一种倾向,或宣传一种观点,或抒发一种感情,这就有个主题思想问题。

　　新闻主题作为记者对事实意义的认识和体现,反映出不同的立场、观点和思想感情。有一部分新闻,尤其是一些简短的消息报道,看起来只是客观地提供某种信息,并不表示或未形成记者的倾向,似乎没有什么主题。但只要略作分析,世界上各种信息何止千万,记者为什么传播这条信息,明显地有其选择的目的性,这种目的性便蕴含着新闻主题。实际上,不存在无目的的报道,某些所谓"中性"新闻,有时似乎不表态,其实这也是一种表态。所以,从总体看,包括消息、通讯和特写等在内,新闻都是有主题的。

　　新闻主题,是指新闻报道的中心思想和基本观点,也就是记者对客观事实的看法、态度和通过报道所表达的主观意图。新闻作为主观认识客观并反映客观的产物,其主、客观的结合点就集中体现于主题。主题在新闻作品中起主导作用,它像一根红线,贯穿全文,支配写作,成为新闻结构、选材、表达和使用语言的依据。

　　诚然,新闻主题的含义有其宽泛性,由此可分为广义的主题和狭义的主题(有人称作潜在型主题和外向型主题)。

　　新闻的广义主题,通常是指报道一些社会和自然界信息,诸如科技与经济动态、社会趣闻异事、自然灾害等等，以适应各方面受众对了解客观世界变动情况的需求，一般不具有特定的宣传教育功能和明显的倾向性，而以提供信息服务为主旨。像"某动物园熊猫喜生一子，母子健康"的报道，表面上仅仅是提供一种简单的信息，其寓意是在表明珍稀动物后继有仔，这就属于广义主题一类。再像天气预报，同样也蕴含广义的主题，因为阴晴冷暖对于职工上班、农民下地、渔民出海关系密切。

新闻的狭义主题，多指报道国内外政治时事以及社会生活中的新思想、新风尚和新的成就、经验、问题等，从中宣传我们党和政府的政策、主张，以引导和激励群众。我们讲新闻主题，着重是讲狭义的主题，即其倾向性首先是政治倾向性较强，记者对所报道的事实的态度和观点较为鲜明，而且往往有的放矢地起着舆论导向作用。如解放战争时期的典范性消息《我三十万大军胜利南渡长江》，社会主义建设时期的著名通讯《县委书记的好榜样——焦裕禄》，近年来的关于改革开放的大量报道，结合生动而典型的事实，表现出明确的主题思想，对广大受众产生了深刻的影响。

新闻的狭义主题虽有较明显的倾向性，但大都并不直接表露，而是寓于新闻事实本身。有的新闻，则通过对事实的分析来展示主题。比如《人民日报》发表的《中国改革的历史方位》，就是通过分析改革的迫切性和艰巨性，用历史事实说明，中国改革只有在中国共产党领导下才能成功，才能通过改革振兴中华民族。各媒体刊播的受到欢迎的深度报道，更是开拓和深化了新闻主题，强调在"为什么"和"怎么样"上做文章，引导公众从理性上去认识事实。

二、新闻主题的确定

确定一个好的新闻主题，对我们来讲，通常必须把握以下几个标准：

1. 主题要真实而有意义

新闻主题的确定要以开掘新闻事实所固有的含义为立足点，而不能违背事实去"强扭"、"拔高"。确定主题的过程，就是按照事实本身的逻辑阐发其思想意义的过程。

新闻主题是否真实，主要看它是否与事实的逻辑即其内在规律相一致，也就是记者对事实的分析和判断是否合乎事实真相及其含义。前几年一些鼓励高消费的新闻，大谈"拼命地玩，拼命地干"，这就不符合目前面上的实际，也不符合我国国情。如果把事实本身不能说明的问题强加上去，那么，主题也就必然失真。有过一种所谓"万能典型"，就是把客观事实当作面团似地揉来揉去，有了什么新的精神便说是什么典型，由此而确定的主题又怎么能真实呢?! 又如某地有个中学生以坚强的毅力跟癌症作斗争，一边治疗，一边学习、锻炼，成绩很好。后来,张海迪事迹出来了,有家媒体为配合宣传,硬说是学习张海迪的结果,这显然不合乎事实的内在逻辑。

新闻主题的确定,不但要求真实,同时要求富有积极的意义,以引导人们奋发向上,为社会主义物质文明和精神文明的建设作出贡献。成功的新闻报道,它提供的事实信息往往联系着这个时代的大背景,连接敏感的"社会神经",可以对受众的认识产生正确的导向作用。社会主义新闻事业是党的喉舌,当然也是人民的喉舌,这要求记者时刻了解和洞察形势,把握正确的政治方向,坚持以正面宣传为主,着眼"鼓劲而不添乱"。从这样宏观的高度去审视和认识事实,也就能确定积极的有意义的新闻主题。

2. 主题要正确,并有针对性

我们的新闻报道,主题的确定要正确,就是要符合马列主义、毛泽东思想、邓小平理论和"三个代表"重要思想,贯彻党和政府的方针政策,体现我们这个时代的精神和要求。

新闻主题的立意正确并有针对性,主要依据党的政策。党制定的路线、方针、政策,代表了社会生产力发展的要求,代表了中国先进文化的前进方向,代表了人民群众的根本利益。在新时期,"一个中心,两个基本点"的基本路线和相应的方针、政策,这是判定是非、行止的总的依据,对此,我们吃得准,领会得透,确定的主题思想才能正确,也才有针对性。同时,从客观实际出发,使主题的确定与时代精神和形势发展合拍。因此,要经常研究大气候、大趋势,并对局部形势多作具体分析,既高瞻远瞩,又体察入微,从而正确地回答群众关心的问题。比如,对长期习惯于中国经济两位数增长的人来说,2013 年上半年7.6％的增速,可能不算是个理想的数字。如何评价中国经济的新常态成为人们热议的话题。为帮助广大读者更好地认识经济形势,把握政策取向,增强发展信心,《经济日报》推出了《如何看待当前经济形势》系列专题报道。整组报道用数据和现象阐述主题,有理有据,既展现了中央部署,又反映了百姓诉求,既解答了"是什么"的问题,又解答了"怎么办"的问题,主题针对性极强。

3. 主题要集中、鲜明、深刻

主题集中,是指主题的单一和突出。一条新闻,通常只有一个主题,新闻的事实材料要围绕一个中心展开,集中地表达一种意向或说明一个问题。贪大求全,面面俱到,什么都想说,结果什么都说不清。比如,贫困乡的出路在哪里?这个问题可以说是牵涉面太广了,怎样写呢?有的报纸就从"最可怕是惰性"、"近攻与远谋"、"各有各的'对策'"等各个侧面,分别报道治贫、脱贫的有效经验,这样主题集中,影响力大。

主题鲜明,是指观点鲜明,是非清楚,毫不含糊,更不能模棱两可,甚至前后矛盾。

连续报道《强卖手机岂能"搪塞"了之!》就是一个很好的例子。

"三农"问题一直是党和国家工作的重中之重,中央"一号"文件也屡次提到要减轻农民负担。但是在这样的背景下,平凉庄浪县大庄乡却借"双联"之名,强行要求所有农户购买189元所谓的"惠农手机",而且是村支书亲自上门推销。甘肃省广播电影电视总台记者接到当地农民反映后着手调查这件事,从大庄乡政府到庄浪县政府再到平凉市政府,起初所有接受采访的部门负责人都欲盖弥彰,用所谓的调查结果敷衍记者。但最终在记者不断地追踪和强大的舆论压力下,平凉市政府不得不直接出面将参与手机推销的村支书和临时村官全部撤职,责令将已购买的手机原款退回。这组连续报道真实再现了事情发展的完整过程,观点明确,脉络清晰,语言犀利,事件的矛盾点突出,听完之后是非对错一目了然。

主题深刻,是指能够透过事物现象,抓住事物的本质,有一定的思想深度。新闻主题的深刻性还表现在记者能站在时代的制高点上,把微观的局部的东西,放到宏观的大局中去掂量,从而认识事物并揭示其本质特征。比如,关于武汉市这个综合经济改革的试点城市的报道,有的记者"站在北京看武汉,站在全国看武汉",根据中央"对外开放、对内搞活"的方针,考虑到一些大城市"对本地落后产品仍实行保护政策"的背景情况,从全局着眼,对主题作了很有深度、很有价值的开拓。

三、主题来源及提炼方法

新闻主题从何而来?新闻的主题寓于事实本身,什么样的事实决定什么样的主题。也就是说,只有掌握用于写作的事实材料,经过认真的分析研究,深刻认识其固有的含义,才能从中提炼出新闻主题。有人把主题看作唯心的、先验的东西,以为可以先有个主题,然后再到生活里去寻找"对号"事例。这种"主题先行"的错误做法,显然是与唯物论的反映论背道而驰的。

新闻写作,为什么要强调主题来自事实,事实决定主题呢?说到底,这是由于新闻是事实的报道。当然,事实作为新闻主题的母体,并不意味着就事论事,而是客观事实与报道思想相联系的结果。新闻主题的客观性和倾向性,两者是矛盾的统一体,其中关键在于运用马克思主义的世界观和方法论认识事实。所以说,主题的确定有一个提炼过程,这就是根据上述标准,认识事实并对其含义进行概括、升华的过程。

新闻主题的提炼方法:

1. 从认识事实入手

深刻认识事实,看它意味着什么,说明什么问题。要是事实意味和说明的东西富有新意,对人们的思想、工作有所启迪,那么,往往也就有了主题,或者有了主题的雏形。

诚然,认识事实并非轻而易举。首先,因为事实本质特征的形成因素,往往不是单一的而是多元化的。例如,一个时期内,一些报道农业丰收的稿件,谈丰收的原因是政策好,这没有错,但不全面;有的报道归纳为"政策好、人努力、天帮忙",这就比较符合客观实际。其次,由于事物本质及其含义的表露程度不同,记者辨析、判断水平的差异,也会导致对主题提炼的失误。例如有些地区出现过"卖粮难"现象,有一记者到粮站看了一下,只见卖粮的农民成群结队,不少人等了一天也卖不出去。为什么?他认为粮食太多了,报道的主题是应当少生产些粮食。事实如何呢?"卖粮难"并不是粮食太多,重要原因在于当地收购工作没有跟上来。

2. 在比较中鉴别

对事实的历史与现状作比较,从中发现它的特点、新意及其价值,这经常是提炼新闻主题的突破口。关于天津市一居民在中国银行协助下找到了失落在外国的 29 万美元财产的报道,其主题并非津津乐道于巨额财产的失而复得,而是通过和过去相比,说明现在的政策是个人资产全归个人所有,并"鼓励私人找回国外的资产",承认这是爱国行动。

上海《文汇报》记者曾采写《中外合拍古典名著片未必明智》一文,对当时正在宣传的电影界酝酿与外国制片商合作改编拍摄一些古典文学名著一事提出了不同看法,其提炼和表现的主题引人关注,也正是以事实的外部联系在全局上作比较的结果。此文分析不明智的原因,一是外国人演中国古典作品中的人物,由于不了解中国古代,不了解中国的民族心理,难以拍好,而且拍摄范围涉及长江、黄河、敦煌以至西藏的天葬等等;再是合拍应该选择涉及双方国家人民生活内容的题材,这样才能有利于增进世界人民的文化交流,便于我们学习外国的先进经验,也有利于我国影片进入国际市场。文章发表后,引起有关方面的深思,受到广泛的好评。

3. 微观与宏观结合

新闻主题表现记者根据某种指导思想对事实的判断和倾向。主题的提炼不仅要以事实为立足点和出发点,而且要把握好党的现行政策和主张,研究当前形势和任务,善于把微观实际与宏观实际结合起来。为此,提炼新闻的主题,应该有宏观意识、大局观念,坚持正确的舆论导向。

《人民法院报》刊载的系列报道《77 岁老太诉请女儿"常回家看看"无锡市

北塘区法院判决予以支持》就很好地将微观的典型案例与宏观的社会背景结合了起来。

2013年7月1日起，新修订的《中华人民共和国老年人权益保障法》正式施行，该法第十八条规定，与老年人分开居住的家庭成员，应当经常看望或者问候老年人。"常回家看看"正式入法一时引起热议。

77岁老太储某到江苏省无锡市北塘区人民法院起诉，要求其女儿女婿履行物质和精神两方面的赡养义务，明确要求女儿应定期及在传统节假日至其住所予以看望、问候。北塘法院于当日对此案进行公开判决，对老人的诉求予以支持，被媒体称为"常回家看看"第一案。

我国已经进入深度老龄化社会，又恰逢新法实施，记者敏锐觉察到此案具有极强的典型价值和深远的社会意义，立即对此热点事件进行深度采访报道。报道紧扣法律热点、直面司法争议，并回应公众关切，不仅阐明了公众最想知道的判决依据，而且探讨了"常回家看看"入法后给司法实践带来的困境和挑战，以及深度老龄化社会背景之下的一个基层法院的探索之路。这说明，某个或几个点里的事实，尤其是新情况、新问题的报道，从客观、从大局着眼，才能站得高、看得远，从中提炼的主题才有积极的普遍意义。

4. 选好主题角度

新闻常以某一切入点、侧重点，突出反映事实的内涵。这切入点、侧重点就是新闻主题的角度。打个比方，一棵大树，人们可以从不同角度去认识它的价值，如商品价值、审美价值、实用价值、环境保护价值等等。也就是说，记者的认识和感情不同，受众的需求不同，这就使得同一新闻事实有可能产生不同的主题。这在提炼主题过程中，就要从中选取最佳主题角度，以求更深刻、更典型地揭示新闻事实的本质特征。

《光明日报》报道太原工学院副教授栾弗事迹的长篇通讯《追求》，这一成功之作，其主题角度就曾几经选择，以致三易其稿。初稿题名《仙人掌》，展现栾弗一生的悲剧经历。他解放前夕从台湾回到大陆投身革命，解放后在历次运动中特别是"文革"中受到无穷无尽的摧残，等到真正有了工作的权利时已身患癌症，"一切都来不及了"，通讯主题是揭露极左路线的危害。经过进一步剖析题材，记者理解到栾弗最有特点、最动人之处在于无论在怎样的逆境中，甚至到生命的最后一刻都忠于自己的信仰，他不是一个可怜的弱者，而是一个百折不挠的强者，一生饱含催人奋进的悲壮气质。于是记者写了第二稿，题名《癌》，主题是：一个癌症不能征服的人。这里的"癌"既指他的骨癌，也指极左路线——整个社会的癌症。这样，主题的立足点是升高了，却又提出为什么栾弗是一个癌症不能征服的人？根子在于他毕生追求真理、追求党、追求国富民强的坚韧精神,他的形象是我国整整一代知识分子的缩影。特别是他的这种追求精神同"振兴中华"的时代精神极为合拍,这就从更深的层面开拓主题角度,最后把主题确定为"追求"。通讯报道发表后,1000多位读者来信表述感受,感谢给他们介绍了一位真正的英雄。记者回顾总结说:"如果当时不改变角度……素材里闪光的东西将被淹没。选择什么样的新闻角度,表现什么样的新闻主题,实在是一篇作品能否成功的第一位因素。"[①]

新闻主题总是具体而有个性的,因此,要根据采访到的事实素材,从不同的角度发掘新的主题思想,避免主题的笼统、雷同和一般化。《追求》写作经历给我们的启示,是从倡导时代精神的角度提炼主题。另外,对主题角度的选择,还可以从宣传解释有关政策,回答人们普遍关切的问题或有全局性影响等方面考虑。

第二节　新闻选材

一、选材和选材原则

在新闻的写作构思过程中,一经提炼和确定主题,选材是个不可或缺的重要环节。新闻的选材,即指挑选准备用于写作的新闻事实材料。换句话说,就是从繁杂的新闻素材中精选新闻题材。

新闻素材,就新闻写作来说,是记者在采访时收集的对新闻报道有用或可参考的种种材料,诸如采访对象口头介绍的材料和有关文字、图片材料,以及记者现场目击材料。这种素材虽然直接或间接反映新闻事实,但因受到新闻的特点、体裁,特别是主题的制约,不可能也不必要全部写进新闻作品里去。好比工厂制造产品,素材只是未经加工处理的原材料,而不是可供组装的零部件。

新闻题材,则是记者从实际出发,根据报道目的所确定的主题,对已占有的大量素材经过辨析验证、去芜存精,剔除那些无用的或可用可不用的部分,从而由素材中筛选出来的新闻写作材料。简而言之,新闻题材就是构成新闻报道内容的具体材料。"千淘万漉虽辛苦,吹尽狂沙始得金",新闻题材通常包括新闻主体事实、典型事例、重要的细节、数据,以及必要的背景材料。

从新闻素材到新闻题材,选材的过程,实际上是对素材再认识、再鉴别的

---

① 据《新闻学论丛》1981年第3卷。

过程。选材得当与否,这与新闻写作的关系极大。新闻写作作为纪实性写作,选材的结果即新闻题材就成了写作的事实依据,题材的特点决定着报道的特点。因此从某种意义上讲,选材和对所选题材的使用、处理水平,反映出记者的新闻写作水平。再说,报道什么,不报道什么,能不能全面、真实而生动地报道事实,最终也得通过对事实材料的选择来体现。老记者华山谈过这样的情况,在抗美援朝期间,有的记者一过江就跟上穿插作战部队,一连三个战役,都是插到敌人中间猛追猛打,耳闻目睹的莫不是敌人狼狈逃窜的情景,于是就说美国军队"不堪一击","比国民党军队还好打","打美国好比吃烧饼",诸如此类的报道都出现了。也有的记者,在朝鲜总是跟着狙击部队,俘虏见得不多,炸弹却挨得不少,于是有人对胜利前途怀疑起来,说:"美国是纸老虎?我看还是钢的哩!"两者各执己见,似乎都是亲身经历的事,但因只看局部,不看全面,则都有局限性。须知新闻事实是由多方面材料组成的,不从全局看,常会出现微观真实而宏观失实的问题。正像瞎子摸象,各执一端,必将以偏概全。所以怎样选材,不可不慎。

新闻选材不是一种随意性行为,选材的指导原则是:

1. 围绕主题,说明主题

新闻的主题出自客观事实,但在主题确定以后,则应围绕主题,从严选用能够说明主题的材料,与主题无关或关系不大的材料,哪怕是一些比较生动的材料,都应当一概舍弃。事实材料决定主题,主题制约事实材料,这并不矛盾,而是辩证的统一,新闻素材与题材的主要区别也就在于能否说明主题。

《"迟到"的勇气仍可嘉》是一家媒体发表的通讯标题,也是通讯的主题,报道一普通女工承受巨大的心理压力,终于鼓起勇气上交了一年前拾到的金项链。通讯围绕这一主题思想,记者在选材方面就下了一番功夫。当时拾金过程、环境以及拾金者的平时表现等等,记者都割舍了或者一笔带过,而着力选用的是紧扣深化主题的材料。如描述拾金未交时的心理压力:"戴在王求兰脖子上的这条金项链,如同枷锁一样沉重,她说,'越戴越感到心里不安,毕竟是别人的东西。'"如刻画"迟到"的勇气:"看到报纸上、电视里精神文明事迹一幕又一幕……她与丈夫商量,一定要把这桩'心事'了结,学雷锋题词纪念日又到了,她鼓起勇气付诸行动。""昨日,记者在武林浴室了解到","一位一年前在该浴室洗澡时捡到一条金项链的年轻妇女,一年后的今天,鼓足勇气将这条'越戴越不安心'的金项链交到了浴室经理沈荣宝手里。"

2. 区别主次,反映实质

事实的各种素材,总有主要与次要之分。新闻选材,必须剔除某些繁冗的过程琐事,或表面化、枝节性的东西,而把反映事物实质的主要材料抓住。这样,才能揭示不同新闻事实的内在特性,并有助于把新闻写得简明扼要。

实践证明,新闻选材的功夫就在"选",不能"拾到篮里都是菜",必须择其要者而取之。有时候,只能截取其中的"闪光"部分,即有特点、有新意的某个部分或某一片断。有一年,在山东潍坊的国际风筝会上,泰国队的一只巨型风筝放飞时窜落,在场的成千上万观众却依然秩序井然,人们的目光毫无嘲笑之意。泰国队队员开始沮丧不安,继而吃惊和感动,他们把风筝拼命撑开,露出由中国万里长城和泰国金庙组成的巨幅画面,画面联结处是 6 个中文大字:"中泰友谊永固",人群中立即爆发出热烈的掌声。记者抓住这个重要情节,舍弃了其他素材,写出一篇主题鲜明、立意新颖的新闻特写,标题就叫《中泰友谊永固》。

新闻选材最容易犯的毛病是主次不分,眉毛胡子一把抓。在选材过程中,要对掌握的事实材料作一番鉴别和分析,充分认识并突出最有新闻宣传价值的主要材料。《大火无情人有情》报道某地农村,大火毁了许其均一家,当地干部和群众伸出热情的手帮助他重建家园。在这则新闻中,记者没有引用诸如接受教训、加强防火一类的材料,而是刻意表现改革后农民的精神风貌。正如一位农民说的:"现在大家都开始富起来了,我们不能让许其均一家掉队。"

3.以一当十,以少胜多

记者在采访时,素材越多越好,以便留有选择余地;写作时相反,取材要少而精,要选用能说清问题的典型材料,事例也不在多,更不宜重复。

新闻的内容充实、丰富,并不是单纯指事实材料多、例子多,而是指选用的事实材料能够充分深刻地说明新闻的主题。所谓伤其十指不如断其一指,用一个例子已经说明问题,如果没有新的含义,就不要重复引用第二、第三个例子,雷同的例子多了反而显得累赘。魏巍的名作《谁是最可爱的人》,是一篇很有影响的作品,有许多地方值得我们学习,其中就包括事例的精选。全文仅用3 个事例,却能代表志愿军战士的个体与群体、深爱与深恨、爱国主义与国际主义这三对不同层面的矛盾统一体,使中国人民志愿军的崇高思想和伟大精神得到生动而深刻的表现。新闻写作是选择与表现新闻事实的一种艺术,其中如何选材大有讲究。有一条原则是共同的,即必须按报道需要选择最能说明问题、最有价值的材料,引用最典型、最有意义的事例。

二、新闻选材的要求

新闻选材总的要求是最大限度地体现新闻价值,并善于运用新闻规律,有效地进行新闻宣传。新闻的选材有以下一些具体要求:

1.选新鲜生动的材料

新闻选材要选新鲜生动的,即新近发生又富有新意的事实材料。所以就选材而言,应当喜新厌旧,舍远求近。同时,要求材料生动,引人入胜。

1999年8月6日,时任总理朱镕基带领有关部委领导,视察延安水土流失治理和生态环境建设工作。作为独家采访的延安电视台记者突破以往报道选材模式,删枝去蔓,精选材料,突出报道总理谈话中既重要又幽默的内容,如引用朱镕基的谈话说:

> 当时,延安这么一点地方,这么一点人养活了那么大的革命力量,最后夺取了全中国。但是,我们也把你们的树林子给砍光了。现在要来还这个债,要把这个树林造起来……要"退田还林、绿化荒山、个体承包、以粮代赈"。不要种粮食,我把粮食调给你们吃,你们就种树,把树种好了,黄河治理好了,黄河下游所增产的粮食比你们种这点粮食要多得多。所以现在延安地区的人民,陕北的人民,要把过去我们革命时代的"兄妹开荒"改成"兄妹造林"!

另外,省级领导"微服私访"早已屡见不鲜,但2011年7月4日晚,张春贤轻车简从"逛"夜市却给了大家特别的信心和温暖。这是一篇来自22届中国新闻奖电视消息一等奖的作品。2011年7月4日当晚,新疆电视台的记者及时敏锐抓住了这一富含深刻意义的瞬间,将生动鲜活的场面呈现在观众面前:

> 七一星光夜市是乌鲁木齐最大的一个夜市,有着130多家摊位、800多张桌子,许多外地游客也都慕名而来,夜市每天营业到凌晨1点半,生意十分兴隆。
>
> 庄记铁板烧的女老板黄文宣端上一碗热气腾腾的馄饨请张春贤品尝。
>
> 【现场同期】"味道很好,我不收广告费!"
>
> 【现场同期】"张书记,新疆的羊肉吃得惯?""吃得惯。"
>
> 【正文】正在聚餐的七八个年轻人邀请张春贤一起吃排挡、喝啤酒。坐在他们中间,张春贤与大家唠起家常。原来,今天是新疆网友"做东"的网友聚会,几位年轻人来自全国各地,有四川的、广东的。大家七嘴八舌地聊起了对"新疆印象",新疆风景好、饭菜好、人更好,啥都好!
>
> 【现场同期】"我们都来热爱我们新疆,热爱我们的国家,各自搞好自己的工作,提高收入,提高各方面工作水平,将来新疆一定会是很好的地方,新疆一定是亚克西。我们一起为新疆而努力,大家有这

个劲头没有？有！干杯！"

【正文】"我请大家吃羊肉串！"张春贤把手中的羊肉串递给身旁的市民。

在一片笑声中，张春贤与大家一起再次端起手中的啤酒，共同举杯祝愿："给力新疆！新疆亚克西！"

2.选有积极作用的材料

新闻所报道的事实是由具体材料组成的，新闻的倾向性、指导性，通常也只有用具体材料（事实）说话才得以表现出来。我们的新闻除了传播信息，还具有宣传教育等功能，这在新闻选材中，就应该分辨哪些材料能起积极的催人向上的作用，哪些则有负面的有害的作用，而后决定取舍。

江泽民同志曾接受美国哥伦比亚广播公司《60分钟》节目主持人麦克·华莱士的专访，在谈到"新闻自由"时指出，中国是有新闻自由的，而这种自由要服从和服务于维护国家和公众的利益。我们希望从因特网中接收有益于中国发展的各方面信息，但我们希望尽可能限制一些不利于我们发展的消息。因特网上有许多不健康的东西，特别是"黄毒"，这对我们的青年一代是十分有害的。① 这些话是对外国记者讲的，对我们从事新闻报道，包括新闻的选材工作，同样有着重要的指导意义。强调选用具有积极作用的材料，目的也就是要有利于我们国家的发展和维护公众利益。

比如1999年开始，连同双休日，国庆放假7天，乐了百姓也乐了商家。当时，新华社播发的新闻题为《国庆放长假　消费掀热潮》，这是我国新闻界反映和提出"假日消费"、"假日经济"的首次报道。此稿就如何启动消费这一当前经济生活中的重大主题，从多个视角精心选用有关人物、场景、数字等新闻素材，在第一时间里揭示"假日消费"带来的无限商机，对进一步推动社会主义市场经济的发展具有明显的积极作用。

再比如今天，很多年轻人价值观扭曲，"高富帅"、"白富美"倍受推崇，喜欢炫耀"李刚"一样的父亲。而获得24届中国新闻奖的系列报道《大学生炫"收棒子父亲"网友泪奔》却给读者展现了另一番图景。鹿泉大学生李贺在经历了一番虚荣心的煎熬后，从父亲做生意诚实守信的一个个细节中，感觉到父亲的伟大。于是，他在鹿泉贴吧发帖，炫耀自己收玉米的父亲。记者在贴吧看到这个帖子时，凭借20多年的新闻从业经验，立即意识到这是一个倡导正确人生观和价值观的好帖子，便及时联系到发帖人李贺，并到他家采访了他及其父

---

① 据新华社北京2000年9月4日电讯。

母。在采写第一篇报道的时候，记者敏锐地捕捉到"炫父"对抗"炫富"这样的字眼，提炼成副标题和小标题，使报道主题越发突出。之后，记者又连续采访了三篇新闻追踪，不仅报道了社会反响和事情进展，而且还报道了读者和网友向李贺学习、纷纷对父母尽孝心的情况。这组系列报道紧紧抓住大学生炫耀"收棒子"父亲这一主题，引导青年人树立正确的价值观和人生观，向"我爸是李刚"现象挑战，以崭新的题材和视角触动了人们心灵深处，传递了正能量，体现了社会主义核心价值观。应该说，我们的新闻，从总体上来看都是选材得当、导向正确的。但也曾发现有的报道，由于选材不妥，以致起了事与愿违的负面影响。如有家媒体发表过这样一条消息，标题叫《车灯闪闪贼落网原来其中有暗号》，报道武钢通勤车途经武钢6号门时车前大灯连闪数下，保安中队长当即拦车检查，查出4名窃贼。消息还说明，因为他们与通勤车乘务人员约定暗号，一个星期抓住20多个"钢耗子"。这样选材报道，等于通知窃贼以后不要再乘通勤车而另找别的途径，结果只能给钢厂保卫工作添麻烦。

3. 选独具特色的材料

新闻事实材料的选用，切忌"千篇一律，千人一面"，应该多选取那些独具特色的材料，注意从"一般"中抓"不一般"，通过个性来反映共性。例如，以前推行厂长负责制，似乎工厂只要一承包、厂长一负责，工厂所有问题立即解决，生产上去了，经济效益也好了；农村搞多种经营，农民富裕了，于是"万元户"满天飞。这种现象反映了新闻报道"一窝蜂"、"一刀切"的倾向，也说明选用的新闻题材缺乏特色。

一窝蜂报道的倾向为什么会产生？一个重要原因是有些记者虽然懂得新闻选材要抓关键问题（主要矛盾），却不懂得必须同时重视事物的特殊性，即要抓住新闻事实的个性特点。这样的新闻就会反映不出事物的特点和内在规律性。我们经常发现这样的情况，当媒体报道了一些重要的新闻，内容类似的稿件就会大量涌向编辑部，往往主题、事例、角度相仿，大同小异，毫无特色，让人一看（听）就有似曾相识之感。以往跑农村的记者在报道农业生产方面，常常是题材内容雷同，只不过时间和数字变动了，有人讥之为"四季歌"："春季里来春耕忙，夏季里来忙双抢，秋季到来闹三秋，冬季分配喜洋洋。"

新闻选材要独具特色，就要突破旧的思维框架，善于同中求异，从同类的和接近的事物中找出"个性材料"。关于植树造林的报道，一般都满足于泛泛介绍某某地区、某某单位如何搞好植树造林，或宣传植树造林的意义如何。有的记者写了《学习南京市绿化经验要注意三点不足之处》，则显得与众不同。南京市是城市绿化的先进典型，报道在肯定绿化经验的同时，着重提出存在的问题，这就别具特色、不同凡响了。

4.选别人没有用过的材料

新闻的选材,还应注意选用别人没有用过的材料,包括新闻事实和背景材料。这是因为"别人嚼过的馍,没味道",容易引起新闻传播受众的反感,也不符合新闻姓"新"的要求。

求新求异,这是受众的普遍心理。一般说来,凡是欲知而未知的材料,都容易引起人们的注意,阅读或收听(收看)的兴味便会油然而生。而别人已经用过(报道)的材料,读者(观众、听众)已见(听)过,如果重复引用,就显得老套、陈旧,降低甚至失去信息含量。如飞机喷药、播种的材料,屡见不鲜,就不要再滥用、套用。新华社的一则电讯报道河南省新乡县七里营刘庄向北京航空学院订购了一架"蜜蜂3号"轻型飞机,用于本村及周围粮、棉田的喷药、施肥和飞播树种、草种等。这是我国农民购买的第一架农用飞机,机组人员由村里选派有文化的青年农民经过航空学院培训来担任,这样的新闻事实材料别人从未用过,这就不仅满足了受众的好奇心理,而且反映了改革开放政策给农村带来的经济发展景象。

再如获得23届中国新闻奖的《中国青年报》的一则通讯《"6·29"劫机事件乘客讲述反劫机过程——最早站起来的人居功至伟》,通过参与反劫机乘客的视角,还原了机上工作人员、警察与普通乘客互相配合制服歹徒的过程,记录了他们的语言和行动,忠实、细致地刻画出机上人物群像,极富感染力,为2012年新疆"6·29"劫机事件留下了最为详尽的文字记录。

新疆"6·29"劫机事件发生当晚,中国青年报记者独家联系到了飞机上参与搏斗的一位天津籍乘客,并立即报告了编辑部。与编辑沟通后,记者请乘客详细回忆了事件细节,反复追问,并与中国民航局等单位通报的信息互相印证,确保素材的准确性与生动性。

这篇独家报道既展示了在勇者的带动下,机上乘客对歹徒进行了反击的正义之举,更极大地弘扬了正气,引发了全国范围的转载,登上了各大门户网站首页及新闻头条区域,并成为社交网站热门话题。由此,我们也就不难理解国外爱用"独家新闻"吸引读者的原因。

第三节　新闻结构

一、新闻结构及其组成

新闻结构是指新闻报道内容的组合与构造,是新闻作品的谋篇布局问题。

如果说主题好比新闻的"灵魂",事实材料好比新闻的"血肉",那么,结构就是新闻的"骨骼",是一种变局部为整体的营造艺术,当代西方写作学称之为"建构艺术"。新闻如何结构,作为新闻写作构思的又一重要课题,将对报道的社会效果直接产生影响。

我国古代文论很重视文章的章法,主张动笔之前,先要进行整体的构思,务求"有物有序",力戒杂乱无章。古人讲的文章章法,其宗旨意义也适用于新闻写作。讲究新闻的结构,不仅要把事实材料组织成篇,而且要有序地展开内容,使之层次分明,重点突出,更好地反映事实并发挥新闻宣传功能。

新闻的结构,其组成部分,即结构内容,包括层次与段落、过渡与照应、开头与结尾等基本成分。

层次,主要指新闻事实内容表达的次序,体现记者思路进展的步骤。人们常把层次叫做"意义段"、"结构段"。段落,则指行文中的最小意义单位,以换行、提头空格为标志,是表达内容时由于转折、强调、间歇等所造成的文字的停顿,通常称之为"自然段"。新闻的层次安排方式,也就是结构方式,可以事实的重要程度为顺序,或以事实发生的时间、空间为顺序,也可以问题或材料的分类为顺序,还可以几种顺序结合运行。总之,随思想内容表达的需要而定。分段要注意单一性,避免把几层相对独立的意思挤在一个自然段里;分段又要注意完整性,每一段应该把一个相对独立的意思集中说完;分段还要注意各段之间的内在联系,做到"分之为段,合则为篇"。恰当地组织段落,是清晰地表达思想的一个重要步骤。

过渡,是指各层次、各段落之间的连接和转换。通讯、特写常用"过渡段"、"过渡句",消息常用"过渡性词语"来表示。新闻作品在什么情况下需要过渡呢?一种情况,内容的转换,包括时间、地点和情节的转换;另一种情况,表达方式、表现方法的变动,如由叙述转为描写,或由概念说明转为具体描述。照应,就是行文前后的关照呼应。也就是说前面提到的问题,后面要有着落;后面说到的内容,前面可以有所交代或暗示。在新闻结构中,具体的照应有3种:

一种是正文标题照应。有的新闻作品多次照应标题,目的是为了点明主题,突出中心。也有的是因为标题含义比较深刻、含蓄,读者一下子难以透彻理解,需在作品里逐步交代的照应。上面举过的一些实例,如《追求》等等都十分注意题文照应。

一种是前后照应。即在行文当中,围绕一个事件或问题,自然而然地加以照应。这种照应决非重复,而是通过多次照应,使内容层层深入,更加鲜明地表现主题。如著名作家峻青所写的散文式通讯《鹤兮归来》的第二自然段最后一句:"看一看那已逝去的仙鹤可曾重新归来?"既照应了文章标题,又为后文设下伏笔——因为作者在后面通过老人之口说出:"就是有这种不讲道德的人拿气枪打仙鹤","仙鹤这种鸟儿,它不但喜欢幽静安全的环境,也喜欢清新洁净的空气",这就呼应了前文的话。

再一种是首尾照应。通讯、特写、调查报告等,常在开头点明本文主题或交代写作动机,中间层层展开,收尾小结全文。

如 2011 年 11 月 3 日,《重庆晨报》报道的为战友廖兵父母尽孝 20 年的胡继伟的人物通讯《一诺千金! 他为战友父母当儿 20 年》,开头交代:"胡继伟 16 岁当新兵时和战友约定:如果谁不幸牺牲,另一人到对方家当儿子。"结尾写道"采访的最后,老三(胡继伟)反复说:'我只是希望,大家感觉老三(廖兵)依然在,就够了。'我们想说,老三啊老三,你做到了,对廖家人来说,三儿子一直都陪着他们。"这样首尾照应、文题照应,不仅说明了主题,而且深化了主题,显示了结构的严谨。

过渡和照应,是一种促成新闻作品气脉贯通,使之衔接自然、浑然一体的重要手段。但又不能滥用,对那些自然明白、无须过渡或照应的地方,如果硬要过渡或照应,反而会影响行文的简洁、流畅和通篇的和谐,特别是消息的写作。

开头和结尾,是很多新闻作品的两个重要组成部分。两者位置突出,功用特殊,我们必须重视头尾的起结技巧,消息写作尤其要重视"开头"。开头和结尾的写法不拘一格。常见的开头方法有:"开篇点题法"或"形象导入法"两种。前者或概括总体,介绍主要内容;或叙述情况,交代新闻背景;或开宗明义,提出全文主旨。后者或描写环境,引出人物、事件;或抒发感情,渲染气氛,以导入正文的展开。常见的结尾方法则有:或总结全文,揭示主题;或指明方向,鼓舞斗志;或意在言外,发人深思等等。对于消息报道来说,开篇贵在"先声夺人",颇费功夫。至于结尾,如无特别的需要则一般不用,事情讲完戛然而止,这样干净利索。

二、新闻的结构技巧

新闻的结构,突出什么、不突出什么,总的要服务于主题,体现新闻事实的意义及其传播价值。因此,在结构技巧的运用上,应注意下列几个问题。

1.反映事实自身规律

新闻不同于其他文体的特性,规定其结构必须体现事实的内部联系即自身发展规律。如以消息的结构为例,发生了什么事? 在什么时候、什么地点? 和谁有关系? 事件的原因是什么? 这件事发生的情况与结局如何? 这都要按主次轻重逐层回答。有的新闻故事性较强,可以按时间顺序即事件发展过程来写;有的涉及面广,矛盾复杂,则可抓住主要矛盾,概括主要情况,层层分解。结构因事而异,因需要而异,但都要能真实、生动地反映客观事实,使若干事实材料形成一个有机的整体,按事实本来面目反映事实,并使事实的各个部分脉络贯通。

2.适应受众心理

新闻的结构,要便于受众了解和接受新闻事实。受众喜欢读、喜欢听、喜欢看,新闻才能产生应有的社会效益。新闻尤其是消息,常把最重要或最有特点的事实材料放在前面,就是使受众一开始便接触想看、想听的东西,吸引受众非看(听)下去不可。一些热点、难点问题,结构上就把问题先提出来或在文内着重阐述,怎样结构,还得考虑受众的接受兴趣、接受习惯和接受能力等。对有些难懂的事,你要解释、分析;对复杂的事,你要用背景材料来说明。对于不同对象,由于理解和接受能力不同,你有时要用比喻等等。

从结构层次来看,以动态新闻(消息)为例,首先突出什么事,注重受众信息需求,这是第一个层次。第二个层次,针对受众获得初步信息后想了解详情的心理,这在结构上往往着重报道事实的变动状况,有时包括细节和背景。第三个层次,是在受众得知发生了什么事和怎样发生的以后,为回答为什么会发生这件事而写,目的是满足受众对新闻事实的寻根究底心理。有的消息还需要交代"怎么样"为受众释疑解惑。另外诸如分析性新闻、背景新闻、问题新闻等,其结构特点是按新闻的逻辑顺序将事实材料逐层展现。

3.紧凑又富有变化

新闻要在有限的篇幅内反映出尽可能丰富的内容,要在极短的时间里传播更多的信息内涵,所以新闻写作的特征表现为言简意丰,反映在结构上要力求紧凑、明快,不宜繁冗拖沓,新闻事实的丰富多样,又要求结构灵活多变。结构的紧凑,即紧紧抓住事实材料中最吸引人、最有价值的部分,摒弃一切多余的部分,而且要表现得明快畅达,不留疑点。新闻结构要紧凑,又要富有变化,这是由于事实丰富多彩并各有特点,受众对各类新闻的要求也有所不同所致。毛泽东同志在解放战争时期写的几篇新闻,因内容各有侧重,结构也灵活多变。如1948年10月22日发表的《我军解放郑州》一则,开头即用"我中原人民解放军于今日占领郑州。守敌向北逃窜,被我军包围于郑州以北黄河铁桥以南地区,正歼击中"。此文的结构特点是,先将主要事实清楚地介绍出来,然后围绕解放郑州在地理位置及战略上的重要性与守敌为何慌张逃窜的背景材料加以衬托,反映了这则新闻的重大价值。

4.符合体裁的特点

各类新闻体裁的写作,基本的结构内容是一致的,但对结构的具体安排又有不同的要求。为此,必须培养应有的体裁意识,细致研究各类新闻的体裁特点,掌握与之相适应的结构方式。

在报道主旨(主题)和材料选择已经明确的情况下,先要依据已有的新闻题材"量体裁衣",看该选用何种体裁,接着才能考虑符合体裁特点的篇章结构。一般说来,如果旨在及时传播某一重要信息,就应该采用消息这种体裁,而不宜采用通讯。消息的结构方式,常是高潮在前,头重脚轻。如果掌握的材料是用以反映某一重大事件的发生经过及来龙去脉,或能说明一个重要问题,那就可以考虑采用通讯体裁,而通讯常用"凤头、猪肚、豹尾"结构,把"重头戏"放在后面一些。新闻界强调记者会"十八般武艺",就是要求掌握各种新闻体裁的功能、特性和写作要领,通晓什么样的材料适用什么样的体裁及其结构。

[本章教学参考]

一、学习目的和要求

本章就新闻写作的主要问题,即整个构思问题,讲解如何确定新闻主题、选择新闻题材和安排新闻结构。目的在于帮助学生理解怎样进行新闻的构思,并在写作实践中应用这些方面的基本知识,这对于稍后学习消息、通讯等文体写作无疑是非常必要的。总的学习要求是:真正懂得确定新闻主题的标准及其提炼方法,以及如何进行新闻的选材和结构。

学习的具体要求:

1.认识新闻主题的含义,特别是主题对形成新闻作品的主导作用。

2.领会和把握新闻主题的确定标准和提炼方法。

3.明确新闻选材所遵循的原则,弄清楚怎样才能选好新闻事实材料。

4.了解新闻结构的功能和结构内容、结构方式;同时,学会新闻结构的一般技巧。

5.结合新闻写作练习,掌握并应用关于新闻主题、选材、结构的基本知识。

在教学上,主要是通过课堂面授,具体讲解新闻构思的有关问题。尽可能结合分析一些新闻作品(包括正、反典型,以正面典型为主),从中阐释提炼新闻主题以及选材、结构的原理和方法。还可以就新闻的构思,指定一两篇作品让学生试作分析,在此基础上组织课堂讨论,并由教师解答提出的问题,以加深学生对课程内容的理解和把握。

二、基本知识点

1.新闻主题和主题的确定标准。
2.主题的来源及提炼方法。
3.新闻选材的原则与要求。
4.新闻的结构和结构技巧。

三、内容提要

在动笔新闻写作之前,必须先进行整体的构思。为什么要写这条新闻,这关系到主题;新闻反映些什么,这关系到选材;怎么样安排新闻事实材料,这关系到结构。

新闻是一种观念形态,不可能作"纯客观"的报道,所以从总体上看,包括消息在内的各种体裁的新闻都有主题,但可分为狭义主题与广义主题。新闻主题指新闻报道的中心思想和基本观点,也就是记者对客观事实的评价和通过报道所体现的主要意图。主题在新闻作品中起着主导作用,它支配写作,总领全文,是新闻选材、结构、表达和运用语言的依据。新闻构思的核心问题是"炼意",即提炼确定主题。这也正是本章内容的主要重点。

新闻主题的确定标准:一是主题要真实而有意义;二是主题要正确,并有针对性;三是主题要集中、鲜明、深刻。新闻主题来源于所要报道的客观事实,什么样的事实决定什么样的主题。如何真正领会确定主题的标准,从而提炼出一个好主题,是学习中的难点,需要联系实际多作思考。提炼新闻主题,首先必须从认识事实入手,在比较中鉴别,微观与宏观结合,并选好主题角度。

另一个内容重点是新闻的选材。新闻选材,就是挑选准备用于写作的新闻事实材料,也就是从新闻素材中选定新闻题材。选材的过程,是记者对已占有的新闻素材再认识、再鉴别,从中确定其使用价值及其取舍的过程。需要选用的材料(新闻题材),包括新闻主体事实、典型细节和事例,以及新闻背景等。新闻选材的原则是:围绕主题,说明主题;区别主次,有取有舍;以一当十,以少胜多。新闻选材还要求:选新鲜生动的材料;选独具特色的材料;选有积极意义的材料;选别人没有用过的材料。

新闻结构是指新闻内容的组合与构造,也就是新闻作品的谋篇布局问题。结构的组成部分(结构内容),包括层次和段落、过渡与照应、开头与结尾等。讲究新闻结构,不仅仅是把事实组织成篇,更重要的是使主题突出,层次分明,更好地反映事实并发挥新闻的宣传功能。总之,新闻结构要从体现新闻与宣传价值考虑,力求做到反映事实自身规律,适应受众心理,紧凑又富有变化,符合体裁特点。

四、思考与作业题

1.为什么说新闻都有主题? 怎样理解狭义主题与广义主题?

2.对新闻主题的客观性与倾向性,你如何认识?

3.确定新闻主题的标准是什么? 主题的提炼有哪些方法?

4.新闻选材要遵循哪些原则? 有些什么要求?

5.新闻结构指什么? 怎样安排好新闻的结构?

6.自选一条新闻,运用学到的知识,对其主题、选材和结构作一全面的分析。

7.就新闻的构思问题,写出自己的学习体会。

第七章　各类消息的写作

第一节　消息是新闻基本体裁

一、消息体裁的历史渊源

消息,通常被称作"新闻",既是指对新近事实的报道,同时指新闻的一种体裁,即所谓狭义的新闻。在这里,我们是从体裁意义上讲消息写作的。新闻作为一种文体,有多种体裁,常见的有消息、通讯,另外有特写、调查报告、报告文学及其他。消息是新闻的基本体裁,它是我国新闻媒体上最早出现也是最常用的报道形式。

消息这一新闻体裁是怎样形成的呢?

中国式新闻体裁,主要源于极为繁富的古典文学,新闻通讯、特写写作至今仍与古典文学有着很深的渊源关系。消息等新闻体裁在发展进程中,也曾受到某些古代应用文的影响,后来,又直接吸收了西方新闻形式的一些长处。

我国古代的"邸报"、"小报",写作上所采用的纯属古文体。明朝"京报",偶尔出现的报道文字,尽管内容似与新闻基本要素吻合,但也没有形成具有体裁意义的新闻形式。19世纪初叶陆续出现近代中文报纸,当时有些西方国家已经有很长的办报历史,并已形成比较成熟的新闻体裁,而在我国还没有一种文体能够完全适应新闻的传播,加上我国读者习惯于旧文学的表现形式,所以早期报纸上的新闻不得不模仿古典文学来进行写作。有些所谓新闻,分不清是文学作品还是新闻稿,有的更是仿照中国古典小说写法,连结尾也是"现今未知如何,下月细传"(类似章回小说中"且听下回分解")。

上述情形当然只能是就大体而论,有时也出现接近现代报道特点的新闻。

《察世俗每月统记传》是历史上第一家以中国人为阅读对象的近代中文报刊，该刊第 2 期载有一条题为《月食》的预告消息：

> 查照天文，推算今年 11 月 6 日晚上，该有月食，始蚀于酉时约六刻，复原于亥时约初刻之间。若是晚天色晴明，呷地诸人俱可见之。

有人认为这一报道是中国近代报刊第一条新闻（消息）。这样的新闻，虽在早期报刊上不过是偶有所见，从中却看出新闻体裁从模仿古典文学中孕育萌生的趋势。

鸦片战争以后，中国社会的变动，商业的渐趋繁盛，刺激了人们主要是城市居民对新闻的需求，促使大批中文报纸应运而生，报纸上的新闻也急剧增多，其内容则由宗教宣传为主转而重视商业和社会情况的报道。新闻的写作也有所进步，不再无选择地搬套古典文学样式，而是注意选用其中比较合适的文体，这就是注重叙事而表达简约的记叙文，诸如《左传》、《史记》以及《世说新语》、《聊斋志异》等多种笔记小品。除此以外，还很可能掺杂了古代某些着重叙事的应用文，如文告、露布、函件等等，这种应用文观点鲜明、叙事准确、文字的概括力强。

这个时期出现的消息，主要有 3 种写法：一种是以《左传》和大部分笔记小品为蓝本，不分内容的轻重缓急，按时间先后为序，一概从头说起，顺叙事情的经过；一种是套《史记》、《聊斋》格式，边叙事、边议论，多的也在末尾加一段评语，只不过去掉"太史公曰"字样；另一种是史书中编年史格式，一条新闻只一两句话，有的已把事件说清，有的则过于简略，也无时间的交代。① 这几种写法虽未脱古代记叙文窠臼，作为改进新闻写作的尝试和起步，却在逐渐地萌生有别于文学的新闻体裁。那时面临的矛盾是，一些反映商情、灾害、战争的消息，要求准确、快速、一目了然，而古代记叙文对此难以适应，这便使写作上有所突破和创新，实际上有的消息已初具体裁雏形。此后一段时间，对报道商业、灾情等一类消息，大都比较注意文字简明，叙事直截了当，新闻要素也较齐备，从而逐渐形成与新闻特点相适应的写作体裁。报纸上的"电讯"开始出现在 19 世纪 70 年代。1874 年 1 月 30 日《申报》刊载的"伦敦电"（报道英国内阁改组）是我国中文报纸上第一则新闻电讯。1881 年 12 月，天津到上海的有线电报创始。次年 1 月 16 日《申报》刊出天津发来的，也是中国报刊史上最早由报社记者自己拍发的一条电讯稿，简要报道清廷查办渎职官员的消息。电讯的使用，对新闻体裁的变革和改进写作产生了巨大的影响。

---

① 据李良荣：《中国报纸文体发展概要》，福州：福建人民出版社，1985 年。

消息最具有适合于报道的体裁特征,萌生中的新闻体裁也是指消息体裁,早期报纸上的"新闻"就是消息,那时候人们还没有通讯体裁这一概念。随着社会生活复杂化、近代化和报业的发展,读、写、编三方都对某些事件不再满足于简短、概括的消息报道,要求"充分展开了的消息"、"形象的消息"。有一种意见,认为这种叙事较为详细的新闻,就是最早的通讯。

二、消息体裁的独立与发展

19世纪后期到20世纪初,中国社会处于大动荡、大变化时期。新闻体裁也随之发生剧烈的变革。这一变革的标志是,具备体裁意义的消息从古典文学中脱颖而出,以报道简明、平实、快速和具备新闻要素为其特点,形成别具一格的崭新的独立文体。

新闻体裁逐步独立化,以最能体现新闻特点的消息的日趋成熟为象征。这一时期,国人自己办的报纸发展较快,设置的"访事人"专门采写消息,写作技术愈见改进,消息体裁的确定性日益明显。由于时局瞬息万变,读者对新闻的需求更为迫切,普遍希望报道简洁明了,事情和时间、地点清楚,并且愈快愈好。主要从古代记叙文转化而来的新闻基本体裁——消息,正是为了适应这种社会需要而在不断变革中诞生的。从古代记叙性散文脱胎而来的通讯,这个时期也从中分离开来,并显示出它与消息同中有异的个性特色,即重在纪实详尽和信息量,也可结合纪事,或抒发情感,或议论讽讥,逐渐成为新闻的一种不可欠缺的写作体裁。当时的通讯往往从外地用平信寄来,主要是为弥补消息报道的不足,所以早时概称"通信"。一些富有形象性的通讯,过后又演变成新闻特写,现场感颇强,文字生动活泼。

五四运动期间和以后的年代,新闻界既扬弃古典文学框框,又继承它反映现实方面的优秀传统,同时借鉴西方新闻形式,进而丰富发展了以消息为主的新闻体裁,并越来越接近现代新闻写作规范。自从电讯稿问世,凡是消息都采用一事一报方式,一条消息只报道一件事实或事实的一个片段。20世纪20年代开始,除了一事一报的消息以外,又出现报道多件事实的综合消息,并在结构上使用新闻导语。

新中国成立以来,特别是在社会主义建设新时期,面对新形势、新内容,消息的写作有了新的发展。这主要表现在坚持马克思主义唯物论的反映论,强调用事实说话和思想性、指导性,并在真实基础上求新、求短、求活和争取时效,以更好地发挥消息在信息传播和宣传教育等多方面的作用。

消息体裁经过长期的实践、改革、再实践,在写作上已形成相对稳定的一些基本要求,并已有所规范,即为大家约定俗成的体裁标准。消息主要告诉人们发生什么事情(包括新的情况、经验、问题等),往往只报道事情的概貌而不讲详细的经过和情节,是以简要的语言文字迅速传播新闻信息的新闻体裁,也是最广泛、最经常采用的新闻基本体裁。

2.常有一段导语,开门见山,吸引读者(听众、观众)。

3.叙事朴素、实在,通常一事一报,讲究用事实说话。

4.时间性强,更重时效,报道快速及时。

5.基本表达方式是叙述,而且多为概括的叙述。

另外,从报纸上看,消息的标题形式,也与其他新闻体裁不同,不仅有主题,还有引题或者副题。内容重要的消息,有时兼有主题和引、副题。新闻媒体刊播的消息,一般还有明显的标记,即冠以电头或"本报讯"、"本台消息"。电头是对新闻稿发稿单位、地点和时间的说明,常见的电头形式有"某通讯社某月某日电(讯)",或在其前面加一"据"字,表明对电讯稿作过删节。"本报讯"或"本台消息",指新闻稿是本报(台)记者或通讯员(撰稿人)采写的。为突出新闻的重要性、及时性,在电头部分,有时还标明"本报(台)记者某日报道"、"本报(台)记者某地专电"等等。

《福建日报》2013年1月19日刊发的《"海峡光缆1号"开启两岸通信"直航"新时代》,报道主要内容如下:

本报福州专电 大陆与台湾岛之间的通信业务经由第三方的历史宣告结束了。18日,首条横跨台湾海峡、大陆直达台湾本岛的海底光缆——"海峡光缆1号"开通。从此,两岸通信业务无需"绕路",实现"直航"。

当天下午,"海峡光缆1号"竣工典礼在福州、台北同时举行。通过这条光缆所服务的视讯连线,两地嘉宾共同见证了这一历史时刻。

此前,台湾与大陆的通信业务要从"亚欧光缆"、"中美光缆"与"亚太二号"等绕道而行。

"海峡光缆1号"从福州长乐直连台湾淡水,由中国联通、中国移动、中国电信和台湾远传电信、台湾大哥大、台湾国际缆网、台湾中华电信等两岸业者合建,总投资2500万美元,总长度约270公里,为台湾和大陆间最短路径,且因避开地震带而降低了天灾损害及隐患。

……

100多年前,清朝台湾首任巡抚刘铭传在台湾与福建间铺设了海底电缆,但早已退出历史舞台。去年8月21日,厦金光缆建成。这是两岸第一条直通光缆,但未达台湾本岛。"海峡光缆1号"建成,重启了一百多年前两岸通信直达业务。

手头报纸上的这条消息,简明扼要,叙事平实,报道及时,开头有一段概括性导语,尽管文字简短,却比较全面地体现了消息的特征。传播手段不同的媒体,对消息特征的体现也有所不同。例如:1997 年 7 月 1 日,中央电视台关于香港各界群众热情欢迎解放军进驻香港的直播报道,就是一条体裁特征鲜明的消息。全文如下:

画面解说词

导语 今天早晨天空下起了大雨,进驻香港部队的数百辆军车依然阵容整齐地通过各个口岸。

同期 各位观众,你们现在看到的是香港各界群众冒雨欢迎解放军进驻香港的热烈场面。

解说 今天清晨 6 时 25 分,记者随部队在新界看到驻军沿途经过的公路两旁挤满了欢迎人群,近万名香港市民涌上街头,挥动着国旗和区旗向驻香港部队表达真挚的感情。

采访 我们是香港华侨华人总会的文艺队伍,我们今天早晨 3 点就起来了,很兴奋,一定要见到我们最可爱的亲人解放军,这是我们香港有史以来最伟大的事情之一,大家都很兴奋。

解说 有着光荣爱国传统的新界群众,向驻香港部队赠送了一块刻有"威武文明之师"的牌匾,表达了他们对人民解放军的企盼和赞誉。

这是中央台记者从香港发回的报道。

从消息衍化出来的通讯、特写,长期以来也已形成有别于消息的体裁特征。通讯是对新闻事件、人物和各种见闻的比较详尽而生动的报道,不仅告诉人们发生什么事,而且交代事情的来龙去脉,以及情节、细节和有关的环境气氛。通讯体裁的特征:一是容量大,范围广,取材比较全面、完整;二是展开情节,情景交融,讲求结构的变化;三是对事实的表达多样化,结合叙述,兼以描写、说明、抒情或议论,富有感情色彩和理论色彩。比起消息,通讯的篇幅稍为长一点,发稿时间也可以稍缓一些,但仍然要求尽可能短、快。至于新闻特写,就像电影上放大的特写镜头,突出新闻中富有特征的局部,细致描绘事件的一个片断、一个场景或人物活动的一个侧面。一是,特写体裁的特征内容集中一点,并着力于细节描写;二是,新闻现场感强烈,注重记者的直观反映;三是,有较强烈的文学色彩,强调对人物或事物的形象化刻画。

文无定体,大体有之。内容决定形式,形式反映内容,并随着内容的变化而变化。但是,消息这种新闻文体,有它的历史继承性和相对稳定性,其体裁规范是现代新闻写作规律具体、集中的表现。古人说,不以规矩不能成方圆。运用消息体裁进行新闻写作,就要掌握和遵循体裁规范要求,这样写出的新闻才能为大家所接受。强调规范、"守格",这是一个方面。另一个方面,我们又不能墨守陈规,而应灵活运用,不拘一格。

第二节 消息的作用与类别

一、消息的主要作用

我们已经知道,消息作为新闻的基本体裁,它是各种新闻传播媒体广泛使用的主要报道形式。学习新闻写作,首先要重视消息的写作。

新闻媒体刊播的消息,一般都有明显的标记,即冠以电头或"本报讯"、"本台消息"。电头是对新闻稿发稿单位、地点和时间的说明,常见的电头形式有"某通讯社某地某月某日电(讯)",或在其前面加一"据"字,表明对电讯稿作过删节。"本报讯"或"本台消息",指新闻稿是本报(台)记者或通讯员(撰稿人)采写的。为突出新闻的重要性、及时性,在电头部分,有时还标明"本报(台)记者某日报道"、"本报(台)记者某地专电"等等。

消息的特征,决定了消息的作用,这主要表现在信息传播和新闻写作方面。

信息传播方面——

消息体裁,能够最快捷、最简便地传播新闻信息。正由于消息具有相对其他体裁的这种特殊作用,它在各种新闻媒体中占据"主角"地位也就绝非偶然了。

消息特征的最大优势,在于它报道篇幅短小,内容简明扼要,这就为迅速传播信息提供了极为有利的条件。刚刚发生的事,一经消息报道,公众很快就知道了。2015 年 1 月,在澳大利亚举行的第 16 届亚洲杯,通过电视和网络现场直播比赛情况,使之以与事实发生同步的速度传给了全世界的观众。北京时间 1 月 18 日 17 点,2015 年澳大利亚亚洲杯 B 组最后一轮。在堪培拉球场,国足对阵朝鲜。最终,国足 2∶1 获胜,3 战全胜获得小组头名昂首晋级 8 强,这是国足 11 次征战亚洲杯决赛圈以来小组赛的最佳战绩,喜讯越过重洋迅速传来,当即在我国各地引起沸腾,这自然是靠电子媒介,但也显示出消息报道的快捷传播作用。跟其他新闻体裁相比较,消息的长处还在于叙事开门见山、直截了当,让人一目了然。体裁特征的这一优势,又为广大受众快速获知打开了方便之门，不仅能尽快得到信息，而且能在较短时间获知更多的信息。因为往往不必看（听）完整篇新闻，人们便晓得信息的梗概和特点，这样就可以再看（听）别的消息报道。

新闻写作方面——

就新闻写作来讲，学会写消息，也就为掌握其他新闻体裁的写作奠定了良好的基础。前面已经讲过，通讯、特写等体裁，都是作为消息的补充、延伸而发展起来的。消息集中反映新闻报道快捷、简明和用事实说话的特点，体现了新闻文体的一般写作要求。

消息写作，无论是认识新闻价值、确定新闻主题，还是谋篇布局，突出重点，以及对事实表述方法的恰当运用，等等，其中所体现的基本规律，对于其他新闻体裁的写作，同样具有指导和启迪的作用。根据新闻写作规律和写作实践的基本要求，包括如实反映事实、用事实说话、交代新闻要素，以及新、快、短、活，其实都是从消息写作的长期实践中总结出来的，这也是新闻通讯、特写等体裁写作的共同要求，只不过在应用上由于体裁特点的不同而有所变化和发展罢了。所以我们说，学会并能写好消息，这是新闻写作的基本功。有一些新闻工作者或新闻爱好者，往往有意无意地小看了消息的作用，低估了写好消息的难度，误认为消息是"豆腐块"、"火柴盒"，写起来不起劲；以为百八十字、几百字的消息，容易写得出来。这些都是写好消息的思想障碍，也是至今我们的许多消息写得还远不尽如人意，不能充分发挥其应有作用的一个十分重要的原因。许多记者的实践经验表明，学会写消息容易，而要写好则难。这个"难"，从一定意义上讲，就难在消息简短，篇幅的限制性大，要有把握整体、概括事实和浓缩信息的硬本领。有些记者颇具文学基础，能较快地掌握新闻的通讯写作，但对写好消息则感到困难，为什么？消息的文字不多，却要把事情说清楚，并求言简意赅，不像文学作品可以细细道来。

二、消息的各种分类

消息的种类繁多，分类的方法五花八门。在新闻界，常常从各自不同的视角，对消息进行不同的分类。

一种是按事实特性分类，把消息区分为事件性新闻和非事件性新闻。

事件性新闻，是指反映客观世界发生的事件的新闻，也就是围绕某一新闻事件而作出的消息报道。这类新闻，事件发生一般有其确定的时态，报道的时间性要求很强。事件性新闻写作形式，大量的是动态消息，包括要闻、快讯、简报、综合报道等。人们对新闻事件发生的把握情况不同，又可分为突发性事件和可预知性事件。

非事件性新闻,是指与事件性新闻相对区别的新闻,即报道的事实不是一个具体事件,而是一种情况、经验或问题(倾向),其发生时态多为渐变性,是在一段时间内逐步形成的事实。

非事件性新闻常见的形式,有典型报道、经验消息及新闻综述等。

一种是按报道内容分类,通常有经济新闻、社会新闻、人物新闻和国际新闻等等。

经济新闻,指以反映经济活动、经济生活为内容的消息报道。它还可以细分为工业新闻、农业新闻、财贸新闻、金融新闻、交通新闻等。社会新闻,指报道社会、家庭生活和社会问题、社会风尚一类的新闻(消息),旨在崇尚社会公德和家庭伦理道德,并与社会上不良现象作斗争。人物新闻,是以写人物为主的一种消息,简要反映人物突出的事迹及其精神风貌,或只报道人物的某种行为、某个侧面,时效性较强。国际新闻,是对外国的经济、政治等情况和国际性活动的报道。

以此类推,另有政治新闻和文教、科技、教育、卫生、体育、法制、军事各种新闻及会议新闻等。

再一种是按篇幅长短分类,可分为长消息、短消息和简讯、一句话新闻、标题新闻。

长消息,是对文字篇幅较长、内容较为详细的消息的统称,通常用来报道公众关注的重要新闻,包括政治、经济及人物活动新闻和重要会议新闻。短消息,篇幅短小,三五百字,而内容仍较充实。简讯,又称短讯、新闻简报、简明新闻,大都百来字,多则 200 字左右,只简单告知有个什么事,一般不交代新闻背景与"何故"。一句话新闻,顾名思义,即以一句话表述新闻事实,它比简讯更"简"。标题新闻,用新闻标题形式出现的消息报道,以题代文,题含文意。如:

日本右翼分子再登钓鱼岛　中国外交部 2 日向日方提出严正
交涉

此外,按其他样式的分类,则有目击新闻、解释性报道、背景报道、公告新闻等。

目击新闻,也就是现场新闻、视觉新闻,是指记者在新闻事件发生现场采写的新闻(消息)。其特点在于"目击",主要通过视觉反映变动着的事实,新闻报道的现场感强烈,也可以用特写手法写作。解释性报道,侧重于说明新闻事实的来龙去脉,阐释事件发生的原因、结果或趋向,以及与有关事物的联系,从中体现记者的思想观点。背景报道,它与解释性新闻类似,着重报道"新闻背后的新闻",揭示新闻事件的"背景",即其历史、环境、因果关系和事件发生的主客观条件。公告新闻,或称公报式消息,是权威媒体就国家政治、经济、军事、外交等重大事项,经党和国家授权发布的新闻,具有官方性和严肃性,实际上是以新闻形式发表的官方文件。

除了上述的各种分类,西方新闻界对消息还有这样的分类:硬新闻和软新闻。硬新闻,一般指题材较严肃、时效性较强的重要新闻(消息),或是较具影响的公众事件的报道。软新闻,是指时效性要求不严而社会性强,人情味、趣味性较浓且笔调轻松的消息。

第三节　四大类消息及其特点

我国新闻界长期比较通行的,是按新闻事实性质和不同的写作特点,把消息归结为四大类,即动态消息、经验消息、综合消息和述评性消息。这四大类消息,其实可以大体上涵盖上述各种分类的消息报道;另有目击新闻、解释性报道、新闻专稿等,也可以说是四大类消息写法的变化与发展。

一、动态消息

动态消息,又称"纯新闻",是最常见的一种消息类型,也是用以传播信息的主要消息品种。

这类消息与事实变动时态并不明显的消息相区别,及时报道正在发生或新近发生的新闻事实,迅速反映社会各方面的新情况、新事物、新动向。新闻传播的广大受众,正是从各种动态消息,了解变动着的客观世界,沟通情况,获得信息,把握国内外形势。

动态消息在写作上有些什么特点呢?

1.突出"动态"。这类消息反映新闻事实发生、发展的最新变动状态,最能体现新闻姓"新"的特征和优势。它在形式上可以是简讯,叙述新近发生的事实梗概;也可以是一句话新闻或标题新闻。当然,更多的是短消息,简要报道事实变动经过和前因后果,新闻"五要素"或"六要素"较为齐备,让受众了解新闻的基本事实。

2.时效性强。新闻时效是新闻在一定时间内所产生的社会效果,新闻发生与新闻传播的时间差愈小,其效果愈大;反之,则效果愈小以至失去时效。动态消息一般报道事件性新闻,无论是突发性或是可预知的,事件的变动时态非常明显,什么时候发生、什么时候有了发展变化都是确定的。因此,动态消息的写作,通常注重时间要素,特别强调新闻的时效性,当天的新闻事件当天报道,甚至与事实发生的同步就要作出反映。

3.一事一报。一条动态消息往往集中报道一件事,或者只反映事实发生和发展的一个阶段、一个侧面。消息从总体上看,一事一报作为它的体裁特征之一,也是根据消息的主要品种——动态消息的特点形成的。

动态消息多为独立的单个事件的报道,而单独的新闻事件,其发生、发展到结束的全过程常在较短时间内完成。24届中国新闻奖作品《中国航天器首次实现地外天体软着陆》便属于动态消息。这是消息的导语:

> **本报讯** (记者江雪莹)12月15日夜,带有五星红旗图案的巡视器和着陆器照片从寂寥荒凉的月球传回地球,标志中国探月工程嫦娥三号任务取得圆满成功。中国成为世界上第三个成功实现航天器地外天体软着陆的国家。

2013年12月16日,嫦娥三号任务圆满成功后,中国航天报社的这条消息依托充实全面的采访,用鲜活的语言,结合任务重要阶段的特写,引用大量背景资料,及时、准确、生动、详实地展示了我国首次地外天体软着陆的过程、意义及背景。稿件在探月二期工程圆满成功当天呈现在报纸头版头条的位置,信息量丰富且准确,起到良好的传播效果,在中国产经十大新闻评选、军工十大新闻评选中都成为重要参考文章。

这种动态消息也适合报道持续性变动事件。就是说一条消息反映的只是事件变动过程的某一个阶段的情况,随着事件的发展过后再作报道。比如,某地公路桥今日凌晨突然坍塌,有关部门正在组织力量抢修,这可以先发动态消息,至于事故原因、何时修复,则可进行持续性报道。尤其是对一些重大事件,有时要经历一个较长的发展过程,要是等待事件终结之后再作总结式报道,就会因为前后时间跨度较大而失去新闻的时效性,以致严重影响传播效果。对此,符合新闻规律的做法应当是:记者要根据事件进程的一定阶段,陆续作出及时的报道,即便是同一天发生的事件,如若事关重大,也可根据事态发展,分阶段迅速反映。

1949年4月22日,新华社连续播发3篇关于人民解放军渡江作战的消息报道,都是动态消息的精品,也是成功地运用连续报道及时反映重要动态的范例:

第一篇《我三十万大军胜利南渡长江》,电讯发于4月22日2时,报道中国革命事业中具有巨大历史意义的事件:中国人民解放军"打过长江去,解放全中国"的渡江战斗已于20日午夜打响,"不到二十四小时,三十万人民解放军即已突破敌阵,占领南岸广大地区"。

第二篇《我军九个师继续渡江》，报道的是 4 月 21 日下午 5 时我西路军开始横渡长江战绩。"至二十二日晨止，已有九个整师渡过长江到达南岸，并已占领贵池以西乌沙闸附近和东流以北黄石矶附近的阵地；解放军的另一个军占领马当以西江心八保洲。"

第三篇《人民解放军百万大军横渡长江》，报道的是："截至发稿时 4 月 22 日 22 时止，我人民解放军中路军、西路军、东路军的百万大军，西起九江（不含），东至江阴，从一千余华里的战线上，冲破敌阵，横渡长江。"

各篇不失时效地着重报道一个阶段或一个侧面的动态，只是整个新闻事件长链中的一个个环节，而联系起来，它们便完整地展现了我军渡江战斗壮阔的画卷。

二、经验消息

经验消息，属于非事件性新闻，是典型报道的一种，通常用以指导工作、推动全局，政策性极强。这类消息，在我国新闻媒体中占有相当的比重。

《宝鸡日报》刊发的文字消息——《工商资本上山助力现代农业，城里老板下乡引领共同致富》，就是一条经验消息。这条消息在交代宝鸡市出现了一种工商资本流向乡村，城里老板"上山下乡"谋发展，不仅找到了新商机，而且带动了当地农民致富的新气象后，较详细地介绍当地如何鼓励资本向农村流动，推动现代农业产业发展，包括对重点龙头企业实行招商引资优惠政策和相关扶持，在农产品销售方面探索农社、农超对接等。2013 年宝鸡市涌向农村的工商资本累计超过 40 亿元，数额之巨前所未有，带动农民增收超过 10 亿元。消息的导语如下：

> 生意在市区，拥有知名饭店和多家服装商城的老板王晓峰最近往大山深处的太白县跑了好几趟，12 月 20 日，他再次来到该县店子上村，筹划增资已投入了 600 万元的晶秀散养乌鸡场事宜。眼下，在我市出现了这样一种新气象：工商资本流向乡村，城里老板"上山下乡"谋发展。今年以来，这些城里老板投向农业产业的资金已超过 40 亿元，不仅找到了新商机，而且带动了当地农民致富。

虽然这是一条较为一般的报道，但它说明了经验消息与动态消息的不同之处。

经验消息的特点之一，报道的事实不是突发性的，其变动时态并不表现在"一点"（某日某时），而是有个渐变的过程，所以又称静态新闻。它不像动态新闻那样，强调"今日"或"昨日"，时效性要求相对宽松一些。

第二个特点是，经验消息的内容，主要报道各方面的工作经验，特别是贯彻党和政府的方针、政策的典型经验。这类消息的篇幅往往稍长一些，要比较完整地交代有关情况，介绍有效措施、工作方法和取得的成绩，并有较强的针对性和普遍的指导意义。这就应当根据实际工作中急需解决的问题或关键性问题，运用某一地区或某一单位的先进经验，在政策上、措施上作出正确的引导。经验消息报道，介绍先进经验，要着重于表现取得经验的指导思想、政策措施，而不能陷入业务技术性的圈子，不要一味罗列那些具体做法。经验消息的指导作用，主要是政策的指导，思想的指导。同时还要注意到，新闻报道中介绍经验，与业务主管部门推广经验不同，应当讲究"大众兴趣"，即广泛的适用性，这样才有普遍意义。

经验消息是一种消息体裁，在写作上，必须保持消息的特征。

1. 及时报道新鲜经验

经验消息的时效性要求，虽然不像动态消息那样严格，但不等于可以不讲新闻的时效。这就要配合中心工作，善于把握报道时机，特别是要发现富有创造性的新经验，并尽快予以报道。

2. 突出最主要、最具特色的经验

经验消息有别于经验总结文章，切忌贪大求全、面面俱到，搞成"甲乙丙丁，开中药铺"。如果在一篇消息中介绍几条经验，也要分清主次，突出其重点，力求内容精些，篇幅短些，文字简洁些。

3. 用事实阐述经验

消息报道离不开事实。经验性消息要求用事实阐述、体现经验，把经验寓于事实之中，切忌概括太多，过于笼统。因为要使报道的经验为受众所信服、所接受，只有用具体、典型的事实来体现和说明经验，通过事实提出问题和解决问题，才能使受众感到经验看得见、学得到、用得上，才能使经验发挥启迪指导的作用。为此，不能只是把经验概括成几条抽象化、概念化的条文，说的又多是一些原则性的认识，那种"观点、议论＋例子"的模式要竭力避免。

三、综合消息

什么是综合消息？先来看看 2000 年 10 月 4 日新华社播发的一条电讯（摘要）：

> 北京、上海、河北、山西、福建、贵州等省市天主教界今天分别召开座谈会，一致表示，坚决拥护我外交部声明和国家宗教局发言人谈话，坚决支持中国天主教"一会一团"的严正声明，对梵蒂冈借"封圣"之名歪曲和篡改历史，利用宗教干涉中国内政的反华行径表示坚决

抵制和反对。

在天主教上海教区联合召开的座谈会上，金鲁贤主教说，这次"封圣"，暴露了罗马教廷中某些人企图借宗教问题干涉中国内政的图谋。北京、河北、福建、贵州、山西等地天主教主教、神甫、修女和教徒在发言中指出，臭名昭著的外国传教士马赖、刘方济、郭西德都是无恶不作的罪人，他们受到中国人民的严惩是咎由自取，罪有应得。

六省市天主教界人士呼吁梵蒂冈能够真正反省对中国人民所犯下的罪行，作出真诚忏悔，不要再做伤害中国人民和中国教会的蠢事。

从这条电讯，我们不难看出，综合消息是综合同类性质，又各有特点的多种新闻事实的一种报道形式。这类消息所综合的事实，大都是动态性的；有时，也可以是经验性的。例如：

再来看看 2015 年 1 月 26 日的一则报道：

美国《时代》周刊网站 1 月 26 日报道，居住在美国东海岸的数百万人周一晚上出来铲雪，因为一场有史以来最大的暴风雪袭击了这一地区。从宾夕法尼亚到缅因州的各大城市都被大雪覆盖，预计一些地方的降雪会达两英尺。政府宣布多个州进入紧急状态。官员们称还将制定更大范围的出行禁令，让人们尽量不要外出。

纽约州州长安德鲁·科莫说，纽约市的地铁和公交车将在晚上11 点停运，并警告说周二早晨的情况将"更为严重"……

波士顿正在为应对最糟糕的情况做好准备，预计降雪量将达到三英尺，而纽约的降雪量将达到两英尺左右，费城的降雪量将超过一英尺。为应对暴风雪，截至周一晚上，已有 5000 多架次的航班被取消。

马萨诸塞州州长查利·贝克说："这是一场排名前 5 的历史性暴风雪，我们应当严阵以待，这显然是件大事。"

目前，康涅狄格州、马萨诸塞州、新泽西州和纽约州已宣布进入紧急状态。上述各州的限行措施已于周一晚开始实施……

上述两例表现了综合消息的特点：

一是不受空间限制。由多件新闻事实组成的综合消息可以用来报道各地区、各系统在同一时间或不同时间发生的事实，这就体现了它的综合性。当然，这多件新闻事实应当是具有同类性质的。

二是表现共同的主题。综合消息所报道的多个新闻事实，何时、何地、何人、如何等新闻要素各异，从表面上看似乎互不关联；实质上，它们既不是随意的拼凑,也不是简单重复,而是选取各自具有个性特点的事实,从不同侧面来阐明共同的主题,使之成为一个有机的整体。

三是报道面广,声势大。综合消息就某项工作、某项活动、某一成就或某一方面的问题,综合反映全国范围或一个省(市、自治区)、市(地)的有关情况、动态、成就、经验或值得注意的倾向等等。这就可以让受众宏观纵览事物发展的规模和声势,比较全面清晰地认识全局性的概貌。

综合消息的写作,主要是解决好如何"综合"的问题:

1.要作分析概括

由于是多地、多件事实的综合,这就应从全局的高度,对各个局部发生的新闻事实,依据一定的主题分清主次轻重,并作出全面的概括,力求反映全局,突出典型。但要注意,绝不能以点代面、以偏概全,更不能随意拔高,不能从偶然现象中得出普遍性的结论。因此必须细致地梳理庞杂的材料,深入分析多件事实之间有些什么联系,能说明什么问题,然后区分出不同的类型及各自的个性特点,进而综合表现新闻主题。

2.既有广度,又有深度,综合消息对内容的深广度要求较高,这样才能营造舆论声势,具有冲击力和说服力。这在写作时,要着力把点的材料和面的材料有机地结合起来,用面上的材料来反映全貌,否则,体现不了广度;同时,需要用点里的典型材料来深入地说明问题。

3.运用多种表现手法

点面结合是一种表现手法,可以因实际情况而不同,或"由点到面",或"由面到点",或由面到点再到面,点的材料同面的材料灵活穿插结合。综合消息也时常运用对比衬托手法,这样更鲜明地反映事物的本质,突出报道的中心。同时,在综合的过程中,对事实有分析,在表达上就会有叙有议。但要坚持以叙述为主,其中的"议",应该是"点睛"之笔,用以帮助突出消息的主题思想。

四、述评性消息

述评性消息以报道重大事件或具有普遍意义的事实为基础,结合进行分析评论,直接表露记者的看法、见解,揭示新闻事实的意义及其发展趋势。这类消息接近评论文章,尤其接近"新闻述评",可以说是消息报道的一个特殊品种。

例如,2011年8月2日《辽沈晚报》刊发的一则报道,原题为《民营医院检查结果 公立医院也认》。这是一则获得22届中国新闻奖的一条消息,它在写法上,一开始就用述评笔调,显然与动态消息、经验消息不同,消息的前两段写道:

非公立医院的医学影像、医学检验,甚至病理等结果,可以和公立医院之间相互确认。这是辽宁省卫生厅昨日下发的医改新政策《进一步鼓励和引导社会资本举办医疗机构实施意见》中的一项重要内容。

这种相互确认旨在实现医疗机构的资源共享,最大限度惠及患者。那么让具备高超医疗技能的医疗专家,打破原有的执业限制,在大型公立医疗机构与民营医疗机构建立对口支援或资源整合关系后,公立医疗机构的医师可以对口支援的形式,在民营医疗机构开展多地点执业。这样的新政策,将让患病居民得到更加便利的治疗服务。①

述评性消息按其内容区分,大致有三种类型。一种是形势述评消息,就国内外政治、经济形势,或某一地区、某一系统在一定阶段的特定事态,记者根据自己的观察分析,结合报道进行评述。一种是工作述评消息,从典型的新闻事实出发,评述某项工作的经验或存在的问题,提出记者的意见和建议。再一种是思想述评消息,抓住有一定倾向性或有普遍意义的思想动态,从事实的报道中提出问题并加以分析,帮助人们分清是非,提高认识。

一般来讲,述评性消息有以下几个特点:

1.以报道事实为主,以评论事实为目的

述评性消息作为一种消息,它首先应当是事实的报道,但又不是为报道而报道,而是对事实展开议论并作出评价。因此,这类消息既不同于一般的消息,也不同于新闻评论,它虽然带有评论色彩,却以报道事实为主即以"述"为主,是介于新闻和评论之间的一种体裁。

2.述评结合,夹叙夹议

消息一般全用事实说话,但是在某些情况下,记者也可以对报道的事实,发表自己的意见和看法,对它进行分析和解释。述评性消息就是这样一种消息。它在报道事实的基础上,从全局出发,述评结合,有事实、有观点、有分析,以帮助受众加深对客观事实的认识和理解,并从中得出应有的结论。

3.针对性强,富有思想性

述评性消息往往是针对实际工作或社会生活中某一问题、某种思想而采写的新闻报道。特别是当形势发生变化之际,或工作处于转折时期,需要总结过去、展望未来、指明方向,记者可以适当运用这种述评性的报道形式。由于

---

① 孙泽锋:《民营医院检查结果 公立医院也认》,见《中国新闻奖作品选·2011年度·第二十二届》,北京:新华出版社,2012年,第197页。

结合事实边述边评,这种消息具有较强的思想性和指导性。

基于述评性消息的特点,写作时要特别讲究述与评的交融。即结合对新闻事实的叙述,以事实来说明问题、阐释道理,做到述中有评,评中有述,层层深入,力求叙述和评论水乳交融,防止述、评脱节。但要注意,叙述事实毕竟是述评性消息的主要内容,应当在消息中占主导地位,评论的内容则是从中生发、引申出来的。

夹叙夹议作为述评性消息的基本特点,也是它的主要表现手法。其中述第一,评第二,其位置决不可颠倒。否则,便不是述评性消息了。因此,必须结合对事实的叙述,就实论虚,依事论理,所作的结论也必须是事实逻辑的必然结果,而不是靠抽象推理得出来的。这样紧扣事实,虚实结合地进行评论,才能发挥述评性消息特有的作用。

述评性消息中的议论,是记者在掌握大量事实材料的基础上形成的观点和见解,是在叙述事实过程中所作的分析和说明,通常只作"点睛"之笔,不必详加论证。分析要深入,说理要透彻,既一针见血,又以理服人。这就要求记者不但要有敏锐的观察力,还要有比较强的分析和判断能力,有比较高的理论水平。

第四节 消息写作要领

上述不同类型的消息,写作上各有不同的特点,但都必须合乎新闻写作规律和基本的实践要求。这里,再讲一讲消息写作的几个要领。

一、要有时效观念

各种体裁的新闻都应体现时效性,消息报道更要讲求时效。所谓时效性,是指新闻报道在一定时限内所产生的社会效果。新闻的报道越快,时效性越强,反之,则会减弱以至失去新闻时效性。消息作为传播新闻信息的基本体裁,在写作上强调时效观念,就是既要写得好,又要写得快、发得快,争取最佳社会效果。

当代的新闻竞争,实质上是时效的竞争,也就是传播速度的竞争。重要新闻和一些突发事件的报道,往往以日、时计,甚至以分、秒计。面对众多媒体的竞争,谁家最能迅速反映客观的新变动,显示出新闻传播的优势——快,谁家就能赢得更为广大的受众。

比如,安徽广播电视台交通广播在 2011 年 5 月 1 日上午的整点新闻栏目中，在全国媒体中率先对5月1日0时2分，芜湖公安交警查获醉酒驾驶的司机曹某，依法刑事拘留这一重大事件进行了报道，播出后，社会反响强烈，对于进一步宣传"醉驾入刑"，警示驾驶人远离酒后驾驶，营造良好的交通安全氛围，起到了积极的推动作用，是22届中国新闻奖广播消息作品中的佳作之一。

新闻时效的争取，当然包括编辑、出版（播出）等环节，而基础在于记者在新闻采写活动中的速度和效率。因此，就消息尤其是动态性消息的写作而言，必须具有紧迫的时效观念，这不仅仅是出于新闻竞争的需要，更是记者认识和把握新闻事实的必然。新闻作为新近事实的报道，如若写作迟缓，贻误时效，新闻也就不成其为新闻了。在快节奏、高效率的现代社会，对消息的时效要求愈来愈有着突出的意义。

那么，怎样在消息写作中争取时效？关键是在正确把握新闻事实的前提下，要在短、快上多下功夫。

消息一般应当短些、再短些，篇幅简短才能快写快发，才能体现出时间在新闻中的价值和效用，即首先包含时间性在内的新闻时效。新闻的时间性，指的是新闻从发生到传播之间，速度的快慢和相隔时间的长短。一般讲，速度越快，相隔时间越短，传播效果越好，这也正是各家媒体争发"今日新闻"和"刚刚收到的消息"的原因。我们要写好消息，总的讲当然应当遵循新闻写作规律，而增强时效观念，掌握新闻的时间性，这是一条重要的实践要领，切不可以为"手中有新闻，不愁慢三拍"，也不必为了雕琢辞章去多费时间。关于新闻特别是消息写作的短、快问题，在前面已经讲过，这里不再重复阐述了。

时效观念在消息写作上的体现，还反映在对新闻根据和报道时机的运用与把握上。新闻根据，又称新闻由头，它是客观事实成为新闻并加以传播的依据和契机。通常指新闻事实发生的时间或事实的出处。前面讲过新闻的"新"包括事新、时新，而事新又以时新为条件，如果写作上慢了，发稿误了时间性，本来有新意的内容也成了往事旧闻。所以凡是新闻的事实已经清楚并已掌握，记者就应该疾书成文，立即予以报道。诚然，鉴于现实社会政治的需要，新闻时效的内涵还包括时宜性。

新闻的时宜性，总的是指新闻报道的最佳时机。有的新闻，一般属非事件性新闻，包括批评性稿件，为等待恰当的时机，取得积极的社会效果，就得迟写或者压发，这也是符合新闻规律的一种必然而又特殊的现象。比方说，在"文革"结束不久，某县"西水东调"工程劳民伤财，新闻界对此事的真相早就掌握，但迟迟没有报道。因为这是县委前主要负责人家长制作风推行左的政策的结果，而当时还受到中央和省委某些人的庇护。直至1980年，到了中央解决这个问题的时候，这件事才公开报道。结果，不仅解决了这一问题，也促进了拨乱反正工作的深入发展。应当指出的是，通常情况下，新闻就该抢发，这在写作上就该"急就章"，时宜也仍以时间性为依托，即便是时效要求相对不甚严格的非事件性新闻，同样应当体现新闻根据，"迟到的新闻"也要找出事实发展变化的"新近点"。

二、客观手法的运用

如前所述，报道客观事实的新闻，包括消息在内，总是有一定的目的性，从中反映记者的一种观点、一种感情。但是，新闻的主观倾向——观点、感情或意见，往往是通过事实的报道来体现的。这种写作技巧，在新闻界就叫"客观手法"，即客观地叙述事实，而寓观点、感情于事实的叙述之中。新闻要让事实说话，实际上也包含着客观手法的运用。

客观手法不是客观主义，不是所谓"纯客观"的报道，它不仅不排斥新闻的选择性、倾向性，而且可以更好地使读者（听众、观众）接受新闻的主观倾向。客观手法作为一种写作技巧，是指记者在新闻尤其是在消息报道中，不是把主观倾向直露无遗，不是直接站出来对所报道的事实发表看法和进行评论，而是通过对事实内容的取舍、剪裁和安排，巧妙体现记者的立场、观点和思想感情。常言道："事实胜于雄辩。"这样，运用客观手法来表示意见，新闻界称之为"无形的意见"，让受众在接受事实的同时接受记者的意见。

消息写作运用客观手法，其实也就是我国历史上的"春秋笔法"，只记事实，不作评论，表面不露褒贬痕迹，把观点藏于叙事过程。用这种传统的春秋笔法写报道，在晚清时的早期近代报刊上已经出现：

奏请归政庆王曾面奏太后，谓在京英日公使极敬皇上，必欲一观

皇上亲政，呼恳太后即行归政，以顺舆情。

这条据说是梁启超写的消息，通过对庆王上奏内容的报道，客观叙事，未加评论，其保皇反后倾向却是显而易见。

实践证明，大凡写得好的消息，愈是在内容上贯彻记者的意见，也就愈是在形式上把意见隐藏起来，这是消息写作的一种"藏"的艺术。

这种"藏"的艺术，在22届中国新闻奖国际传播奖项作品中就有一例。2011年2月25日，中国国际广播电台的一篇报道（消息），题为《中国首架自利比亚撤离人员包机安全抵京》。

这则报道由浅入深地体现了中国保护海外人员能力的提升，中国政府处置突发事件能力的增强和应急机制的日益完善，乃至中国国际影响力的提升。但报道通篇没有对这次事件中国政府的表现进行直接评价，而是客观地叙述

了中国从利比亚撤侨的进展情况，并通过典型人物的同期声串联起现场人物的群像，真实、朴素、生动地表达了祖国心系人民、人民信任祖国的感人情怀。且看报道的主要部分：

"爸妈我们回来了，我们安全了，放心，感谢我们伟大的祖国。"

这名叫蒋颖的女乘客一下飞机就按捺不住心中的激动，想对家人报一句平安。这次，她带着自己一岁半的儿子，告别了还在利比亚坚守岗位的丈夫，先期回国。当她回忆起利比亚的骚乱时，至今还惊魂未定，她对中国政府提供的及时援助深表感谢。

"我们之前是在班加西，最暴乱的一个城市，在暴乱的前两天我们就上去了，我们上的黎波里，到首都来了。吃的喝的都没有，大人饿了没事，宝宝还不到两岁，吃的东西都没有。飞机上，国航让我们感受到了家的温暖、家的感觉，周到的服务，可口的饭菜，反正是在那边（利比亚）从来没有吃到那么好的菜。特别是我们这次就像逃亡一样出来，根本没有吃东西。"

作为对比，另有一条题为《汽车抢道酿成大祸》的消息，在叙述事实经过后写道：

现在运输专业户很多，希望在通过铁路道口时，真正做到"一慢二快三通过"。强行抢道不但给个人造成损失，也给铁路行车造成危害。

消息所报道的事实，本身就是一种警示，应当接受什么教训，读者一看就清楚了。文内加了一段多余的议论，反而引起反感，认为你是指手画脚教训人。

西方新闻学家认为，记者不能在消息里发议论（表示他个人的意见），或者就什么新闻事件下结论。对此，他们还提出"正确"和"不正确"的界限。不正确的写法：他十分称职。正确的写法：他是哈佛大学的毕业生，有十年的工作经验。不正确的写法：有关方面准备了一个极其精彩的余兴节目。正确的写法：余兴节目如下。不正确的写法：这个案件的判决是不公平的。正确的写法：检察长说这个案件的判决是不公平的。消息写作是不是完全排斥议论？不是。有时可以而且需要作画龙点睛式的议论，包括对新闻事件提出必要的结论，但这种议论务必以事实为基础，并与事实融为一体。不过，新闻尤其是消息，最好不议论或少议论。我们应当相信，报道事实的新闻，它的力量在于事实本身，而不在于议论和说理，因为事实是最有说服力的。

三、概括与直叙

新闻通常要求篇幅短小,内容简要。就各种新闻体裁比较而言,消息更应当简明扼要。这在写作上,就要对所报道的事实内容善于概括,只有这样,才能把消息写得短小精粹,以适应信息的快捷传播。概括不是概念化。消息的概括必须是具体的,是对新闻事实内容的浓缩,只求反映事实的基本面貌或是要点、特点。还是来看一条消息吧:

> 几名黎巴嫩儿童 5 日在局势紧张的黎以边境捉住了一头正在游荡的以色列奶牛,把它扣押下来,并要求以色列用他们村跑到以境内的羊来交换。
>
> 目击者说,4 名黎巴嫩儿童在靠近边境的一个黎巴嫩村庄逮住了这头牛。随后几名联合国维和士兵前来"斡旋",希望他们能把牛交出来,但得到的回答是,以色列必须拿村里丢失的几十只羊来交换。
>
> 显然,黎巴嫩儿童是从黎巴嫩游击队交换人质的做法中得到启发。黎巴嫩真主党游击队上个月在黎以边境俘获了 3 名以士兵和 1 名以预备役军官,游击队要求以色列释放监狱里的阿拉伯囚犯,作为释放这 4 名战俘的条件。

以《奶牛误闯边界儿童扣作"人质"》为题的这则报道,全文 200 多字,只是提供事件的概况,告知人们黎以边境新近发生了什么事。可以想象,以色列的奶牛怎么路过边界的,几名黎巴嫩儿童又是怎么发现、怎么捉住的,当时的情景、气氛及有关细节,还有村民们的情绪、反应等等,肯定都有材料可写。但从这一并不算严重的事件来看,这样概括报道已经够了,不必再详细描述。

消息写作对事实的概括,根据主题浓缩内容,应当特别注意的是:一要对新闻事实全面了解并作分析,真正把握哪些内容是主要的或富有特点的,从而分清主次轻重,该写、不该写或可写可不写心中有数;二要服从报道思想,抓住重点,舍弃"赘肉",避免面面俱到;三要明确消息与通讯的区别,消息不是不可以写事实的因果和细节,而主要是反映概貌或要点,至于情节、细节的叙述和来龙去脉的详尽交代,那是通讯写作的任务。此外,文字表达能力也很重要,这是不言而喻的。

全国解放前夕,我 30 万大军胜利南渡长江,这是多么重大的事件,全国以至全世界是多么的关注,报道此事的消息,篇幅虽然短小,但要言不烦,言简意账,解放军渡江的时间、地点和取得胜利的大体情形,均已明白无误地反映出来了。不难看出,这是作者对这一重大事件了然于胸,从而经过高度概括的结果。请看消息原文:

> 英勇的人民解放军二十一日已有大约三十万人渡过长江。渡江战斗于二十日午夜开始,地点在芜湖、安庆之间。国民党反动派经营了三个半月的长江防线,遇着人民解放军好似摧枯拉朽,军无斗志,纷纷溃退。长江风平浪静,我军万船齐放,直取对岸,不到二十四小时,三十万人民解放军即已突破敌阵,占领南岸广大地区,现在向繁昌、铜陵、青阳、荻港、鲁港诸城进击中。人民解放军正以自己的英雄式的战斗,坚决执行毛主席朱总司令的命令。

这篇毛泽东同志撰写的、新闻界公认的消息典范之作,在消息报道如何对事实作出概括方面,给人们这样的启示:消息写作中的概括,往往同直叙相联系。消息对报道内容的表达,基本上是叙述,主要的又是直叙。直陈其事,直截了当地叙述事实,这是消息写作最常用的叙事方式。大家看,上面引述的这条消息,"英勇的人民解放军二十一日已有大约三十万人渡过长江","我军万船齐放,直取对岸,不到二十四小时,三十万人民解放军即已突破敌阵,占领南岸广大地区"等等,这些重要的事实内容和情节,都是直接叙述的。写法上不拐弯、不弄巧,质朴无华,干净利落,使得读者无暇他顾,不能不一口气读完。就表达方式讲,消息写作也不完全排除描写,但消息的描写多为白描,而不是细描,即对事物印象的简笔勾勒。这个问题在后面讲通讯写作的时候,再来进行较为详细的讨论。

四、加大新闻信息量

主旨于传播信息的消息报道如何加大新闻信息量,这是现代消息写作面临的新课题,在新世纪,进一步探讨这个课题具有更为现实的意义。

信息中的一种——新闻信息,是指具有一定新闻价值的事物最新变动状态,包括新的发现、新的创造、新的知识和新的经验教训等。新闻信息量,则是指新闻所含信息的数量,一条新闻可能只含有一个信息,也可能含有两个、三个或更多的信息,多为一事一报的消息,同样会存在信息量大小的问题。消息所报道的主要事实,即为主体信息;其次要事实,可以叫从属信息。如果把一个信息算作一个单元,那么,包含一个信息的新闻就是单元信息新闻;包含两个或两个以上信息的新闻就是双元或多元信息新闻。

例如获23届中国新闻奖的广播消息作品《国内首个民间借贷平台——温

州民间借贷登记服务中心今天正式挂牌》,简单的一条新闻,报道内容全面、详实、信息含量大,既有新闻价值,又对企业和民间资本持有者投融资双方具有实用参考价值。

> 开业当天记者赶赴现场,采用现场音效,通过听取登记中心负责人及入驻中介机构的介绍,并且实地体验,将原本较为"神秘"的民间借贷登记服务中心清晰地展示给听众,使大家能够了解登记中心的结构、特点以及运营的具体情况,同时采访中心接洽第一单的企业,展现民间借贷中心的优势,最后通过党校教授表达的观点进行主题升华,突出民间借贷登记服务中心的成立不仅对温州经济的健康发展至关重要,而且突出国内首创性,对全国的金融改革和经济发展具有重要的探索意义。

《浙江之声》在开业当天及时宣传这一信息含量丰富的新闻,给企业和民间资金持有者提供及时准确的投融资信息,增强投融资渠道,更有利于缓解"民间资金多、投资难,中小企业多、融资难"等突出问题。

信息不等于新闻,这要看信息有无新闻价值,但是,新闻的信息含量越大,报道的新闻性就越强,也更能满足受众的信息要求。消息的写作,强调加大新闻信息量,就要在有限的篇幅内,在一般力求简短的前提下,尽可能运载更多的信息。加大新闻信息量,这既是新形势下继续改进消息写作的一个重要的而且是迫切的方面,同时也是更新价值观念、增强新闻传播效果的一种必然趋势。

综上所述,对学习消息写作来讲,应当如何来加大新闻的信息量呢?

1. 精心选择新闻事实

新闻信息包含在新闻的事实之中,但又不是任何事实都含有信息。在消息写作实践过程中,对已掌握的新闻事实的选择,包括对主要事实及其从属事实的取舍和剪裁,是不是得当,有没有捉住信息,决定着消息报道的新闻信息量。消息的写作,从加大新闻信息量着眼,就要注意选用具有信息含量的新闻事实,扬弃那些可有可无的事实枝节,尤其是那些不含信息的事实素材。选择的重点是所要报道的主要事实,以求突出和丰富新闻主体信息。这里还有个新闻的信息质问题,不论一条消息含有多少个新闻信息,关键是看构成消息的主体事实,是否符合新闻信息质的要求,要是不符合的话,那么其他从属事实再怎么符合信息质要求,仍然不能成为一条旨在传播信息的真正的新闻(消息)。

2. 避免内容上的重复

根据信息传播规律,含有新闻信息的事实内容,第一次出现,其信息价值最高;如果相同的内容重复出现,势必降低以至失去信息的价值。有一些消息报道却存在内容重复的问题,一种表现是,明明已经在媒体上披露过的新闻事实,第二次甚而多次予以报道;再一种表现是,消息本身重复,即导语讲了的主体部分又再讲一遍,然后才展开叙述和补充。如有一条短消息,导语里已经写明"一些药品价格虚高问题还没有从根本上得到解决",在主体部分,讲到目前在医药价格管理方面仍存在一些矛盾和问题时,又写"一些药品价格虚高问题还没有从根本上得到解决",在遣词用字上也完全一样,同量的新闻信息,应使用最少的信息符号即新闻语言来表述,内容上的重复更是一种浪费。

3.开拓信息深广度

消息要传递的是事物新变动的信息,其中最主要的当然是新闻事实;同时还包括观点、道理、情感或倾向。美国学者赫伯特·甘斯在《确立新闻的决定因素》一书中说:"新闻报道不只要公布现实的事件,还要有价值标准。它的陈述均有倾向性。""我发现新闻背后还有要表达的信息。"他所说的"新闻背后的信息",显然是指寓于新闻事实中的情、理和倾向等等。正是这些所谓"潜信息",构成消息的传输层次,开拓了信息的深度和广度。充分利用这些层次所提供的"空间",有助于向受众输送尽可能多的新闻信息。

[本章教学参考]

一、教学目的和要求

消息写作,涉及的问题较多也较具体,所以分成两章来讲。本章的教学目的是,通过认识消息对实现新闻传播,以及全面掌握新闻写作技能的重要性,从思想上真正重视消息和消息写作。

学习的具体要求:

1.真正了解新闻基本体裁——消息的由来,以及消息体裁的发展。

2.充分认识消息对新闻传播和新闻写作两个方面的作用,警惕和克服轻视消息的倾向。

3.弄懂消息的分类情况,能正确识别各类消息,尤其要懂得四大类消息的特点及写作要求。

4.结合温习"新闻写作的规律与要求"一章,深入领会并掌握消息的写作要领。

5.应用学到的知识,勤于思考和实践,逐步学会写好各种消息。

教学上主要采取课堂讲授方式,阐释消息的有关概念和有不同特点的各类消息。同时,通过分析各类消息作品,结合实践经验解说消息写作要领。

二、基本知识点

1. 消息体裁的由来与发展。
2. 消息的作用和各种分类。
3. 四大类消息及其特点。
4. 消息的写作要领。

三、内容提要

消息,作为主要的一种报道形式,它是新闻的基本体裁。我国的消息体裁渊源于古典文学,并受到某些应用文的影响,后来又借鉴了西方报道形式。消息的作用,集中体现在两方面:消息篇幅短小、内容扼要,能够最简便、最快捷地传播信息;同时,学会写消息,也就为其他新闻体裁的写作奠定了良好基础。

消息有各种分类方法,包括按事实特性分、按报道内容分或按篇幅长短分。我国新闻界长期通行的分类法,是根据新闻事实性质和写作特点,把消息分为四大类,即动态消息、经验消息、综合消息、述评性消息。动态消息多为事件性新闻,反映事物的最新变动状态,时效性极强;经验消息一般属非事件性新闻,其事实不是突发而是在一段时间内逐渐形成的;综合消息是把同类性质又各有特点的多个新闻事实综合起来报道的一种形式;述评性消息作为消息的特殊品种,报道中叙事兼评论,以述为主,夹叙夹议。消息的分类特点和写作要求,是本章内容的一个重点。

消息的写作要领,则是本章内容的又一重点,也是难点所在。消息写作应当遵循新闻写作规律,首先强调真实,新闻要素清楚,并力求新、快、短、活。在此基础上,就消息的写作来讲,更要有时效观念,注重新闻的时间性,把握好新闻根据,而且快写快发,以争取最佳社会效益。看准报道时机,体现时宜性,也是新闻时效性的一个内容。消息写作用事实说话,既是消息的基本表现特征,客观手法的具体运用,也是一条报道原则。写好消息,还要善于概括和直叙所要报道的事实,同时尽可能加大消息的新闻信息量。

四、思考与作业题

1. 联系前述新闻体裁中关于消息的特征,弄清楚什么是消息。记者必须会写消息,为什么?
2. 我国的消息体裁是怎样形成和发展起来的?从中可以得到哪些启发?
3. 简述消息在两个方面的作用。

4. 新闻界对消息有哪些不同的分类？各有什么特点？

5. 如何识别动态、经验、综合和述评性消息？从最近报纸上或广播、电视中，找出四大类消息各一条，按不同的写作要求加以分析。

6. 对新闻时效、客观手法和新闻信息量的概念，作出简略而明确的解释。

7. 新闻尤其是消息，为什么要用事实说话？怎样用事实说话？

8. 结合实例，简要论述消息写作如何对事实进行概括和直叙，并加大新闻信息量。

第八章 消息结构及组合成分

第一节 消息的结构方式

消息这一新闻的基本体裁，它的结构既有与文章"章法"相同的一面，又有其特殊的一面。关于消息的结构方式，新闻界的说法不尽一致，大体上可以归纳为 3 种，即倒金字塔结构、金字塔结构和散文式结构。其中倒金字塔结构，一反我国作文传统"章法"常规，集中表现新闻结构的特殊性，但它最能体现新闻传播特点，长期以来是消息写作最为通行的一种结构方式。其他的两种结构，则同一般的作文结构无甚区别。

一、倒金字塔结构

倒金字塔结构，也称"倒三角"结构，引自西方。这种结构在对新闻内容的安排上，头重脚轻，上大下小，犹如倒置的金字塔或倒置的三角形，因而得名。

倒金字塔结构的特点是，一开头，先突出新闻事实的要点、特点或轮廓，以及对事实的评价，再按内容重要性程度的递减次序展开新闻，这是倒金字塔结构的主要形式。

另有两种表现形式，一种是开头以后的主体段落，以事实发生、发展的经过即时间顺序来写，这也称作倒金字塔与金字塔结合式结构；一种是在主体段落，并列报道几个（方面）内容，这又称倒金字塔并列式结构。

我们来看看《解放日报》于 2013 年 8 月 29 日一版要闻中刊发的一条消息，原题为《利益面前，干部退一步》：

> 曾是集体资产改制"排头兵"的闵行区虹桥镇，又一次来到改革的当口。最近，虹桥镇先锋村、虹五村等 10 个村进行了"推倒重来"

的第二次改制,并定下规则:所有干部退出当年的"岗位股"和受让的村民股权。

为何要推倒重来?20世纪90年代末,虹桥镇推行改制入股,十多年来,乡村变城市,农民并没有全数变股东。当年改制时,村里还有农田,商务楼才零星开建,村民意识不到股权的价值,宁可变现,纷纷将股权转让给村干部,加上当年为进行岗位激励、鼓励干部多持股而设的"岗位股",村干部手里的股权渐渐多了。虹桥镇党委书记张有为告诉记者,当年改制最成功的先锋村,55%的村民手中没有或只有少量股份。

现在的虹桥镇,已是上海"黄金地段"。当年改制中,土地和物业都没有出让,酒店、写字楼等产权仍属集体资产,十多年中资产规模今非昔比。可是盘子越大,不公平的因素也放得越大:早年退光股权的村民,虽然社会保障不错,却享受不到资产增值红利,心里不是滋味。

"虽然当初转让是村民自愿,但这不等于公平。"张有为解释,改制后土地仍属于全体村民集体所有,而集体资产增值,说到底还是依托城镇化后的土地增值。村民为城镇化作出贡献,却得不到实惠,说明不公平;一大半村民享受不到发展的红利,说明没有共享。

二次改制,虹桥镇坚守"公平、共享"四字原则。而干部退股,就是要把虽说自由自愿,但也因当年信息不对称而多获的利益"让出来"。有些村干部心里有想法,或者说能不能"拖一拖",或者说最好"别折腾"。

镇党委意识到,如果"拖一拖",往后就更难改;要是"不折腾",干群矛盾就会加深。

二次改制中,干部退股没有商量余地,以制度保证必须退出。最先完成的先锋村,没有一名干部不退股,共将538万股岗位股和200多万股受让股全部退还村民,占全部原始股37%。没想到,一些干部退股后反倒踏实了:"感觉一身轻了,再也不会被村民背后议论'拿多了'。"

干部退股、再次分配只是一个开头。在此基础上,虹桥镇已拟定方案,年内将镇级集体资产也量化分配到每位村民。最近,还将进行全镇民主选举,选出55名村民股东代表,并建立董事会、监事会和股东代表大会。当集体资产真正握在村民手中后,怎么管理资产,干部说了不算,镇长书记也无权动用,只有"三会"通过,才能真正拍板。

显然，这条消息所采用的结构，便是比较常见的以内容重要性递减次序叙事的倒金字塔结构。消息所报道的事实，包含四个内容，以其重要程度依次安排——

最重要的，也就是在开头（导语）突出的：最近，虹桥镇先锋村、虹五村等10个村进行了"推倒重来"的第二次改制，并定下规则：所有干部退出当年的"岗位股"和受让的村民股权。接着的三段，是对主要事实的延伸说明和背景的交代。

次重要的："二次改制，虹桥镇坚守'公平、共享'四字原则"，拒绝"拖一拖"和"不折腾"，全文共8个自然段，这一次重要的内容放在第五、第六自然段。

再次要的："二次改制中，干部退股没有商量余地，以制度保证必须退出"，承接上文，指出实现二次改制"公平、共享原则"的制度保障。

最后一段："干部退股、再次分配只是一个开头。"接下来，还会有"将镇级集体资产也量化分配到每位村民"、"选出55名村民股东代表、并建立董事会、监事会和股东代表大会"等一系列配套措施等待实施。

倒金字塔结构的这种特点，先主后次地陈述事实，同时体现出"干部第二次改制，让利于民"这一主题，既切合受众的接受心理，也便于新闻信息的尽快传播。应当注意的是，关于内容重要性递减次序，有时可以视具体情况灵活变通，不能将"递减"绝对化，一些并非重要而受众感兴趣的内容也可穿插其间。

下面刊发于2012年10月12日《大众日报》的这条题为《山东作家莫言获诺贝尔文学奖》的消息报道，在把事实的要点，即"晚上7点刚过，高密的大街上便响起了鞭炮，一条消息在鞭炮声中口口相传：高密走出去的山东作家莫言荣获2012年度诺贝尔文学奖，这是中国籍作家首次问鼎这一奖项。"放在开头之后，其主体部分则以事实发生、发展的大体经过来写——"几天前，莫言成为诺贝尔文学奖大热门的消息不胫而走……随着时间推移，记者群里散发出焦急和期盼的气氛……"成了！"晚上7点刚过，记者当中一个手疾眼快性子急的率先确认了这一消息，人群中随即爆发出热烈的掌声。在斯德哥尔摩当地时间10月11日13时，远在北欧的瑞典文学院宣布，2012年诺贝尔文学奖授予中国作家莫言……晚9点，让各路记者找得好苦的莫言终于现身……按照诺贝尔奖有关规定，所有获奖者将前往瑞典首都斯德哥尔摩，参加12月10日举行的颁奖典礼。"

2014年两会期间，《两会期间习近平去了哪儿，说了什么，做了什么？》对倒金字塔结构的运用则是另一种情况。第一段，综合概述引人注目的事实轮廓——"从3月3日全国政协十二届二次会议开幕，到3月13日十二届全国人大二次会议闭幕，两会持续整整11天。这些天里，习近平总书记都去了哪些界别和代表团、与代表委员讨论了什么问题？除了与两会有关的事情,他还做了什么?";紧接着的几段,不是按重要性递减次序或时间顺序来安排内容,而是并列叙述习总书记在两会期间去了哪儿("1次参加少数民族界联组会、5次参加人大代表团审议")、说了什么(谈改革:继续向前推进、向改革要活力;谈作风:三抓三做三严三实)两大细节,清晰梳理了关于总书记的活动报道,向百姓展现出书记一心一意为百姓着想、下定决心狠抓改革的所想所思。

消息写作特点之一在于结构的特殊性,即头重脚轻、先主后次的倒金字塔结构,它打破了一般记叙文体依始末叙事的结构常规,以有利于报道的醒目快捷。这种结构最早出现在 19 世纪 60 年代美国南北战争时期,那时人们急需获得战争信息,而电讯事业尚不发达,传送新闻的电报经常中断。为使新闻主要内容抢发出去,就把最重要的放在消息的开头,次要的放在稍后的段落里,再次要的放在消息尾部,这样即使后面的电文中断了,仍可保留新闻的概要,新闻(消息)的导语也就由此而产生。后来,由于这种结构更符合新闻传播规律,而且正好适应现代生活的快节奏,至今历经百余年而不衰,并趋于定型化、规范化,为广大受众喜闻乐见。

消息写作实践表明,倒金字塔结构的长处是:

1. 最能体现新闻性

这种结构的长处首先表现在消息的导语上,即把最新鲜、最主要、最吸引人的事实安排在最显眼的开头部分。这样,消息的新闻性,包括报道及时、内容扼要、文字简括等等,在一开头就突现出来,从而最大限度地争取新闻时效。

2. 开门见山,概括性强

倒金字塔结构,由于一开头便简要概述新闻事实的要点、特点或轮廓,这就体现出报道开门见山的特色。新闻的受众看(听)了消息的开头,即使不看(听)全文,也可略知报道的内容。消息的主体部分,通常按重要性递减次序叙事和补充导语提出的事实,这比起从头到尾依照事实发生始末记述,又往往具有较强的概括性。

3. 切合受众心理,并能引起"新闻欲"

希望尽快知道消息报道什么,提供什么样的信息,这是广大受众的普遍心理。消息的倒金字塔结构最能适应受众心理,也符合人们日常传播信息的习惯。如果对开头的内容感到新鲜、重要,还会产生一种"新闻欲",非把消息看(听)完不可,以便进一步了解详情和有关的新闻背景。

4. 便于编辑处理稿件和制作标题

采用倒金字塔结构写成的消息,使得编辑能一目了然把握新闻的主要内容,并对其新闻价值作出判断,这就便于决定对稿件的取舍,同时编辑选稿、改稿以及制作新闻标题也较方便。倒金字塔结构的不足之处，主要是行文易受拘束，开头与主体部分内容重复的弊病容易出现。

二、金字塔结构

金字塔结构，是按新闻事实发生始末，即依时间顺序安排材料的一种消息结构形式。按这种结构写消息，一般没有导语，事件的开始和结束，就是新闻的开头和结尾。

鉴于新闻事实发生的高潮、结果，往往出现在消息稿件的中间或末尾部分，所以把它比喻为上面小、下面大的金字塔结构。

如消息《两名大学生玩命》：

1月22日下午7时，北大分校物理系十八岁学生吴某，与三名女同学到学校附近的铁路边散步。吴某对女同学说，国外曾有人趴在铁轨中间，火车过后安然无恙。这时，一列火车正巧从西直门方向驶来。吴某和一名女同学欲亲身一试。他们迎着火车趴在路轨中间。

火车司机发现后，立刻采取制动措施。车头和一节车厢从他们上面驶过之后停了下来。

女同学从车下爬出，侥幸留下了性命。吴某却没有出来。

他的头颅受到严重损伤，已经丧生。

这条报道血的教训的消息，开头便从新闻事件的起始说起，全篇依事件发生的前后时间顺序展开叙述，最后推出结果。

从消息写作的实践和报道效果来看，金字塔结构通常适用于那些内容较单一，时间跨度比较小，又富有故事情节的消息报道。其主要缺陷是平铺直叙，难以突出新闻性。但也有它的长处：

1. 构思行文比较方便

采访对象在接受采访时，往往循着时间线索提供有关事实。采用金字塔结构写消息，记者便可"顺流而下"地根据事情经过落笔，先发生的事实先写，后发生的事实在后，不必为反复斟酌结构层次、开头结尾煞费工夫。

2. 可以保持较完整的故事性

有些新闻事实随发展进程展现出较强的故事性。要是按重要性递减的次序先主后次地表述，可能会因为打乱前后顺序而削弱其故事性的体现，失去本该有的吸引受众的魅力。而采用金字塔结构，便可以保持比较完整的故事情节。随着时间的推移而逐步展开的写法，又往往含有能激发受众兴趣的悬念。

由于情节完整并一步步推进，直到最后才真相大白，高潮出现在后面，往往能吸引读者（听众、观众）看（听）下去。

3. 容易清楚地反映事件原委始末的脉络

这种结构可以让受众对新闻事件的来龙去脉、前因后果，整个发展过程，留下较清晰完整的印象。运用金字塔结构组织材料、安排层次，有头有尾，脉络清楚，还可以满足受众需要详细了解新闻事件发展进程的兴趣。

这种金字塔结构，其实是我国新闻界最早采用的消息结构方式。只是当时还没有"金字塔"这一结构名称。前面已经讲过，中国新闻文体渊源于古典文学，近代报刊早期的新闻（消息），几乎都是讲故事"很久很久以前"式开篇，即依新闻发生始末记事，不讲究结构变化，真正的新闻（事实要点）常被淹没在平铺直叙之中。用这种慢条斯理的金字塔结构撰写消息，势必与受众急欲获悉信息的心理不相适应，于是乎迫使消息写作大改革，简明扼要的导语应运而生。及时报道新近事实的消息，特别是反映重大题材的消息，先有一个新闻导语，开门见山提炼事实和观点，让人一看（听）就得知报道内容的概要，然后较详细地陈述其事其人，这总比不分轻重主次地按始末经过叙事，更能有效地传递信息，也更能吸引新闻的受众。正因为金字塔结构的局限性较大，很长时期以来，尤其到了信息时代，这种结构已很少被采用。但是，如上所述，这种结构也有其长处，若能同倒金字塔式结合起来，则成为一种较为通行的结构方式，这就是倒金字塔和金字塔结合式。例如：

刊发于《佛山日报》2015年1月25日的通讯《中学生斗殴现场警察鸣枪示警 流弹打死1人》，就是倒金字塔和金字塔结合体：

> 禅城警方昨日通报，20日下午城北批发市场附近发生一起聚众斗殴案，一少年伤重抢救无效死亡。经法医解剖鉴定，该少年死亡系处警民警鸣枪警示流弹击伤所致，当事民警现已被停职处理，公安督查部门和检察机关已介入调查。
>
> 1月20日18时许，群众报警反映禅城区城北批发市场附近有两伙人打群架，禅城公安分局永安派出所民警接到110指令后3分钟即赶到场处置。在城北批发市场附近一巷口处，发现有两伙20多名青年男子（部分戴口罩）正持械聚众斗殴，民警立即上前大声喝止。在喝止警告无效情况下，民警鸣枪示警，打斗双方遂四散逃离。当时天色已暗，民警极力追捕，抓获2名参与斗殴男子。民警在随后的搜查中，发现距打斗现场30多米处一名男子倒地伤重，立即呼叫救护车到场救治。
>
> 案件发生后，禅城分局立即调派警力到场支援，对现场展开勘

验,又先后抓获双方参与打斗人员 13 人,缴获棍棒一批。当晚,该名倒地受伤男子许某(在校中学生)经医院抢救无效死亡。

经初步调查,聚众斗殴案件是两名同班中学生因先前打架引发,当日下午放学后,双方各纠集 10 多名中学生及社会人员参与斗殴。目前,警方对 5 名 16 至 18 岁参与斗殴人员刑事拘留;对 10 名未满 16 周岁参与斗殴人员行政拘留。

三、散文式结构

所谓散文式结构,是指消息写作的一种比较轻松、自由的结构方式。它有别于倒金字塔和金字塔结构,在层次段落的安排以及文字上,适当吸收散文写法。这种结构的消息,头可以先简笔描绘有关场面、情景、气氛、色彩,或即兴抒发见闻感触,或设置悬念等;然后,再有节奏地和盘托出新闻事实。

比如《人民日报》刊登于 2013 年 8 月 11 日的文字消息《基层干部为上海市委常委学习会上课"五个担心"让领导出一身"汗"》,就是一则典型的散文式消息——

"上上下下说要为居委会减负,减了几十年了,没有感觉到减了多少事,却感到事情越来越多、越来越难。"这是上海长宁区虹储居民区的党总支书记朱国萍的心里话。她与另外 3 位基层干部纪维萱、徐遐蓉、杨兆顺一道,走进上海市委常委学习会,以亲身经历讲述官僚主义、形式主义的危害。基层干部的担心,让出席会议的所有干部出了一身"汗"。

把基层干部请进来当老师,这是中共上海市委常委扩大会上的一幕。4 位来自基层一线的党务工作者一一诉说心声和烦恼,上海市委常委以及党的群众路线教育实践活动中央督导组成员、各区县主要领导都认真当起了"学生",接受基层干部的当面批评。

中共中央政治局委员、上海市委书记韩正说:"搞好党的群众路线教育实践活动,首先要抓好学习教育,拜群众为师、向群众学习,把宗旨意识、群众路线真正装到心里去。党的干部对群众有真感情,一切以群众利益为重,才能敢负责、敢担当。什么是官僚主义、什么是形式主义,来自一线的同志们最有感受!今天请你们放开讲。"

朱国萍放开讲了"五个担心"。她的一番话让现场领导们很受震动:"各部门布置的任务,各条线的试点工作,往往让基层应接不暇。关键是,忙忙碌碌,却碌碌无为,真正有实质内容的不多。有时,我们不得不以形式主义应付形式主义。"

在居委会工作整整23年的朱国萍的话不断引发与会者的笑声和掌声，并引起大家沉思。"在基层，照文件办事最容易，但结果常常是相互推诿、不作为，这样老百姓的急难愁就没了着落。老百姓的怨气不会因为你简单一句'法规政策不允许'就消除。"朱国萍说，"通过一件件突发事件，我更坚定一个信念，只有多为百姓做好事，做实事，在突发事件面前，老百姓才可能信任我们。"

这是一条用散文式结构写的消息，通过这条例子可以看到它跟倒金字塔式的区别。如果改用倒金字塔结构，开头写成"中共上海市委常委扩大会上，上海市委常委以及党的群众路线教育实践活动中央督导组成员、各区县主要领导都认真当起了'学生'，4位来自基层一线的党务工作者被当做老师请来，一一诉说心声和烦恼。"接着叙述、补充事实和交代背景，这也未尝不可。但两相比较，散文式结构就显得活泼一些。

消息的散文式结构"松"而不"散"，谋篇布局多有变化且较有文采，容易激发受众的联想和兴趣。某些特定内容的消息，为求生动活泼和形象化，借散文之长补新闻叙事的呆板，无疑是可取的并富有建设性的。20世纪40年代美国就曾有过近于散文写法的"新新闻体"。可是，终因叙事节奏较慢，新闻性不易突出，未能被新闻界广泛采用，大量的消息也无法散文化，还是以平实出之为上策。

2014年11月11日上午，国家主席习近平出席2014年亚太经合组织（APEC）领导人非正式会议第一阶段会议并讲话。人民网独家受权对习近平主席讲话进行图文和音视频网络直播。

习近平在讲话中首先表示，很高兴同大家聚会在北京的雁栖湖畔。"首先，我谨对各位同事的到来表示热烈的欢迎。每年的春秋两季，都有成群的大雁飞到这里，雁栖湖由此得名。"

习近平说，亚太经合组织的21个成员就好比是21只大雁，"风翻白浪花千片，雁点青天字一行。今天我们聚首雁栖湖，目的就是加强合作、展翅齐飞，书写亚太发展的新愿景。"

习近平表示，今年是亚太经合组织成立25周年。亚太经合组织的25年，也是亚太发展繁荣的25年。亚太经合组织见证了亚太发展的历史成就，亚太发展也赋予亚太经合组织新的使命。

11月5—11日，2014年APEC领导人会议周在北京举行。11日，领导人非正式会议在雁栖湖国际会议中心举行，今年会议主题为

"共建面向未来的亚太伙伴关系"。

诸如此类庄重严肃的消息报道,只要把事情说清楚便可,如果强求散文写法,反而显得轻佻。这种在媒体中天天有的平实的报道格式,适合于这样一类内容,也便于信息的快速传播,历来为各界受众乐于接受并已习惯。

第二节 消息结构组合成分

消息结构的组合成分,也就是结构内容,包括导语、背景、主体和结尾。

一、导语

(一)导语和导语的来历

新闻(消息)的导语,是指"立片言以居要"的消息开头一段或是第一句话,有时也可以由两个或两个以上自然段组成复合导语。消息通常都是有导语的,除了金字塔式和有的散文式消息以及两三句话的简讯,导语已成为消息结构富有象征性的重要部分。作为消息体裁特别是倒金字塔结构的显著特征,导语简略直叙最新鲜、最重要或最有特点的事实,勾勒主要内容或提出结论、问题,旨在吸引和开导受众阅读(收听、收看)新闻。

1951 年 2 月,毛泽东同志审阅《中共中央关于纠正电报、报告、指示、决定等文字缺点的指示》这一文件稿时加了一段话:

> 一切较长的文电,均应开门见山,首先提出要点,即于开端处,先用极简要文句说明全文的目的或结论(现在新闻学上称为"导语",亦即中国古人所谓"立片言以居要,乃一篇之警策"),唤起阅者注意,使阅者脑子里先得一个总概念,不得不继续看下去。[①]

毛泽东同志的这段话,扼要地阐明了怎样写好导语和导语的重要性,其所蕴含的内容十分丰富,值得我们好好体会。

新闻导语并非一开始就有,而是在新闻实践中为适应传播需要而产生和发展起来的。前面讲到美国南北战争期间,开始出现消息的倒金字塔结构,这种结构的开头部分,在新闻学上就称之为导语。起初的导语往往"五要素"或"六要素"俱全,又称"第一代导语"。后来,把侧重交代部分新闻要素的导语称作"第二代导语"。

---

① 见《毛泽东新闻工作文选》,北京:新华出版社,1983 年,第 167 页。

美联社记者约翰·唐宁于1889年发的一条消息,其导语被西方新闻学者奉为第一代导语的楷模:

> **萨莫亚·阿庇亚3月30日电** 南太平洋沿岸有史以来最猛烈、破坏性最大的风暴,于3月16日、17日横扫萨莫亚群岛,结果有6条战舰和10条其他船只要么被掀到港口附近的珊瑚礁上摔得粉身碎骨,要么被掀到阿庇亚小城的海滩上搁了浅。与此同时,美国和德国的143名海军官兵有的葬身珊瑚礁上,有的则在远离家乡万里之外的无名墓地上为自己找到了永远安息的场所。

直到20世纪二三十年代,这种新闻"五要素"甚或"六要素"俱全的导语写法,普遍被奉为必须遵循的金科玉律。不仅在外国,就是在我国,情况亦如此。第二次世界大战以来,导语的写法得到改革,即在导语里突出最引人关注的要素,其他要素则在后面的段落交代。从写作上看,"第一代导语"逐渐被"第二代导语"所替代,也是有其原因的。其一,"五要素"或"六要素"俱全,导语容易写得冗长、呆板,难以突出事实的要点来吸引读者;其二,导语把新闻诸要素集中写明,往往难免使消息的主体部分与之内容重复;其三,新闻诸要素在导语中连在一起,显得内容庞杂,主次不分,会给人沉重和繁乱之感。所以西方把这种新闻要素俱全的导语,称作"晒衣绳式导语",意思是指所有新闻要素一个个都挂在一条晒衣绳上,这样容易淹没最需要突出的新闻要素。

导语的出现是消息体裁趋于成熟的象征,也是消息写作的一大难点,中外新闻界都讲究如何把导语写好。我国新闻工作者起初用"冒头"、"开句"称谓导语,并强调导语的重要。20世纪30年代,燕京大学新闻系出版的《新闻学研究》上,发表苏良克《特别作品》一文,其中写道:"开句极属重要,苟开句不佳,无论该文内容如何富丽,亦难望多人读毕全文。盖文章即不能发言,其所恃以引人读阅者,则只开句之吸力也。"美国新闻学家麦尔文·曼切尔在《新闻报道与写作》一书中说:"写作过程中的第一步,也是最重要的一步,那便是写作导语了。"他甚至说:"写好导语相当于写好消息。"

(二)导语的制作及表现形式

导语的制作,总的要求是"立片言以居要"。这在实践中应当注意以下几点:

研究人们最感兴趣的是什么,最需要告诉人们的又是什么,把二者和谐地统一起来;从新闻内容中选择最重要点;应有新闻事实,但要避免与主体内容的重复;交代消息的来源和新闻根据;文字精,表达巧,醒目,明快。

导语有多种表现形式,不同形式的导语,在制作上的要求也不同。从实践经验看,千姿百态的导语,可以归纳为两大类,即直接性导语和间接性导语。

1. 直接性导语

直接性导语是一种最常用的导语形式,即在导语中开门见山地突出最为新鲜、重要或有个性特色的事实,也就是最具新闻价值的内容。直接性导语又可分为陈述式、总结式、评述式等。

陈述式导语——

这也称叙述式,是一种以简约凝练的文句,直截了当陈述新闻事实要点或特点的导语形式。事件性新闻,其导语多用陈述式。

经毛泽东同志修改定稿的新华社 1949 年 1 月 31 日消息《北平解放》,即为陈述式导语:

> 世界驰名的文化古都、拥有二百万人口的北平,本日宣告解放。

2000 年 10 月 23 日,江泽民主席与希拉克总统会谈,双方表示愿共同致力于建立公正合理的国际经济新秩序。新华社对此播发的消息,导语也是陈述式的:

> 国家主席江泽民今天下午在人民大会堂与法国总统希拉克举行
> 了正式会谈。

上面引述的两条消息的导语,均属全文第一段,而下列这一陈述式导语则由消息开端的两个自然段组成,即为复合导语。

> 我国已经与外国签订了许多引渡条约,及时制定引渡法有利于
> 促进我国在打击犯罪上与外国开展的合作。
> 这是全国人大法律委员会副主任委员乔晓阳在今天召开的九届
> 全国人大常委会第十八次会议上作《关于中华人民共和国引渡法草
> 案审议结果的报告》中所说的。

总结式导语——

也称概括式导语,即在导语中扼要地概述新闻主要内容。总结式导语的基本特征,是把主要内容加以总结概括,简要介绍新闻内容的梗概,并具有提示内容重点及其意义的作用。

2015 年 1 月 26 日刊发的消息《记者现场直击中央和国家机关公车首场拍卖会 508 人竞拍 106 辆公车》,开头的一段便是直接性总结式导语:

> 中央和国家机关公车改革取消车辆首场拍卖会 25 日在北京郊
> 区的亚运村汽车交易市场举行,拍卖场面异常火爆。本次拍卖会共
> 拍卖 106 辆公车,登记竞拍者达 508 人,平均 5 人竞拍一辆公车。

评述式导语——

又称解释性导语,这是着重对新闻事实进行评论的一种导语。评述式导语的基本特征是,把叙述和议论交织在一起,用虚实结合、夹叙夹议的方式,对所报道的新闻事实进行分析或解释,从而说明其价值和意义。

这种导语的写法有两种:一种是先叙述事实,然后进行评论;另一种是先作评论,然后再写出评论的根据即事实。

消息《李克强达沃斯发声 哪些与你我相关》,导语这样写道:

> 虽然只有短短 3 天的旅程,但国务院总理李克强赴瑞士参加世界经济论坛 2015 年年会可谓硕果累累。舆论普遍认为,李克强此行不仅向世界传递中国经济发展正能量,还为世界应对政治经济问题带来"中国方案"。

这就是先概述新闻事实,然后进行评论的评述式导语。先述后评,点出了李克强参加达沃斯论坛的重要意义,强化了"其在 2015 达沃斯上硕果累累"的主题,比只阐述事实给受众留下的印象更为深刻明晰。

2. 间接性导语

间接性导语,又称延缓性导语,它不是直接而是间接地表述新闻事实要点,是相对于直接性导语的一种导语形式。间接性导语尤其适用于时效要求较为宽松的非事件性新闻,可分为描写式、引语式、对比式、设问式等。

描写式导语——

这是运用文学描写手法再现生动事实或现场气氛、情景的一种导语。描写式导语的基本特征是:记者(通讯员)根据目击的事实,运用白描手法,作简洁质朴的描绘,使之富有现场感和形象性。

一则题为《金华:"浙中水乡"新畅想》是 2013 年 5 月 20 日的一篇报道,它的导语就是描写式:

> 孟春时节,我们来到金华市区的水源地——安地水库,外面炎热的阳光,瞬间变得柔和起来。汽车盘旋在静谧的山道上,绕过无数座山头后,我们才见到明镜一般的湖面,山峦绿树倒映在湖中,纤尘不染;山风吹过,粼粼波光又变幻出一幅幅美丽多姿的山水画卷……金华市民都以有这样的水源而骄傲,直至流进自来水厂,还保持着一类水的水质标准。

描写式导语的写法不拘一格,大体上有三种情形。一是描述最主要的事实。不少新闻,特别是事件性新闻,它的主要事实常有形象性,有声有色,有情有景。二是凸现事件的特点。客观世界相似的事物是常有的,但不可能完全相同。生动地把事物特点勾勒出来，从中反映新闻事实某一有意义的情节或场景，这也是描写式导语的一种写法。三是具体的形象描写同抽象概括相结合。导语中的描写，有时可能只见树木不见森林，这就要将点里的描写与全貌的概括结合起来，以便使人了解"庐山真面目"。

引语式导语——

即在导语中引用新闻人物重要或精彩的言论或是引用成语、故事、诗歌以及名人名言等，借以点明新闻主题或衬托新闻事实。

引语式导语运用得当，往往能使导语突出新闻的意义，并富有文采，有助于增强消息的可读性，激发受众阅读或收看、收听新闻的兴趣。一则关于《习近平 APEC 演讲引经据典透出书香味》的消息，就借用习主席引用的一句诗作为导语：

> 在 2014 年 11 月 11 日早上举行的亚太经济体领导人第二十二次非正式会议第一阶段会议上，习近平讲话开篇即引用唐代诗人白居易在《江楼晚眺》中的名句——风翻白浪花千片，雁点青天字一行，评点会议召开地"雁栖湖"之名，并寄语亚太发展。

这则导语引用了习主席在 APEC 会议讲话中道出的诗句，凸显出主席善于引经据典的鲜明话语方式，更传递出消息报道的主题——寓意亚太协同发展等愿景，这对受众更显得具有感染力。

下面我们再来看看引用著名歌词的一则引语式导语：

> "为什么战旗美如画，英雄的鲜血染红了她；为什么大地春常在，英雄的生命开鲜花。"今天下午，当这首曾激励了共和国几代人的《英雄赞歌》在四川省革命伤残军人疗养院的会议厅里重新回响时，在场的 63 位老战士无不热泪盈眶，心潮澎湃。

正当纪念中国人民志愿军抗美援朝出国作战 50 周年之际，这条消息的导语，突出引用曾经广为传唱的《英雄赞歌》，这就更能激发人们回顾 50 年前那场和平与正义战胜霸权与邪恶的战争，深深地为我们伟大的人民和伟大的军队而感到光荣和自豪。引语式导语的魅力，它对表现和深化主题的作用，也就在这里。

对比式导语——

指使用今昔、正反、彼此等对比方式写成的导语。可作纵的对比，也可以作横的对比，通过强烈的反差，以显现新闻事实的个性特征及其意义。对比式导语实际上是在导语里运用背景材料的一种形式，用来与新闻事实作对比的背景材料，要有的放矢，能够衬托和突出新闻事实的新意，或有利于解释、回答有关问题。

消息《凤阳县推行生产责任制两年翻身 过去连年吃返销粮如今排队卖余粮》，导语是这样写的：

> 历史上以讨饭出名，两年前还要吃国家供应粮的安徽省凤阳县，今年成了全省最早完成全年粮食征购、超购任务的一个县。

正因为凤阳县历史上以讨饭出名，两年前还吃国家供应粮，而如今完全变样的另一番情景，才更有新闻价值，更加令人振奋。推行农业生产责任制才短短两年，原先那么穷的地方就取得如此了不起的成绩，富有说服力地表明党的十一届三中全会制定的农村政策具有何等巨大的威力！

设问式导语——

在消息开头设置问题，以引起受众"新闻欲"的一种导语。设问式导语通常也有两种写法。一种是运用设问形式，在导语中提出本来并无疑问的问题，目的在于诱发受众的注意和兴趣。例如：

由河南电视台播发的电视消息《中原实验："三化"一盘棋解河南之"难"》即采用设问式导语：

> 人往哪里去？地从哪里来？粮食怎么保？发展怎么办？一直是困扰河南上下的四大难题。在建设中原经济区的实践中，河南以新型城镇化引领，探索出一条破解"河南之难"的新途径。

设问式导语另一种也是常用的写法是，根据报道的主要事实内容，先提出公众欲解而未解的问题，使得新闻更加引人注目，并对新闻事实留下深刻的印象。关于《红楼梦研究又获重大成果》这一消息，其设问式导语是这样写的：

> 《红楼梦》作者曹雪芹的父亲曹頫为何获罪？曹府为何被抄？这一人们关心的问题，最近从一份清朝雍正七年七月内务府的档案材料中得到了回答。这份用满文书写的文件记载：曹頫是因"骚扰驿站"而获罪，并被"枷号催追"。

导语中的"设问"，是一种积极修辞手段，是报道内容可以作出回答的无疑而问。明代的高琦在《文章一贯》中提到起端有八法，"设为问答以发端"便是其中之一。古人认为"设疑则意广"，消息的导语借鉴运用，无疑能开阔受众的思路，收到"意广"的效果。

二、背景

(一)背景和背景的类别

消息的背景,即新闻背景,是对新闻事实出现的缘由、环境和主客观条件的说明。消息报道一般都有背景,它是各类消息的一种组合成分。

背景有广义和狭义之分,广义背景包括与新闻事实有关的知识、资料、解释性文字等等;狭义背景专指新闻事实发生、发展和起因由来。

背景,按其内容性质区别,一般分为:历史背景,新闻事实的有关历史因由、沿革变化;地理背景,事实发生的地理位置及其环境特点;人物背景,有关新闻人物的经历、特长或是已有的成就;事物背景,消息所报道的事物的特性,以及相关的知识;社会背景,形成新闻事实的时代、社会条件等。分别举例如下:

历史背景——

2015 年为第二次世界大战胜利 70 周年,同时是俄罗斯卫国战争胜利 70 周年,俄罗斯将于 5 月 9 日"卫国战争胜利日"举行盛大庆祝活动。除金正恩外,韩国总统朴槿惠也在受邀嘉宾之列。(引自消息《应邀访俄 金正恩很"积极"》)

地理背景——

松江大学城位于上海松江新城区,北临佘山国家风景旅游度假区,南靠松江历史文化名镇。(引自消息《上海加快建设松江大学城》)

人物背景——

高仓健主演的《追捕》作为文革之后登陆中国的第一部外国电影,曾在中国大陆引起了巨大的轰动,高仓健也成为中国大陆一代人的偶像。他的死讯让很多中国明星、影迷纷纷哀悼和倍感不舍。(引自消息《影坛硬汉高仓健去世:融化在蓝天里》)

事物背景——

2006 年 7 月 27 日夜,福建省平潭县澳前村 17 号两户居民家中多人出现中毒症状,其中两人经抢救无效死亡。警方经过侦查,很快确定是人为投入氟乙酸盐鼠药所致,认为其邻居念斌有重大作案嫌疑,被逮捕,提起公诉。后该案历时 8 年 9 次开庭审判,4 次被判处死刑立即执行。(引自消息《念斌案始末:一场生与死的拉锯战》)

社会背景——

北京市人大常委会副主任柳纪纲介绍,北京市 90% 的老人选择居家养老,因此居家养老是养老的核心问题,目前而言,北京居家养老服务方面仍存

在比如社区服务设施短缺、服务项目和服务能力不足、养老服务人才匮乏等问题。（引自消息《政府将出细则补贴居家养老企业》）

（二）背景的功能及其使用

背景尽管并非新闻事实，但它注释、说明事实和烘托主题，起着交代新闻事实之"所以然"的重要作用。有人比喻说，新闻缺乏背景，就像给读者吃一颗没有砸开的核桃，令人难以消化。有时，特定的背景构成或增加事实的新闻价值，有的背景材料还可提供"第二信息"。

背景的功能，通常表现在四个方面：

其一，说明新闻事实发生的来龙去脉。

22 届中国新闻奖获奖电视作品《刁娜：舍己一条腿 救人一条命》中，有这样一段背景描述：

> 2011 年 10 月 23 日下午 6 点左右，龙口市民刁娜和丈夫开车经过通海路口时，突然发现路中央有一团黑乎乎的物体。当时天下着小雨，视线很差。小心绕过时，刁娜才看清，那是一名躺在血泊中的女子。

这段新闻背景向观众阐明了事件发生的时间、地点和起因，为年轻女孩刁娜奋不顾身救人做了铺垫，起到了介绍事件来龙去脉的重要作用。

其二，揭示新闻现象与本质、局部与全局的关系。

在纪念抗美援朝 50 周年的日子里，正在朝鲜访问的中国高级军事代表团前往开城凭吊志愿军烈士这一消息，它的背景就扼要揭示了事实的本质意义及在全局中的地位。

> 在抗美援朝战争期间，中国人民志愿军有 14 万多名官兵在战斗中英勇捐躯，永远长眠在朝鲜的土地上。开城志愿军烈士陵园安息着 15000 多名志愿军烈士。

其三，映衬事实和烘托新闻主题。

《人民日报》消息《威虎山区电灯明》，报道"三十多年前靠松子照亮的威虎山区，如今办起水电站，点上了电灯"。这条消息的背景写道：

> 威虎山区在黑龙江省海林县境内。这里就是著名长篇小说《林海雪原》中人民解放军小分队歼灭匪首座山雕的地方。

"电灯明"，在各地城镇和广大农村司空见惯，山区办小水电的事也不稀奇了，可以说这都早已不成新闻。那么，为什么"威虎山区电灯明"却值得在《人民日报》报道呢？显然，不仅因为威虎山区偏僻闭塞，更重要的是由于小说《林海雪原》广为人知,特别是智取威虎山、消灭座山雕的故事家喻户晓。小说中解放军小分队歼匪的地方——威虎山区,如今办起电站、点上电灯,其新闻价值就在于这一地点的显著性。消息《大寨也不吃大锅饭了》所以引起人的兴趣,也是出于类似情况。

《环球时报》2015年1月28日的一则消息《胜利日阅兵,外界兴趣浓》,报道"中国外交部发言人华春莹在记者会上回答有关'今年(2015年)中方将举行阅兵仪式'的问题"。这条消息的背景写道:

> 自从上周有消息称中国将在抗日战争胜利70周年纪念之际举行阅兵式后,这场"首次在10月1日国庆节之外举行的阅兵"引来大量议论和猜测。《人民日报》微信号27日刊发的一篇题为"中国今年为何要大阅兵"的解读文章则被外界当做"官方媒体对今年大阅兵的首次确认",其中关于阅兵目的之一是"震慑日本"的说法尤其受到日本舆论关注。《环球时报》记者27日了解到,阅兵式正在准备之中,只是相关方案还没有最终确定。部分驻京部队和武警部队经过选拔已开始进行训练,但尚未集结。按照以往惯例,预计这些部队中应该包括三军仪仗队、国旗护卫队这些阅兵仪式中不可缺少的"铁杆"方队。而按照世界各国进行胜利日阅兵的惯例,中国此次很可能会组成抗战老兵方阵。

《环球时报》的这条消息对即将到来的2015年国庆节之外将举行的阅兵做出了预测与说明,回应了外界的热切关注,对"胜利日阅兵是为唤起人们对和平的向往和坚守"这一新闻主题起到了深化、烘托作用。

其四,注释事物的特征或某些专用名词、术语。

新闻事实的特征,有了背景的注解和诠释,就可以显得更清楚、更突出。尤其是涉及事实的一些专用名词、术语等,更要运用背景加以注释,这样才能使公众理解。例如,关于《信息时报》2015年1月12日刊发的《埃博拉凶猛 不敢忘》这一则报道,"埃博拉"是一种什么样的病毒?一般的受众都不懂,因此,消息的背景作了解释:

> 埃博拉,高致死率病毒,蛰伏多年后卷土重来,前年冬天去年春天在西非几内亚重现,继而蔓延至利比里亚、塞拉利昂,登陆欧美,吞噬近8000条生命,目前尚无有效治疗药物及疫苗。世界卫生组织2014年8月宣布埃博拉疫情为国际关注的突发公共卫生事件。

背景材料的运用颇有讲究,特别应当注意的是:一要服从主题,不可节外生枝,喧宾夺主。消息主要是通过事实的报道表现一定的主题,背景则是说明事实,从而为更好地体现主题服务。如果新闻事实本身已经清楚,无须交代原委以阐释意义,那就不要为写背景而写背景。二要恰到好处,不要牵强附会,也不要重复众所周知的旧资料。背景材料必须与新闻事实直接相关,而且有某种新意。比如"西部大开发",各地媒体不断报道,就不必运用背景来解释它的概念;某些大的地理环境早为人们所熟悉,也不需要交代地处××岸边、××山下等等。三要灵活穿插,简明扼要。消息结构没有固定的"背景段",它可以自成一段,也可以穿插在主体中间或导语之中。同时,背景的写作务求简要,切忌繁杂冗长。

三、主体

1. 主体及主体的功能

消息的主体,又称新闻躯干,是指消息结构的基本组合成分,也就是消息内容的主要部分。消息通常有导语也多有背景,有些消息尤其是简讯一类,可以没有导语,也可以没有背景,但任何消息都不能没有主体。

消息主体的功能,集中反映在表现和展开新闻内容,即具体叙述和补充导语中提到的新闻事实;同时,通过对事实的叙述,充分阐发、体现新闻主题。导语中的事实,只是新闻的要点、特点或大体轮廓,新闻事实的全貌,及其发生过程、细节、结果等有关内容,则需要在主体部分详作交代,并从中表现主题思想,所以主体占据消息的主要篇幅。

北京《法制晚报》曾在 2014 年杨伟光逝世后刊发过一则消息,导语只讲:"今晨,据中央人民广播电台中国之声报道,原中央电视台台长杨伟光因病于20 日晚去世,享年 79 岁。1985 年,杨伟光从中央人民广播电台调至央视担任副台长,主管新闻;1991 年,杨伟光被任命为央视台长,直至 1999 年卸任台长职务。杨伟光在央视的 14 年间带领央视新闻人走向了'新闻破冰之旅',在新闻改革和电视创新上起着举足轻重的作用。"但杨伟光究竟有哪些突出的事迹呢? 这就要看消息的主体:

> "……为了改变当时电视新闻'慢、窄、少'现状,杨伟光提出抓三个字:快、短、多。'快就是北京晚六时前的重要活动,力争当晚七时的《新闻联播》就播出,他还提出要改变新闻结构,减少会议、外事和生产新闻,增加经济、社会和科、教、文、卫、体方面的新闻,提高可视性。'央视老编辑张先生回忆。
>
> 杨伟光的新闻创新不光表现在内容上,同时大胆改革,比如'将《新闻联播》头条新闻播出《美国挑战者号爆炸》';电视实况录播'两

会'中外记者招待会;播放全国人大常委会讨论实况等等。

……随着《东方时空》以'讲述咱老百姓自己的故事'渐渐深入人心,《焦点访谈》、《实话实说》、《新闻调查》等栏目相继问世。"

这条消息的主体部分,陈述了杨伟光作为央视元老带领央视众新闻人积极发动电视新闻改革的事迹,而且通过对事迹的陈述阐发了其"秉烛笔耕,燃烧生命;斯人虽逝,壮志长存"这一主题,堪称杨老逝世后的一篇佳作。

2.消息主体的写作

消息主体部分,也就是新闻事实的具体陈述部分。在写作上要根据消息不同的结构特点,对应导语,紧扣主题,精心剪裁和组织事实材料,并恰当地运用富有吸引力和说服力的表现手法。从实践经验来看,主体的写法可概括为以下三种:

第一种,按逻辑关系展开。

新闻事实的逻辑关系,即事实的内在联系,主要指主次关系、因果关系或并列关系等。那么,如何按照逻辑关系来写主体?

主次关系——

前面讲解消息结构方式,引用消息《利益面前,干部退一步》一例,其主体部分,也就是按内容的主次即重要性递减次序,把事实一层层地陈述的。这里不再重复举例。

因果关系——

可以先写"因",再摆"果",也可以先摆"果",再写"因"。比如2013年6月28日刊载于《宝鸡日报》的文字消息《跑三条街买不到一个顶针 市民建议给"针头线脑"一个生存空间》,它的主体,就是依先果后因的因果关系来安排内容的:

"没想到跑三条街买不到一个顶针!"近日,家住市区联盟路的黄老太太为买一个顶针,在附近几条街道找了近一个小时,都未能如愿。记者调查了解到,目前在市区,要买个纽扣、缝衣针、顶针这样的针头线脑还真非易事。

……为何在商品丰富齐全的都市买不到日常生活用品?"利润太小,划不来卖!"在市区南门口开商店的王萍一语道破天机。她说,这些小东西几天卖不了一个,挣不来几个钱,久而久之就不卖了。记者在火车站附近的批发市场了解到,一个顶针批发价0.3元,市场售价不过0.5元,纽扣批发价一颗0.1元,市场售价也在0.5元左右,并且品种繁多,许多经销商一看太麻烦就不进货了。"现在这类小物件主要向县区批发。"批发商杜某告诉记者。

并列关系——

新世纪第一天新华社记者从华盛顿发出的《美国喜迎新年》这条消息，即是按事实内容的并列关系来写成主体的。请看：

> 当新世纪的钟声敲响的时候，位于北美洲中部的美国沉浸在一派喜庆、欢乐的气氛之中。
>
> 在华盛顿的乔治城，团团焰火腾空而起，似花似星，将夜空装扮得绚丽多彩。聚集在那里的数千人齐声欢呼，祝贺新年、新世纪的来临。
>
> 在大雪过后的纽约市，人们很早就踏着泥泞的街道，从四面八方赶往时代广场参加庆典活动。当时针指向午夜 12 时，1360 公斤彩色纸屑从广场周围的大楼楼顶纷纷落下，1.5 万只五彩缤纷的气球升向天空，场面蔚为壮观。此时此刻，人们相互拥抱亲吻，"新年好，新年好"的声音不绝于耳。
>
> 新泽西州的华侨华人除了燃放焰火重头戏外，还邀请其他肤色的人们参加联欢活动，共同度过世纪之交的美好时刻。

第二种，依时间顺序展开。

主体的这种写法，就是依照新闻事实发生、发展的经过由远及近先后叙来。但要不离主题并善于选材，并注意新闻性和突出中心，不可写成一本流水账。有时，不妨适当设置"悬念"，待后揭晓。

来自新华社 2014 年 9 月 11 日的消息《越狱逃犯高玉伦重回看守所 要求民警"松松绑"》，讲的是哈尔滨延寿县"9·2"脱逃案件的最后一名犯罪嫌疑人高玉伦终被抓获的事件，消息的主体，就是依案件发生始末即时间顺序写的：

> 9 月 11 日 17 时左右，在延寿县青川乡合福村西王家屯，"9·2"脱逃案件最后一名犯罪嫌疑人高玉伦终被抓获，并押至看守所。落网后的高玉伦似乎并无多大悔意，还要求民警"松松绑"。
>
> 17 时 16 分，记者得到高玉伦落网的消息，火速赶往青川乡西王家屯。
>
> ……17 时 52 分，一辆闪烁着警灯的警车进入看守所。警车停稳后，后门打开，高玉伦缓缓下了车。高玉伦双手被扣在身后，在两名民警的押解下，进入看守所办公区一楼的一间办公室。
>
> ……9 月 2 日至今，参与抓捕的数千名公安民警、武警官兵、森警官兵，以及当地广大干部群众终于可以松一口气了。

　　　　高玉伦被抓后，延寿县城内群众奔走相告。

　　　　……目前，此案正在进一步审理中。

　　第三种，自由的跳跃式展开。

　　在消息的主体，用这种写法叙述新闻内容，基本上仍以事实的逻辑关系为依据，但又不拘泥于它的内在联系，而可以围绕主题，从纵向或横向大跨度地间断表现事实；也不必讲究文意的上接下连。跳跃式写法有时借鉴散文，显得自由、活泼，而且颇具文采。例如《新年里升挂经幡 祈福幸福安康》这则西藏电视台报送 23 届中国新闻奖的电视消息，它的主体就是如此——

　　　　藏历水蛇新年初三，是藏历吉日，我区各地家家户户将崭新的经幡挂在自家屋顶，农牧区举行传统的挂经幡祈福仪式，祈祷新的一年风调雨顺，五谷丰登，国泰民安。

　　　　在拉萨市达孜县德庆镇新仓村，村民们身着节日盛装扛着经幡，带上醇香的青稞酒和糌粑、麦粒等五谷，举行传统的新年祈福仪式。

　　　　在袅袅桑烟中，村里的老者带领全村人将承载着全村人美好期许的经幡挂在大木桩上！大家齐心协力将经幡桩子竖在了村里的百年桃树旁，一切显得和谐而又安详。

　　　　【现场声】

　　　　【字幕】新仓村村民 顿珠

　　　　【藏同】党的政策好，宗教信仰自由，新年我们都会祈福，希望新的一年五谷丰登，祖国富强，民族团结，社会和谐，世界和平。

　　　　【正文】仪式结束后，村民们欢聚在一起，唱起祝酒歌，跳起果谐舞。新年里，张张笑脸绽放，美好期许在传递。

　　　　【字幕】新仓村村民琼次仁

　　　　【藏同】过去的一年我们享受到太多的党的惠民政策，日子格外幸福，心情格外好，村民们载歌载舞感谢党的恩情。新的一年我们坚信在党的好政策下，我们一定能向小康生活大步前进。

　　　　【现场声】

　　　　拔河，掷石子，丰富多彩的文体活动丰富着农家新年。互致新年的美好祝福，畅谈幸福的美好生活，欢声笑语回荡在节日里的农家村落。

四、结尾

　　结尾，是指消息的收结部分，即在主体之外的全文最后一段或一句话。消息以传播信息为主旨,并求简明、快捷,事情说完全文也就结束,所以一般不再加个"尾巴"。不过有些消息,有一个结尾还是必要的。

例一:报道某私立中学成立的消息结尾——

　　这所拥有一流设备和一流教学力量的中学,必将成为培养一流跨世纪人才的摇篮。

例二:报道有关部门"没收违纪轿车公开拍卖"的消息结尾——

　　两辆轿车顺利地拍卖了,政府满意,职工满意,人民群众也满意。

结尾的功能不在陈述事实,而是归总全文、深化主题,强调新闻的意义及其影响。这样的结尾称之为"豹尾",使受众更好地感受和理解消息内容,留下的印象也就更为深刻,从而增加新闻报道的社会效果。尽管结尾通常只有一两句话,但"虚"而不空,精粹有力,实有画龙点睛之效。如果是对导语和主体的同义反复,或来一通生硬说教,那结尾就是画蛇添足了。

消息的结尾各有千秋,写法上有:

小结式结尾——首尾呼应,扣题收结;

评论式结尾——诠释内涵,点评寓意;

号召式结尾——指明目标,展现趋势。

[本章教学参考]

一、教学目的和要求

本章是上一章的继续,旨在通过讲解消息的结构方式及其组合成分,进一步讨论消息写作技法,以期结合课外作业和实习,培养学生对消息报道的初步写作能力。为此,应当了解消息与一般文章在结构上的异同,切实掌握其组合成分的不同功能及写作方法。

学习的具体要求:

1.辨析消息各种结构的特征,各自的长处和不足。

2.能从实际出发,学会运用消息写作的各种结构方式,特别是倒金字塔结构。

3.真正理解消息多种组合成分各自的含义及其功能。

4.着重练习不同形式的直接性导语,和以主次、因果、并列关系构成的消息主体。

本章强调实践教学,即在讲授消息结构知识的同时,结合上一章所述内容,引导和组织学生边学边练,努力学会消息的写作。

二、基本知识点

1.消息的结构。

2.导语。

3.背景。

4.主体和结尾。

三、内容提要

消息的结构方式,常用的是倒金字塔(倒三角)结构,包括倒金字塔并列式、结合式。另外,还有金字塔结构、散文式结构。关于倒金字塔结构是本章内容的重点之一。

倒金字塔结构的特点,是以新闻事实的重要程度递减次序,头重脚轻地来安排材料;也可以先把事实的要点、特点或轮廓放在开头,再按时间顺序组织段落层次,或者并列展开主体内容。这种结构的长处是开门见山,最能体现新闻性,切合读者心理,并便于编辑处理和制作标题。不足之处是,行文易受拘束,且开头的内容可能与主体重复。

金字塔结构,其特点是依新闻事实发生始末即时间顺序来写,长处在于构思行文较为方便,事件发生、发展脉络清晰,能保持较完整的故事性。但行文节奏缓慢,新闻要点不突出,则是它明显的不足。

散文式结构,谋篇布局借鉴散文,具有比较自由、宽松的结构特点。它最大的长处是不拘一格,富于变化并有文采,便于反映事物形象和给人以现场感。不足的是难以快捷体现新闻性,尤其不大适合某些严肃的事件性报道和经验消息。

本章的内容还包括消息的组合成分(结构内容)。具体到一条消息,不一定种种成分齐备,一般则不写结尾。

导语,立片言以居要,通常指消息的开头,是消息体裁的显著特征,起着画龙点睛以引导和吸引受众的重要作用。导语制作是本章的又一个重点,也是写好消息的一大难点。新闻导语从无到有,经历了"第一代导语"到"第二代导语"的发展过程。导语的制作是一种表现艺术,简括新闻主要内容并揭示主题,写法上直叙最重要、最新鲜的事实,有时也可提出有关问题、结论或对事实作出评价。在形式上,一类为直接性导语,其中分陈述式、总结式、评述式;一类为间接性导语,包括描写式、引语式、对比式和设问式。

背景,是指新闻事实出现的缘由、环境和主客观条件,用来阐释、注释事实,烘托并深化主题,有时可增加新闻价值或提供"第二信息"。大体有历史、地理、人物、事物和社会背景之分。背景的写作,要服从主题,不可牵强附会,并注意灵活穿插。

主体,相对导语、背景等而言,它是消息结构的主要成分,通称"新闻躯干"。其功能,一是叙述和补充导语中提出的新闻事实;二是阐发和表现主题思想。主体的写法,可按逻辑关系、时间顺序或自由的跳跃式展开。

结尾,指的是消息报道的收结部分,即全文最后一段或一句话。写法上,有小结式、评论式、号召式。

四、思考与作业题

1. 识别消息各种结构方式,分别指出其结构特点以及各自的长处与不足。

2. 就倒金字塔结构与散文式结构,结合实例试作对比分析。

3. 什么是导语、背景、主体和结尾?各自具有怎样的功能?

4. 从媒体中列举一组消息的导语,说明各属何种形式,并对照练习导语制作。

5. 主体怎么写?练习主体的几种写法。

6. 综合应用从消息写作这两章学到的知识,根据自己熟悉的人和事,练写2~3条短消息。

7. 通过校内外采访,采用倒金字塔结构,写出动态消息、经验消息各1~2条;同时,按散文式结构完成一篇消息习作。

第九章　新闻通讯的写作

第一节　通讯及其表现形式

一、通讯的出现与发展

新闻通讯,简称通讯,是我国一种重要的新闻体裁,除消息以外,也是常见的并为受众喜爱的报道形式。通讯往往用来与消息配合发表,也常单独就新闻事件进行报道,或详尽介绍典型经验、新闻人物等等。

我们已经知道,从情节展开了的消息开始,通讯是由消息派生演变而来的。作为一种独立的新闻传播体裁,早期的通讯,写作上更多地借鉴古代传记、游记;现代通讯特征的形成,则在通讯体裁开拓者黄远生的作品中才看得比较清楚。

黄远生是民国初年的著名记者,他以"新闻日记"的形式写作通讯,曾经在3个月期间"每日必登通讯一篇",或记"是日独特之新闻",或介绍新闻背景加以评论,或报道"市井琐屑,街谈巷议"的谈话、感想。这样,他的通讯反映现实必然迅速,文字也随之简短,一般每篇不过千把字。加之他把文学手法、政论手法引进通讯写作,不仅为当时读者争相传阅,而且至今仍有借鉴意义。如1915年"五月七日"这篇,节选如下:(见《远生遗著》卷4。)

> 昨晚7时,曹(汝霖)之汽车又赴日本公使馆矣。今日有一报颇有载其谈判内幕者。今日日本报,则益复证实其说,谓中日交涉,果向平和方面进行矣。以余所确知,则是时曹次长得出修正意见……最后通牒——即哀的美敦书——之内容如何,此须待今午日使赴外交部提出时,始能知之。(余书此信12时)惟余从别方面打听,大略

系限令吾国于初九早 6 点以前，照日本第二次提出之修正案完全答复，否则即取自由行动云云，其言似可信。

……秦皇岛已到有日本鱼雷艇四军舰矣！关东州已下戒严令矣！胶济路已戒严矣！威吓强迫，无所不用其极矣……余将发此信时，忽得紧急电话，谓最后通牒已于一点钟达到总统府。总统现在春藕斋，召集外交总次长、国务卿、左右丞，并拣选参政中之有外交经验者，如赵尔巽氏、李经羲氏、李盛铎氏、熊希龄氏、连甲氏等，开特别外交紧急会议。此时方在会议之中——呜呼！吾国之命运系于此时。

"日记"围绕着人们最为关注的中日交涉日方提出最后通牒一事，在连续报道的基础上，详细地介绍了事件的背景、进展等情况，于事实的叙述中夹进解释、分析，从中抒发记者的感情，语言比较简练，并讲究时效。这在当时是具有较强的新闻性，而又比消息内容丰富、表现手段多样的新文体。

通讯这一体裁，在西方新闻界与消息并没有截然的界限，一般通称报道，新闻性很强，不像特稿、专栏文稿不太讲究时效而注意见解的阐述。我国的新闻文体深受古典文学影响，于详细报道中融入了较多的文学手法，写作上以其文学性、政论性而区别于消息。但随之而产生的不足是这一体裁新闻性的削弱，且常常缺乏充分的事实。继黄远生稍后声扬报界的邵飘萍，他的通讯作品则比较重视事实的报道，同时注意事实的新闻价值，体现了通讯发展的正确方向。邵飘萍早期作为《申报》驻京特派记者，曾采写"北京特别通讯"250 余篇，创办《京报》后他仍亲自采写新闻通讯，并以虚实结合、夹叙夹议见长，社会影响很大。

五四时期，是我国通讯写作的一个重要发展阶段。当时，由于新文化运动和"文学革命"浪潮的推进，通讯成为鼓吹新思想、宣传新事物的重要手段。瞿秋白的访苏通讯，周恩来的旅欧通讯，都及时、客观地报道了国外见闻以及记者的见解。通讯的题材也从"市井琐屑"扩大到下层人民苦难和穷乡僻壤情况。《新青年》、《每周评论》等一大批进步报刊，更是及时详细地反映了当时思想文化运动和工人、贫民的悲惨生活。

20 世纪三四十年代，我国通讯体裁进入成熟阶段的重要标志，即新闻性的加强。当时，由于日本侵华和抗战爆发，许多报刊发表了大量为读者所瞩目的战事通讯，及时回答了人民群众关注的各地战况。另外，对边远地区的报道，介绍了许多鲜为人知的大后方情况，也由于其独有的新闻价值而受到读者的欢迎。范长江是这一时期通讯写作的杰出记者，他的旅行通讯和战地通讯以现场目击细致入微著称。如记述七·七事变通讯《卢沟桥畔》中的描述：

> 8日夜间,阴森的永定河面,隐蔽了数百卫国英雄之潜行,一刹那间,雪亮的大刀从皮鞘中解脱,但听喊声与刀声交响于永定河上。9日清晨,河岸居民见桥上桥下,尸横如垒,而守桥有人,已换上我忠勇的二十九军武装同志了!

20世纪30年代以来我国通讯体裁的成熟,反映出当时优秀的通讯报道,不仅内容丰富,而且写作上也有不拘一格的表现方法。著名报人邹韬奋的通讯集《萍踪寄语》等,就以典型生动的细节、恳切优美的笔调而广受欢迎。女记者彭子冈亦有异曲同工之作,如《毛泽东先生到重庆》,与作家方纪的散文名篇《挥手之间》被称为"姐妹篇",其中的细节描写尤为出色,文学表现手法和新闻报道恰当地统一于作品之中。

中国共产党领导下的人民新闻事业,在通讯报道趋向成熟的基础上,进一步发展这一体裁的民族性与大众化。解放区的报刊开创了为广大干部、群众所喜闻乐见的"小故事"等形式,短小生动的《西瓜兄弟》、《桌上的表》等作品,以别致的角度、朴实的文笔讴歌了普通一兵的高尚品质。那些关于人民解放军优秀指挥员和边区英雄模范人物的报道,亦以实实在在的描述使人深受感染和教育。全国解放以后,通讯继续这一方面的良好传统,并发展了"工作通讯"等多种形式。

1978年党的十一届三中全会后,实行改革开放以来,我国的通讯报道进入一个新的发展时期。这个时期的通讯,内容上坚决摒弃夸饰成分,思想上刻意追求深度价值,表现形式与技巧上新颖别致,出现了通讯与散文、杂文、政论等文体杂交的作品。作为通讯写作的突破和创新,深度报道的兴起,尤其受到广大受众赞赏和好评。深度报道是20世纪80年代中期从西方引进的有关写作样式的新闻术语,指对新闻事件作深入分析并预示其发展趋势的通讯报道方法。其实,我们过去有些写得有深广度的报道,也可列入深度报道范围。有人把深度报道称之为"全息摄影"式的立体报道,以区别非好即坏的"平面照相"模式。曾获全国好新闻评选特等奖的通讯《中国改革的历史方位》以及《关广梅现象》系列报道等,全方位、多角度地对报道对象作动态的进行式的透视和扫描,使通讯报道的新闻性与政治性、艺术性更好地统一,从而达到了前所未有的新水平。近几年,中央电视台的《焦点访谈》,特别是《新闻调查》,也可以看作电视的深度报道。

二、通讯的多种表现形式

通讯的表现形式多种多样,而且还在不断创新。主要根据其表现方法的不同特点,大致可以划分为下列一些通讯形式。

（一）记事

又称介绍、报告等，是应用最多最广的一种通讯形式。记事通讯也包括写人，表现手法以叙事为主，内容具体详尽，可以说是"详细的消息"、"情节展开的消息"。

我国早期的通讯常常就叫"记事"，又有概要记事、长篇记事、印象记事之分。现在一般采用的是"印象记事"，即虽然注意向读者（听众、观众）提供事件的详情，但写作角度侧重于记者的选择判断，并讲究新闻素材的取舍剪裁，以体现记者的倾向，构思与表现也与记者的"印象"有关。如《安徽商报》2015年1月21日刊发的关于"一岁男童严重脑损伤 父母求实施安乐死遭拒"的报道，记者分别采访了男童父母和六安市民政局相关负责人，自始至终没有指责涉事的任何一方，而只是作双方言行的客观报道，然而记者的倾向却从通讯中鲜明地流露出来。请看通讯《安徽：一岁男童严重脑损伤 父母求实施安乐死遭拒》的一段：

> "俊怡！俊怡！……"躺在病床上的小俊怡似乎能听见父母揪心的呼唤，眨了眨眼睛，流下一行泪水，孩子除了眼睛能动，全身无法活动，无法张嘴说话，痰堵在喉咙里发出呼呼的响声，全靠吸氧维持呼吸。

（二）访问记

这也是通讯写作运用较早较多的一种形式。访问对象一般是人物，内容或记人物，或介绍事件、成就、经验等。访问记的内容以被访问者的情况为主，包含访问环境场合的提示及描绘。往往于"纪谈"的同时再现现场情景和气氛，并常常穿插适当的背景材料于提问和回答之中，还可以融入必要的抒情和议论，是一种有情趣、有色彩的生动活泼的表现形式。如崔健在2005年接受《南方周末》的专访：

> 9月26日晚10点，北京东三环边的CD酒吧，酒吧股东之一据说是刘元——崔健的音乐搭档，有人说这个酒吧是崔健经常活动的据点。
>
> 透过玻璃窗，远远看到走下吉普车的崔健，衣着普通，以至于能留下印象的就是一顶配有红五星的棒球帽。这是崔健北京首体演唱会结束后的第二个晚上。
>
> 甫一坐定，崔健的神情显得有些漫不经心。"你没有去演唱会现场？那，采访就半个小时。"语气中带着些许调侃。但随着谈话的进行，他逐渐多了些机警和敏感。语调不高，但情绪时常会激动起来。

话语间没有任何周旋和掩饰,尤其是谈到复制的文化、演出市场混乱等方面,他的神情中明显有愤怒。

说话过程中,他的帽檐常常遮住双眼,让人只听到一种不容争辩的声音。"我们"、"你们"、"他们"——分别代表了崔健和他的乐队、媒体和乐评人三个阵营。他认为三者关系间有个隐形纽带——"贿赂"(关于"贿赂"的独特解释见下文——编者按),在崔健的谈话中,这一点出现频率极高。究竟谁贿赂谁,他没详细解释,反正他不贿赂任何人。

一切都是那么直白。在周遭充斥着"塑料植物"般仿制文化的海洋中,崔健对抗着,拧巴着。因为,"梦想不是让人听到的,而是让人看到的!"在他看来,我们的流行文化是复制的,缺乏生命力。

崔健说,我们目前生活在既非感性又非理性的混沌年代,人们不敢坚持自己,不敢探讨自由。那么在摇滚圈摸爬滚打20年的他,又是如何坚持和探讨的呢?

(三)巡礼

巡礼是一种观光记、参观记。这种通讯表现形式一般采用鸟瞰式的眼光,从全局的角度报道事件、活动或单位情况;同时,还常常是卷轴式的,像绘画作品长卷,报道面较宽。巡礼的篇幅不一定长,气势却较为宏大,写作上以记者所见所闻和感受的表达为主,要有现场感、动态感、亲切感。近来的发展是不仅表现面上的情况,而且深入挖掘其中的蕴涵。

题为"新春网站闹盈盈"的巡礼式通讯,就以鸟瞰式眼光集中扫描了新世纪第一个春节期间,在我国有两千万网络用户的互联网上主要网站的最新应对情况,通讯写道:

新浪网特别增设了以"拜年了"为名的栏目,其中以"年话"、"年礼"、"年乐"为主题,为网友们准备了丰富的拜年方式和拜年礼物。搜狐网的体育拜年别出心裁,他们选择了18张2000年的精彩图片作为年礼送给网友。

门户网站是这样,那么代表众多的一般意义上的网站对"春节"又有什么表示呢?中联网的英文版用醒目的红色标注了两个主题:一是2001年蛇年,二是2000年龙年。里面有丰富的春节习俗介绍,还有各地过年的特色,称得上是个春节专版。更有趣的是"网虫热线",索性将主页制作成了"网虫春节活动专辑",其中设置了"春节趣味连环谜语"、"网虫网友名字趣味接龙"等活动,令人忍俊不禁。

这里的"醒目的红色"、"更有趣"、"忍俊不禁"等在受众的解读中都不难品出作者的所见所闻和主观感受。至于全局的报道角度、现场感、动态感、亲切感和事实的意蕴,大家还可以继续品味:

> 推出"网上贺卡"的网站更是难计其数。其实,许多网站在春节来到之前,就已经开设了一些与节日有关的专栏,如春运信息、春节出游指南、春节联欢晚会介绍等。

> 当然,今年最受人关注的莫过于72小时网上大拜年活动。它是由人民网、新华网、中国网、中国日报网站、中国国际广播电台网站、CCTV网站、中华网、新浪网、搜狐、网易、TOM、中青在线、东方网、千龙网、南方网共同推出的。可以说,这是第四媒体集团第一次利用互联网的多媒体和互动特性组织的大型活动,它显示了网络越来越强的影响力和越来越走向平民化。

又比如题为"跨年晚会看似红火实际亏本?各大卫视:亏本也得做"的巡礼式通讯,就以鸟瞰式集中扫描了2015元旦三大卫视的跨年晚会开办情况,将其跨年晚会竞争的"杀手铜"逐一分析,通讯写道:

> 2014年12月31日晚,湖南、浙江、东方三家卫视的跨年晚会刷出了无数热门话题,2015年1月1日,江苏卫视超强阵容的演唱会和安徽卫视国剧盛典来抢新年好彩头了。昨日有报道指出卫视跨年晚会火了10年,也亏了10年。但在各卫视看来,账可不是这么简单地算的,跨年晚会是卫视回报老观众和吸引新观众的最佳平台,盈不盈利那是次要的,"作为一年一次的宣传窗口,亏本也得做"!

> ……实际上湖南与东方卫视的跨年晚会启用的也大部分是自家艺人,前者是《爸爸去哪儿》、《我是歌手》、超女快男的班底,后者主打的是《梦之声》和《好声音》,没有出现疯狂拼咖的状况,大大减少了晚会成本。

> ……如何将跨年晚会办出新花样?浙江卫视在今年选择了"拼盘式晚会",不仅有传统演唱,还有大量奔跑团加入的游戏互动环节,王征宇认为这种新尝试会成为未来跨年的发展方向,"有平台上成功综艺的展示,有不局限于唱歌的环节,第一次尝试就交出这样的答卷我们比较满意。倒不是一定要说收视率谁高谁低,而是观众有了更多选择的空间"。

(四)速写

借用绘画术语说明写作特点,即与绘画的速写一样,重在快速捕捉事实的基础上,粗线条勾勒事件的经过、轮廓、特征或人物事迹。一般不展开事件,但又不同于消息的概括报道,它有特征性的细节描述,而且现场感强烈。前些年刊发的《抢菜记》这篇通讯,称得上是一篇典型的速写作品:

> 昨天中午 11 点 50 分左右,丹东商场进来一拖车小白菜,拖拉机停在商场院内,菜还没卸。这时,记者看到有两个中年女同志,一个站在地上,一个站在拖拉机上,正往自己的提兜里装小白菜,她们的提兜已装得满登登的还觉得不够。
>
> 12 点,拖拉机从院内开出,停在商场大门对面的砖墙下,准备卸菜……

接着写其他营业员的"抢菜",都是类似以上的朴素简洁的记述:

> ……12 点 40 分,菜已剩下不多了。记者也不想看下去了。
>
> 忽然,在商场院内墙上一张"营业员试题"的告示,吸引了记者,上面写道:
>
> "什么是商业道德?
>
> 柜台矛盾表现在哪些方面,产生这些矛盾的原因是什么?
>
> 怎样处理这些矛盾?部组长的职责是什么?定于 20 日交卷。"
>
> 今天正好 20 日,不知这些抢菜的营业员怎样作答?领导者又用什么标准评卷?

结尾这几段,用意在评论,但仍以速写式的记叙手法为主,可见速写这一表现形式的特点。

(五)散记

散记是新闻中的"散文",采用散文的结构和笔调,同样要求"形散而神不散"。散记改变了一般新闻报道比较严谨的格式和语言,选材、写法都较自由,通常更注意选择知识性、趣味性的新闻事实,特别要讲究一点意境。

《王老师的小屋》是一篇颇有影响的"新闻散文",旨在歌颂一个普通教师的精神,把"小屋"作为这种精神的结构中心,采用辐射方式描述与此有关的事,借以创造出深远的意境。请看文中的几段:

> 四中数学教师王培德,住一间 12 平方米的小屋。里边,王培德睡一张折叠床,同妻子、儿子共用一张小桌,地上锅呀盆呀的排成了行。
>
> 这屋子虽小,却常挤满了人……七八个人围住了王老师,十几条胳膊压在那张小桌上。有一次,那小桌承受不了这持续的重压,哗的一声塌了下来。常常是:学生们在这里"饱餐"了一顿数学,满意而

去，可王培德一家还空着肚子。

　　小屋挤吗？王培德似乎不觉得……王老师的小屋，是许多教师住房的缩影……我们歌颂王老师的小屋，却并非歌颂他屋子之小。我们希望那些肩负教书育人重任的老师们，能够不再住这样的小屋。

　　以上是几种比较常用的通讯表现形式，此外，还有侧记、访谈录、专访、新闻故事等等。侧记，可认为是记事通讯的一种，即就新闻事实的一个侧面、一个片断展开较详尽的叙述，并着力表现事实的特点及其意义。访谈录和专访，实际上都是访问记的创新形式。访谈录，又称对话式报道，主要报道人物谈话，多为记者与访问对象的一问一答。专访，即有专一主题、专门对象的访问记，报道内容以被访问者的近况及相关事件、活动为主，兼以访问环境、场合、气氛的描绘，并可穿插背景材料。新闻故事，过去称小故事，通常线索单一，篇幅较短，但报道的内容富有情节。

第二节　通讯写作方法与技巧

　　通讯写作与消息写作一样，必须遵循新闻写作的规律和基本要求，都要讲究真实性、时效性和用事实说话。不同的是，通讯对事实的报道更细、更深，不仅以事感人，而且以情动人或以理服人，写作上也有不同的表现方法与技巧。

一、情节与细节

　　长于记事和表现情节，这是通讯有别于消息的一个特点。新闻的情节，指的是新闻报道在展开中心事件过程中有头有尾、发展变化的事实，这类事实本身比较完整，能够比较充分地展示报道对象的面貌以及个性特征。一般说来，消息对报道的事实是概括地叙述，通常不见情节只有概貌，而通讯必须有较详尽的又能吸引人的情节，并且要对情节加以具体、形象的描绘。

　　举凡好的通讯都是靠阐明主题的动人情节"立"起来的，人物的性格和形象更要通过一连串情节来体现。

　　2000 年全国人大、全国政协"两会"期间，首都一家媒体发过一则篇幅短小的通讯，标题叫做《第二次握手》。这则小通讯之所以受到好评，就因为成功地运用了典型的情节，并成了通讯的聚焦亮点。其情节内容，说的是早在1990 年，贵州安顺地区有关方面与外商共同出资成立一家由中方控股的洗涤剂厂，后因中方资金投入困难，合作中断。时任安顺地区行署专员的王向规，千方百计总想救活这家工厂，到了 1998 年，山西南风化工集团制定了低成本扩张战略准备寻求合作伙伴,董事长王梦飞得知安顺洗涤剂厂的情况后,立即联系。当联系的双方都已当选为全国人大代表后,商定在北京相会,于是有了1998年"两会"上的第一次握手。此后,双方合作成功,很快便生产出了"奇强"牌洗衣粉,当年实现扭亏,去年这家企业创造利税1500万元。今年"两会"正值西部大开发战略全面启动,于是又有了两人的第二次握手,并共商相关事宜——这是个富有戏剧性的情节,记者抓住这个亮点,便把笔墨集中到两次握手上。全文从第二次握手起笔,然后倒叙第一次握手的梗概,最后再升华第二次握手的意义。全文不足千字,读来饶有情趣。

在党的十八届三中全会召开之际,一篇由新华社西藏分社精心策划采写的通讯《精神高地耸立世界屋脊》,在社会上特别是西藏各族各界引起强烈反响。这则通讯之所以受到好评,就因为成功地运用了典型的情节,并成了通讯的聚焦亮点。其情节内容,说的是在高寒缺氧、自然条件恶劣的西藏,一批新时代共产党人远赴西藏,扎根最基层,默默奉献,传承和发展了"老西藏精神",提炼具有新时代内涵的"新西藏精神"。通讯分为"特别讲忠诚"、"特别能创新"、"特别能担当"、"传承老西藏精神"四大部分,选取了很多典型事例——如乡长达瓦甘愿留守在只有29人、每年8个月大雪封山吃不到新鲜蔬菜的玉麦乡;藏族大汉孙宝祥带领传统农业县曲水县另辟蹊径、成立县级工业园区并招商引资,最终实现全县农牧民人均纯收入翻了10倍的傲人成绩;门巴将军李素芝在海拔近3700米的拉萨成功完成首例高原浅低温心脏不停跳心内直视手术,给雪域高原带来福音。稿件通过这些真实细腻、具体可感的典型情节,深刻阐释了在世界屋脊坚守"精神高地"的新时代西藏共产党人与时俱进,在传承"老西藏精神"的同时,不断融入新的时代内涵、"新西藏精神"呼之欲出的重要意义。

情节又由若干细节组成。细节就是事物的具体化、细腻化,细节也能体现情节。实际上,有时候情节与细节并不能截然分清,大的细节往往具有情节意义,小的情节、具体的情节又常常是细节性的。由于新闻事件常常在情节性上受到实际生活的限制,通讯写作更应注重情节的表现。任何新闻事实都存在着细节,只是对于通讯写作来说,选用的细节材料要典型、有表现力和能感染人,细节不在多,而在精彩。

2004年9月13日上午,环太平洋海洋环保志愿者行动在浙江省象山县启幕,象山的赤潮监护、净海、净滩、舟山列岛生态保护和海洋环保宣传与支持青年志愿者小分队同时成立。17日《人民日报·东方新闻周刊》对此刊发通讯,题为《要让子孙有鱼捕——象山渔民"蓝色保护志愿者"行动备忘录》。这篇通讯有多处逼真、生动的描述,其中,关于4年多前海洋捕鱼的一幕报道:

"起网!"面孔黝黑的船老大黄根宝一声令下,"浙象渔 48007"、"浙象渔 48008"一对渔船缓缓靠拢。网拉上来了,黄根宝的心却沉了下去:偌大一张网内,除了零星几条鱼在跳动外,满满当当尽是垃圾。

那次捕鱼归后,黄根宝、林永法等几个船老大凑到一起长吁短叹,不由得怀念以前的好光景。

接着,通讯对过去的情况作了包含细节的描写:

那时,渔民只要把竹筒伸进水下,就能听到大黄鱼的"咕咕"叫声。一网上来,少则三四万斤,多则 10 条船也盛不下。只要不下雨,村里村外,房前房后,摊满了白花花的鱼。

由《解放日报》2013 年 5 月 8 日刊发、获得 24 届中国新闻奖获奖的通讯《21 岁女孩照顾瘫痪养母 12 年 一段母女缘 一生守护情》,讲述的是一个 21 岁女孩扈晓静照顾瘫痪养母 12 年的心路历程。这则通讯之所以得到评委组一致好评,就因为成功地运用了典型的情节,并成了通讯的聚焦亮点。其中,在讲到邻居告诉扈晓静"妈妈不是她的亲生母亲"时,包含着这样一段细节描述:

当时完全懵了的晓静,从妈妈的泪水和眼神中证实了邻居口中的真相,她痛苦过。是一个小小的插曲,使晓静下决心要陪妈妈慢慢变老。那天,晓静因作业多,来不及烧饭,外出为妈妈买盒饭,一辆急驶而来的自行车撞翻了晓静。回家后,晓静把晚回的原因跟母亲讲了,母亲却不停地责备她,为什么走路如此不当心。一开始,晓静有点委屈,但慢慢地,她从母亲的唠叨声中明白了,这个世界上,只有母亲才会对自己如此在意、如此牵挂。

"后来在闲聊中,我才知道被母亲捡到时,我还患有斜颈。"扈晓静说,是母亲多方打听,在虹口提篮桥那边找到了一位老中医,一次次地抱着她接受推拿治疗,"正因为妈妈的不放弃,才有了今天的我。我们之间,不存在谁多付出一些。"

更让扈晓静觉得冥冥中自有天注定的是,她与母亲的生日相差8 天。而她是在出生后 8 天遭遗弃,当天就被母亲在上班路上发现了,"也就是说,妈妈是在她生日那天抱养了我。虽然我没有跟母亲求证过,但我觉得,这就是我们母女的缘分。"

对于通讯写作来说,选择了典型、生动的细节,还要把它很好地表现出来。

细节的表现不仅是描写,还可以运用记叙、抒情、评点等手法。

最富于表现力的是能够激起读者情感震荡的那些细节。对这类细节,通讯应该运用多种手法充分表现。不过,通讯毕竟是一种新闻体裁,基本表现方法仍是用事实说话,因此还必须注意发挥细节群的"组合效应",即选取多个细节,把它组合起来,或对比或衬托或深化地铺排,使细节的运用更合乎新闻文体的基本要求。在通讯《中国改革的历史方位》,一开头便用了这样的"细节群":

> 农贸市场,茄子又涨了 3 分,猪肉摊前挤满了人,一片抱怨声。转念一想,不过年不过节,一次往网兜里装 5 斤肉,放进电冰箱,10年前谁曾想过?
>
> 好不容易挤上公共汽车。开了 20 米,堵住了。街上从来没有这么多车,从来没有这么多人。
>
> 灯下,孩子做功课。她姥姥和姨都得陪着,没法子,只两间房。听说单位要出售商品房了,得赶紧攒钱。

这一组细节,从物价、交通、住房三个方面,把中国城市的三大难题一下子托在读者面前,概括性之强与表现之形象,就是组合的效应。它没有抒情,没有议论,只是场面和心理的平直描绘,却蕴涵着许多感慨,可说是通讯运用细节的重要方式。

在上述这篇通讯的续篇《改革阵痛中的觉悟》里,记者还引用了"轶事"式细节:

> 两年前,一些工人中曾流传过这样一个顺口溜:"老大靠了边,老二分了田,老九上了天,不三不四赚了钱。"几乎在同时,另一个顺口溜在一些知识分子中流传:"工人乐,农民笑,知识分子光着屁股坐花轿。"

两个顺口溜,形成一种对比的组合效应,以此说明是双方"各持偏执的失真观察"。这一组细节,又说明通讯中细节表现的内容不仅仅是现实的引语、动作(变动)、心态、环境,还可以有过去的传闻材料。这种轶闻式细节,相当于消息的背景材料,但是在表现上,显然注重生动性、形象性。可见,背景性材料在通讯写作中应当化为细节来表现,这样,通讯体裁的特点更能得以体现。

二、巧于结构

通讯与消息相比较,在结构上更多地接近一般作文"章法"。但通讯作为一种重要的新闻体裁,围绕主题思想,考虑如何取舍、剪裁和组织事实,其中却是大有文章的。

通讯的材料较多、篇幅较大，谋篇布局颇费功夫。消息的结构有一些规范，如常有导语，与主体形成"倒金字塔"等结构关系，而通讯一般没有类似的规范，结构方式呈现出多样的、自由的态势，写作中往往没有现成的套式。

当然，通讯结构也有一定的规律性，大体上可以分为纵式、横式和纵横结合式。这三种结构其实前面已经谈到了。所谓纵式结构和横式结构，大致而言，就是按时间和空间的变换来安排材料。若以时间为依据，可以顺叙，即按发生、发展过程叙事；也可倒叙或插叙，即不严格按事物发展始末顺序展开，而是把结果或有关情节（景）放在前头或穿插于中间。所谓纵横结合式结构，则以时间顺序为经、空间变换为纬交叉渗透，这样使通讯更加显现开放自由形态，适宜表现时空变化较大的报道题材。

通讯的结构，各部分内容的联系和拓展，务求层次分明，脉络清晰，使之全文贯通，并能体现一种节奏。

通讯结构是其内容局部与整体关系的安排，而局部之间以及局部中的结构则由层次决定。一般来说，层次安排主要包括主次、段落的设计。通讯内容的主次布局，在表现上常以详略区别。这一点通讯与消息有较大的不同。消息是"倒金字塔"结构方式，写在前面的是"主"，写在后面的为"次"；通讯却常常不是这样，写在开头的内容可能是重要的，但只有在表述上充分展开，才真正成为"主"。

通讯《"飞天"凌空——跳水姑娘吕伟夺魁记》，报道内容与篇幅都跟一般消息差不多，但由于记者着重展开了运动员比赛时的一连串动作描写，层次上的"主"就落在跳水动作的美感上，诸如"轻舒双臂，向上高举"、"轻轻一蹬，就向空中飞去"等等，通讯着重用 4 个自然段描绘那一瞬间的动作，然后简约地写了观众的反应以及得分情况，便结束了全篇。显然，作者对层次的考虑是以对美感的描绘为主，以必须交代的得分、评价为次，而如果写成消息，主次关系恰恰是相反的。可见，通讯写作在考虑主次关系时应该以能否展开描绘为依据，这样也就能在报道某一事件时充分发挥通讯体裁的特长。

通讯结构的穿插、呼应、过渡、起伏，这些对于层次的形成关系也很密切。在展开主要情节和中心事件中穿插其他线索、背景材料，能够使这个层次的厚度增强，容量更大。运用首尾呼应或不断照应的手法，层次清晰度和逻辑性也能得到加强。通讯结构中的过渡方式，有关联词语的过渡，使层次转换比较平缓自然，而无关联词语的过渡则使层次之间具有比较跳动的节奏。尤其要讲究"起伏"，这是通讯结构紧凑多变的具体表现。文势起伏的写法，可以把问题提前，造成悬念，或者先讲要点，引人注意。在写作实践中，以上这些手法又往往融合使用,以使通讯作品的结构层次既清晰又自然。

三、选角度、抓矛盾

所谓角度,即指新闻报道的角度。可以说,在一定时期内,体裁创新的可行性是有限的,而通讯作品的面目却是无限的,最重要的原因就在于报道角度的无限性。新闻的新,通常也包括角度新。比如,有很多关于农村变化的报道,通讯体裁无非是记事、访问、巡礼、速写等等,而反映事实的角度却可以多变。通讯报道角度的这种多变性,往往反映在根据一定的报道思想,从哪一个侧面选取事实来加以表现。

在十八届三中全会召开之际,各大媒体争相发表各色有关改革开放以来人民生活水平发生显著变化的稿件,在这其中,一篇题为《寻找22年前穿短裙的女孩》的通讯深深吸引受众眼球。这篇稿件切入角度极为巧妙,首先是新华社刊发了一张22年前的老照片,画面上几位大连市民在街上行走,当中一位身穿短裙的美丽时尚女孩子回眸一笑,动人心弦。寻找这个22年前美丽的姑娘,旨在追寻改革开放对中国普通人的影响和生活中的点滴变化。后来,记者寻到了这个美丽的姑娘,她已50岁,现住200多平方米的大房子,她一直夸赞改革开放的好政策给她带来如今的幸福生活。这篇报道正是通过与众不同的角度,把改革开放和中国梦的报道很好地结合在一起,使人透过一张普普通通的照片,透过照片上时尚美丽女子的回眸一笑和她背后的故事,看到了改革开放对中国草根群众生活带来的翻天覆地变化,给人留下不可磨灭的深刻印象。

可以看出,选择独特的环境空间是造成别致的表现角度的一个重要方法。但从大量的通讯作品看,报道角度多从新闻事实本身选取。正当蜜梨成熟的季节,有家电视台的两位记者在某县仕下村采访时发现,树上长满了黄花梨、新世纪梨,树下的果农却愁眉苦脸。到村里一问才知,由于没有很好地找市场,造成上好的蜜梨卖不出去,而梨头在树上再等10天就要烂掉,果农心急如焚。当地群众看见电视台记者到来,围上前去要他们拍一条"钟山梨头丰收"的新闻,给他们推销推销。采写一条丰收新闻本来也可以,但记者考虑,这样的报道较多,显得一般化,如果换个角度,着重表现丰收后的问题——缺乏市场意识,则更具新闻价值。他们通过摄像机将钟山蜜梨丰产景象用特写、中景、全景一一拍下,又抢拍了果农愁眉苦脸的画面,然后实地采访乡村干部、果农,全方位报道造成梨头丰产不丰收的原因。谁知当他们采制的通讯《钟山蜜梨为何丰产不丰收?》经电视台播出,不出3天,来自全省各地的水果贩销户就将钟山蜜梨一抢而空,销售额达160万元。当地乡村干部和果农欣喜若狂,立即给记者送来锦旗,说是一条批评报道为丰产的蜜梨打开了销路。

通讯取材注意抓矛盾,抓住人与自然界、人与人之间或人物自己思想上的矛盾冲突,这对于展开情节、揭示主题具有重要作用,还可以使作品增加吸引力。《一个工程师出走的反思》,自始至终围绕着个人与单位、单位之间、单位内部、个人内心的矛盾,写得波澜起伏,扣人心弦。通讯在简短的几句引言之后,就写厂党委书记宣布一条爆炸性新闻——副厂长"仓惶出逃",逃到一个小厂去了。由于上级干涉,小厂"蓄谋已久"的挖人计划不得不暂时作罢,可是有个县委书记对被原厂宣布为"叛徒"的这位工程师伸出了手。这一来,那小厂又与这个县开始激烈争夺。工程师下决心举家迁到这个县,但原厂决定对他党内除名,于是两家又各向上级申诉并对话。为此,工程师内心十分痛苦。通讯意在揭示人才交流中的问题,因此紧紧抓住"工程师出走"这一矛盾中心,作品的整个情节亦围绕着矛盾展开。

抓矛盾也就是抓问题,包括工作中的问题以及社会生活各方面的问题。通讯报道要抓的问题不在大小,而是在它的普遍意义并为群众所关心。在讲到新闻线索时引用的通讯《输掉50ml,扔掉150ml》即为一例。这篇报道贵阳儿童用血浪费的小通讯,以小见大,指出在全国爆发"大范围血荒"的同时,这种浪费血袋的现象为我们敲响警钟,否则后果不堪设想。现引原文部分内容如下——

> 一袋200ml包装的"全血",在输进婴儿血管仅50ml后,被护士从输血架上取下,扔进回收"医用垃圾"黄色塑料袋……

> 4月26日,贵阳市民罗先生未满8个月的儿子因意外受伤被送到云岩区某大医院救治。经诊断,小宝宝没有生命危险,但急需输血治疗。当即,罗先生花690元购买了200ml儿子所需的血液。"娃娃实际只需要输50ml的血,剩下的血液就这么扔掉,看着实在可惜呀。"罗先生说。

> ……在去年爆发的"全国大范围血荒"中,多位业内专家指出,目前各地血库吃紧已成常态,要缓解"血荒"必须明确"开源"的思路。

> 贵阳儿童用血中存在的浪费现象,为我们敲响了另一个警钟,"节流"与"开源"同样重要。在采访中,有不愿透露姓名的医务人员说,部分医生存在"图省事",让患者购买大袋装的血浆和懒得提交预订小袋血申请的想法。

> 这样的想法,实在不该出现。对此,应该制定一套奖惩分明、具可操作性的节约用血制度。

同样有关医疗,《京华时报》在2014年4月8日刊登的通讯《温岭杀医案连恩青手术后世界只剩下鼻子》将这些年越来越突出的医患矛盾放大,反映出病者对医生的极度不信任和医生在关照病人心理、精神健康上的欠缺——

> 连恩青家住在浙江温岭市箬横镇浦岙村,今年33岁,初中文化,和母亲、妹妹住在一起。2012年3月20号,为了治愈鼻炎,他在温岭市人民医院做了鼻中隔纠正及双侧下鼻甲下部分切除的微创手术。术后几个月他感觉自己的病情没有好转,反而症状加重了。为了解决问题,他多次投诉医院,40次寻找主治医生,要求治好他的病。医院也曾组织院内院外的专家会诊,其间出具的种种医学数据均显示手术成功,没有再做手术的必要。连恩青并不认可。

> 在连恩青家人的描述中,手术后他的世界就只剩下鼻子了。为了解决鼻子的问题,他多次到台州市的多家医院,浙江大学医学院附属第一医院,和复旦大学附属眼耳鼻喉科医院就诊,且2013年8月他就到复旦大学附属眼耳鼻喉科医院就诊7次,但诊断结果均为慢性鼻窦炎,鼻窦CT检查结果也未见异常。连恩青不能接受,他认为这是医院联合起来CT造假,是医生串通好要谋害他。

> ……

四、表达方式多样化

(一)叙述

叙述,包括记叙和说明,是通讯写作的主要表达方式。通讯比起消息,在表达上显得更多样化,但作为新闻体裁,为使报道内容清楚明白,仍以叙述方式为主。这也是通讯与注重描写的文学作品不同的一个特点。不少的通讯报道,基本上是通过叙述来记事写人的。如有一篇报道中科院院士、"两弹一星"功勋奖章获得者吴自良经历、事迹和生活的通讯,题为《吴自良:吾家的三宝》,全文几乎都采用叙述方式,文中"第三宝:叫哥哥"部分引述如下:

> 院士家里养了一只叫哥哥(即蝈蝈),这是他花了20元钱买的,老伴徐仁当时就急了,这小东西平时2元钱就能拿下的,买东西也不知砍个价。

> 叫哥哥买回来了,起先叫得欢。老两口都喜欢,当作了宝贝。渐渐地,叫哥哥不叫了。不叫的蝈蝈还有啥意思啊。徐仁使上了激将法:"老头子,你给研究研究。"院士动了番脑筋。

> 经过观察,他发现是在喂食上出了点问题。蝈蝈"胃口"挺难伺候的,吃少了不叫,吃多了也叫不动。最后得出一条规律:"两颗毛豆

叫,三颗毛豆不叫。"果然,每天喂蝈蝈吃两颗毛豆,两天后蝈蝈叫得更欢了。牛群闻此趣事,惊呼昆虫界的"哥德巴赫猜想"被攻破,吴老不愧是"蝈蝈专家"。

蝈蝈身上,折射出院士的童心。

有一篇《大众日报》于2011年12月30日报道的全国优秀新闻工作者、齐鲁晚报社区记者张刚敬业故事的通讯,题为《小胡同走出大记者》,全文大部分采用叙述方式,文中叙述张刚当水果贩写体验报道的部分引述如下:

> 贩水果,得有辆三轮车。好容易才找到租三轮的地方,交上押金推出来,才想起自己还不会骑。找了个空场,练了大半天,总算能骑着三轮走了。第二天凌晨4点就起床,到5点,张刚满头大汗来到位于八里桥的水果批发市场,本以为起得很早,却发现已经来晚了,好几种水果已经批发完了。第二天他起得更早。

> 终于能出摊了,没想到又遇上了难题:偏僻的位置没买主,稍好的位置都让先到的小贩占了,想搭边儿立刻就被人撵走了。

> 白天出摊卖水果,晚上除了记笔记,就是躺在出租屋的小床上,一边听着收音机里《常回家看看》的歌声,一边流眼泪,除夕的鞭炮声,就像炸响在张刚的心上。

一周后,一篇6000多字的体验新闻见报了。很长一段时间,张刚做体验式新闻上了瘾:搬家工、送水工、环卫工、动物饲养员……张刚和底层百姓的距离,报纸和底层百姓的距离,就在这一篇篇报道中越来越近。

通讯与消息,尽管都以叙述为主要表达方式,而消息更讲究对事实的概括直叙,新闻用语也较严谨、规范;通讯的叙述,则比消息详尽、生动、形象,并且往往带有记者个人的语言习惯和风格。例如,同样是报道2015年上海跨年夜踩踏事件,消息《上海踩踏事件致36死49伤18名伤者离开医院》是这么叙述的:

> 据上海市政府新闻办公室官方微博"上海发布"消息,上海市卫生计生委通报,截至今天上午11时,外滩陈毅广场踩踏事件共造成36人死亡,49人受伤,新增两名伤者系昨天下午入院就诊确认。18人已经诊治后离院,31人继续在院治疗。其中,重伤13人,轻伤18人。已与28名伤员家属或同事取得联系。

通讯《上海踩踏事件调查:致命的跨年灯光秀》,叙述方式的运用,跟消息就有明显的不同,且看通讯开头几段:

1月2日深夜的外滩依旧灯火通明,操着不同口音的中外游客在寒风中游览、拍照,主干道旁边的警车密布,陈毅广场安保最甚,游客过马路会有三排警察手拉手筑起人墙。

但是2014年12月31日这天晚上,这样的人墙保障没有出现,36个游客(他们中的多数为学生)随着汹涌的人流挤过了马路,挤进了陈毅广场,在距离观看灯光秀的最佳位置——观景平台还有几步路的楼梯上,他们被挤压,跌倒,踩踏,最后停止了呼吸。

(二)描写

描写作为对人物、事物、景物及有关场合作出描绘的文学表现手法,是通讯写作一种重要的表达方式,这与消息写作的区别也很明显。消息主要是陈述式报道,以讲清事实为基本要求,运用描写手段是有限度的,只是一笔带过。通讯写作则不然,它既有报道职能,又有一定的欣赏性要求,所以有时描写的分量较重,并从中显出文采。在报道中展开描写,以求形象地再现新闻事实的全貌和细节,应当是通讯写作要注意的问题。

通讯,尤其是人物通讯,描写对象包括人物的言行外貌和内心世界,只有从多方面刻画,才能使读者(听众、观众)看出活生生的人物来,如见其面,如闻其声。从《钱江晚报》的通讯《女白领连续加班一周 感冒两天后心跳骤停》中,我们来看看对人物心理的一段描写:

一个多星期前的一天,她早上起来后,突然发烧,觉得浑身好冷,胸闷。

她估摸着是小感冒,平时她基本靠喝白开水自愈,可最近公司里头有这么多活等着她干,为快点好起来,她跑到家附近的诊所挂点滴。

再来看看《秦皇岛教师因患腰病跪着上课感动网友》这篇通讯中的肖像描写:

杨春菊30多岁,不高的个头,扎着马尾辫,戴着一副近视眼镜,文静中透着温和。记者再三努力,她才讲出当时的情况。

描写有白描、细描之分,新闻写作包括通讯多用白描。比较起来,通讯比消息的描写要细,甚至可以适当展开细描。

如《国王访问农民家庭》中由细节构成的一个场面描写:

房里,炉火正旺,锅里土豆烧肉冒着热气,散发出诱人的香味。一箩米放在锅边,旁边还有油豆腐和豆腐。一位高个子的比利时客人的头碰到挂在梁上的篮子,摘下篮子一看:是两条鲜鱼。

"啊,不错,不错!"贵宾们连声赞美。

(三)抒情和议论

通讯的表达还有抒情和议论,这两种表达方式常与叙述或描写结合运用。抒情是指记者叙事状物过程中抒发感情,表达记者的倾向和褒贬;议论,是记者就报道的事件和人物,表示看法、主张。

例如,通讯《为了周总理的嘱托》,先是描写造林劳模吴吉昌在"文革"中"弯着残废的手,拖着被打伤的腿,艰难地跪在地上打扫"村道,而两旁的白杨树是几年前他领回来的"奖品"。通讯接着写道:

> 如今,这些白杨已经有碗口粗了。可是,为全村赢得这些荣誉树的人,却受到这样的折磨。白杨在迎风呼号,那是为老汉在鸣咽,还是为这不平在忿怒?!

又如魏巍的名篇《谁是最可爱的人》结尾一段:

> 亲爱的朋友们,当你坐上早晨第一列电车走向工厂的时候,当你扛上犁耙走向田野的时候,当你喝完一杯豆浆、提着书包走向学校的时候,当你坐到办公桌前开始这一天工作的时候……朋友,你是否意识到你是在幸福之中呢?你也许惊讶地说:"这是很平常的啊!"可是,从朝鲜归来的人,会知道你正生活在幸福中……

通讯的抒情和议论,要求从事实出发,同事实的报道水乳交融。抒情绝不是无病呻吟,而是触景生情,有感而发,点到为止,有时可以借用比喻、象征等手段。无论抒情、议论,在通讯写作中均以准确、精练为佳。

叙述、描写、抒情和议论,这是通讯写作常用的几种表达方式,别的文体的许多表达技艺都可以为通讯借鉴运用。就艺术表现技巧来讲,电影"蒙太奇"(一种镜头组接原则)式的描述、戏剧台词化的人物对话等,只要运用得当,对丰富通讯表达方式都是大有益处的。

第三节 各类通讯写作特点

一、人物通讯

人物通讯是写人的,这种以人物报道为内容的通讯,最能体现不同于消息的体裁特色,历来在我国媒体上占有较大比重。人物通讯用它丰富的内涵,生动形象地报道新闻人物,尤其是先进人物的事迹和成长过程,展现人物的精神风貌,从而起着鼓舞和激励受众的积极作用。长期以来,我国媒体都十分重视对先进人物的宣传报道。黄继光、焦裕禄、王进喜、孔繁森等英雄模范人物通讯,不仅在当时引起强烈的反响,而且在一代甚至几代人中产生着深远的影响,具有强大的生命力。

人物通讯作为详实、及时、详尽地报道人物的一种通讯,在写作上主要有以下一些特点:

(一)以报道新闻人物为题材

这里讲的新闻人物,包含有两层意思。首先,人物通讯的题材必须是人物,不以人物为中心内容,就不是人物通讯,因为其他题材的通讯往往也离不开写人。人物通讯,可以写个人,即集中报道一位人物,反映他(她)个人的思想和事迹。《县委书记的好榜样——焦裕禄》、《铁人王进喜》等,都是报道个人的著名通讯。人物通讯也可以写群体,报道一群人物,着力刻画群体形象。报道中国国家女排的《中国姑娘》和《国门卫士——黑河好八连》等,则是反映群体人物的通讯。

其次,作为新闻报道的一种形式,人物通讯所报道的人物,还必须有新闻性,即以新近事实为依托,从中提供新闻信息,而不是对人物的全面总结,不是一般的好人好事的鉴定记录。通讯报道的时间跨度及其"新近点",虽然不像消息那样严格要求,但也应当是新闻,有新闻才有新闻人物。

《新民晚报》2012年9月25日播出的通讯《做点能改变现状的事》,具体、形象地反映上海知青徐桔桔重返第二故乡黑龙江带领百姓致富的故事,事迹感人,传递社会主义核心价值观,尤其是"与其埋怨,不如静下心来,去为改变现状多做一些"这一主旨,很有现实意义。这篇人物通讯之所以获得第23届中国新闻奖二等奖,是因为它不仅选取了徐桔桔这样的典型人物做报道对象,且报道着眼于"新",大都是近几年发生的事,开头还以记者"辗转经过近3个小时的飞机、10多个小时的火车和近2个小时的汽车,记者终于踏上了徐桔桔所在的边陲小镇——逊克"为由头,在时间上比较新。刊发在《兵团日报》2012年5月2日1、4版的通讯《真情援疆 不悔追求》,以新闻人物为题材,是一篇广受好评的人物通讯作品,摘引如下:

> 4月3日下午,在北京公安医院肿瘤科病房里,初春的阳光照在窗棂上,病房暖意融融。正在打点滴的田百春,见到援疆的同事来了,眼眸闪着亮光:"这么远来看我,真是辛苦了!"
>
> 他有意提高声调,一如昔日那般激情澎湃,讲述援疆工作的点点

滴滴。

……2011年8月,田百春随中央第七批援疆干部来到兵团,任兵团党委机关报兵团日报社副总编辑,分管报纸改版、发行、广告工作。他的认真、严谨,给同事们留下了深刻印象。

针对报社的改版工作,他始终强调:"深度报道,要策划先行,打有准备之仗。""走基层的稿子虽然短、小、快,但立意要高,可以做深、做透、做广。""有些好的选题,不要急于出手,要有准备、有积淀,扩大影响。"

有一次,因为一篇评论,在改与不改的问题上,田百春与责任编辑起了争论。事后,他主动找到这位编辑表示歉意,他语重心长地说:"改版后推出的'言论·声音'版经过3个月的试行,从读者反映看,已经有了口碑;要维护版面质量,要求不严是不行的。"

2011年"十一"长假后的第一天,他就来到办公室。同事问他:"听说你女儿今年高考,怎么没有多陪女儿几天?"

他却说:"报社人手紧,任务重,大家手头上都有自己的工作,如果我不在,就会增加别人的工作量。"

……今年1月,田百春深入农九师、农十师两个边境师采访,历时10天,回来后撰写了通讯《兵团精神和事业的传承从哪里抓起》。田百春解释说:"正如小白杨哨所呈现给世人的一样,'守望'作为所有兵团人身上的特质之一,就像白杨般伟岸、正直、质朴,以极强的生命力,迎风耸立,守望着北疆。对于这种精神文化资源,我们进行了积极发掘,但还不够,还要加倍努力工作,力争形成更多更有影响的精神文化产品,以培养人、教育人、凝聚人,弘扬兵团精神,传承兵团事业。"

……

这篇文笔质朴、叙事实在的人物通讯,不仅较好地把握了新闻的时效性,善于以发生在近段时间的众援疆同事探病田百春为切入口,并且所选题材富有新意。如"田百春在驻港10年后还申请援疆";"女儿高考时仍心系工作、长假后第一天就来到办公室"。这些事实传出的新闻信息是:在中央新疆工作座谈会和新一轮援疆工作启动以来,一批批像田百春这样的有责任和抱负的当代知识分子,有着执着援疆的大爱情怀和奉献敬业的可贵品质。

(二)用人物的行动表现人物

新闻要用事实说话,消息是如此,通讯也不例外。人物通讯写人物,就要缘事而起,因事及人,这不论是报道正面人物,还是反面人物,都是一个理。

　　我们以正面宣传为主,大量报道的是正面的、先进的人物。写先进人物的通讯,重要的一条是要有典型的生动的事实,而不能只是一些空泛的赞颂,或是几条鉴定式的概括。也就是说,应当通过人物自己的行动——看得见、摸得着的先进事迹,显现人物的思想品德和业绩成就。只有抓事迹写人物,才能使人感到栩栩如生,有骨有肉,才能发挥人物通讯感染人、鼓舞人、教育人的积极作用。

　　上述《做点能改变现状的事》,所以能够叩响听众的心扉,激起人们对徐桔桔的敬佩之情,在写作上的一个明显的特点,也正是在于用人物的言行来表现这个先进人物。且看报道部分节录:

　　　　去年一年,徐桔桔在上海和逊克县之间跑了5个来回,贾爱春更是在上海、北京、黑河之间跑了12趟。除了考察当地情况,了解农情之外,为了弄清山河村百姓的想法,贾爱春还制作了100多张调查问卷,无记名调查大家是否支持知青到村里当支书。没想到的是,100多户村民,每一户都在问卷上选择了"支持"。

　　　　一切准备妥当,去年国庆,徐桔桔瞒着家人,偷偷将自己的组织关系转到了逊克县,被县里委任为山河村党支部书记。回到上海,她惴惴不安地和儿子摊牌。没想到儿子听了母亲的选择,沉默了一会后说:你既然已经决定了,就去吧,去做你喜欢的事。

　　　　在当地政府的支持下,今年2月,山河村重新恢复村建制,并成立种植合作社,贾爱春担任合作社的法人代表和董事长。村里的百姓在零下数十摄氏度的寒风里扭着秧歌庆祝,老人们热泪滚滚:"几十年没看到这么热闹的景象了。"

　　人物通讯所反映的人物,有着他们工作、学习、生活和社会活动的轨迹。这些轨迹便是与人物密不可分的一系列事件。所以,为了鲜明地突出人物,就要将人与事结合在一起,通过人物自己的行动把人物显现出来。这在写作上应当明确,人物是事件的主角,事件是人物活动的舞台;人物通讯写人是中心,事件则为表现和突出人物服务。报道焦裕禄的通讯,开篇首先告诉读者的是事件——1962年河南东部的兰考县遭受严重自然灾害,粮食产量下降到了历年的最低水平。然后由事件引出了人物:"就是在这样的关口,党派焦裕禄来到了兰考县。"接着通讯围绕焦裕禄将事件逐层展开,详尽报道焦裕禄带领全县人民抗灾救灾的一系列活动,生动地再现县委书记的榜样——焦裕禄这一血肉丰满、个性鲜明的感人形象。

　　(三)打开人物心灵的窗户

　　人物通讯通过报道人物事迹(活动),重在表现人物的精神境界,突出具有时代特征的主题。我们强调抓住事迹写人物，并不意味着人物通讯仅仅是写人物事迹，更不是就事论事，而是要见物见人见思想。报道先进人物，尤其要"打开人物心灵的窗户"，展示他（她）的思想品质，突出一种精神。激励人们学习先进人物，主要也是学习先进的思想、精神，而不是仅仅让人跟着去做某些事。因此，人物通讯既要因事及人，更要因事传"神"，充分表现人物的内心世界，表明某种具有普遍意义的人生观、价值观。《县委书记的好榜样——焦裕禄》所以有如此强大的生命力，过去几十年了，久久留在人们心里的，不正是焦裕禄为党和人民鞠躬尽瘁的精神境界吗！

获得23届中国新闻奖二等奖的《新疆日报》2012年8月12日刊发的人物通讯《艾山江·买买提：从大学生村官到北京十渡人》，用朴实的语言既写出了一个维吾尔族大学生村官的作为、意义，又描写了一个维吾尔族青年融入北京生活受到的关爱，从朴素的传述中展现了民族团结之情。这篇通讯的写作，给了我们多方面的启迪，其中一点就是通过叙事，注重揭示人物的思想、精神。请看通讯中讲述他与村民深厚感情的这段描述：

> 西地村一位80多岁的老太太，不知如何使用银行卡，每次总要给艾山江打电话让他帮助取款。面对银行工作人员诧异的神情，老太太很自豪地说，这是我儿子！
>
> 热情、开朗的艾山江与村民建立起了深厚的感情。清晨跑步，他总要与每一位村民打招呼；晚上跟村民下棋、打球、聊天，组织乒乓球比赛、扑克比赛、象棋比赛等活动。担任村官的3年里，他是孩子嘴里的艾哥，同龄人眼中的兄弟，老人心中的儿子，成为大家离不开的人。

仅从这几段叙事文字，从村里艾山江帮村里老太太用信用卡，到他日常生活中与村民们打成一片的种种事例，这些叙事都体现出艾山江融入北京、心系百姓、无私奉献的高尚情操，寥寥数语便将人物高尚的内心世界展现在受众面前。

诚然，打开先进人物心灵的窗户主要靠事迹，而一个典型的细节，有时胜过一大段概括性的叙述，譬如人物的一个动作、一句话语、一种表情，常常反映出人物的性格特征。地质学家李四光养成习惯，他每一步的跨度是0.85米；铁人王进喜在北京看见公共汽车背着大煤气包，这位石油工人的心情一直不能平静。有关通讯中的这些细节，给受众留下了深刻的印象。再说特定人物总是生活在特定的环境之中，人物通讯也要写到与人物活动有关的环境和一些景物，这不仅有助于再现人物形象，而且可以更好地烘托和展示人物的精神风貌。23 届中国新闻奖的作品《周玉阳的"另类支教"》是江西广播电视台于 2012 年播出的一组电视连续报道,其中有这样一段描写:

> 周玉阳支教的地方,是贵州省赫章县石板村。这是一个要走 3 个多小时山路,才能进去的小山村。当地唯一的学校只有一到四年级,学生小学都毕不了业。来到石板村,周玉阳身兼数职,办起了五六年级,实在分身乏术,他动员妻子来帮忙。之前反对丈夫支教的刘晚凤坚持了 3 个月,拗不过周玉阳,也辞职跟来了。

这里,记者以质朴自然的文笔,真实地描述了支教教师周玉阳当时的生活环境,展现出周玉阳的奉献、担当、尽责,也让人们记住了支教志愿者的无私、爱心与坚守。

(四)对人物的理解与沟通

人物通讯写作,需要记者对人物深入体察和注入激情,在思想感情上息息相通,深刻理解先进人物并与之共鸣,这样才能真正写好人物通讯。穆青同志在谈到人物通讯作用时说过:"人物通讯的教育、激励作用,是通过思想上的启示和感情上的共鸣来打动读者的。特别是感动读者这一点更加重要。而要使读者动感情,首先记者自己要动感情。"[1]我们多次讲到通讯《县委书记的好榜样——焦裕禄》,当年新华社兰考采访小组也讲了这样的体会:是"焦裕禄同志的革命精神深深感动着我们,教育着我们"。[2]

优秀的先进人物通讯具有很强的感染力量,首先是人物自身的事迹、精神境界感人至深,而记者倾注于字里行间的激情打动了读者也是一个重要因素。记者为人物而动情,读者才可能为人物而动容。所以,记者应当深入了解、更应理解自己所采写的人物,同他们思想上、感情上融合相通,与人物同哀共乐,这样才会从心灵深处迸发出火一般的激情,而记者的激情往往又是人物与读者(听众、观众)之间产生共鸣的感情纽带。

《珍贵的财富——王树理离任小记》这篇人物小通讯,报道庆云县委书记王树理离任时珍惜地带走一箱人民来信,这原本算不上什么了不起的大事,为什么在记者看来却是"了不起"的呢? 很关键的一点是,记者对所要报道的人物不只是了解而且理解,同报道对象的思想感情是相通的,从而在宏观上点出了这件事的价值和意义,并满怀激情地体现于作品中。试想,如果记者对要报道的人物不理解,或者在思想感情上格格不入,那他会不会去写这篇通讯呢?

---

① 据《中外记者经验谈》,北京:中国人民大学出版社,1986 年。
② 据《中外记者经验谈》,北京:中国人民大学出版社,1986 年。

即使去写，又能写好吗？

二、事件通讯

事件通讯，作为报道突发性或可预知性事件的通讯类型，是不同题材内容的各类通讯中较为常见的一种。反映事件的事件通讯，有其区别于其他通讯的写作特点。

（一）写作题材重大或典型

无事不成新闻，新闻报道包括消息和通讯，多属事件报道。但是，并非社会上发生的任何事件都可以用来写通讯。事件通讯反映的事件，一般是公众关注的重大事件或典型事件。所谓重大事件，通常指内容重要、影响极大或较大的各种事件。比如 2008 年 5 月 12 日和 2010 年 4 月 14 日发生的汶川地震和玉树地震中，中央电视台和各地方电视台对这两次突发性地质灾害进行了我国电视新闻史上投入最大、报道时间最长的直播活动，完整、准确、及时地报道了这两次重大灾害。这两组特别报道包括现场直播，有消息报道、人物访谈、大型专题节目、演播室活动、背景分析、MTV 等，其中一部分节目实际上是事件通讯。当然，重大事件也是相对而言，就通讯的取材及其影响来看，可以是全国性的，也可以是地方性的。

值得注意的是，构成事件通讯的事件，往往未必是题材本身重大，而是以小见大，以微观见宏观，体现出普遍意义的主题。这就要求通讯所报道的事件具有典型性，能够提出和回答面上的问题。2011 年《新消息报》刊发了一则通讯《学校大摆"鸿门宴"家长无奈献礼金 石嘴山市八中如此庆祝教师节》，说的是石嘴山市第八中学发函邀请学生家长聚餐庆祝教师节，并按人头收取慰问金表示对学校工作支持的事件。通过对事件经过、结果及家长态度的描述，披露了学校巧立名目玷污教育机构声誉的事情，是对教育系统不良风气的警醒之作。这篇报道曾在 22 届中国新闻奖报纸通讯类中荣获二等奖。对学校大摆"鸿门宴"这一事件，通讯是怎样描述的呢？我们来看看其中的几个段落：

> 直到 19 时 04 分，这张立着石嘴山市八中提示牌的长条桌，一直被家长簇拥着。记者看到，两张蓝色的记账花名册已填满，约有百十来人，多数人出了 1000 元，最少的 500 元，最高的达 5000 元。以此粗略估算，一小时收取慰问金十余万元。
>
> ……在排队交慰问金时，家长们议论纷纷："我家孩子刚上初一，他们班有十多个孩子收到了请柬。"一名家长很不情愿地交了 500 元，说："为了考个好高中，我把孩子转了过来，没想到遇到了这样的事。"一名家长怕老师对孩子不好，本打算交 500 元，看了花名册后交

上 1000 元。"今年孩子上初二,去年我就收到了这样的请柬。"一位家长交上慰问金后,抱怨了一句便离开了。

据家长反映,石嘴山市八中初一至初三每个年级都有 12 个班,每个班有 50 余名或者 60 余名学生,此次前来赴宴的家长包括初一至初三各个班级。大部分收到请柬的学生学习成绩一般,要么家庭经济条件较好。每个班都有八名或者十余名、有的班甚至有三分之二的学生收到了邀请函。

从引述的这几段就可以看出,事件通讯是对有一定意义的新闻事件的报道,旨在弘扬一种精神、一种风格,或总结某种经验教训和提出某种警示忠告。在写作上,事件通讯比之反映事件的消息,内容更详尽,更有深广度,不仅可以描述事件细节,而且可以展开交代和分析事件的来龙去脉。

(二)记事为主,结合写人

世界上很少有离开人的活动而独立存在的事件,以记述事件为主的事件通讯自然要涉及人。不过要注意事件通讯中写人,不是为突出人物,而是为更好地报道事件服务,这是同人物通讯的一个区别。

有事必有人,不寻常的事必有不寻常的人。特别是那些生动感人的事件通讯,更要结合记事,写好人物,这些人物与新闻事件密切相关,并能从不同侧面展示事件的内涵及其意义。

比如 24 届中国新闻奖文字通讯类作品《"宁可团场被淹,也要保住英阿瓦提乡!"》,讲述的是兵团在稳疆兴疆、屯垦戍边上发挥的特殊作用。2013 年 6 月下旬,当一场 50 年难遇的洪水袭来时,位于托木尔峰山脚下一师四团选择了牺牲自己的收成,保住了英阿瓦提乡,谱写了一曲民族团结的壮歌。记者通过实地采访,精心勾勒,真实再现了洪水袭来时团场职工群众保住民族乡的壮举,以及民族乡帮助四团职工群众抗洪救灾的细节,展现了兵团与地方、民汉深厚的友谊,从侧面反映了兵团发挥特殊作用的重要贡献。

其中有一部分讲述的是维吾尔族村民吐逊江·居买提与兵团兄弟的故事:今年 4 月,吐逊江·居买提家发生火灾,由于乌什县消防队离英阿瓦提乡有几十公里路程,情急之下,他向四团求助。四团立刻派出消防车第一时间奔赴现场,四团干部职工也赶来帮忙救灾。

"那天,我首先想到了我的汉族朋友,我给他们打电话,他们很快就赶来了。"吐逊江·居买提说。

发生在吐逊江·居买提这一人物身上的具体事例从更鲜活、更生动的角度很好地宣传了兵地、民汉之间的深情厚谊,对新疆社会发展稳定有良好宣传作用。

（三）形象地再现事件的特征

事件通讯在写作上的又一特点，就是着力体现事件的个性特征，以避免雷同，富有新意。怎样来体现事件的个性特征？通常是从选材中抓取特点，在突出重点内容的基础上，选择有个性的情节加以表现，并力求具体、形象。通讯《她的家究竟在哪儿？》，就是围绕莉莉姑娘有没有家、她家在哪儿，以及这个被父母遗弃的女孩所经历的种种磨难等情节展开的。记者通过对莉莉时而有"家"，时而又无家一系列情节的叙述，向受众展现了这种令人深思的事件特性。

消息报道某一新闻事件，比较概括、简洁，只是扼要地将新闻信息传递给受众。事件通讯报道某一事件，则将其中的信息含量加以拓展，叙事更加详细而且形象化，也就是要完整地报道事件的全过程或者某个侧面，尤其对事件的有关情节和构成情节的细节加以具体描述，以使受众既了解事件面貌，又把握事件的特性，并能理解和接受记者所要表明的某种观点。事件通讯要体现事件的特征，也可以抓事件本身的矛盾冲突来做文章。如前几章提到的央视作品《证难办 脸难看》，报道开头，记者便抓住工作在北京、家在外地的小周需要办因私护照出国学习，却总被家乡县的公安局出入境科工作人员卡住、每次去还要看办事人的脸色的事情。通讯中有很多精彩的矛盾点，如——

　　　　小周：办一下证件。
　　　　河北省武邑县公安局工作人员：什么证件？
　　　　小周：护照。
　　　　河北省武邑县公安局工作人员：去哪里？
　　　　小周：澳大利亚。
　　　　河北省武邑县公安局工作人员：谁办？你办啊？
　　　　小周：对。
　　　　河北省武邑县公安局工作人员：你在哪里？
　　　　小周：我在北京。
　　　　解说：出入境科的办公室面对面坐着两位办事人员都没有穿警服，其中一位一直看着报纸，头始终没有抬一下。
　　　　小周：上次是找她办的。
　　　　河北省武邑县公安局工作人员：上次找她办的，办过一回啊？
　　　　小周：对。
　　　　解说：这位一直看着报纸的女士就是前几次接待小周的办事人员，她报纸看得很专注，直到对面的同事叫她，她才如梦方醒般抬起了头。

河北省武邑县公安局工作人员：办证。

小周：办下护照。

解说：她似乎对小周的来访，打扰了她读报有些不满意，不过显然她还记得小周。

河北省武邑县公安局工作人员：你不是不办了吗？你怎么又要办了呢？

小周：公司需要，没办法。

记者：办个护照方便主要是，公司随时可以出去。

河北省武邑县公安局工作人员：公司，公司，公司让你出去干吗？

小周：拜访客户。

河北省武邑县公安局工作人员：你公司干嘛的？我看你上回填的表呢？把表找来我看看。

解说：小周这已经是第五次来办护照了，前几次他都是无功而返，原因是材料不齐，而这次他自认为让准备的材料都备齐了，应该没有问题了，结果这位办事人员又发现了新问题。

河北省武邑县公安局工作人员：你不是这里的。

小周：我身份证就是这里的。

河北省武邑县公安局工作人员：你是呼和浩特的身份证。

小周：不是，我户口在这边的，身份证是学校给办的。

河北省武邑县公安局工作人员：这个不行这个，没换不行，没换这个不行，去换那个，复印那个，给你这东西。

小周：我跑了好几趟了，你一次跟我说清楚我就办了。

记者：跑了好多趟，老缺东西，来一次缺次东西。

再比如大学生小狄到丰县行政服务大厅办理营业执照的一个片段：

解说：跑了十几趟，办来的只是两张空白的执照，这让小狄哭笑不得。为了讨个说法，不久前小狄给丰县有关部门写了一封信，标题是"让人心酸的两张空白营业执照"，反映了自己遇到的烦恼，而这次也就是他第11次到县工商局，就带着镇分局给的两张空白营业执照和法人营业执照副本，那里的办事人员告诉他，只要到县工商局窗口，把内容打印上去就可以了。

记者：红旗窗口呢。

小狄：你好，我是来打这个的。

江苏省丰县工商局工作人员：农民专业合作社。

小狄：嗯。

江苏省丰县工商局工作人员：大厅不办，下面分局去办。

小狄：我的档案转过来了，分局说不能办，让上这儿来办。

江苏省丰县工商局工作人员：从哪转过来的？

小狄：从徐州。

江苏省丰县工商局工作人员：我们这儿不办农业合作社。

评论通过以上一系列真实具体的细节和极具讽刺的语言，反映出办证人与窗口行业工作人员间的多重矛盾，生动鲜活展现了"门难进、脸难看、事难办"的官僚主义作风，引起了社会各界广泛关注与强烈谴责。

三、工作通讯

工作通讯是一种以实际工作为题材的通讯，即通过事实的报道，及时反映当前工作中的成就、经验和存在的问题，有针对性地提出带规律性的东西去推动工作。在我国，工作通讯作为一种重要新闻报道形式，历来受到各级党委和政府的重视。

在我们的报刊和广播、电视中出现的工作通讯，早在人民解放战争时期就曾发挥过巨大作用。1948 年，我党领导的各解放区开展了土地改革运动，当时解放区报纸上刊载各区整风和土改经验的工作通讯，得到了毛泽东同志的肯定和赞扬。社会主义建设时期，工作通讯报道的内容，从单纯的经验介绍扩展到反映工作中的问题或失误。有人把这种工作通讯称之为"问题性通讯"。进入了以经济建设为中心的新的历史时期，随着深入改革、扩大开放，各个领域各个方面的工作充满生机和活力，不断取得新成就、新经验，同时也伴生出新矛盾、新课题，这就像从"源头"涌现"活水"一样，不仅使工作通讯的内容更加丰富多彩，报道也显得更有深度，而且通讯形式呈现多样化趋势，先后出现采访札记、记者来信、工作研究等，并注重文采和表现力。

工作通讯类似经验消息，同样要有新闻性和普遍意义，不同的是报道的事实更为细致，并对事实作出分析。据此，工作通讯的写作，主要有两大特点：

（一）着重于指导性

社会主义新闻，包括通讯在内，既讲可读性（可听性、可视性），也讲指导性，而指导性在工作通讯中表现得更为突出。工作通讯的指导，主要是政策指导和思想指导。

我们在工作上的创造、成绩及经验，都是在党的政策精神指导下取得的；反之，工作上的失误、差错，除了某些人为因素，往往是偏离甚至违背政策的结果。所以说，工作通讯的指导首先是政策指导。我们的报纸和广播、电视，一个极其重要的任务,就是宣传党的方针政策。

这项任务,除了有关言论和消息报道以外,在很大程度上是由工作通讯担当的,而正确理解和真正吃透政策精神是记者写好工作通讯的前提。

工作通讯的政策指导,与思想指导是不可分割的。作为新闻报道,它在政策上的指导,不仅仅是解释政策条文,更不是也不能强加于人,只能通过事实的报道,对读者(听众、观众)思想上发生潜移默化的影响来起作用。同时,工作中如何解放思想、实事求是,如何提倡先进、鞭策落后等,都需要讲究思想指导。即使报道一项工作经验,也不能局限于具体经验的推广,应该着重给人以思想的启示,并讲清事物的因果关系和取得经验的具体条件。

拆迁,往往是上访、暴力和群体性事件的关联词。2012年2月4日,《中国纪检监察报》刊发工作通讯《"和谐搬迁"背后的故事》,讲述了江西贵溪"三村整体搬迁工程"实现了零上访、零强拆、零事故,成为"和谐搬迁的典型"的故事。这篇工作通讯从描述一位搬迁群众"生活在画里的感觉"的喜悦心情入手,把"和谐搬迁"背后的党委政府"不搞强行搬迁,不伤群众感情,把群众满意作为搬迁安置工作的基础"群众利益至上理念通过所见所闻真实地呈现给读者。在谋篇布局中,作者由点及面、由表及里,运用鲜活的事例和细节,生动地展现"和谐搬迁"的起因、过程及成效,透过"和谐搬迁"的工作经验,折射出"以人为本、执政为民"的执政理念在各级党委政府特别是基层的"落地生根",给人以思想上的启迪。

(二)富有理论色彩

刊发在《浙江日报》的工作通讯《西苕溪:十年传奇又一春——"探访母亲河"报道》有这么几段介绍,较具理论色彩:

> 自20世纪70年代起,先后有68艘采砂船在溪内采砂。黄砂泛起,家园疮痍。为还一江清流,2010年起,安吉全面下达禁采令。从此,曾经的采砂收费管理员朱美华,成了西苕溪的守护人。最近,他有了更惊喜的发现,对水质特别挑剔的太湖白鱼,现在又回游西苕溪产卵了。
>
> ……西苕溪两岸商业性采砂叫停,当地少了每年2000多万元的砂石资源费收入。他们却在过去五年,额外投入了8000万元加筑西苕溪堤防;今年启动的清水入湖工程,包括西苕溪干流整治清淤、生态修复和浑泥港整治,使安吉境内的水质常年保持在二类以上。

为什么有些工作通讯要有相当的理论色彩?理论是对客观事实本质和规

律性的认识概括,一般以原理、概念的形式体现出来。工作通讯既然是反映和指导工作的报道形式,就要将实际工作中经验性的、零散的现象上升为理性认识,以启发人们的思想,指导人们的行为。如果说通讯所报道的事实让人了解"是什么",那么,通讯所表现的理论色彩是回答"为什么",懂得"为什么"才能对事实加深理解。

工作通讯毕竟不是理论文章,其理论色彩是透过具体事实折射出来的,它可能引起理论界的重视和进一步研究,但本身没有也不需要有严谨的定义和完整的推理过程,更不能是离开事实的抽象的说理。再说,工作通讯所报道的事实,尽管是渐变性的即在一段时间内形成的事实,事实发生的延续时间较长,但也必须具备一定的新闻性,不过相比消息侧重时间上的"新",工作通讯更侧重的是内容上的"新"。

四、风貌通讯

风貌通讯,又称概貌通讯或旅游通讯,主要指一个地区、一条战线新风貌的通讯报道。它取材于日新月异的现实生活,着重反映社会主义建设事业发展的崭新面貌,激发人们革命和建设的热情,常见的形式有"见闻"、"巡礼"、"散记"、"纪行"等。

这类通讯题材广泛,重点是报道社会主义建设成就,以使人们了解时代的变迁。同时,可以结合游览名山、大川、重镇,报道今日新貌,抒发记者情怀,向人们进行爱国主义教育;也可以描述自然风光或风土人情,以开阔读者(听众、观众)的眼界,增长读者的知识。

风貌通讯的写作特点:

(一)着力反映变化

反映新成就、新面貌的风貌通讯,写作上的着力点在于一个"变"字。这要求从不同的视角,运用不同的表现手法,抓住具有个性特征的新闻事实,对某个地方、某个领域、某个方面作出整体性的报道。

常用的写法是对比,所谓"不比不知道,一比吓一跳",通过鲜明的比较,最容易使人感受到时代变迁的印记。且说地处宁夏西海固、甘肃定西和河西这"三西"的六盘山,曾是中国最穷的地方之一,而如今已发展成为景色壮美秀丽的山水画卷。通讯《"三西"扶贫记》从不同的侧面采撷一朵朵"小花",运用对比手法反映出今日三西新貌。如文中写道:放眼望去,绵延的梯田宛如巨大的五线谱,在千沟万壑中匀称地展开,劳作的人们如点点音符跃动其上,听似无声,却把一种强烈的音乐感染,弥漫在天地之间。

我们不禁为之感叹:美哉,三西景;壮哉,三西人!

（二）体现直观性

风貌通讯，总是透过对所见所闻所感的描述，让受众也像目睹一样，如见其人，如闻其声，如临其境。因此，在写作上的又一个特点，就是现场感强烈，体现出通讯报道的直观性，从直观中显其风貌。也就是说，无论是写人、叙事、绘景，都要善于用逼真的事物形象吸引人和感染人。

例如通讯《渔港新曲》中对石浦港的描绘：

> 略呈弯月形的港城，东侧浮出一串小岛，恰似特意安放的屏障。小岛两面相间处，洞开着 5 扇"水中之门"，出得门来，豁然可见东海大洋的滔天碧浪。

脱胎于古代游记的风貌通讯，在一定程度上承袭了游记的特点。强调风貌通讯的直观性，当然不仅仅是为了再现现场情景，目的是托人传声，借景抒怀，寄寓记者对建设成就、人物新貌或祖国大好河山的赞美。如通讯《今日白帝城》，就有现场情景的描述："登临白帝城最高处，白天远眺，但见千山万壑，云雾缭绕；夜间俯瞰，江峡中灯火万盏照航程"；又抒发了记者的感受："人们面对这锦绣河山，更增添了建设社会主义祖国的豪情。正如 1958 年郭沫若同志在这里写的那样：'在两岸可能还有啼猿，但也不是悲哀，而是赞叹。中国历史尽管有四千多年，万马奔腾的今天，气象空前。'"

（三）富于知识和情趣

风貌通讯的感染力，还来自于它所蕴含的知识和情趣，这也是一个写作特点。我国地域辽阔，山川秀丽，各地又有不同的人文景观、典故和风土人情，都是风貌通讯可以涉猎的知识领域。

《渔港新曲》由于写出了当地的人情故事，受众可以了解到当地的历史知识。通讯由聂耳塑像写到 1934 年聂耳和蔡楚生、王人美在石浦拍摄电影《渔光曲》的情景："荒凉的海边、萧条的市面、破败的茅屋、贫穷的渔民，这一切深深震动了来自大都市的艺术家。"接着又描绘了当年渔民为他们组织的告别晚会，聂耳伴奏，王人美动情地唱起《渔光曲》中那支悲哀凄婉的主题歌，这支歌后来传遍了石浦港。在通讯结尾处，记者还写了如今渔家汉子爱唱一支轻快欢乐的《渔港新歌》，两支歌曲相隔半个多世纪，石浦港风貌的巨变被生动地勾画出来了。

2005 年 4 月 26 日到 5 月 3 日，中国国民党主席连战率国民党大陆访问团进行了"和平之旅"的大陆访问。这是连战自 1945 年离开大陆后 60 年来首次再次踏足大陆，也是自 1949 年以来中国国民党主席首访大陆，标志着中国国民党与中国共产党关系进入了新的阶段。

对这样一个重大的历史事件,据中新网 2005 年 5 月 13 日转载连战先生夫人连方瑀女士在《中国时报》上发表的《感予故意长》的通讯文章,就生动记述了浓厚的乡情、亲情和中华文化的情趣。通讯在"南京餐餐有鸭处处有诗"一节中是这样写的:

> 到达当晚,江苏李书记设宴款待我们。我的母亲是南京人,我虽未住过南京,但从小吃母亲做的南京菜,讲南京话。鸭子是南京人的最爱,因此在南京,餐餐有鸭。官式宴会一开始先对话,主人、客人分坐两边。致词完吃饭,吃饭前再致词。有时致词会达三次之多。第一晚,李书记致词时,一开头就用了白居易的《忆江南》里的两句:"日出江花红似火,春来江水绿如蓝"。我想,这位先生国学真好,信手拈来便是诗。以后餐餐如此,而且要处处题字。在挥汗如雨的中山陵要题字,参观总统府、妈祖庙也要题字,而且都是用毛笔。一天下来,我开始感到有压力。

通讯写到这就会让人感受到海峡两岸同族、同胞、同根的手足情谊和相同的语言文化气息。接着连方瑀女士又介绍连战来到他童年就读的西安北新街小学,也就是现在的后宰门小学访问的情形:

> 战哥离开西安时,只有八岁。再度回来,已是 60 年以后。"乡音已改、鬓毛已衰。"我们车还未到,已经看见人山人海。穿过人潮,小朋友们早列队在操场等候了。一进校门,小朋友们就开始朗诵:"连爷爷,您回来了,欢迎,欢迎,您终于回来了!"那情景,非常像二三十年前,台湾的小朋友每当有重要人士来时,用朗诵诗歌来表达欢迎的情景。这时,访问团的人,有的开始会心一笑,但当孩子们重复着"您终于回来了"的时候,我开始鼻酸,眼泪忍不住滑下来。不禁想起"故国三千里,深宫二十年。一声何满子,双泪落君前"。

通讯中有很多对于校园的真情眷恋,对于故人的真切缅怀,对于中华文化的真挚热爱的精彩记述,特别是对历史性"连胡会",发出了深沉的历史叹息:"渡尽劫波兄弟在,相逢一笑泯恩仇",等到这一刻,等了 60 年,多么不易啊!

用餐时,大家都喝了不少酒——茅台。胡总书记温文儒雅,诚恳务实,和战哥非常谈得来,席间在座的人都非常同意战哥所引用丘吉尔的名言,"如果我们一直为现在与过去纠缠不清,很可能就会失去未来",为了两岸的利益,大家应开诚布公,想到这个时隔一甲子才迟来的会面,耳边不禁响起这样的句子:

人生不相见，动如参与商。

今夕复何夕，共此灯烛光。

主称会面难，一举累十觞。

明日隔山岳，再见是何方。

不少的风貌通讯，适当地穿插一些知识性、趣味性内容，既是新闻写作上的一个特点，对新闻受众来讲，也是一种魅力。在风貌通讯写作中，边游边看边议，说古道今，谈笑风生，有时兼叙有关的典故、趣闻、轶事，或引用流行的民歌等，都可以令通讯增辉生色。

［本章教学参考］

一、学习目的和要求

通讯体裁是一种不可缺少的新闻报道形式，我们不仅要学会写消息，而且要学会写通讯(包括广播、电视中的新闻专稿)。通讯写作这一章，通过对通讯的由来、表现形式和一般写作方法与技巧的介绍，以及对各类通讯写作特点的阐述，旨在引导大家掌握通讯的有关概念，明确通讯与消息在写作上的异同，并能在实践中运用这一体裁。

学习的具体要求：

1. 进一步了解我国通讯与文学的渊源关系，通晓通讯写作的发展历程，从中吸取历史经验。

2. 能够大致区别通讯的各种表现形式，并熟悉各种通讯形式的写作要求。

3. 懂得和掌握通讯写作的基本方法和表达方式，联系实际学写一般通讯作品。

4. 真正理解人物通讯、事件通讯、工作通讯和风貌通讯写作特点(要求)，能把握其共性与个性，并初步学会各类通讯的写作。

本章的教学方式方法，除结合实例讲解通讯写作知识外，建议选定一些优秀通讯作品，包括报纸上的各类通讯和广播、电视专稿(专题报道)，组织学生在课内外多读、多看(听)。有的短通讯佳作或长篇通讯中的精彩片断，最好熟读能背，并作为平时考查内容。同时，可按通讯的不同表现形式和各类通讯，分别布置作业，通过采访完成习作任务。

二、基本知识点

1. 新闻通讯发展概略。

2.通讯的表现形式。

3.通讯写作技法。

4.各类通讯写作特点。

三、内容提要

在我国,新闻通讯与古典文学关系密切。而作为报道体裁,文学性是次要的,主要的是新闻性。正是由于新闻性的加强,成为通讯走向成熟的最重要的标志,并在此基础上发展创新。

通讯的表现形式,常见的有记事、访问记、巡礼、速写以及新闻故事等等,这也只是大体的划分,往往还须结合运用,关键在于对不同形式写作特点的领会和把握。

学习内容的一个重点,是通讯写作方法与技巧。写作技法的运用,应从实际出发,因人因事而异,往往不拘一格。根据一般的规律和实践经验,通讯的写作,一是要展开情节与细节,这就区别于消息写作;二是结构求巧,层次明,有起伏,紧凑多变;三是报道角度要新,并善于抓住矛盾来表现事物的本质特征;四是表达方式多样化,以明白、流畅的叙述为主,结合使用形象、生动的描写(主要是白描),与报道事实融为一体的抒情,或有感而发、言简意赅的议论。作为学习上的难点,关于通讯写作技法,本章所介绍的还很不全面,需要在实践中进一步探索,以不断提高通讯报道质量。

各类通讯及其写作特点与要求,这也是本章的一个重点内容。从报道的题材上区分,通常有四类通讯。

人物通讯主要是写人的,以人物报道为中心。写法上缘事而起,因事及人,并用人物的行动写人物;重在表现先进人物思想境界,体现时代精神;要理解人物,感情相通。事件通讯详尽报道重大的或典型的新闻事件,这类通讯也写人,但目的在于更好地记事,力求写出事件的深广度。工作通讯是反映并指导实际工作的一种通讯,在我国历来受到党和政府的重视。指导性,主要是政策指导、思想指导;同时有一定的理论色彩,寓理于事,就实论虚,分析当前工作中的经验或问题,提出带规律性的东西推动工作。风貌通讯主要指一个地区、一条战线新风貌的整体性报道,也可以结合游览写今日新貌。这类通讯的写作,要着力反映今昔变化,表现建设成就和人物风采;强调直观性,用事物形象吸引人、感染人;富于知识和情趣,使人开阔眼界,兴味盎然。

四、思考与作业题

1.联系前面有关章节,弄清楚通讯是怎样发展为一种独立的新闻体裁的,有何规律性。

2.通讯有哪些表现形式？各有什么不同？

3.从媒体上选一篇通讯，概述其情节、细节，并分析作品的结构和表现角度。

4.通讯的叙述、描写、抒情、议论指什么？分别举例说明。

5.解释人物通讯、事件通讯、工作通讯和概貌通讯的不同概念。

6.以题材内容相区别的各类通讯，在写作上各有什么特点？

7.运用相应的表现形式，采写人物通讯、事件通讯各1～2篇。

8.根据自己平时所见所闻积累的资料，试作工作通讯和风貌通讯的写作练习。

第十章　新闻特写及其他

第一节　特写和特写写作

一、新闻特写及其特点

新闻特写是一种现场感强烈的目击式新闻体裁。特写的"特",如同电影的特写画面,主要表现在对事实的局部如实地加以"放大"。它截取新闻事实的横断面,即抓住富有典型意义的某个空间和时间,通过一个片断、一个场面、一个镜头,对事件或人物、景物作出形象化的报道。

早在 20 世纪初,特写的手法,即在新闻中将所见所闻加以勾勒描述的手法,就已开始为一些报人所运用。到了抗日战争和解放战争时期,不少报纸设置了"新闻特写"专栏,并出现了一批优秀的作品,例如《叶挺印象记》、《血肉筑成的滇缅路》、《延安庆祝日本无条件投降》、《西瓜兄弟》等等。解放以后特别是在新的历史时期,新闻特写更是在各种媒体上时有出现。从题材上看,特写的分类跟通讯大同小异,有人物特写、事件特写、场景特写和旅游特写。

关于新闻特写,最初,它与某些通讯、报告文学无严格的界限。同一篇报道,例如《谁是最可爱的人》,有人说这是通讯,有人说是报告文学,又有人说是新闻特写,说明特写与通讯以及报告文学之间,存在着较多的共性;也说明特写自身的个性化过程尚未完成,它还需要继续发展和完善。党的十一届三中全会后,在改革开放的时代大背景下,新闻特写发挥"点"里开拓、凸显现场情景的优势,逐步形成了自己的个性。

那么,新闻特写的个性特点是什么呢?我们先来看一篇受到新闻界高度评价的特写佳作,题为《神圣的时刻——中英防务事务交接仪式写真》,约

1500 字,全文照录:

1997 年 6 月 30 日 21 点。

香港。添马舰军营(又名为威尔斯亲王军营)。

这里,时钟的每一次滴答,都激动着中华儿女的心。

中英双方防务事务交接仪式将在这里举行。这是中国人民解放军最神圣、最自豪的时刻。

22 点 25 分,人民解放军驻香港部队先头部队车队准时抵达添马舰军营。一下车,先头部队官兵和早先进驻的先遣部队官兵互相敬礼、握手,稍后立即整装列队,来到主楼北侧,共同迎接这一庄严的时刻。

23 点 49 分,军营出奇的安静。

空空的哨位,空空的旗杆。在场的 200 名各国记者和驻香港官兵一道,都在等待一个时刻的到来。这一刻,将结束中华民族百年耻辱的历史,开辟香港更加繁荣稳定的新时代。

23 点 50 分。一支由 18 名英军海、陆、空三军组成的卫队,在一名上尉军官的指挥下,步入营区东侧大门就位。两名英国士兵出列上岗。

23 点 54 分。人民解放军驻香港部队由 18 名威武、英俊的陆、海、空三军战士组成的卫队,在指挥官张洪涛上尉指挥下,迈着雄健、整齐的步伐进入大门西侧就位。

23 点 56 分。我方两名陆军士兵从两队指挥官中间走过,分别站到大门内两侧。

23 点 58 分。中英双方各自派出一名中校指挥官,面对面走到相隔 4 米处立定。这时,英方指挥官向我方中校指挥官谭善爱敬礼报告:"谭善爱中校,威尔斯亲王军营现在准备完毕,请你接收。祝你和你的同事们好运,顺利上岗。长官,请允许我让威尔斯亲王军营卫队下岗。"

谭善爱中校用洪亮的声音答道:"我代表中国人民解放军驻香港部队接管军营。你们可以下岗,我们上岗。祝你们一路平安。"说完,两人的手握在一起。

这看似轻轻的一握,握别的是硝烟,留下的是未来。

"撤离。"英方指挥官一声令下,英军卫队走出营门,走向停靠在岸边即将离港的"漆咸"号驱逐舰。当最后一名英军士兵走出营门时,时针指向了 23 时 59 分 55 秒。

从此，英国在香港驻军的历史，将随着维多利亚港那翻滚的波涛远去。

神圣的时刻，就在眼前。

"立正——半面向右转！"身着新式礼服、肩挂绶带的人民解放军护旗队，迈着正步走向旗杆。掌旗手在两名护旗兵的护卫下，登上升旗台。

这时的军营庄严肃穆，场上的每个军人都似乎听得到自己咚咚的心跳。他们知道，全球华夏子孙，都在为这一刻呐喊——5、4、3、2、1！

巨大的报时钟显示着精确的时间。

零点零分零秒！

雄壮激昂的《中华人民共和国国歌》开始激荡在军营的上空！升旗手面向东方，将挂好的国旗用力一抖，两旁的升旗手拉动旗绳，五星红旗冉冉升起。随着国歌最后一个音符结束，国旗升到旗杆顶端，在维多利亚港湾海风的吹拂下猎猎飘扬。

这时，驻香港部队政委熊自仁少将走向讲台。他说，我们亲手将五星红旗高高升起在香港上空，这标志着饱经沧桑的香港彻底结束了150多年的屈辱历史，标志着我国政府正式对香港恢复行使主权，标志着人民解放军驻香港部队已经负起香港特别行政区的防务，开始履行祖国人民赋予的神圣使命。此时此刻，维多利亚港湾涛声阵阵。站在五星红旗下的每一个军人，似乎听到了大海正在轰鸣着一个老人的声音："我讲过中国有权在香港驻军。我说，除了在香港驻军外，中国还有什么能够体现对香港行使主权呢？"

此时此刻，那高高飘扬在港岛上空的五星红旗猎猎作响，似乎是在替所有的军人们回答：人民解放军驻香港部队用行动告诉您，您的遗愿今天已经实现了，他们将履行自己的职责，让香港这颗东方之珠更加灿烂、辉煌！

从这篇受到新闻界高度评价的新闻特写，我们可以看出特写不同于其他新闻体裁的几个鲜明的特点：

（一）聚焦性

所谓聚焦，就是抓住最典型、最有表现力的新闻事实，通过体现其本质特征的"焦点"反映整体，而不在事物的全貌上平均用力。也就是说，从构思到运笔，都集中到一点，展现事实中最富于个性的部分，从而把事物的概貌折射出来。

香港回归,百年盛事,举世瞩目。与香港政权交接同时举行的香港防务交接,是香港回归祖国整个历史性事件中最具象征意义的重大事件,是祖国对香港行使主权的生动体现。特写《神圣的时刻》正是瞄准香港政权交接过程这一焦点,定格在重大事件的分分秒秒,对人民解放军和平进驻香港,从英军手中接管香港防务,细腻而形象地再现了当时的现场情景。这篇特写截取香港回归的一个重要侧面为题材,聚焦报道中英防务交接仪式的顺利举行,有声有色,撼人心魄,因为"这是中国人民解放军最神圣、最自豪的时刻",也是全国各族人民最神圣、最自豪的时刻。

（二）描绘性

即对最可表现人物或事件特征的事实"焦点",浓墨重彩,工笔描绘,如同电影特写画面一样,突出地呈现在人们面前。特写的"放大",绝不是事实的夸大,而是对事实某个局部即"焦点"的如实展开。这又常常表现为对典型细节的详尽描绘,使之产生现场感和形象化,让人由象生意,印象深刻。

特写《神圣的时刻》,就采用现场感极强的白描手法,通过层层展示细节来反映这一重大事件的详细过程。你看,记者除了确定时间坐标,强化神圣时刻的一分一秒,通篇几乎都以细节的描绘一气呵成。从"先头部队官兵和早先进驻的先遣部队官兵互相敬礼、握手",到"我方两名陆军士兵从两队指挥官中间走过,分别站到大门内两侧";从"'撤离。'英方指挥官一声令下,英军卫队走出营门",到"升旗手面向东方,将挂好的国旗用力一抖,两旁的升旗手拉动旗绳,五星红旗冉冉升起",细致入微地描绘出中英双方官兵的动作、话语、神态以及现场氛围,读来犹如身临其境,作为中国人的自豪感油然而生。

（三）感染性

新闻特写写人叙事,文情并茂,如入画中,极富感情色彩,不由得使人深受感染。特写的感染性,从根本上说,出自事实本身,对事实的描述越真、越细就越是感人。结合事实的报道,饱含激情地夹叙夹议,这也能生发感人的力量。

《神圣的时刻》这篇特写,不多的几处点睛式议论,既深化主题,又能感染人。比如,反映中英双方指挥官交接岗时写道:"这看似轻轻的一握,握别的是硝烟,留下的是未来";写到最后一名英军士兵走出营门后评述:"从此,英国在香港驻军的历史,将随着维多利亚港湾那翻滚的波涛远去。"这样的点评,感情充沛,恰到好处,给人以回味的余地。

二、新闻特写的写作

特写的写作,受其体裁特点的制约,虽与某些通讯相似,但在总体上多有不同。

从媒体发表的一些特写作分析,可归纳为以下写作要领。

(一)基础在于观察

特写,多为目击式的报道,着力反映事物形象,所以必须重视并善于现场观察,观察是特写写作的基础。特写好比影视中的"放大镜头"和"慢镜头",把新闻事实中最精彩、最关键、最生动的情节和场面再现出来。这样,记者首先要到现场观察,亲闻目睹新闻事实的变动状态,并用眼睛"拍摄"下这些镜头,没有这一步,特写就无从下手。

为了写好特写,在细致而广泛的观察中,捕捉事物的个性,透过现象看本质,把表面现象同内在规律结合考虑,用动人的形象去表现事物的本质特征,反映出它的普遍意义。在许多情况下,客观环境或主观条件不允许我们对报道对象进行反复的多侧面的观察,这就更需要调动新闻敏感,迅速把握住能够反映事物本质的现象,写出有深度的特写来。我们的新闻界前辈,早在这方面进行了有益的探索,积累了宝贵的经验。

解放战争年代发表的《漫画孙殿英》,是新华社记者李普的作品。据介绍,李普见到孙殿英的时候,孙正患感冒,躺在解放军的俘虏收容所里哼哼,并没能和他谈多少话,只是抓住了缴获物中孙殿英赖以发家的三件"宝":一柄龙泉剑,一块约长三尺、宽一尺的写满咒语的白布,一篇什么"中国保守党成立宣言"草稿。而这些,足以反映这个"现代中国社会的大怪物"的政治脉搏。记者以这三件"宝"的由来为内容,加上对他"很久没有见过阳光的鸦片烟鬼"的形象描绘,就把这个由马夫而连长、由连长而土匪、由土匪而总司令、而大汉奸的孙殿英的丑恶嘴脸,里外透明地"画"出来了。

(二)再现现场情景

新闻特写的特点,也就是它的聚焦性、描绘性和感染性,主要是通过再现现场情景表现出来的。这从上面讲的特写《神圣的时刻》,我们已经可以看得很清楚了。

用文学表现手法再现现场情景,尤其是瞬间印象,这是新闻特写写作的一大特色。当然,不少的通讯同样有这方面的长处,而特写对现场场景的描述,则要求更集中、细腻,更加绘声绘色、声情并茂。有些特写围绕主题去再现现场画卷,不仅具有催人奋进的激励力量,还能给人以美的享受。

《总书记访农家》这篇新闻特写,现场感极强,于细微处见真情,使受众感到赏心悦目,精神大振。例如,记者这样描绘现场的情景:

> 江泽民同志在一张小木椅上坐下,笑着用上海话问主人:"我讲格话,侬听得懂?"嘉善话与上海方言相近,方才略显拘谨的主人,此时也轻松地用方言笑道:"懂咯,懂咯。"……看着主人宽敞的新房子,

问了丁志林家住房有多少面积后，江泽民同志说："我在上海当市长时，还不如你住得宽敞呢！"满屋子的人都笑了。江泽民同志说："我是赞成农民富起来以后，应该逐步建新房，但一定要注意节约土地。你们浙江的土地是很宝贵的。"江泽民同志又问主人："你家有几个孩子？"女主人爽朗地说："一个。一个就够了。"江泽民同志笑着称赞道："你们夫妇计划生育搞得好。"屋里又回荡起笑声。

（三）题材集中突出

新闻特写的"特"，说到底，主要是题材内容的集中，突出一点，以小见大。不论写事或写人，都不能只是概貌的反映，而应当着重事实细节，再把细节"放大"开来，如实地加以描绘。

特写题材的集中也有两种情况：一种是单线条的集中。例如《收"马裤呢"之谜》，没有对这些个体户作纵横开阖的扫描，而是把镜头对准购马裤呢的地摊，从中写出收购者、倒卖者和出售者的不同心态，揭示出了当前经济活动中分配不公造成的人际关系的畸变，从心理学、社会学和经济学的交汇点上，为我们画出了一幅当今社会生活中的世俗画。

另一种是多线条的集中。例如《爱，多些、再多些》，这是一篇场景特写，表面上似乎是漫游即景、兼收并蓄，实际上题材集中到一点：首都标语的变化。在北京街头、商业中心和公共场所，"那些长的短的，横的竖的，布的纸的，手写的和电子屏幕显现的标语，都增加了爱的成分，溢出一股温情"。这些标语，"越来越贴近人们的生活……越来越令人乐于接受。"这种细微而深刻的变化，说明了社会文明程度的提高，也说明了首都人民"榜样意识"的加强。

（四）白描细描并用

前面已经说过，新闻特写是一种描绘性现场新闻，在表达方式上特别注重描写，经常用白描、细描的手法表现事件或刻画人物。

新闻报道的短、快特点，要求新闻特写多用白描，即以朴实的文字，简单的几笔，鲜明地勾勒所要报道的事实形象。白描讲究"传神"，一般不作渲染和烘托。

白描可以用来写景，如：

当记者驱车行驶在乡村公路时，两边的自行车经常如行云流水——那是过去的农民、现在的乡镇企业工人正在上下班的路上，色彩缤纷的皮夹克、羽绒服、呢大衣以及从青年妇女的绒线帽下飘出的"长波浪"，在我们眼前闪过……狭窄的路面正在拓宽；河面上一座座彩虹飞架，农民的船队满载着钢材、煤炭从它们的美丽的弧线下鸣笛而过。

这是《春到水乡》中一个自然段,寥寥数笔白描展示了在苏南水乡这块被改革开放的春雷唤醒的土地上,近乎原始的田野开始出现深刻的变化。

白描可以用来写人,如:

> 一张飘逸俊秀的脸,一张充满幻想的脸,一张倔然自信的脸⋯⋯
>
> 照片上的他,当时正春风得意⋯⋯

这是《许同甲"东山再起"的秘密》的开头。这篇特写报道乡镇企业家、技术革新能手许同甲坎坷的前半生和"东山再起"后的情况。"一张飘逸俊秀的脸,一张充满幻想的脸,一张倔然自信的脸",这三句白描,把曾经春风得意的许同甲青年时代的形象,生动地描绘出来了。

白描也可以用来描写活动场面,如:

> 天色微明,凉亭旁的空地上,一个两鬓苍苍、精神矍铄的老叟正在高声朗读英语,同时做着形象化的动作,他的四周站着五六十个身倚自行车、手持课本的人⋯⋯

这是《杨善卿坚持十年办露天英语班》中的一个镜头,从中白描出了杨老师诲人不倦的崇高精神。

又如台州电视台 2015 年 1 月 20 日播出的新闻特写《以爱之名 让生命延续》中对义卖场景的生动描述,可以看出社会各界都高度关注白血病女孩杨玲英,愿在义卖中为她献上一份爱心:

> 义卖现场人头攒动,无论大人、小孩,都纷纷前来献出自己的一份爱心。在这个冬日的早晨,一阵阵暖流在人群中流动开来。

新闻特写同时也需要细描,细腻地表现事物动态和人物的内心活动、表情、姿态。细描是我国传统绘画艺术的一种风格,不但求神似,还要求形似,讲究毫发无差,逼真细致。

第二节　报告文学写作要求

报告文学作为一种新闻边缘体裁,它是新闻和文学相结合、相统一的产物。由于这种文体与某些新闻通讯、特写近似,有时很难截然区分,诸如通讯《谁是最可爱的人》、《南京路上好八连》、《为了六十一个阶级弟兄》等等,有些同志一直认为是报告文学。尽管如此,有一点基本上可以肯定,那就是新闻领域的报告文学,在如实报道事实的基础上,新闻写作较多地借鉴和引进文学创作艺术。关于报告文学的写作,这里讲三个问题。

一、新闻性与文学性的结合

报告文学,在写作上讲究新闻性和文学性的双重特色。也就是说,既是新闻报道,就要合乎新闻规律,不能用艺术概括的方法塑造典型;同时,又要善于运用文学手段表现事实,使事实的报道富有艺术的魅力。

(一)新闻性

报告文学既是一种"报告",则应该具备新闻性,其中,真实性又最为根本。真实性同样是报告文学的生命线,如果所报告的不是实际存在的事,那就成了虚构夸张,就不是新闻,它的优势与魅力也就消失了。所以,写作报告文学,第一要紧的是反映的事实,包括时间、地点、人物、情节等都必须完全真实,甚至连作品的主题思想,也必须是真实的,不可以强扭、拔高,而应与事实的内在逻辑一致,并有现实的针对性和积极意义。过去有人主张,报告文学写作在细节上可以"合理想象",只要基本骨架没有出入,"基本属实"就可以了,这种看法根本不符合新闻真实的要求。与真实性相联系的是时效性。报告文学同其他新闻体裁一样,要传递新闻信息,就必须讲究新闻时效,尽快把新近发生的人和事报告出去。当然,由于报告文学在采写上更加费时费工,在及时性方面不能像其他新闻一样要求,但还是应该尽量地争取时间,这也是提高报告文学社会效益的重要保证。

报告文学也有少数专写历史事件的,但这都是作者以当今新的视角、新的观念去返观往事,发现历史事件与现实的沟通联系,使对往事的审视成为对现实生活的补益。由于这些事实过去大家并不知道,或不全知道,于是仍然具有新鲜感。因为它着眼于今天,启示人们思考今天,而不是仅仅具有史料价值。例如揭露日寇侵华暴行的《南京大屠杀》,和反映刘青山、张子善腐化堕落而被处决的《中国第一刀》,便是这样的作品。

(二)文学性

作为新闻边缘文体的报告文学,其文学性同新闻性一样,是从"娘胎"里带来的特征。茅盾曾经指出:报告文学"跟报章新闻不同,因为它必须充分的形象化,必须将'事件'发生的环境和人物活生生地描写着,读者便就同亲身经验……好的'报告'必须要具备小说所有的艺术条件——人物的刻画,环境的描写,氛围的渲染等等"。从这段话可以看出,报告文学的文学性,主要是指艺术性和形象化,这包括文学的构思艺术、表现手法以及语言等。

报告文学毕竟不同于小说,不是靠艺术形象的创造或情绪意境的完成去影响读者,它是在反映和干预现实生活的过程中来和读者发生联系并产生影响的,所以我们不能机械地用小说或其他文学形式的特性来要求报告文学,也不能要求受到真实性原则限制的报告文学像小说那样情节典型、形象丰满。但报告文学的艺术性,最基本的要求是在创造一种读者便于接受的叙述报告形式,从而构成一种诱惑和引力。为此,小说以及戏曲、电影等艺术经验还是可以借鉴的,比如角度要新颖,意境要鲜明,寓意要深刻等等,在章法上,要学习小说的凝重曲折,散文的灵活自由,诗歌的精练跳跃,影视的特写和蒙太奇手法;在表达技巧和语言运用上,要巧于使用对比映衬、借代比喻等手段,注意情节的变化和细节的选择,讲究悬念,注重波澜,多用形象化的语言说话,形神兼备,情理交融。

报告文学新闻性与文学性的结合,不是两者简单机械的相加,而是互相融合,变成一个新的有生命力的有机体。两者互相依存,少了一方,对方就失去依据;又互相制约,新闻性要仰仗文学性来增色,文学性必须以新闻性特别是真实性为前提,没有了真实性,文学性就无从谈起。

二、揭示社会矛盾,弘扬时代精神

报告文学首先是报告,是事实的报道,理所当然应当有新闻价值。就是说,报告文学反映的事实,要尽可能是新近发生的事和有新的含意,而且事实是重要的,为公众关心和感兴趣的。在这一点上,报告文学同新闻通讯没有什么大的区别。所不同的是,报告文学的题材,大都是重大的社会热点和亮点,对题材的开拓往往比通讯更有深度和广度,并具备完整的情节、细节和一定的故事性。报告文学的写作,就要以重大的社会热点和亮点为题材,深刻揭示社会矛盾,集中展现时代精神,否则写不成报告文学。

报告文学在文学领域被誉为"轻骑兵",作为新闻边缘文体则被看作"重炮",不管从哪个角度看,都是强调了它的干预性,强调积极地面对社会矛盾,展现和弘扬时代精神。报告文学的政论性与思辨性,正是在这一点上充分地体现出来。报告文学之所以受到社会的密切关注,这也是一个重要的原因。回溯历史,报告文学从诞生之日起,就是以宣扬真理、扶正祛邪为宗旨的。因为,它不只是对现实生活作平直的观察与透视,而且渗透着深刻的评判。一篇报告文学是否有活力,很大程度上看其是否能在报告现实社会矛盾的过程中,把新的视角和思考贯注其间,使写作不仅是艺术地再现现实,也是一种认识与判断的创造活动,既对现实的变动作出报告,又伴随着对时代的进步作出理性的张扬。

例如,《大森林的回声》这部报告文学主要是报道当时新上任的伊春市委书记杨光洪，写他如何以一种新的行为准则和工作作风改变当地的社会风气和生活面貌。而杨光洪之所以受人赞誉，是他果断地扫除了本地区存在的"五种流行病"：牢骚病、推诿病、扯皮病、妒贤病、护短病；以及"三种人"：坐而论道的"说客"、指手画脚的"看客"、搬弄是非的"政客"。这"五种流行病"和"三种人"严重地影响了群众的情绪和领导的威信，阻碍了各项工作的振兴。杨光洪把这些消极的现象加以扫除以后，群众发自内心的欢呼，宛如"大森林的回声"，使人感到了新的生活浪头的涌动与希望。这说明，典型人物的出现，与典型事件和社会矛盾常常是密不可分的。

何建明在首个国家公祭日出版的长篇报告文学《南京大屠杀全纪实》，主要是对南京大屠杀事件的整理和追踪，是在此前资料存在基础上的一次高视点和全视域上的叙述。作品用精简的文字对卢沟桥事变爆发日军挑起新的战端、淞沪战役中国军队败北，这些导致南京陷落的背景作了交代，然后进入对"大屠杀"现场的直观真实描绘和叙述。作品清楚地叙述了事件的脉络进程。在大量采用国人的真实经历和述说资料的同时，作者客观、充分地采用了张纯如发现的德国人拉贝的经历和日记记载、美国人威尔逊医生的经历见闻、美国人金陵女子文理学院教师魏特琳和丹麦人传教士辛德贝格的救助庇护等丰富内容。对于很多当年亲自参与或了解"南京大屠杀"的日军官兵的自述忏悔和战后对战犯审判等相关旁证内容的吸收等，也都使何建明的这次报告具有了全方位和多面性的气象。因此，这部《南京大屠杀全纪实》是截至目前内容颇为周全的文学报告，相信它会像一通文学的碑石，高竖于"南京大屠杀"事件的身边，为历史永远存证。

另外，也有些"问题型"的报告文学，不着重于典型人物的刻画，而着重于社会问题的解剖与审视。例如，看病难、看病贵是中国多年来最突出的社会问题之一，由此引发的医患矛盾更是愈演愈烈，令人忧心。是什么原因造成医患之间的不断对立甚至仇杀？《北京文学》推出张敏宴以反腐医生陈晓兰的调查观察为主线、探秘过度医疗乱局与黑幕的报告文学《吸血的血透》，希望引起社会各界的关注与思考。

《黄土地，黑土地》从宏观的角度，报告了我国土地流失以及人们在认识利用土地上存在的盲目性及混乱情况，把社会上发生的有关土地的种种矛盾冲突和惨烈景象描摹得真实生动，使人们意识到问题的尖锐性与迫切性；呼吁有良知的人们爱惜每寸土地，合理开发与利用每一寸土地。国家土地管理部门领导为此要求各地土地管理部门干部认真阅读这篇作品，更新土地管理的观念和提高土地管理的水平。在地少人多、土地问题十分严峻的今天，这篇作品因之具有了理论价值和实用价值。

三、充分的形象化表现手法

报告文学之所以成为一种新闻边缘文体，不仅以新闻性不同于文学创作，同时也以文学性与一般新闻报道区别开来。报告文学的写作借鉴文学，是指运用充分的形象化表现手法，形象化地记事、写景和刻画人物，给人以具体而逼真的感觉形象，使事实的报道富有艺术的魅力。

通讯、特写也讲究形象的生动再现，但远没有报告文学这样充分形象化，这关系着报告文学写作的成败。

报告文学取材广泛，其中相当一部分是各条战线的典型人物，主要是正面典型。以报告文学形式写人物，要求记者首先在采访中善于观察形象、分析形象、贮存形象，而后在写作中描绘形象，再现形象。要把人物形象再现出来，写好表现个性特征的言行动态，让人觉得可视、可闻、可感就显得十分重要，不然形象无法再现；但要注意，更重要的是通过外在形象显露内心世界，形象地凸现人物的精神面貌和时代特色。因此在写作上，必须把握好人物的性格、气质，展示人物的心理活动及情感波澜，交代人物的历史与社会背景，正确处理宏观概括与微观掘进的关系，使人物具有个性与共性的统一。

例如，《无极之路》曾受到受众热烈的赞扬，就是因为它真实生动地描绘了无极县委书记刘日勇于开拓、为民造福这一党的好干部的形象。他观念新，目光远，勤思善断，有胆有识，敢于坚持正确的主张，而不是盲目地循规蹈矩。他尊重科学，发扬民主，既是传统意义上那种廉正的好官，又是朝气蓬勃、具有开创意识的当代清官，人们从他身上看到了改革的前途，增强了对未来的信心。又如，《昆山之路》在社会上产生强烈反响，国家有关部门和江苏省委、苏州地区的领导，对它都十分重视。江苏省委甚至发出通知，要求各县、乡（镇）负责同志不光自己认真阅读这篇作品，还要将其作为政治学习的辅导材料印发给更多的人。这是由于它刻画了以吴克铨为首的县、乡领导干部的群像，报告了他们如何由封闭走向开放的战略行动，展示了他们如何抓机遇，在国内外一些人对我国改革开放产生这样那样的看法，甚至无所适从的时候，坚持开放政策，正确决断，内引外联，自筹资金开办经济开发区，使各乡镇迅速发展，人民收入增加，全县经济实力迅速增强，读来令人精神振奋。

第三节　调查报告及其他体裁的写作

一、调查报告

（一）调查报告的概念与类型

调查报告这种关于调查研究成果的报告，本属政务、事务文体，各领域各单位均在使用。调查报告用于新闻事实的报道，也属新闻的一种边缘体裁。

新闻媒体上出现的调查报告，又称新闻调查，一般具有信息性、动态性和全面性的特点。新闻是事物变动的信息传播，作为新闻边缘体裁的调查报告，它首先是一种信息载体，要满足受众的信息需要，并在传播过程中引导舆论。因而，调查报告应当力求新鲜、重要，并有指导意义。新闻是事物变动的信息传播，作为新闻边缘体裁的调查报告，就要注意从事物的自在运动中去认识事物。不仅要着眼于它的现在，又要顾及它的过去，还要看到它的未来；不仅分析它存在的理由，又要找出它变化的根据；不仅注意它的现实性，还要注意它的可能性；不仅要掌握它的量变，还要掌握它的质变。这样，才能认识事物的规律，回答提出的问题。

现实社会是一个由许多独立因素组成的巨大系统，要用系统的观点来观察事物。调查报告既要注意到事物的正面，又要注意到事物的反面与侧面，还要注意到事物的内部与外部、微观与宏观、定性与定量、历史与现实的各种联系，客观、全面地反映事物的本来面目，从中得出正确的结论。

调查报告的类型，大体上有下列几种：

1. 基本社情型调查

这是对一个地区、一个单位、一条战线的基本情况进行的综合调查，用以透视社会结构、阶段变化、生产关系、经济体制等方面的情况，为制定方针政策和相应的措施提供参考和依据。诸如《农村科技服务体系调查》、《当代大学生择业倾向》、《面对房改：武汉市职工心态录》等便是。

2. 经验型调查

目的是为贯彻党的方针政策提供典型的新鲜经验。例如《构筑国家级艺术殿堂的成功之路——关于北京人民艺术剧院的调查》，就比较系统地总结了该剧院出作品、出人才、走正路的成功经验，这在当时许多地方感叹"话剧舞台沉寂"之际，具有广泛的针对性和典型意义。

3.揭露型调查

这是新闻媒体实施舆论监督的一个重要方式。例如《漏洞、漏洞——关于个体工商户税收情况的调查》,在列举和分析若干实例后,指出这是政策措施不完善所致,需要从政策上加以补救。

4.研讨型调查

对不断出现的新事物、新问题,通过调查进行研讨,肯定成绩,分析矛盾,寻求解决的办法,以利继续前进。

(二)调查报告的写作

1.深入第一线,大量占有事实材料

调查报告的写作,必须把深入调查放在首位,没有调查,无从研究,也就没有报告。在调查中,要大量、详细地掌握事实材料,特别是第一手材料,也要掌握第二、三手材料,即间接的材料;既要了解现实材料,也要了解历史材料;既要获得点上材料,也要获得面上材料;既要倾听正面意见,也要倾听反面意见,努力避免以偏概全,偏听偏信。

2.发现新问题,总结新经验

要在充分地占有事实材料的基础上,抓住主要矛盾认真研究分析,找出规律性的东西。这就要求记者在写作时,不仅要靠丰富的事实材料,而且要靠马列主义、毛泽东思想和邓小平理论,坚持正确的立场、观点、方法和党的政策。

3.把观点和材料统一起来

正确认识和恰当运用材料,并使观点和材料统一起来。调查报告需要以充分的事实材料作依据,才能有说服力,但又决不是大量材料的堆砌,而要有鲜明的观点。作为新闻体裁,还应尽可能做到寓理于事,并注意文字的通晓畅达,文风的生动活泼,结构的灵活多样。

二、其他新闻边缘体裁

(一)采访札记

采访札记是一种可以公之于众的小型"情况反映",往往是记者完成新闻报道任务同时的"副产品",着眼点在于交流信息、推动工作。它的题材范围较小,也不像通讯那样强调指导性,然而某些新近发生或发现的情况和问题,却又是为社会公众所关注的,记者用短小精悍的札记形式,把见闻和感受录以备考,可起到反映新情况、阐明新问题以及匡正视听、提醒注意等作用。

采访札记这一新闻边缘体裁,是党的十一届三中全会以后,在新闻改革中逐步流行起来的。札,原指我国古代写字用的小而薄的木片,札记是求知的人读书时信手摘记的要点与心得,是一种随笔性质的体裁。采访札记,是记者把采访中所见、所闻、所感择要记载下来,加以公开报道的一种新闻样式。报纸上出现的采访笔记、采访手记、采访杂感、采访随感、采访见闻等均属这一类。

采访札记的写作要求:

1. 有为而发,针对性强

这种体裁的特点,要求记者能抓住那些当前群众的热门话题,或那些能切中时弊的问题。前者,《细声叩询兼职事,莫问我从哪里来——黄浦区科技人员谋求第二职业心态录》便是一例。科技人员业余兼职,本来是一件好事,可是由于传统观念作怪,却有人视作"坏事"。这一来,让不让科技人员业余兼职,就成了是否真的搞改革开放的一个测量表,成了知识界的一个焦虑点。上海黄浦区科委开了绿灯,科技人员心头一热,跃跃欲试,但早先压在心头的乌云不能说已经驱散净尽,有的人不免仍有所疑惧,于是就出现了既想搞又担心的复杂心态。针对这种情况,记者在采访札记中表示了理解和支持的态度,有的放矢地指出,允许科技人员从事第二职业,于国于民都有好处。

至于那些切中时弊的问题,多半是已到了非解决不可的地步,记者把它端出来,目的就是要让全社会都来关心它、整治它。例如有一篇采访札记,在陈述当地师范院校招生难的种种事实后,尖锐地提出了这样一个问题:"繁荣的经济掩盖了脆弱的教育,广东的师范院校几乎办不下去了。"

2. 事实典型,有说服力

采访札记篇幅短小,无法容纳太多的内容,只能选择那些典型突出、有说服力的事实。例如新华社记者采写的《40∶1 与 1∶10 的警示》,说的是上海市在三年多的时间里,引进技术设备 1000 多项,花费外汇 10 亿多美元,但用来消化吸收外来技术的资金仅 9600 万人民币,两者相比为 40∶1。而在日本,每引进 1 美元的技术,却用 10 美元进行消化改造,比例为 1∶10。这两个数字非常典型、尖锐地指出了我国引进体制上的弊端。

3. 自由灵活,生动活泼

札记体本身带有随笔的性质,所以,写作采访札记,也是意到笔随,自由灵活,好比朋友话家常,亲切自然,可以是边叙边议,可以是散文笔法,可以是叙述中夹着白描,还可以对某个细节进行聚焦"放大"。例如,《平视,是一种了解——全国个体劳动者第二次代表大会采访札记》,就是一篇集感想、评论与分析于一身的随感录,它针对现实生活中对个体劳动者的各种误解,提出既不要仰视,也不要俯视他们,只有平视,把他们看作身边普通的一员,才会有合乎实际的了解。

(二)工作研究

工作研究也是随笔性的,但它述评结合,带有理论色彩,主要从较深层面探讨实际工作中出现的新情况和新问题,包括经验教训、成败得失以及某项具体措施的可行性等。

工作研究这种述评结合的报道形式,改革以前早就出现过,但没有形成一种体裁。1978年9月,新华社三位记者到四川采访,听到许多工矿企业的干部反映,中央有关业务部门对单项奖规定得过死,束缚了下面的手脚,影响了职工积极性的发挥。记者根据调查材料写了《企业奖励办法是否可以搞得灵活一些》。这篇报道表明记者敢于破除条条框框,从实际出发集中群众的意见,大胆提出自己的见解。它写得既不像通讯,又不像消息,但内容很重要,提出了实际工作中值得研究的问题,编辑部就给它起了一个名字:"工作研究",于9月23日播发。自此之后,这种体裁在报纸上就时有所见了。它有很强的探讨性、启迪性,写作上不拘一格。

工作研究的写作要求:

1. 基础在调查研究

工作研究的题材,往往是实际工作中的确值得研究探索的问题,而且要占有大量材料,只有一般性的了解是无法下手的。因此,只有在深入调查研究的基础上,才能考虑工作研究的写作。这就要求对打算探讨的问题作专题性考察与分析,还要对问题产生的环境、背景作出系统全面的把握,而不能先有判断再去取证,不能找到一点能够印证自己论点的材料就作结论。

2. 选题不可太大

选题确定得好,事情就成功了一半。工作研究以实际工作中急待解决的问题作为采写题材。但选题范围不可太大,太大就成了工作通讯,选题口子小,并不是说问题不重要,恰好相反,它所研究的应当是当前群众十分关心的具有普遍意义的问题。例如《赶快兴办快餐馆》、《解决"缝衣难"的出路何在》,以及社会风气、治安环境、服务态度、中小学生流失等,抓住这些方面的选题,及时提出来研究,促使问题的解决,自然得到受众欢迎。工作研究也可涉及改革和建设的重大问题,而选题的切入口还是小一点为好,这样,便于从内容上向纵深开掘,把问题说清谈透。

改革进程中出现的一些新鲜事,众说纷纭,究竟是好是坏?搞得搞不得?以工作研究形式把它提出来探讨,将有助于解放思想推动工作。例如发表于1992年的《能否让职工多端几个饭碗?》叙述道:南方人惯称的"钟点工",北方叫做"小时工"。这一行当在广州、上海堂而皇之地形成"第七十三行"——家庭服务业之后,逐渐在北方崭露头角,并且打破家庭服务的圈子,显示出极强的生命力。成千上万的"小时工",对繁荣经济、活跃市场功不可没,但为现行体制所限,难以合法化、公开化、普遍化。在这篇工作研究中记者提出了自己的见解,认为"小时工"是很值得提倡和尝试的改革方略。

3.科学评述,辩证分析

一篇题为《整顿长江航行秩序刻不容缓》的工作研究,就是依据确凿的事实,提出分析问题和作出结论的。文中说,长江水道一开放,沿江各地大大小小的集体联营船、个体户船、夫妻船都跻身于运输行列,出现了千轮争流、万船竞发的局面,对搞活经济、促进交流起了一定的作用,但事故也增加了。接着指出,长江水道复杂,滩多、礁多、水急浪大,船舶来往频繁,加之各类小船的船工素质不高,缺乏应有的培训与考核,因此,仅能在小河、湖泊运输的船舶,盲目入江,就难免要出事。这些分析,全部用事实来说话,让人毋庸置疑,觉得长江航行秩序非立即整顿不可。

(三)来信

来信包括读者(听众、观众)来信和记者来信,这是读者或记者运用书信体,以第一人称反映新近出现的情况、经验或问题的一种报道形式。来信所写的内容都是读者或记者自己的亲身经历和见闻,并就事实发表褒贬意见或工作建议。其中,读者来信早已见诸报端;记者来信作为一种新闻写作形式,则是大约从 1978 年后才逐渐为各地媒体采用。重视读者来信,是无产阶级新闻事业的一个好传统。马克思、恩格斯在创办第一张无产阶级报纸《新莱茵报》时,就亲自处理读者来信。列宁更把报纸的读者来信称之为"最好的政治晴雨表"。抗日时期我们党的《新华日报》和《解放日报》,也都注意用读者来信来传递信息、反映舆论,今天这一优良传统更得到了发扬。不论是中央的还是地方的报纸,都设有读者来信专栏或专版,广播电台、电视台也常播出听众来信或观众来信。

来信的写作要求与分类:

媒体上的来信是一种信息传递载体,而不是普通的家书或内部函件,首先在内容选择上应注意公开性和有普遍意义,事实的新闻要素也得清楚,而且讲点时效性。其次,书信形式在写作上是很灵活的,非常亲切自然,怎么想就怎么写;尤其是记者来信,它在风格上是记者与受者的平等对话、执手交流,使人乐于接受。

来信常见的类型,一类是褒贬型,表扬好人好事,或开展批评与自我批评,进行舆论监督;一类是呼吁型,适时提出问题,分析矛盾,或就当前工作发表建设性意见;再一类是述评型,结合所见所闻,论是非,辨善恶,边叙边评;还有一类是咨询求援型,这主要指读者来信,反映了一部分群众(单位)的愿望与要求。

（四）采访日记与调查附记

采访日记，是以连续或有间隔的日记形式，记述和评价新闻事实的一种报道。这种报道形式可以追溯到民国初年名记者黄远生的日记体通讯。自1915年4月1日至5月8日，他一共写了15篇"新闻日记"，虽然不是每日一篇，但在当时的确是一个创造。

采访日记的体裁特点类似采访札记，主要区别在于"日记"，写法也更为自由些，或记事抒情，或感怀议论，更有发挥余地。采访日记不是严格意义上的通讯体裁，所以也不等同于早年的日记体通讯，而且在取材角度、表现方法等方面都有了新的发展。

调查附记，像是一种"微型调查报告"，实际上是不同的。它是根据读者（听众、观众）来信（稿）反映的问题，编辑部派记者调查后写的"附记"，三言两语，文字简约。①，"附记"可能渊源于"附笔"（书信写完之后另外加上的话），一是表明读者反映的问题是否属实，二是对问题给予简要的评论。有的调查附记提出的问题相当尖锐，如《人民日报》1979年11月30日刊出的调查附记《是县委大还是宪法大？》。

［本章教学参考］

一、教学目的和要求

本章以介绍新闻特写的写作知识为主，兼叙其他新闻边缘体裁写作的一些要点。教学的目的是，引导学生在初步能写消息、通讯的基础上，掌握新闻特写及各种新闻边缘体裁写作的基本特点，以求在实践中学会运用新闻写作的"十八般武艺"，更好地适应报道的需要。学习的具体要求：

1. 弄清新闻特写的概念，认识特写的体裁特点。

2. 着力掌握特写写作要领，并能初步采写特写报道。

3. 了解报告文学的特点及其写作要求。

4. 懂得调查报告的特征、分类和怎样写作。

5. 把握采访札记、工作研究、来信以及采访日记、调查附记在写作上的一些知识。

本章的教学，从实际应用的需要考虑，拟侧重讲解和训练新闻特写，以及调查报告、采访札记的写作，关于报告文学和工作研究、来信等主要是让学生

---

① 据蓝鸿文教授：《新时期新闻写作的变革与发展》，《新闻与成才》，1998年第6期。

有所了解。在方式方法上,结合传授有关写作知识,可通过课堂讨论,在教师指导下,集体分析作品,相互交流、启发,并由教师解答提出的问题。

二、基本知识点

1. 新闻特写的体裁特点。
2. 新闻特写的写作要领。
3. 报告文学的写作。
4. 调查报告及其他新闻边缘体裁的写作。

三、内容提要

本章的内容重点是新闻特写。几种新闻边缘体裁的写作,尤其是近年媒体上时有所见的调查报告、采访札记、工作研究,也都是本章覆盖的学习内容。

新闻特写,是一种现场感强烈的目击式新闻体裁,一种突出表现某个事实片断、场合、镜头的形象化报道。特写的"特",主要表现在对事实的局部如实地加以"放大"。特写的具体特点,一是聚焦性,即抓住最典型、最有表现力的新闻事实,透视其本质特征,通过"焦点"反映整体,而不在事物的全貌上平均用力;二是描绘性,即对最可表现人物或事件特性的"焦点",浓墨重彩,工笔描绘;三是感染性,写人叙事,文情并茂,极富感情色彩,从而使人深受感染。

新闻特写的写作要领可归纳为:其一,基础在于观察。要亲闻目睹事物的动态,发现事物的个性,用动人的形象去表现事物的本质特征,反映出它的普遍意义。其二,再现现场情景,尤其是瞬间印象。在完全真实的前提下,运用文学手法把现场情景再现出来,使人有如临其境之感,这是特写写作的一大特色。其三,题材集中突出。突出一点,以小见大,不论写事或写人,都着重事实细节,再把细节"放大"开来。其四,白描细描并用。新闻报道短、快的特点,要求它多用白描,即以朴实的文字,简单的几笔,鲜明地勾勒所报道的事实形象;同时,又要兼用特写镜头式的细描,细腻地表现出事物动态和人物的表情、姿态和内心活动。

新闻领域的报告文学,其写作要求:一是新闻性与文学性的结合。必须具备新闻性,合乎新闻写作规律,报告的是新近事实并有新意;同时又要讲究文学性,善于调动文学手段,使事实的报道富于艺术的魅力。二是揭示社会矛盾,弘扬时代精神。这要以重大的社会热点和亮点为题材,并有完整的情节、细节和一定的故事性。三是运用充分的形象化表现手法,形象记事、写景和刻画人物,给人以具体而逼真的感觉印象。

调查报告作为调查研究成果的报告,实际上也是一种新闻边缘文体,又称新闻调查，一般具有信息性、动态性和全面性的特点。体裁类型可分为：基本社情型调查，经验型调查，揭露型调查，研讨型调查。调查报告的写作，首先要求深入第一线，大量占有事实材料。必须把深入调查放在首位，没有调查，无从研究，也就没有报告。其次，发现新问题，总结新经验。在充分地占有事实材料的基础上，认真研究分析，找出规律性的东西。第三，把观点和材料统一起来。以充分的事实材料作依据，才能有说服力；但又不是大量材料的堆砌，而要有鲜明的观点。作为新闻体裁，还应尽可能做到寓理于事。

采访札记是一种随笔性质的体裁样式，记录报道记者在采访中所见所闻所感，可起到反映新情况、阐明新问题的作用。写作上的要求：有感而发，针对性强；事实典型，有说服力；自由灵活，生动活泼。

工作研究也是随笔性的，但带有理论色彩，常从较深层面探讨工作中新的情况、问题和某项重要措施的可行性。写作要求：基础在调查研究；选题不可太大；科学评述，辩证分析。来信，包括读者（听众、观众）来信和记者来信，是作者以第一人称反映新情况、新问题、新经验的一种报道形式。新闻媒体上的来信，主要是作者就自己的经历、见闻提出褒贬意见或工作建议。常见的有五种类型：褒贬型、问题型、述评型、呼吁建议型、咨询求援型。

此外，采访日记是一种日记形式的报道，写法比采访札记更自由，更有发挥余地，也不同于过去的"新闻日记"（通讯）。调查附记，则是记者调查后所写的"附记"，文字简约，三言两语。

四、思考与作业题

1.什么是新闻特写？特写主要"特"在哪里？结合分析特写作品，加深认识特写特征的具体表现。

2.真正理解并把握特写写作要领。

3.通过观看一场球赛、文艺表演或某个展览会，练写 1～2 篇新闻特写。

4.试述报告文学的写作要求。

5.调查报告具有哪些特征、包括哪些类型？

6.调查报告怎么写？就近在调查研究的基础上，练写一篇千字左右的新闻调查报告。

7.简述采访札记的特点与写作要求，并试写一篇习作。

8.大略懂得工作研究、来信及采访日记、调查附记的写作。

附录 新闻采写经验谈(摘编)

这是从新闻书刊中摘编的一小部分资料,旨在丰富本教材涉及的知识内容,主要是新闻采写方面的实践知识。所编资料多为老一辈知名记者的切身体会,尽管有些事情已过去多年,但基本的观点和经验至今对我们仍有指导或启迪意义。这里辑录的各篇"经验谈"均非全文,只是原文有关内容的摘要,或就原文作了删节。各篇标题有的为原题,有的则是新加的。

邹韬奋的采访经验

□问目察 处处用心

一个出色的记者,他的眼、耳、口、脑、手等器官,几乎无时无刻不在积极地工作着,摄取周围一切有用的材料,充实他那包罗万象的写作仓库。从韬奋写的 160 多篇旅游考察报告中,我们首先可以感觉到的,就是从出国第一天登上意轮佛尔第号起,他就开始了采访活动。

首先,韬奋随时随地,利用一切机会找人谈话,了解情况,不论遇到什么人,只要有机会,他就主动找他们谈话,了解他们的工作、生活和思想情况。例如 1934 年 7 月 14 日下午,韬奋一登上去苏联的西比尔轮,发觉有一班男女青年和寻常搭客似乎不同,"便夹在他们群里,利用机会和他们谈话",原来这是由美国全国学生同盟组织到苏联参观访问的学生。在同这些人的谈话中,韬奋不仅了解了许多美国的情况,而且与他们交了朋友。又比如有一次他请一位朋友在菜馆吃饭,发现旁边桌上坐着一个年轻英国妓女,他就"把她请过来,请她同吃一顿饭,趁便询问她的身世"。后来他在写《华美窗帷的后面》这篇报告时,这次谈话中获得的材料就成了揭露表面上看去高度繁荣的所谓大英帝国的另一面——失业、贫穷、残忍的苦况的很有说服力的例证。

其次，韬奋处处留心观察，观察人、观察事、观察景、观察一切社会风俗习惯，尤其注意观察那些能够反映社会本质面貌的社会现象。比如他在美国南部考察的时候，发现当地坐公共汽车的一种奇怪的现象：白种人上车后都从第一排坐起，而黑人上车后总是从最后一排坐起，黑白两种人逐渐向中间靠拢，中间一排如果先坐了一个白种人，黑人宁肯站着也不敢坐上去，相反如果先坐了一个黑人，白人也宁肯站着，不愿与黑人同坐。韬奋经过仔细观察，把这种现象写在《由伯明翰到塞尔马》这篇报告里，作为美国南方严重的种族歧视的一种表现，可以说是入木三分。又比如《凡勒拉访问记》中对总统办公室布置的观察和描写，不但写出了总统工作的环境，而且把他那为争取爱尔兰民族解放努力奋斗了 20 多年的健朗的性格都表现出来了。

广交朋友　多找"助手"

韬奋在出国考察的两年多时间里，被他访问过的人成百上千，有许多人成了他很好的朋友，成了他开展采访工作的助手。他孤零零一个人跑到外国，又是在经济并不宽裕的情况下，采访活动能进行得那么顺利，与众多新交朋友的帮助是分不开的。韬奋有一种"见面熟"的本领，他与人接触，谈话，常常能给人一种一见如故的感觉，因此有许多人尽管是与他初次相识，用不了多久，就把他当成了可以信赖的朋友……这些朋友不但向他介绍了许多当地变相的黑奴制度的罪恶事实，为他安排视察的地区和途径，告诉他在访问中应该注意的种种事项，为他物色和约定访问对象，并派出可靠的同志用秘密的办法护送他去谈话，还多次邀请他参加他们的秘密会议。

韬奋交朋友，并没有什么秘诀，首先是热情，对生活始终保持着充沛热情，表现在对人，总是热情相待，使人一接触就感觉到平易可近，决不用冷冰冰的面孔对待周围的人。其次是坦率、真诚，决不矫揉造作，让人感到他是一个可信赖的人。再次便是要尽可能帮助别人做些事情。例如韬奋在美国南方采访时，曾帮助革命组织抄写信封、散发印刷品，在苏联访问时曾应一个美国男朋友和苏联女朋友之请，为他们的恋爱作参谋等等。美国有句谚语："获得朋友的惟一办法，是自己先成为别人的朋友。"如果说韬奋交朋友有什么秘诀的话，这就是。

全面调查　深入访问

韬奋在《萍踪寄语三集弁言》中说，他写的这些报告是"就所看到的和所听到的而认为可靠的，用很诚实的态度写出来"的，这里韬奋所强调的，是事实的真实性。真实性包括两个方面：一是事实本身确凿，二是对事实分析得正确。要做到这两点，只有一个办法，那就是做大量的全面深入的调查研究。

第一，韬奋每到一个地方，总是既看事物的这一面，又看事物的那一面，既看到它的优点，又看到它的缺点。比如伦敦……韬奋也详细地视察了最繁华阔绰的西伦敦，但他并不满足于这些，他还跑到东伦敦去考察英国最大规模的贫民窟，既看"华美的窗帷"，又看华美窗帷的后面。这就看到了真正的资本主义的伦敦。

第二，韬奋对一个国家或地区、对一件事情或一个人物的考察，总是既有全面的调查，又有深入的访问；既了解它的全貌，又解剖它的典型。他对纽约的介绍便是一个很好的例证。被人们称为"世界上最富的城市"的纽约到底是一个怎样的城市呢？韬奋把它包括的几个地区分别作了调查。他调查了操纵全美国的经济权、统治着美国经济生活的金融资本家的大本营华尔街，纽约最繁华的街道百老汇路，调查了"东边纽约"的所谓"穷白区"（穷苦白人集中居住的地区），调查了比"穷白区"还要苦的哈尔冷姆黑人区，还调查了被"纽约的完备指南"拿来与哈尔冷姆并列为"有趣的地点"的纽约唐人街——中国人聚居的区域。在全面调查这些地区人们生活状况的同时，他还设法深入到贫民窟和"公园路上很阔的人家"去进行家庭访问。经过这样广泛深入的调查，把典型材料放到全面调查的棋局上去考察，又把全面调查放到典型事例上去印证，这样得来的材料自然比较真实可靠，得出的结论也就比较正确了。

第三，韬奋不但多方听取别人的介绍，而且尽量争取到实地考察。韬奋常说："百闻不如一见。"到实地考察，不仅可以增加感性认识，对事物了解得更真切，而且也为了核对事实，看看听来的东西究竟有多少可靠性，从而纠正某些不正确的认识。

当然也有相反的情况，因为一个人亲眼能够看到的东西毕竟有限，"事必亲历"事实上不可能做到，而且有时候看到的东西也不一定都是真实的（真能反映事物本质的），为了检验这些事实的真实性，他也常常在参观了一些地方后，再去访问熟悉这方面情况的人。

报刊资料　随时积累

韬奋在《由巴黎到伦敦》一文中，曾谈及伦敦一个多月的情况："大概上半天都用于阅览英国的十多种重要的日报和几种重要的杂志，下半天多用于参观，或就所欲查询的问题和所约的专家谈话，晚间或看所查询问题的书籍，或赴各种演讲会（去听不是去讲），或约报馆主笔谈话，或参加报馆夜间全部工作。"就是在旅途车船上，他也常常抓紧时间读书看报，了解情况，搜集资料。

韬奋对于收集材料的勤奋、刻苦和努力,于此可见一斑。当然,资料毕竟是资料,如果不能很好地运用,它再多也不过是一堆废纸。韬奋的可贵就在于他不仅随时随地注意搜集和积累材料,而且能使这些材料充分地发挥作用。

(节选自《中外新闻采写借鉴集成》,浙江教育出版社,1990年。)

范长江谈怎样做记者

我由于性情好动,学习兴趣是多方面的。远在一九二九年时,我有一位先生就无意地说出,恐怕我将来要作新闻记者。我那时完全不懂得什么叫"新闻记者",更不知如何做起。"九·一八"以后,民族危机加深,全国人民要求抗日的怒潮,澎湃于广大中国的原野。一九三三年我参加了热河抗日义勇军,眼见着国家的危急,人民在日寇蹂躏下的痛苦与愤恨,于是很想把自己所见报告出来,提起国人的注意。

而经济压迫也是逼着我冒险投稿的一个原因。一九三四年我正式作了职业新闻记者。自己写的东西已经比较有了固定发表的地方,当然非常兴奋。于是自己的内心发生了一个大问题,觉得这个职业关系社会太大,不是普通一个吃饭的事情,因此,我不知道怎样做才对得起我的职务。自己想来想去,得不了解答。于是特别为此事去请教那时在北方的鼎鼎大名的某前辈。他当时给我一个法则说:"作新闻记者最重要的是诚。"他说话的态度,很严肃而深沉。我那时浑身发热,高兴得不得了,好像到名山访道,如今已得了"一字真传",今后一生当受用不尽。我本着那个"诚"字,一直干了三年。虽然到了一九三七年上海撤退,南京失守,给我"一字真传"者,对于抗战已经不一定很"诚"。然而,几年来的工作,却使我感到,一个正确而坚定的政治态度对于新闻记者的重要。我那时所接受的"诚"字,还没有具体的正确的政治内容,我只凭着生活上不断得来的体验,照当时所知,并且以最好的方法作下去。幸而几年来没大错,现在回想起来,真是万分危险!没有正确的政治认识,等于航海的船没有指南针。新闻工作变动最大,等于交通工具中的飞机,如果没有了定向,乱飞一阵,非闯祸不可!

第二个经验,是操守问题。我想世界上很少人有像新闻记者这样有更多诱惑与压迫的。一个稍稍有能力的记者,在他的旁边一方面摆着:优势的现实政治地位,社会的虚荣,金钱与物质的享受,温柔美丽的女人,这些力量诱惑他出卖贞操,放弃认识,歪曲真理。另一方面摆着:诽谤,诬蔑,冷眼,贫困,软禁,杀头,这些力量强迫他颠倒是非,出卖灵魂。新闻记者要能坚持着真理的火炬,在夹攻中奋斗,特别是在时局艰难的时候,新闻记者要能坚持真理,本着富贵不能淫、贫贱不能移、威武不能屈的精神,实在非常重要。在今天的中国社会,新闻记者一般的社会支持,都非常薄弱,要想作出一个顶天立地的记者,非有高度的牺牲精神不可。我看过不少有地位的人,对付新闻记者的办法,在崇高优厚的待遇面前,就是陷害与枷锁。如果这种优厚的物质待遇与虚伪的情谊,已经买得了记者的欢心,那么,只要作为民众喉舌的新闻记者能转变为个人宣传工具,则更长久的安适与尊荣,将会接踵而来。收买不成的反面,就是从有权力方面发出来的层出不穷的打击。除了到达真正以广大人民为基础的民主政治时代以外,世界上当权的人没有不讨厌代表人民讲话的。在这种社会里面,忠于职责的记者,很少能畅所欲为的。不是失业贫困,就是另外改行。不是坐牢受罪,就是不敢作声。其尚能勉强"为民前锋"者,势必有特殊社会基础,可资凭借。此外就是那种"貌似忠勇"、"为国为民",而实际上是狡猾的个人现实主义者。然而这个社会正需要无数有操守的记者代表人民的利益而奋斗。

第三是知识问题。对这一点我是十分汗颜的。新闻记者之所以可贵,除了有正确的政治认识与坚贞的人格而外,就是要有丰富的知识。这个知识,既要博,又要精,所谓"博",就是常识要丰富。无论国际国内、上下古今的问题,虽然不能无所不知,但是一个记者无论如何要对非常广泛的学科知道一些简单的概念。至少能对许多问题一谈起来总能找着些门径,不能连几个基本名词都不懂。因为常识不丰富,一个记者的活动就很难展开。许多很忙的人物,叫他们对去访问他们的记者们上 ABC 的初级课程,他们一定不高兴。但是单单常识丰富,就会成俗语所谓:"门门懂,样样不通"。新闻记者是无法不分工的。所以每一个人在广泛的常识基础上,更应有自己的专长,如外交、经济、军事、政治等。在这些专门部门中,记者必须比常人精通,能有独到的见解。这样的记者的意见,才是权威的意见,这就联系到新闻记者的学习问题。新闻记者不是有了一支笔,就可以信口开河,也不是会有什么天才记者,而是要有终身不停的刻苦学习,向博与精的途上迈进。

第四是技术的重要。上面三个条件,可以说是基本的修养。而运用起来,就要有技术条件,否则可能是学者,不一定是记者。一个健全的记者所不可少的技术,在采访方面,要会流利的谈话、速记、打字、摄影和至少一种外国语。在表达方面:写论说、通讯、特写、译电、翻译和演说。在行动方面:骑马、游泳、骑自行车,开汽车、打枪、驾船,长距离徒步、航海习惯,将来最好能开飞机。我们中国新闻界同业学习技术的机会,比较旁的国家差得很远。我们也须急起直追,尽可能利用四周可能的环境,受技术锻炼。因为在基本原则决定之后,技术就决定一切了。我个人在这方面的缺陷非常多,因此有许多有利的新闻活动机会,我只好让它过去,没有充分技术条件去把握它,实在是万分遗憾的事情。

第五是健康。这本不是新闻记者单独的需要,不过新闻记者更加需要而已,新闻记者的生活秩序不能固定,就是作内勤的编辑,也是日夜颠倒。外勤更是流动性特大,衣食住行都不可能照常人安排,西安事变前后,我两三个晚上不睡眠是很普通的事情,为了赶时间,有时连续四五十个钟头得不到什么东西吃。有一次,我从延安赶回西安,立刻又由西安乘飞机赶回上海,刚刚从机场到编辑部,立刻开始工作,因为要赶上第二天(一九三七年三月十五日)在南京开幕的国民党三中全会,发表关于西安问题真相。这样一直弄到深夜,我还能勉力工作。我这里不得不归功于我平日生活的比较有节制,当然我健康的情形,距工作的需要,还远得很。此外如待人接物也很重要,这保留到以后有其他机会再谈。

我是愿意终身为新闻事业努力的人。但是深知这不是容易做好的工作,自己的缺陷非常之多。以后决定好好学习,或者再过十年二十年,可以比现在称职些。

(节选自《新闻采访写作参考资料》,中国广播电视出版社,1985年。)

怎样采写人物通讯

一、人物通讯要表现时代精神

我们现在所说的这类人物通讯,如《县委书记的好榜样——焦裕禄》、《为了周总理的嘱托》、《一篇没有写完的报道》,以及兄弟报刊采写的《亚洲大陆的新崛起》、《人民的好医生李月华》等,比起过去战争年代的人物通讯,有了很大的不同。其主要区别,就是这些人物通讯更深入地揭示了先进人物的精神世界,更鲜明、更深刻地体现了具有时代特征的主题,加上适当运用了文学的、政论的表现手法,因此它具有较强的感染力和生命力,成为我们无产阶级新闻武器库中一种有着特殊战斗作用的武器。人物通讯的这种作用,要求我们不能把它简单地写成一部"好人好事录"。因此,能否高瞻远瞩地提炼出能够反映时代特征的主题,并且从这个高度来表现英雄人物的革命精神和思想风貌,就成为决定人物通讯成败、优劣的关键。

根据我们的粗浅体会,提炼和确定能够反映时代特征的主题,十分重要的是要解决一个"针对性"的问题,也就是要有的放矢地进行宣传。要做到这一点,一方面要考察同当前形势最密切、群众最迫切需要解答的重大课题是什么;另一方面要考察人物本身具有哪些最能体现时代特征的精神。离开人物本身的客观事实,主观主义地"拔高",硬要"提炼"出一个什么"主题"是错误的;同样,离开现实斗争中的重大课题,罗列材料,就事论事,也不可能反映出重大的主题。

以《嘱托》的主人公吴吉昌来说,他所体现的,就是按照周总理的嘱托,为建设社会主义而奋不顾身的彻底革命精神。以"老坚决"来说,就是不顾人为的"风口"的袭扰,在政治动荡的年月里,坚忍不拔地建设社会主义的革命毅力。而吴吉昌为了完成周总理的嘱托,那种"啥也别想挡住俺"的精神,"老坚决"对安定团结的政治局面的渴望,正是亿万人民群众共同的意志和心愿。也就是在这些思想的启示下,我们找到确定《嘱托》、《报道》的主题思想的主要依据。

主题确定以后,要着力地选择典型材料来充分地、深刻地表现它。凡是有利于突出主题的材料,都要有效地加以利用;一切游离于主题(即使游离得不远)的材料,不管它多么生动,则要毫不可惜地予以割爱。

二、人物通讯的力量在于真实

用事实讲话,这是新闻报道的原则。正因为如此,人物通讯绝不可有任何虚构。那么,不虚构能不能完美地表现人物崇高的精神境界和思想品质,能不能写得深刻感人? 回答是肯定的。生活本身是丰富的,实际生活中的英雄人物,他们的事迹、语言、思想感情,都是非常感人的。这绝不是记者坐在室里靠"灵感"冥思苦索能够杜撰得出的。如《榜样》中焦裕禄和县委"一班人"风雪夜前往车站那感人的场面,《嘱托》里群众把用鲜鱼配制的药悄悄塞进吴吉昌的篱笆根下那令人落泪的细节,都不是记者能够想象出来的。问题不在于真人真事能不能深刻地表现人物,而在于我们能不能体现人物本质的事实,特别是那些感人的细节。

《嘱托》中有这样一个细节:在吴吉昌被勒令每天去村外割草的那些日子里,一天,他看到北街大队的棉花正在疯长,很想提醒社员们,但想到自己的处境,又犹豫了。他内心的斗争非常激烈。直到第三天,当社员们走出棉田,围在一棵大树下面休息时,他终于鼓起了勇气凑了过去。人们用同情和关切的眼光看着他,沉默着。半晌,吴吉昌好像自言自语似地说道:"棉苗长得不错啊。"队长立刻回答:"就是挂桃少。"老汉说:"那是因为后期管理没跟上。"这时候,一位中年妇女冲口说:"吴劳模,你给指点指点吧。"吴吉昌凄然一笑,摆摆手说:"好妹子,不敢再称劳模了。"那位女社员噙着眼泪回答:"老大哥,俺们心中有数……"这个细节,揭露了林彪、"四人帮"迫害劳动模范、破坏生产的反动嘴脸,更表现出吴吉昌对国家、对社会主义事业的深沉感情,给通讯增加了感人的力量。类似这样的事例说明,获得细节、处理好细节,这是记者思想水平、新闻敏感、采访经验、写作技巧等能力的综合反映。离开记者的这些基本功,离开记者这些基本素质的全面锻炼和提高,就谈不上提高捕捉细节的能力。

三、在矛盾冲突中表现人物

在《榜样》一文中,我们如实地描写了三年困难期间,兰考自然灾害严重的情况。在《嘱托》中,我们写了吴吉昌遭受的一次次毒打、屈辱和责难,甚至有病都不让他外出就医。就是这样,那些人还是向他勒索"专政费",逼得他的老伴不得不把衣物都变卖了。我们还写了他帮助邻队种棉花创造了丰产新纪录,被攻击为"阶级斗争的新动向";创造了双秆棉,却被污蔑为"唯生产力论的活标本"……总之,我们写了吴吉昌在文化大革命中的经历,真实地再现了文化大革命的曲折和反复,动荡和混乱。在《报道》中我们写了"老坚决"侍弄的防风林,在文化大革命中的两起两落,还追溯到刮共产风的一场灾难。

如何在矛盾冲突中表现人物,还可以补充一点,就是要写出人物自己思想上的矛盾冲突。写矛盾冲突,无非是三种:人和自然界的矛盾,人与人之间的矛盾,人物自己思想上的矛盾。

四、调动多种手段为表现人物服务

一篇好的人物通讯,往往会起到人物的某一段传记、时代的某种记录的作用,甚至会起到某种时评、政论的作用。人物通讯的内容要求它的表现形式和表现手法多样化。我们认为,在严格遵守新闻必须真实这一原则的前提下,一切可用的表现形式和表现手法——文学的、政论的乃至电影艺术的某些表现手法,都可以适当地吸收到人物通讯的写作中来,为表现主题、刻画人物服务。人物通讯中可以有记者的抒情、议论和评述。甚至类似《史记》中"太史公曰"那样的人物总评的手法,也不是不可以借鉴的。

我们在采写人物通讯的过程中,比较喜欢运用质朴的白描手法。这种表现手法有时要借助语言的音响和色彩来加强效果,但主要依靠事实、形象、思想来打动读者。它的特点是能繁华落尽见真谛,从平凡中见深刻,在沉静中见热烈;尽量做到自然流畅,不事雕琢。运用白描手法的难度很大,需要较高的驾驭文字的能力,更需反复锤炼和推敲。当作品一经完成后,读者看到的只是真实的生活本身,看不到作者斧凿的痕迹。

人物通讯应该着力描摹刻画人物的形象,但是这不应是一堆事件的罗列和堆砌。从新闻的特点出发,一般地讲,应该要求人物尽快地出场,从一开始就以他自己的行动、语言感染读者。《报道》的初稿,第一小节有一长段叙述,介绍"老坚决"得名的由来:他在土改中如何坚决,反霸中如何用一条绳子捆上了十二个土匪……这些叙述像流水账一样,读起来很闷。我们在反复修改中进一步认识到,这篇通讯的主要任务是要告诉读者这个普通共产党员是怎么热爱社会主义林业的,是要着力描述"老坚决"营造的防风林一再遭到破坏时他那种不屈不挠的"坚决劲",以及他在政治斗争的风风雨雨中有感而发的呼喊:"今后可不能再折腾了!"而这一大段"长胡同",却偏偏把这些重要内容挡在后面了。后来,我们抛弃了这个"长胡同",一开始写了一句叙述性的话:"那是二十多年前的事了……"接着就展现"老坚决"搭着布袋,揣着桑剪,到处去收集树种、捡拾果核。这样就开门见山,"老坚决"一下子就以他自己特有的形象和读者见面了。

当然,人物通讯常常需要叙述一些有关人物的概括材料,但要善于把这种叙述同描写结合起来,以描写来带动叙述:描写为叙述张本,描写为叙述开路。在采写人物通讯中,我们时常感到仅仅是用客观事实的描述,还不足以充分表达出感情,也不能满足读者感情上的需要。因此,为了使读者和记者一样地动感情,在必要时就需要用蕴含哲理的抒情描述和议论。例如《嘱托》中有这样一段:

> "1970年春天。一场冰雹,把棉苗打成光秆。可是,棉苗不管枝断叶残,仍然顽强地继续抽芽。就在这时候,吴吉昌拄着拐棍在村头出现了。人们三三两两兴奋地传告着:老汉又站起来了。"

我们在这里运用诗歌写作中的比兴手法,借助叙述这些事实,激发了读者的联想,含蓄地抒发了自己的情感和议论。

在人物通讯运用议论、抒情等手法的问题上,要坚决反对那种不要事实,一味说空话、绝话的恶劣文风。我们的体会是,人物通讯中的议论和抒情不可滥用,要掌握得恰到好处,起"画龙点睛"的作用。

吴吉昌的语言,是很生动的农民的语言,明快、简短,有时还很幽默。在《嘱托》的写作中,我们努力使自己的语言接近吴吉昌的语言:多用农民式的口语;句子要简短,尽量不用那些带有修饰语、附加语之类的复杂句式;多用单句,少用复句等等。《报道》的语言风格也大体如此。至于《榜样》则不同。焦裕禄是县委书记,他不仅有和农民交谈时那种生动的口语,还有向干部、群众做报告时那种富于鼓动性的语言,以及同人们说理时带有一些哲理的语言。

作为领导干部,他又是很注意语言逻辑的准确、严密的。因此,在《榜样》中,句子一般比较长,有不少是结构复杂的复句。在语调上,全篇有不少地方还带有政论式的语言色彩。

在锤炼语言上下功夫,不断提高驾驭语言的能力,这是我们无产阶级新闻工作者需要长期努力的一项基本的业务训练。

五、记者要和英雄人物的思想感情息息相通

人物通讯的教育、激励作用,是通过思想上的启示和感情上的共鸣来打动读者的。特别是感动读者这一点更加重要。而要使读者动感情,首先记者自己要动感情。如果记者不感动、不激动,或者感情动得不深、不真、不强烈,那就不可能感染读者。

多少年来,我们深深地体会到,这种和英雄人物思想感情上的息息相通,水乳交融,有时是掺和着血和泪的。它往往产生一种无论如何都抑止不住的冲动和激情,这是一种巨大的力量,甚至简直是一种魔力。这种激情,这种强烈的责任感,像一条无形的鞭子,鞭策着我们去克服一切困难,尽自己最大的努力去把它写好。

有的同志问:写人物通讯有些什么诀窍? 我认为这是没有什么诀窍的,如果说算是什么"诀窍"的话,那最重要的一点是:要积极投身于英雄人物为之献身的伟大事业,热爱人民,热爱生活,有一种高度的革命责任感,加上火一般的激情。

(节选自穆青:《谈谈人物通讯采写中的几个问题》,《新闻战线》,1979 年第 4 期。)

谈 专 访

专访的选题和立意

在选题方面专访不仅要求专,还要求强烈的新闻性,即所采访的人物、事件、问题应当是群众当前所关心的目标,是最近一段时期内对社会、对群众有影响、有关系的人和事……这里必须说明的是,并不是所有的名人、专家、先进人物都可以成为专访对象的,并不是任何事件都能够构成专访内容的。有些人物并不是著名人士,但因与新闻事件有关系,也可以成为我们采写的对象。

问题性的专访则是记者带着社会生活和实际工作中人们共同关心和迫切

需要解决的问题去作专门的采访。例如 1955 年,当时有不少青年考不上学校,需要有些青年学生去当学徒,针对这个问题,我去访问了学徒出身的革命前辈谭震林,用他的亲身经历、现身说法写了《学徒生活回忆》的专访;又如在社会上提倡勤工俭学的时候和提倡青年学生报考师范的时候,我访问了老教育家徐特立同志,分别写了《徐老勤工俭学》和《徐老和青年学生谈报考师范问题》两篇专访。

地方风物性的专访,则是记者根据当地出现的新事物,当然也必须是人们所关心的地方风物,如毛主席纪念堂落成开放时,我采写了《毛主席永远和我们在一起》;亚洲学生疗养院成立的时候,我写了《访亚洲学生疗养院》;第一座电视台成立不久,我采写了《访北京电视台》。

专访除了注意选题的新闻性、时间性、专题性外,还有一点很重要的,就是应当有新的角度、新的立意,也就是确立好专访的主题思想。

比如,我曾几次采访北京图书馆和北京猿人之家,但每次都根据社会生活的发展变化,注意从不同的角度去做专访,这样写的内容也就不一样了。如1949 年写北京图书馆如何回到人民手中,为人民服务。1958 年写的那篇专访题目是《学者专家的亲密助手》,就突出了北京图书馆如何为知识分子服务这个角度。又如华罗庚作为一个著名的科学家,他的事迹已为人们知晓,我写了篇《壮志凌云》就突出他自学成才的主题。这对于解决当时青年考不上大学而悲观、失望的问题,引导他们走自学成才的道路,是起了一定作用的。严济慈80 岁入党,我认为在当时社会上出现所谓"信仰危机"的错误思潮时,一个老知识分子对党的耿耿忠心,迫切要求入党是值得大书特书的,便写了《归宿和起点》这篇专访。

专访的采访活动

第一,采访前要作专门性的准备。因为专访一般来说事先目的比较明确,这对于准备工作有利,应当在了解一般情况的基础上,详细地占有与主题有关的材料,并拟订出一个访问提纲。事前准备工作做得好,可以缩短访问过程,往往提高采访效率。很多专访,要求抓紧发表的时机,写作时间紧,而且接触采访对象的时间短,机会少,这就更使采访前的准备显得十分重要。对科学家的采访,采访前除了要了解他的学术成就和工作范围外,还应当了解他的性格、兴趣。当然,不一定对他的专业很深入地了解,但要大体上了解,要知道他的主要著作。

第二,采访当中,仍然要抓住这个"专"字。提问时要时时注意引导到专门的方向去,不能泛泛而谈,占用和浪费别人的宝贵时间。如果谈话离了题,不要猝然打断对方的讲话,要很自然,很有礼貌,很巧妙地转过弯来。如果对方突然沉默了,怎么办?这也是时常可能碰到的情况,很可能对方在思考,在想怎样用确切的语言来表达他的思想,这时不要催促,要给他一个时间,而自己则要积极开动脑筋,考虑一下前面的采访材料,准备下面的提问。

在采访过程中,头脑处于紧张而又清醒的工作状态,一面采访,一面对得到的材料做个初步的去粗取精的工作,不断地认识、理解它们。对有助于表现主题的材料,要紧追不放,或画上记号,或作上小注。有用的材料越多,回来下笔写的时候就越运用自如。

第三,每次采访,我都告诫自己:要过细,不要怕麻烦。做过细的采访,不仅可以发现很多富有典型意义的细节,还可以避免很多错误。比如,采访毛主席纪念堂落成的时候,我就到现场仔细观察好几次。纪念堂从设计到施工至落成,中间有些改动,如果采访不深入,马虎一点,只按照书面材料一抄,就会出现错误。如北大厅原来设计装灯 125 盏,但最后落成是 110 盏,不核实,就会弄错。纪念堂外围的 44 根花岗石廊柱,我是一根一根数过的。再如,纪念堂高 33.6 米,长、宽各 105.5 米,你如果写成比人民英雄纪念碑高,就严重失实,因为纪念碑比它还高几米呢。那篇稿子是赶着发的,但越是这样,越要仔细。

第四,采访中,记者应当十分注意周围的环境,现场的气氛。写周围的环境、气氛,是作为刻画人物、烘托主题的一种手段。比如,我在写徐特立和青年学生谈报考师范问题这篇专访时,虽然是写问题,谈问题,但也可以用环境、现场气氛来烘托主题。这篇文章开始我写道:"一个仲夏的傍晚,在一座小花园里,微风送来幽香。82 岁的革命老教育家徐特立,病后刚刚恢复健康,就在这儿亲切地接待了一群高中毕业生。像慈祥的老祖父在静静的夏夜里和孩子们讲故事一般,徐老坐在一张藤椅上,青年人坐在他身旁的石凳上……"

当然,并不要求每篇专访都来一段环境描写,但是如果你注意了环境、气氛,会帮助你发现更多的线索,增强对人物、事件和问题的理解,并把这种理解和感受渗透到专访的字里行间。

专访的写作

第一,围绕专访的目的,写作一定要突出主题。

要通过巧妙的构思来组织材料,对材料作精细的取舍、加工,用凝炼的笔墨表现出来。专访不能像报告文学那样,放笔写来,洋洋洒洒。一般不要写成大文章,而要围绕主题思想,写得紧凑、精巧。文章结构要善于鲜明地表现主题。写事件,重点要写人们最关心的那一段;写人物,要鲜明地写出人物的特点,要写这一个,而绝不是那一个;写问题,要直截了当,不要叠床架屋,在里面捉迷藏;写地方风物,要有独到之处,寓思想于风物之中。

如在《勤奋的一生》一文的写作中,我就注意抓住竺可桢是个气象专家、物候专家的特点。面对他的许多材料,如何构思、组织、取舍?经过琢磨,我决心以气象科学研究活动为主线,把其他几个方面串起来。而有些方面不能尽收,就干脆略去不提,省得枝蔓丛生。

第二,专访一般要写得有现场感。

专访中,记者可以出面,作为见证人,把读者带到现场,结识人物,了解事件;可以在文章中勾画人物的外貌、神态、衣饰、动作,描写人物的对话,以及周围的环境;也可以写记者自己的思想、感情、见解。要写得情景交融,使人一路读来,如临其境,如见其人,如闻其声。

我在采写王若飞夫人李培之时,刻意写了卧室里的水仙花,以此表现李培之大姐高洁的气质。我采访邓拓的夫人丁一岚大姐,写了一篇《写在绢帕上的诗》,称颂邓拓和丁一岚既是战友又是情侣的崇高感情。

又如,我写《清华杂忆》,换个题目说,也就是《重访清华园》这篇散文式的专访时,当然这不是一篇人物专访,我就是采用了和读者一起漫步在清华园现场的手法写的。我写道:“我沿着旧日的足迹,去寻找那些珍贵的记忆。不知不觉中,来到了建筑古色古香的工字厅。这里曾留下当年我们师生相聚,热烈探讨时事问题的踪迹。穿过后厅,面对‘水木清华’横匾,是一片景色宜人的荷塘,荷塘边建起了两座毗连的‘闻亭’、‘自清亭’……”

第三,一篇文章要打动人,一般的要求是:写情——沁人心脾,写景——豁人耳目,叙事——身临其境。

专访由于记者在其中可以占据一席的地位,主观色彩比较浓厚,这就决定了它在写作上的另一个显著的特点,就是笔下要带感情,做到情文并茂。

我在写作中就有这个体会,对采访的人和事,自己在感动着,就有写作的冲动,自己的感情也必然带到了笔下。无动于衷地写作,不仅十分困难,也叫人十分苦恼。我在写《吴晗和他的一家》时,就是含着眼泪写的。我这里所说笔下带感情的情,绝不仅是记者个人的情,而更主要的是指表达人民群众的感情。记者的感情要和群众的感情息息相通,这样的感情才是有感染力的。

(节选自柏生:《心笔春秋》,新华出版社,1997年。)

深入挖掘人物的内心世界

怎样把先进人物的内心世界挖掘得深一些呢？我体会，这要靠记者深入分析材料，消化材料；靠记者同报道对象和有关的人物促膝谈心。消化材料是采写中非常重要的一环。把采访到的许多材料化成自己的见解，自己的感受，才能展现人物的心灵。我报道戴碧蓉的先进事迹时，初稿开头写道："戴碧蓉是一个身材矮小十分瘦弱的姑娘。"为什么要写这句话呢？难道她长着这么个外貌就要这样写吗？不。我停下笔，回想起第一次见到她时，自己几乎被感动得流泪了。为什么被感动呢？当时没想清楚。经过深入思考后，我改写道："我们早就听说过戴碧蓉舍身救人的英雄故事，可是见面一看，没想到却是一个身材矮小、十分瘦弱的姑娘。我们简直无法想象，在这个瘦小的身躯里，怎么会蕴藏着那么大的勇气和力量，敢于从火车轮子底下，连续抢救出三个小孩？"在文章的结尾我写道："最初，我们看着小戴那行动不便的假腿和空着的袖筒（因救孩子压断的），只是对她充满着同情。可是，当我们听完她的故事，同情二字已经变成敬佩了。我们久久不能平静：在这个瘦小的身躯里，装着一个多么高大的灵魂啊！"这样，就不只是写人物的外貌，还写出了人物的心灵。许多读者在来信中引用末尾两句话。这说明，自己把材料消化了，对人物的内心世界认识清楚了，写出的报道才能打动人。

挖掘人物的内心世界，不能停留在记录采访对象所谈的材料上，还要多同采访对象深入交谈，从中吸收好的思想观点。宣传"五讲四美"时我采写过一篇通讯，叫《烧不毁的美》，介绍解放军战士徐效刚因为救火烧毁了面容以后的经历。开始，他没有理解美的全部内涵，很痛苦；后来，他由追求外表美转化为追求内心美，做出了卓越的成绩。我去采访他时，他像对待所有的记者一样，把自己的经历从头到尾谈了一遍。我想，他的面容烧得那样可怕，每天还乐观地工作，他对美丑、幸福和人生，一定有自己的见解。我和他谈起对幸福和不幸的看法。他说："有一张报纸上写着，一个因公负伤断了腿的人，感到非常幸福。我认为，这是不够真实的。说老实话，像我这样的人是很苦的，可以说，活着比死还要难。"听到这里，我的心里不由得一颤。多么深刻的内心自白呀！活着比死了还要难，为什么他还要顽强地生活下去，并且不要国家包养，非要工作不可呢？他说："一个人来到世界上，对周围、对社会是有义务的。如果一遇不幸就轻生，自己对党、对社会的义务由谁来完成呢？如果那样做，未免太自私了吧！"这番话，仿佛挖开了他心灵深处的帷幕，使我看到一颗突突跳动着的红心。这就是这位先进人物的灵魂,他一切的先进事迹的行为都是从这个红点爆发出来的。作为记者,就要挖掘到这种内心深处的东西。而内心深处的东西是需要记者像知心朋友那样,同采访对象交谈才能得到的。

(节选自郭梅尼:《怎样写先进人物的思想境界》,《新闻战线》,1983 年第10 期。)

华莱士采访经验

美国哥伦比亚广播公司记者迈克·华莱士是美国著名电视记者。自从1968 年担任重要的 60 分钟节目主持人以来,他先后采访过约翰逊、尼克松、卡特和里根等美国总统,他还采访过基辛格、萨达特、卡斯特罗等。1986 年 9月,他在中南海访问了邓小平(摘编者注:2000 年还访问过江泽民)。

在谈采访经验时,他说:"首先记者要阅读有关被采访的材料,听一些录音或看一些录像,然后才有心思坐下来准备问题。我给自己定了一条规矩,至少在准备好 30 或 40 个扎扎实实的问题以后才去采访。我通常的办法是,在纸簿上先写出 100 个问题和所有经过研究琢磨以后我心中想到的一切。然后我开始把这些问题分类,如采访巴列维国王,我就把 100 个问题浓缩到 50 个,分成八九类,如权力问题、贪污腐化问题和年龄问题等。等到我真刀真枪采访时,我可能只用 50 个问题中的十一二个。"他说:"其实准备问题对我来说也是一种训练。这样,我从掌握的大量材料中,对被采访者有更深的了解。如果被采访者回答问题时,有材料,有内容,能把我们引向更有内容的方面,那就更好了,这就需要随机应变,临场再想一些题目。但如果事先没有充分准备,临时是很难提出好问题的。"谈到采访邓小平前的准备时,他说:"我读了许多有关邓小平的书籍和剪报。此外,我还同一些见过邓小平的人交谈,了解邓的性格和特点。然后坐下来,苦思冥想,准备 50 个问题。"华莱士的采访特点是:开门见山,善于提出尖锐问题,同时启发被采访者回答他的问题。

他的一些同行把他的采访称作"硬性采访"。有些行家则称他是"提问题专家"。华莱士说,文字记者采访时,有时还可以放松一下,可以偶然谈一些无关紧要的事,而电视记者采访由于常常是现场直播的,所以不可能有这种奢望。因此,华莱士在采访中常常当机立断,打断被采访者离题太远的话,甚至在被采访者还没有讲完一句话时,就要设法打断,力求使其回答简练,并且讲到点子上。什么时候提问题?华莱士不但有提关键性问题的拿手好戏,最重要的是他知道适宜在什么时候提问题,知道如何使采访顺着他的意愿发展下去,使被采访者披露鲜为人知的或者爆炸性的新闻。

在"硬性采访"方面,华莱士与意大利女记者法拉奇有相似的看法。美国的评论家把这两个看作是气质相同的名记者。他们两人的共同特点是:想方设法使被采访人道出他们本人从未向外界透露过的事情。1976 年,华莱士电视采访法拉奇,可说是十分引人注目。他们的对话道出了他们对新闻工作的热爱。

华莱士:……权力?你有权吗?

法拉奇:哦,我没有权!你怎么能说我有权呢?

华莱士:确实没有。

法拉奇:我们不是那种把新闻记者说成是有权力的人。

华莱士:是吗?那你是不是一名表演者呢?

法拉奇:我是一个历史学家。

华莱士:你不是历史学家。你是一名新闻记者。

法拉奇解释说:不,先生,新闻记者就是历史学家。

华莱士:不对。

法拉奇同他辩论道:听着!新闻记者是在历史发生时刻写历史的人,这是写历史的最好办法。过去我在学校读的是 200 年前别人写的事情,但这种事情又经过了其他人 100 遍的改写,我不知这是否可信。但是我相信,电视报道、摄影报道和现场的文学报道是真的。

华莱士也有同感。他认为,目前发生的事情如何,比经过 200 年来人们改写不知多少遍的历史要可靠得多。

华莱士的采访风格影响一代电视记者。美国最有影响的三位电视新闻节目主持人之一丹·拉瑟说:"华莱士是天生的电视记者,而我与之相比,则是微不足道。我曾仔细研究过华莱士的采访风格,他提问的方式、措词特征,他的语气、手势、表情,以及迅速跳过一个问题转而自然地提出新问题的本领。"

华莱士热爱他的工作。他说:"我想不出比'60 分钟'节目的编辑和记者再好的工作了。"尼克松曾要求华莱士担任他的新闻秘书,但华莱士婉拒了。他说:"我还是有意当一辈子记者。"

(节选自《中外新闻采写借鉴集成》,浙江教育出版社,1990 年。)

一次现场采访

一

进行这一次采访的动机，早在两年前就产生了。当时，我们听市外贸部门的同志说，北京鸭每年活体出口香港 90 万至 100 万只，都是京郊各鸭场职工或社员工当押运员运送的。从北京运到深圳，行程 5000 里，押运员工作、生活条件十分艰苦，但他们每年通过自己的辛勤劳动，可为国家创 300 余万美元的外汇收入。我们想跟火车送一趟鸭子，写一写押运员的事迹。可是没想到，我们一说自己的想法，外贸部门的同志都大摇其头，摆出了"冷"、"脏"、"味"等种种困难劝阻我们。也许因为我们都正值中年吧，对他们的话并没介意，还是坚决要跟车送鸭，以亲自感受写一篇押运员事迹的报道。

二

12 月 5 日，我们冒着数九的严寒，赶到运鸭车的发车站——丰台西站，都怔住了。原来所谓运鸭列车，就像是一个"大笼子"。车厢的前、后、左、右四面都是用木板条钉起来的，板条之间隔着四五厘米宽的大缝，车厢顶部还有天窗……北国的大地一片沉寂，气温降到了摄氏零下 10 度。随着列车的运行速度不断加快，寒风穿过条条缝隙，"呼呼"地向"卧室"里袭来，我们把棉被紧紧裹在身上，还是感到"透心凉"。特别是鸭粪末儿、鸭子毛和沙土被风吹起来，扑打在我们的脸上，让人睁不开眼，也不敢深呼吸。我们很想戴上口罩，但看到押运员们毫不介意的样子，一直没好意思拿出来。我们互相依偎着，盼着早点入睡。可是，那上千只鸭子不停地发出"嘎嘎"声，火车轮与铁轨的"隆隆"撞击声，吵得我们实在睡不着。

我们终于度过了第一个不眠之夜，7 点半钟，火车把我们带进了石家庄火车站。我们取出干粮，想再拿暖水瓶倒点开水喝。手抓住暖瓶塞，怎么也拔不出来，原来暖水瓶早已结了冰。我们把这一"新闻"转告领队老赵时，他付之一笑，说："常事！"他告诉我们，押运员每押一次车，都要带五六天的干粮。喝开水要到沿路火车站去打。要是停车地点不合适，押运员打不到水，常是一两天喝不上一口，有时候渴得不行，只好同鸭子共饮一桶水！

三

在火车上,我们亲眼看到押运员们的工作情景,受到了深刻的教育。

白天,押运员是没有什么闲功夫的。要给鸭子填两次料,每次要填两个多钟头,此外还得上六遍水。为了减少鸭子致残、弄脏羽毛,还要清扫鸭粪、垫沙土等。填鸭,本来就是一项累活,何况眼下又是在鸭子车里进行呢。现在的鸭子车,车厢内分上、中、下三层,一层高不过一米,三层共计放鸭千只左右。填鸭时,押运员要弯着腰、低着头、蹲着给鸭子填食。

夜晚,押运员可以安稳睡觉了吧?不!请看看这样一个普通的夜晚吧——那是 12 月 8 日,也就是我们登上火车的第三天晚上……我们睁开朦胧的睡眼,只见海淀区的押运员李金清正按亮手电筒,起身到鸭子间里去。我们问:"李师傅,干什么?"他轻声说:"我刚才听鸭子间里有响动,去看看。"我们借着手电筒的光亮,看见鸭子间里有一个水槽被鸭群挤倒了,水流了一地。李师傅弯腰弓背,把水槽摆正,这时别的押运员也赶忙起来,帮助老李用沙土把湿地垫干弄松,又用水桶给水槽倒满水,然后他们才回来休息。

这回李师傅他们该安心睡觉了吧。可是,不到一个钟头,鸭子惊群了,"嘎!嘎!"叫个不停。我们被惊醒,一抬头见李师傅正在鸭子间里查看。过了好半天,他提溜出一只在鸭子打架时受了伤的残鸭,小心翼翼地放在床下。他告诉我们,对残鸭就像对待伤病员,要单独护理,护理得好还可能重新变成好鸭。不知为什么,老李、小高、小牛都起来了。他们见我们已醒,就说:"水管有漏水声,得赶快堵上,不然鸭子着水受了凉,不是减分量就是死。"不一会,他们分别找到了两处漏水的地方,并很快用肥皂把漏洞堵住了。原来,这是押运员发明的临时堵漏的土办法。接着,他们又忙起拌饲料的活儿来。看他们又是一夜没好好休息,我们关切地问李师傅:"夜里睡了一会儿吗?"

"不睡还行?"李师傅说,"当押运员得有这套基本功,有机会睡一觉,有动静马上起。"

四

在运鸭途中,我们结交了不少普通押运员。他们工作岗位平凡,但思想品德高尚。

那还是在我们登上鸭车的第一个夜晚。我们被冻得睡不着觉,就和身边一位五十岁开外的老押运员聊起来:"您这么大岁数,怎么还来押车?"不等老押运员回答,一个年轻押运员就抢着说:"他叫杨俊,56 岁了,人老心红,是家禽场鸭队队长。上个月,他刚刚押了一趟车,可他知道这车鸭子娇嫩,怕别人管不好,非要亲自出马不可。"

在鸭车上的第五天,也就是到深圳的前一天,我们还认识了一个可爱的年轻人。他刚满 20 岁,名叫牛慧。我们看到他时,他正紧张地给鸭子上水呢!一米八的个头儿,提着水桶在一米高的鸭子间里钻进钻出,早已满头汗水。我们一边帮他接水,一边问:"你常年做押运工作,不觉得苦吗?"牛慧使劲儿看了我们一眼,没有回答。过了一会儿,他从上衣口袋里掏出一个笔记本,翻到一页上,挺神秘地递到我们手里。我们一看,上面有一段顺口溜:

> 送填鸭深圳跑,一路艰辛我知晓,
> 想到国家想到党,想到四化志更高。
> 为给国家创外汇,何惧寒暑与疲劳,
> 振兴中华为己任,艰苦创业乐陶陶。
> 　　　　　　　　1981 年 11 月 14 日

五

这次乘火车采访送鸭,跨黄河,过长江,途经冀、豫、鄂、湘、粤五省,到达深圳,总计行程五千里。路途中,我们吃了一点苦头,但是更多的是尝到了现场采访的甜头。采访归来,我们除写了一篇题为《五千里路伴鸭行》的通讯公开见报之外,还根据这次了解到的情况,写了一篇反映活鸭出口工作中的问题以及研究如何改进的内部参考稿,写了一篇北京鸭在香港销售情况的材料交外贸部门参考。我们从这次采访中体会到,现场采访有如下好处:

采访比较顺利。过去我们召开座谈会或对个人进行一问一答式的采访,常为怎样提问、怎样深入挖掘生动的材料而苦恼。这一次,我们和押运员同吃、同住、同劳动,根本没有开任何形式的座谈会,也没进行专门的个别采访,可是,我们所需要的各种感人的材料却源源不断涌来。

可以捕捉到丰富生动的典型材料。记者到现场采访,可以采访到座谈会上不可能得到的典型、生动的事例。因为,在座谈会上,采访对象对发生在自己周围的一些"小事",往往习以为常,不一定谈得出来。但是,对于这些"小事",记者一到现场就可能用"冷眼"发现它,捕捉住它。比如能把新闻报道写得有感情。现场采访所以优于其他形式的采访,重要的一点,就是记者可以亲自体验和感受⋯⋯这次现场采访,不仅使我们较顺利地完成了工作任务,而且学习了一些各方面的知识,这对于今后从事新闻工作也是很有益处的。

（满运来、焦保强:《五天五夜送鸭记》,节自《印象深刻的一次采访》,重庆出版社,1997 年。）

了解对方熟悉对方

我在《中国妇女》杂志社工作多年,有机会采访了各种妇女人物典型。女同志的感情一般比较细腻,容易动情,采访起来话比较多。但是,有时也会碰到属于抑郁型气质的被采访对象,她们的人生道路往往比较曲折、坎坷,而在事业上又执着追求。这种类型的人,性格内向,不善交际,多数喜欢离群索居。她们的内心世界很少向人打开。遇到这样的人,采访起来就比较困难。

1982年金秋,我从北京专程赶到敦煌莫高窟,采访敦煌文物研究所的几位年长的女研究员。在未采访之前,就有人告诉我,其中的一位名叫李琪琼的老同志,不愿见记者,已有人吃了她的"闭门羹"。

李琪琼是敦煌文物研究所惟一的女副研究员,她的临摹在全国都属第一流的,这样的老同志,当在我的采访之列。为了能够采访成功,我颇费了一番心思。我找了研究所领导、李琪琼周围的同志,从不同的侧面了解她的经历、性格、生活情趣,她对事业的追求,对人们舆论的反应。这一步骤,耗费了我一些时间,但对李琪琼这一人物有了一个大概的了解。李琪琼是搞绘画艺术的,为了对她所挚爱、献身的事业有所了解,我爬到她搞过临摹的窟洞去参观,回来后又查阅了她临摹的画儿的有关资料,并请教懂行的同志讲解她临摹的画儿的意境,她临摹的造诣。当然,这些我知道得还相当肤浅,但起码不再是纯外行。

做了这些准备工作之后,我对李琪琼产生了感情,有种急于想见到她、与她交谈的激情。那天,她刚从窟洞下来,也许是第六感官的作用,没人介绍,我一眼就认出了她。我迎上去热切地唤了她一声"李老师",又说明了来意,兴许是我言恳语切的缘故,她竟痛快地答应了我的采访要求,真使我欣喜若狂。

李琪琼曾被错划成"右派","文革"中全家被发配回农村,吃尽了苦头,心灵上留下了很深的伤痕。对这些,她是很敏感的。为了解除她的顾虑,我很认真地阐明了自己的观点,表示了对她的遭遇的理解和同情。让她知道我不是个轻薄之辈,对待人和事也同她一样,是持严肃态度的,不会再给她招惹什么是非。这种精神上的防线冲破后,我们之间的交谈也就顺畅多了。

作为女性,作为妻子和母亲,我们虽然年龄有一段差距,但生理和心理因素是大致相同的。为了能够启开她语言的闸门,我有意与她"家长里短"地闲谈,这种交谈似在拉家常,比较轻松自如。但我是在采访,因此在她不经意的谈话中,我总不忘插进我们需要的话题。

对对方事业的理解和略知一二,也会帮大忙。当我们谈到洞窟里的壁画,李琪琼的情绪为之一振,她如同慈爱的母亲说及自己宠爱的儿女,滔滔不绝地谈起来。这种情绪对我也是一种感染,我也就情不自禁地把原先学来的一点知识,加上自己的感受一股脑儿地谈了出来。这样,就成了学术的探讨,内容就更为广泛,交谈起来情感便更为融洽。

(节选自顾兰英:《记者要善于与被采访者交朋友》,《中青年记者经验谈》,希望出版社,1987 年。)

新闻记者的宏观意识

宏观意识,也称大局意识、政治意识,通常是指通观全局、把握全局的意识。记者的宏观意识强,站在全局高度对事物进行分析和判断的能力就强,报道的水平就高,这是许多资深记者的经验之谈。

这些年特别是改革开放以来,新华社和人民日报记者从农村联产承包责任制的报道、审判"四人帮"的报道,到近年来邓小平同志逝世的报道、香港回归、建国五十周年庆典、澳门回归等重大事件的报道,都有"龙头"、"压阵"之力作。仔细分析采写这些报道的记者,他们的一个共同点是把握大局好。由此也看出,要在较短的时间内出手振聋发聩的精品力作,把握好这类领衔之作的主题思想,必须牢固树立宏观意识。

记者现在处于海内外激烈的新闻竞争之中。于是有的同志认为只要有新闻敏感就行,只要抢到新闻就算有本事,不一定要强调宏观意识。这其实是一种误解。

抢新闻与宏观意识并不矛盾。新闻敏感首先是政治敏感。一些成功的记者告诉我们,宏观思维中产生的新闻敏感,才是最有效的敏感。抢新闻,包括抢到新闻后怎样表达,选择什么主题,从哪个角度切入,都离不了大局意识、宏观意识。在重大突发性事件发生后,拥有宏观意识的记者就能敏锐地抓住广大读者最关心的题材,在"第一时间"里写出胜人一筹的稿件。1997 年 3 月 2 日,新华社播发了《在大海中永生——邓小平同志骨灰撒放记》。记者用诗一般的语言,在不到 3000 字的通讯里倾诉全党全军全国人民对小平同志的衷心爱戴之情。可以说,记者如果没有宏观思考,根本写不出这样的传世之作。

在日常报道中,拥有宏观意识的记者更能扬己之长,写出时空跨度大、有深刻思想内涵、纵论中国乃至世界风云的深度报道。这类报道的主要特点是:主题比较宏观,新闻信息量集中,分析透彻独到,有叙述有议论,有微观信息,有宏观议论,在众说纷纭、莫衷一是中独树一帜,令读者眼前一亮。

记者有了宏观意识,在抓典型报道中也可以左右逢源。宏观意识不单是对宏观报道起作用,对典型报道也起作用。1982 年,上海分社一位老工业记者去上海异型钢管厂采访,通讯员给他一个两三百字的稿子,说这个厂已提前 10 天完成计划,利润增长 10%,说他准备给上海报纸发个简讯。这位记者没在意,因为新华社肯定发不了稿。后来党委书记来了,说起一件事,外地有一家农具厂派人来厂里,要求无论如何赶快提供一批拖拉机上用的特殊钢管。厂里没法推辞,只好签了合同。记者听了,凭经验问了一句:"今年这样的合同多不多?"

他说很多,有 3000 份合同,党委书记马上叫来计划、销售科长讲具体情况,结果科长们讲了十几个故事,总体反映农村责任制后,农村拖拉机需求大了……记者一听,马上意识到,这 3000 多份合同背后反映的,不正是三中全会后整个国家出现的一些新气象吗?记者回家后马上写了一篇通讯《在 3000 份合同的背后——从上海异型钢管厂看各地的可喜变化》。

记者有了宏观意识,不论负责什么行业,都终身受益。政治、经济、文化、科技、卫生体育,都可以因记者宏观意识强而写出令人称道的稿件。举一个体育的例子:1997 年 10 月,第八届全运会在上海开幕,2 万人参加,数百名记者到上海报道这一盛会。八运会接近尾声时,新华社要发八运会的稿件。经过两天紧张的采访,我们选择了这样一个主题:《面对世纪之交的考试——八运会改变着上海人》。三个小标题是:整齐的歌声与整齐的工作步调,500 万盆鲜花和鲜花般的故事,从今天起为新世纪作素质准备。通讯中既有宏观的勾勒,又有具体的事例,3000 多字的通讯一气呵成。

(节选自邬鸣飞:《新闻记者的宏观意识》,《中国记者》,2001 年第 1 期。)

采访须求真

"真实是新闻的生命",这是每一个新闻工作者应该牢记在心并身体力行的。今年 1 月采访英雄战士李向群事迹的经历告诉我,要做到使自己笔下新闻作品真实,绝非易事。

采访时,李向群生前所在部队、部队驻地桂林市、李向群家乡海南省琼山市已经收集整理了李向群事迹的大量材料和资料,素材十分丰富。但一细读,总觉得发生在李向群身上的有些故事给人一种"高处不胜寒"的感觉,有些细节经不起推敲。

于是,我有意识地在采访中对准备采用的一些素材多做了一些调查核实工作。结果表明:小心无大错。以下略举几例。

一、李向群是哪个部队的?

李向群是广州军区某集团军"塔山守备英雄团"的战士。采访时,如果不留心了解这支部队的历史,就有可能闹出笑话。因为在同一个集团军,另有一个"塔山英雄团",只是在荣誉称号上有"守备"两字之差。在社会上,"塔山英雄团"比"塔山守备英雄团"名气大,记者如果在采访时马虎一些,就有可能在李向群的"户籍"问题上张冠李戴。果然,2月22日晚中央电视台在《新闻联播》节目中播出李向群事迹的连续报道时,屏幕上出现的镜头是"塔山英雄团"的旗帜,而且镜头时间不短。据了解,"塔山英雄团"抗洪所在地在武汉市附近,与李向群的事迹搭不上边。第二天,我给李向群所在部队打电话,部队宣传科的同志扫兴地说:"中央电视台怎么连这个都搞错了呢?"

二、李向群的性格之谜

在采访李向群的事迹时遇到了这么一个情况,当记者了解李向群的性格特征时,李向群父亲李德清和母亲王立琼的回答截然不同。李德清说:"向群性格内向,从小就不爱说话。"而王立琼却说:"向群性格外向,活泼好动,爱说爱笑爱唱。"记者当时就琢磨:连父母对自己儿子的性格的叙述都各执一词,可见求真不易。经过向李向群生前的战友、首长、亲友、街邻、同学、教师反复了解,记者终于解开了李向群的性格之谜。由于他父亲李德清脾气暴躁,家律极严,李向群在父亲面前从来不敢多说话,以至于其父误以为儿子是"性格内向"。其实,李向群自幼性情爽朗,待人热情,爱说唱好运动。应该说,在李向群踏进社会门坎之时,就已经形成了正直热情、敢作敢为、重义轻利的鲜明个性。正因为李向群是一块"好材料",才使他能够成长为一名英雄战士。他刻苦训练、舍己求和、奋发向上,以及在抗洪前线英勇献身所展现的风采,无一不是与他的个性特点相联系的。把握住这一点,对写好典型人物的事迹报道尤为重要。录音系列报道《新时期的好战士李向群》在广西电台播出后之所以受到好评,我认为通过李向群的个性色彩再现他的事迹是其中的原因之一,另外,更重要的是从总体上把握住了报道的真实性。

三、李向群是"长江告急"时提前归队的吗?

一些新闻单位在李向群的事迹报道中,由于忽视了对客观事实的认真了解,以至于出现了诸多报道失实之处。如《人民日报》在长篇通讯《二十岁的生命礼赞》中这样写道:"本来,正在海南探亲的李向群并没有接到催归的电报,是他从电视中看到长江告急的消息,提前两天结束休假赶回了部队。"中央电视台、中央人民广播电台对此事也同样是这样报道的。事实上,李向群是在得知部队驻地桂林市发生特大洪水消息后,提前两天归队参加部队在桂林的抗洪战斗的。而"长江告急"则是时隔一个月之后的事。此外,还有报道说李向群入伍前留着"费翔头"的发型,而从他入伍前在家里的照片以及家人和街邻的证实,事实上当时他的头发也只是比"陆军式"发型稍长而已。还有报道说李向群曾跳入南渡江救了少年许振光,事实上笔者亲眼所见的许振光这位"少年"在被救起的当时只有 4 岁……诸如此类的差错,看起来似乎没有多大的原则问题,但新闻必须如实地反映客观事实,来不得半点假的东西,更不能用实用主义的态度去"拔高"。报道失实的后果,只能是给英雄人物的形象带来损害。

四、模拟的点名音响能用吗?

在李向群所在部队采访过程中,我们了解到这个连队在点名时,每当点到"李向群",全连战士都会齐声答"到"等相关素材。如果将这个素材的音响录下来用在报道中,对深化报道主题、增强作品感染力将大有帮助。可惜的是,我们在这个连队的两天时间里,都没有遇到连队点名的采录时机。当时,部队方面提出让连队官兵来一次点名以便让我们采录音响,并说中央台也是这样采录的,这一建议我谢绝了。稍有一点军旅常识的人都知道,点名作为军队基层的一项生活制度,一般为早、晚间进行,除非是在特定的时间里特意赶到连队,否则不可能采录到点名的现场音响。临时组织的点名,实际上是一种模拟,本质也是做假冒。尽管这种逼真的假音响可能在报道中收到好的表现效果,但职业道德告诉我这样做对受众是一种欺骗,因而只好"割爱"。中央人民广播电台 2 月 23 日《新闻和报纸摘要》节目在报道李向群的事迹中先后两次运用了李向群所在连队点名时战士们齐声答"到"的音响,效果很好。我想,如果此音响不是模拟的,这篇作品应予褒奖。

记者的采访,就是求真求实的过程,所反映的客观事实不仅在时间、地点、人物、原因、结果等上都必须真实可靠,而且对所反映的事实,包括其发生的环境、条件、过程和细节都必须真实,其引用的材料、数据必须准确,使用的背景真实,不能搞导演摆布、模拟代替。

(节选自周生荣:《采访须求真》,《中国广播电视学刊》,1999 年第 8 期。)

深入一线,写出精品

新闻的主要特点是用事实说话,而事实应该是具体的、生动的、形象的,只有形象的东西才能感动人、吸引人、教育人。要做到这一点,就需要记者到现场去采访,到第一线去采访,到发生事件的地点去采访。当前,谈新闻改革、谈改革报道、谈宣传效果,必须首先解决新闻记者到一线去的问题。

中国有句古话,"不入虎穴,焉得虎子。""半空"中的新闻尽管抓住了,但它有碍于记者深刻地剖析新闻事实的内在涵义,掩饰了记者迅速地洞察新闻事实所包含的丰富思想内容。长期下去,记者的聪明才智和蕴含的激情将会被淹没,甚至被消之殆尽。在第一线的采访中,记者要留心各种各样的事情,细心观察一下周围的环境和场所,以点带面,就能发现新的报道线索,掌握第一手材料,写出好报道。如在 1992 年安徽省举办的"七运会"中,笔者除了在现场报道运动员奋力拼搏、比赛紧张激烈的场面外,还注意抓住了赛场周围竖起的一块块广告牌,加以分析、联想和思考,迅速判断出赛场上广告牌的价值及其内涵,并以敏锐的思维报道了市场经济下体育赛场上的广告大战,写出了《是赛场也是战场》的新闻报道。文章反映了两个赛场交相呼应,"运动员得金牌,厂方争市场"。作品体现了在改革开放中,人们已把市场经济意识带到赛场上,使体育引进经济竞争机制,赛场变成了市场。文章立意新、角度好,在安徽省首届"创新杯"好新闻大赛中获一等奖。实践证明:一篇较为成功的作品,无不是深入一线挖掘之"果"。

新闻采访是一门艺术,它熔"看、听、问、思"于一炉。作为一名记者,没有对现实生活的亲自目击、观察,就很难生动形象地报道它、再现它。在采访中,记者要到现场灵活机动地对所采访的人物、事件及其环境、气氛进行认真仔细的打量和洞察,充分发挥观察效应。观察和分析是记者的职业习惯,而观察又必须要求记者到一线去。在现场观察同新闻有关的基本事实,要抓住能够充分反映事实本质事实的细节。如 1991 年 2 月,围棋名将聂卫平来合肥市少年宫参观时,笔者采写了新闻特写:《少年宫来了聂卫平》。原来,聂卫平到少年宫参观是个很平常的事,记者只要写一篇动态消息即可。然而,笔者通过深入一线观察和现场描写,真实地再现了棋圣聂卫平平易近人、潇洒、幽默的举动。写出了聂卫平为孩子们签名,与电视剧《棋圣的童年》扮演者的对话,和孩子们下棋对弈以及与少年儿童们同欢共乐的场景,现场感强,情真意切,使人感到如临其境。

一个记者在他的一线采访活动中，常常会遇到各种各样的艰难险阻，这对记者是一个严峻的考验，要求记者有较高的政治修养和不畏艰苦的良好作风。新闻界老前辈阎吾的不畏艰苦、深入实地的优良作风，为我们树立了学习榜样。然而，今天在和平环境里，一些记者怕到艰苦的环境中去采访，很少到一线去，有的只是坐在办公室里等"请柬"，有的忙忙碌碌整天泡在会议里，有的只靠打电话、看总结材料来写新闻稿，久而久之成了懒汉记者。另外，还有的搞假报道，写"关系稿"、"捧场新闻"，少数记者在采访中追求吃喝、贪图舒适安逸，不愿做艰苦细致的调查研究工作，这些现象令人担忧。

改革开放的新形势，呼唤着新闻改革，要求我们的新闻采访工作进一步解放思想，广开报道内容，活跃报道方式，采写出大量推动改革开放向前发展的好新闻。从历史上来看，很多新闻名作都是深入实际、深入生活的产物。范长江如果不是冒着生命危险，只身跋涉于西北边陲，就不会有《中国的西北角》那样的传世之作。改革开放一方面给记者提供了用武之地，另一方面也对记者提出了更严格的要求。我们只有到第一线去努力求实、求新，才能在日新月异的改革开放的洪流中适应形势的变化，看清形势的发展，从而多角度全方位地去报道改革开放涌现出来的新人、新事、新风尚，弘扬时代精神，为改革开放多作贡献。

（节选自韩宪华：《深入一线，写出精品》，《新闻世界》，1999年第9期。）

写好消息的三个环节

写消息是一个记者的基本功，也是"看家本领"。初入道者，往往不把写消息放在眼里……有些记者时间干长了，反觉得消息越写越难，越写越不会写。对于写消息，笔者认为要在三个关键环节上下功夫。

胸装全局，选择典型新闻事实

一篇优秀的消息除了具有一定的信息价值和审美价值外，更重要的是具有宣传价值。在决定一条新闻价值的诸多因素中，政策、政治的因素始终起着主心骨和定盘星的作用。只有胸装全党全国工作大局，才能发现具有典型性和深刻内涵的新闻事实。因此，胸装全局选择典型新闻事实是写好消息的出发点。

笔者1990年底采写消息《赶丑媳妇见公婆》，就是笔者当时站在全国工作的大局去认识，去采写的。国务院把1991年定为质量品种效益年，应该说，这是我国经济工作中的一次重大战略转变。正巧,济宁市经委在 1990 年 12 月 28 日召开了 6 家产品质量不合格企业曝光会。笔者在基本了解国家的政策动向后,感到这次曝光会不同寻常,因此,调动眼、耳、鼻、手全身心投入采访,会后及时发稿,稿件迅速被《大众日报》头版头条采用,并配发评论员文章,随后开设"曝光会引起的话题"专栏,在全省范围内进行了两个多月的讨论,反映强烈,被认为是揭开了山东质量品种效益年的序幕。《人民日报》、《经济日报》等多家报纸进行转载引用。所以说,只有站得高,才能看得远,逮着"大鱼",才能更好地担负起党和人民赋予新闻工作者的职责和任务。

深入开掘,提高消息单元信息含量

笔者在实际写作中深深感到,一篇优秀的消息应该有丰富的信息含量。它要像一面多棱镜,有深刻的主题思想,能够折射时代的变革和发展;有独到的发现和见解,能够给人们的工作生活以启迪和指导;有强烈的感染力,能够给人一种向上的奋进的力量,等等。如威海电台获中国新闻奖一等奖消息《荣城渔民跨国赶集,中国活鱼蹦上日本早市》,它的单元信息含量就十分丰富。人们透过这篇消息,看到了党的改革开放政策给沿海渔民带来的无限生机,看到了普通渔民也能参与跨国贸易,也看到了当今渔民的胆识、气魄和风采。这条消息具有高值信息,在给人耳目一新的同时,使人倍感振奋和自豪。

那么,在简短的篇幅内,要想增加单元信息含量,只有靠深入开掘新闻事实,使消息主题鲜明,内涵丰富。笔者在采写《梁山仨好汉,私人修铁路》时,几易其稿。在深入现场采访后,终于了解到自我国 1881 年首条铁路诞生以来,尽管有社会团体和个人捐资修筑,但还从未出现私人专有铁路,而梁山三位个体户建成的是我国第一条私人所有铁路专用线。仅这条背景信息就足以让人产生无限感慨和联想。但是笔者并未就此住笔,继续深入采访,又了解到三位个体户在党的十五大召开之前,想搞铁路又心有余悸,不敢亮明私营身份,只好打着集体的招牌。十五大以后,他们才敢放开胆子干了。笔者在消息中重点突出了这两个新闻事实,这样,这条消息的单元信息含量就非常丰富了。人们透过私人修铁路这个新鲜事件可以看到,国家放手放胆发展个体私营经济,个体私营经济前途广阔。同时也看到,只有在邓小平理论指引下,加大改革开放力度,才能产生我国铁路百年史上的壮举。它鼓励人们继续解放思想,想大事,干大事。我想,这与深入开掘,增加消息的单元消息含量有重要关系。

提炼细节,使消息传神传真传情

细节既能体现新闻的真实性、生动性,也有助于深化新闻的主题,丰富信息含量,同时也能让新闻传播对象乐于接受,从而收到最佳新闻传播效果。

笔者在消息写作中,非常注重从大量事实中提炼最有特点和最具说服力的细节,全方位多角度地刻画新闻事实。笔者1995年采写的消息《跨省跨所有制控股联营,菱花集团救活天津一家国有企业》首先准确地把握了新闻事实的本质:跨地区、跨所有制兼并联营将成为市场经济发展的必然趋势。这个提法在当时新闻报道中还很鲜见。因为,在十五大召开之前,人们的观念中还存在很多"误区",不受地域和所有制形式限制,按市场机制优化资源配置,进行兼并、租赁、联营还有很多阻力。但是,这种不同所有制之间的兼并联营却使双方都获得了较好的经济效益,工人增加了收入,国家增加了税利。此时,笔者没有靠直白的语言进行说教,而是用真实的细节来表达改革的曲折以及改革的成果。在叙述了菱花集团接管企业,赢得利润后,选用这样一个细节:静海人在事实面前信服了。停产期间,包装车间工人杨光荣和丈夫一月才领二百元钱,日子过得很艰难。她开始也想不通,生产启动后,她两口子一月挣了一千七百元,小家庭整天笑声不断,杨光荣还当上了生产班长,她那阵儿逢人就夸改革好。这些真实的细节比记者出来说话更有说服力和感染力,它让人们通过客观事实亲身感受到了兼并联营企业出效益,工人得实惠,能够促进生产力的发展。它唤醒人们要满腔热情地支持改革,参与改革。这是枯燥的数字和抽象概念所无法比拟的。通过对细节的选择和组合,把鲜明的倾向性寓于平和的叙事之中,使消息的主题在逻辑思维向形象思维的转化中得到了深化,同时也使消息有动有静,跌宕起伏,引人入胜。

（节选自陈玉星、林移风:《写好消息的三个环节》,《新闻记者》,1999年第5期。）

景声情:广播现场报道三要素

几年来,我在采播现场报道中作过一些实践,就记者的解说来讲,我感到要注意"景、声、情"三大要素。

一、要说好现场的"景"

现场就是新闻的组成部分。记者首先要把现场介绍给听众,要让听众先了解新闻发生的现场环境和记者所处的位置。同时,记者还要把现场的描述与即将发生的新闻事件联系起来,就像电影先出现一个摇镜头的全景一样。

听众对我采播的现场报道《吴学谦举行答谢宴会,招待日本朋友》给予了好的评价。按照常规,一般宴会的格式都是老一套,但那天的宴会桌上摆的酒、菜都是新的,都与中日友好的主题有关。耀邦同志的办公室也特地摆上了不久前日本天皇送给他的工艺品,况且中南海又是开创中日友好的老前辈毛泽东、周恩来等同志工作过的地方。这些都是记者解说的条件。

记者在作现场报道中,对景的描述,一般都是比较注意的,但我认为不能只停留在自然风光上,要紧紧地围绕着主题说景。

记者说景,要尽可能避免概念化的语言。比如:"欢声雷动"、"车水马龙"、"红旗如林"等等。一方面是这些词陈旧,另一方面这些词不能给人留下什么印象,现场报道的解说越具体、越形象,效果越好。比如,我在报道党和国家领导人到十三陵植树时,曾经解说过"郝建秀同志戴着当年当纺织工人时的白色圆帽子",许多听众来信对"这顶白帽子"的解说给予好的评价,认为意义深长。又如,胡耀邦访问朝鲜,受到几十万人的热烈夹道欢迎,我除了边走边介绍群众队伍的场面以外,看到中、朝两国国旗是从第十层楼上一直垂到最低层,我就这样直观直说,增加听众的现场感。这就是广播的优势,是报纸、通讯社等宣传工具所不能代替的。

二、要用好现场的"声"

现场报道由音响和记者的解说两大部分组成。音响在现场报道中是骨干,要求记者善于捕捉典型音响。

如果现场的音响比较单调,记者还要想方设法去寻找一些音响,你可以当场访问一些人物,或者录下来别人的讲话等等。不过,解说一定要跟上来,否则听众不知道是谁在讲话。一般来说,我都是先让听众听到现场的声音以后再解说。假若一阵掌声已经过去,后面又换上了别的声音,记者才说"他们热烈鼓掌",这就说明解说迟了;假若听众还没有听到掌声,记者就开始说"他们在鼓掌",那就是解说太早,甚至是主观猜想或失实。

记者的解说与现场音响吻合难度很大,必须专心听、快速说,而且还要随着音响的变化、起伏来变化。有时记者犹豫半分钟就会贻误战机。胡耀邦访问朝鲜时,从车站的欢迎仪式到沿路二十公里长的夹道欢迎中,我站在敞篷车上,听到一般的"欢呼声"就赶快关机器,听到有特殊的、节奏明快的音响又赶快开机器,一只手掌握音量的大小,心里想着措词。如听到中国的秧歌曲,又观察到朝鲜的男女青年穿着中国各民族服装扭起了中国的大秧歌……敞篷车要赶在胡耀邦与金日成的车前边,速度很快。记者的解说与捕捉音响的速度也要相跟上。

音响在现场报道中作用很大。1984 年 10 月 5 日我采播的《邓小平视察地铁第二期工程》的现场报道,一开始就讲是在什么地方,什么时间,邓小平上了地铁的什么站,我介绍了沿途的所见所闻,也讲清了地铁第二期工程与第一期工程的差别,但遗憾的是没有录到邓小平同志的讲话。作为一个广播记者,一定要在音响的捕捉与使用方面下功夫。

三、要传好现场的"情"

记者是客观报道,现场有什么,就说什么。但记者并不是跟新闻事件毫不相干的局外人。记者有自己的立场和观点,有自己的爱与憎。而这些立场与观点都会从现场报道的解说中流露出来。这种感情的自然流露是最能打动听众的。1983年11月28日我采播的《胡耀邦在日本岚山瞻仰周总理诗碑》为什么能获得全国好新闻奖?这主要是因为日本人民、中国领导人都深切怀念周总理,我的带感情的解说又通过收录机引起了听众内心的共鸣。回忆那次报道,我确实是怀着对周总理的深深怀念去采访的。一群日本青年在诗碑前唱歌,他们那真挚的感情、清晰的嗓音激动着在场的每个人。我站在他们面前录音,看着他们脸上挂着泪花。当我解说到"敬仰周总理的革命生涯,回忆周总理的音容笑貌"时,声音哽咽了。日本朋友唱的《歌唱周总理》那首歌一直深深印在我的脑子里,什么时候想起它,都会激起我心中的波澜。胡耀邦去瞻仰周总理诗碑不仅是为了怀念周总理,感谢日本人民的厚谊,而且是为了发展21世纪的中日友好。所以我在采播这篇报道的时候,结尾是这样说的:"石碑修建的地方也很好。碑的周围都是青松。在这里感不到是冬天。一眼望过去,山坡上是苍松翠柏,红叶遍地。岚山脚下还有一条清澈的河水轻轻流过,就好像不停地唱着中日友谊的颂歌。"

话又说回来,记者应该带着感情去解说,但毕竟不是现场中的普通一员,要有一定的气质。要控制自己的感情,既不能事不关己,高高挂起,也不可以过分激动,更不能随随便便,过于轻浮。

(节选自刘振敏:《广播记者的现场报道》,见《中青年记者经验谈》,希望出版社,1987年。)

记者,你上网了吗?

如今熟人相见,"你上网了吗?"的问话,替代了当年"你吃了吗?",成了新打招呼的用语。"你上网了吗?"的问话反映的是这样一种趋势:网络传播正在不可逆转地向我们走来。特别对于从事大众传播工作的记者、编辑来说,即使还没有上网,但必要的网络传播知识,掌握得越早越主动。这里讲一些与记者和媒介编辑工作有关的网络传播知识和入门线索。

一、网络传播的方式,核心是交互性

大众媒体的传播特征是单向传播,反馈只是偶然的和不及时的。媒介发出什么信息,受众只能在非常有限的时间内选择接受,广播电视的内容还无法越过具体接受时间的顺序,因而受众是被动的。而网络传播中的所有用户,不论是上网媒介还是个人,都同时既可以是传播者,也可以是信息的接受者。任何反馈可以立即让当事者获悉,技术上当事者也能够当即回复。这是由下面的网络传播方式决定的:

1.使用电子邮件可以实现个人对个人的远距离异步传播。

2.通过用户讨论组、电子公告牌、电子论坛等方式可实现多人对多人的异步传播。

3.通过在线闲谈、用户游戏等方式可以实现个人对个人、个人对多人的同步传播。

4.通过建立网页、搜寻信息的活动等方式可以实现多人对个人、个人对个人、个人对多人的异步传播。

显然,网络传播是人际传播、小组传播的大众传播的有机综合体。在网络上,不再有专业传播者和单纯接受者,信息个人化和信息全球化是其两个显著的特征。综合使用这些功能,信息的交互性也就替代了大众媒介信息的单向性。传统大众媒介搞的反馈热线电话经常打不进去的现象,在网络上完全不会出现。然而,网络传播给予的不是传统的大众传播的网络化,传统的大众传播媒介上网,只占网络传播内容的极小的一部分,其他个人的、专业的、商业的、政治的、兴趣的网站、主页呈无限多的趋势。用户的选择性极大,传统的大众媒介所拥有的一定程度的信息垄断不复存在,一切取决于上网媒介提供的信息,用户是否需要和喜欢。

二、网络传播的多种功能

网络传播不仅在信息流向方面与传统大众传播不同,在显示信息方面也体现出丰富性,其主要表现有:

1.多媒体功能

网络上信息的显示除了文字、数据外,还可以同时显示图像、活动图像和声音(接收的电脑需一定的附件)。信息以何种面貌出现,用户可以自行选择某一种或全部。

2.超链接功能

传统大众传播的文字信息,只能在同一篇文章里提供背景材料,解释很有限;音像节目也只能用有限的音像解释主题。而在网络上,每一个可能需要解释的词、词组、图像呈现异色框,点击后即可获得进一步的背景材料,或链接到其他的相关文件上。新看到的文件中可能需要解释的词、词组、图像依然如此,可再点击……以至无穷。

3.信息检索功能

在网络上可以通过一定的检索网址,以分类或关键词的方式进行检索,找到极为丰富的自己所需要的材料。有的经过敲进关键词获得的网址(仅仅是网址,就多达数万个!)太多,需要一再缩小检索范围。一般地说,只要找到一个相对大一些的某一话题的网址,由于相关话题的网址是相互联系的(超链接),就可以找到几乎所有这方面主要网址。

4.数据库服务功能

由于许多国家机关、社会机构、商业公司的数据库都上了网,用户可以充分利用这些材料,从不同角度查询、比较分析。这比上图书馆翻阅材料要方便得多,数据可以追溯很远,不会出现抄录过程中的误差。

三、记者怎样借助网络传播的方式和功能辅助自己的工作

由于现在世界上已有上亿人上网,几乎囊括了对各种问题或事物(包括极为特殊、罕见的)感兴趣的人,他们可以通过网络发布信息,找寻同道。因此,几乎世界上发生的任何事件和存在的任何问题,都会立即在网络上得到反映,出现提供情况和背景材料的网址。现代社会,网络传播已成为记者必要的采访和写作的辅助工具。那么,记者可以通过哪些方式进行采访或得到写作需要的背景资料呢?

1.网上搜寻

通过各种方式的搜寻,既可以为正在报道的事实找到丰富的背景资料,提高新闻的信息含量,也可以发现新的事实和新闻源。

2.通过电子邮件地址进行远程采访

只要有对方电子邮件地址(如果相互约定时间,则可以同步采访),记者就可以不再远涉重洋,在很短的时间内高效率地采访到许多人。通过电子邮件的方式,也可以进行事实的核查。

3.通过邮件群目录组,与许多共同兴趣的人建立常规联系,不断获得最新的信息

许多上网者由于共同的兴趣或专长,将他们的电子邮件地址连到一起。

同一邮件群目录中的任何一个地址发出的信息,所有邮件群目录内的其他地址的信箱都可以收到这一信息。这特别有利于从事某一方面报道的记者,只要在相应的邮件群组登记,就可以不断获得某方面的信息。一个记者只要愿意有精力接受无穷多的信息,参加多少个这样的邮件群目录组是没有限制的。

4.通过用户讨论组(也叫电子公告牌),既可自由参加讨论,也可以从中获得新闻信息

许多网站都设立了相对固定的用户讨论网页,而用户讨论的信息是面向整个网络的,不像邮件目录组,只在登记的有限的电子邮件地址内传播。记者可能通过自由地参加讨论或浏览讨论内容,获悉许多新闻事实及新闻的背景资料。

5.通过查询各种网上数据库,为新闻或新闻背景材料奠定了扎实的基础

许多记者通过分析各种数据,也可以发现重要的报道线索,或找到新的热门话题。

6.通过在线闲谈屋,了解当前人们热衷的话题

许多上网的人情投意合,形成了相对固定的网上同步交流的闲谈屋之类的聊天小组。记者亦可以加入一些这类的闲谈小组,从中了解舆情,发现问题。

7.让用户参与新闻报道

现代网络传播可以初步做到让用户参与新闻。例如在事发现场,将现场当事人直接介绍给上网的人,请远在千百公里外的用户向他们提出问题。这时,用户成为网上新闻报道过程的一部分,其他上网者可以同时目睹这一过程。

8.上网媒介为了更好地为用户服务和吸引用户,通常采用以下做法:

①在自己的网站内开辟带有反馈性质的用户讨论组的网页(名称不一,例如"快速反馈"、"评论"、"闲谈"、"用户论坛"、"电子公告牌"等等)。

②建立本网站内的信息搜寻系统,以便让用户充分利用本网站的信息资料。

③建立本网站历史上所发布信息的数据库,为用户提供查找资料和了解该媒介的渠道(潜在的目的是让用户更多地宣传本媒介)。

④公开记者、编辑的电子邮件地址,鼓励用户与他们交换意见和建立联系。

对于专职记者、编辑,除了较为常见的查询搜索网址,如"雅虎"、"搜狐"等等外,还有一些专门为他们开设的工作网址。例如教授网(http://www.vyne.com/profnet/),连接了17个国家800多所大学的2100多个联络员,向

记者提供如何查阅学术信息和访问教授的途径,也可以发电子邮件(profnet
@vyne.com)给这个网页,提出自己的问题。

四、网络辅助新闻采访和写作中的问题

如今的信息社会,新闻竞争迫使新闻采访和写作要充分利用网上新闻源
和各种背景资料。但是这种利用无论如何只能用为辅助工作系统,记者有可
能到现场的,最好还是亲自到现场;从网络上获得的新闻线索,也一定要查核。
网络上的信息虽然异常丰富,但是由于任何人都可以自由地在网上发布任何
信息,而且发信息的人可以匿名或用假名,如果相互间都这样做,网上实现的
交流,就可能不是"我"与"你"的对话,而是"他"与"他"的对话,这是一种虚拟
环境……辨别网上信息的真伪,将成为记者们必须训练的一项新的基本功。
还有,用户对于上网媒介反馈功能的效果,也需要有一定的思想准备,即可能
会多得无法处理。虽然以往受众打不进去的热线电话,想与明星、政治家、教
授联系的打不进去的电话,现在通过上网完全可以立即接驳到其信箱或网页
中,但是毕竟最终这些东西是要人来看的,无法机械处理和回复(识别性的信
件回复、礼节性的回复除外)。

另外,网络在各个国家的使用政策是不同的,有的国家信息线路的入口处
采取措施堵塞某些站点的进入,封闭国内站点的某些用户讨论组;各个上网媒
介虽然提供极为丰富的信息供用户选择,但是总的倾向依然会影响使用它们
的用户;一些网络专家个人,也可以使用一些技术程序,将自己不喜欢的信息
从网上全部抹去。以上这些情形,除了少数计算机高手,大多数用户是没有能
力抵御的。作为新闻记者和媒介的编辑,如果想要保持自己的信念和获取较
为全面的信息,除了查阅信息时要有批判意识,还要掌握技术。网络上的任何
站点都不可能完全被封锁,只要掌握一定的技术,就可以通过各种迂回的途径
到达。

(节选自陈力丹:《记者,你上网了吗?》,《新闻实践》,1999 年第 9 期。)

中西方新闻文体:异同与创新

一、西方特稿的特点

西方新闻文体的分类不像我们那样有严格区别、不能混淆。他们一般没
有严格的界限,如把消息之外的新闻报道统称为特稿、专稿(News Feature),

近似于我们的通讯。

特稿有以下几种特点：

1. 动态性特稿大都开门见山，简洁明快，常用一句话为导语

如，"在这个夜晚，美国的历史好像又急剧转向了共和党人。""以色列军队星期天发动进攻。""人类登上了月球"……这样的特稿导语简短、精辟而又明了，有的至今仍为西方新闻学家所称道。

2. 用叙述事实发表意见

在有的电讯、报纸新闻中，几乎每一段都是一个相对独立的事实，而且貌似客观公正……达到他们在客观报道事实的同时宣传自己的观点，并以此影响读者。

3. 结构多变，别开生面

特稿的结构与消息报道不完全一样。许多特稿一般没有特定的规律或格式可循，它只要围绕新闻或非新闻事件，将事件或人物的最生动、最感人的细节加以集中、具体地进行描述，引起读者的兴趣，就是一篇成功的特稿。如，英国的《每日电讯报》刊登的一篇报道英国女王伊丽莎白二世访华期间用筷子品尝中国名菜海参的特稿，就是先从女王如何尽力用筷子夹起韧软易滑的海参这一精彩"镜头"着手开始叙述的。

4. 写作手法多种多样，不拘一格

对一些综合性新闻、事件新闻，为了把它写活、吸引人，完全允许记者不拘一格地用散文风格写新闻，从而增强它们的可读性和可记性。

二、中国新闻通讯之特色

通讯这一新闻文体具有中国的特色和优势。经过近百年的发展，它已经在中国土地上牢牢扎根，并绽放出色彩纷呈的奇葩。

改革开放以来，新闻界的同志刻意求新，努力探索，使得通讯这一文体无论在形式和内涵上都得到了发展，呈现出生动活泼的诱人活力。如，许多记者不受旧框框束缚，在工作通讯方面探索出了"采访札记"、"记者见闻"、"观察与思考"这类新的品种，突破了原先工作通讯四平八稳的模式，受到读者的欢迎。人物专访的勃兴则突破了人物报道的固有模式，创新之作不断涌现。特别值得一提的是，以"大特写"形式出现的深度报道成为我国通讯写作的一个突破。它们往往抓住都市生活的一个热点，或高屋建瓴地论述改革问题，在人们的思想深处引起强烈的震动，或反映深层次的社会问题，或揭露、抨击社会上的腐败现象……

三、工作通讯与调查性报道

工作通讯是我国报纸特有的品种之一。因为我国的报纸担负着宣传党的各项方针政策及指导实际工作的任务。这个任务,除了一部分由评论承担外,另一部分由新闻报道来承担。

西方新闻品种中没有工作通讯⋯⋯但是,它的新闻媒介的监督职能却发挥得很好。它在20世纪70年代风行一时的调查性报道即是为了"揭丑"——揭发社会上有一定影响的、为大众关注的人物,如政府官员、社会名流、企业家、某些文化卫生和社会管理机构的负责人等,在一定程度上起到了这个作用。有名的"水门事件"就是调查性报道的"杰作",它导致了尼克松总统的下台。在揭丑、监督的同时,它们的弊端便暴露了出来:以耸人听闻的消息内容刺激读者,吸引公众。

近几年来,调查性报道在我国开始有所发展。在中西方比较中,我们需要借鉴和扬弃,并通过自我变革而不断创新。

1.掌握事情的全部材料

这是撰写调查性报道的关键,没有足够的材料,要么浅尝辄止,没有深度、力度,找不到要害;要么报道不实,张冠李戴,失之偏颇,引起法律纠纷。西方记者在"掌握事情的全部材料"方面可谓竭尽全力,无孔不入,只要不违反法律,一切都可用上,甚至不惜冒着生命危险。我们的记者在搞这方面采访时,要严格遵守法律和有关规定,要尽量取得不涉及被采访事件、人物的领导部门的支持。同时,要学习西方记者的那种钻劲,而这一点正是我们记者所欠缺的。

2.准确、准确、再准确

调查性报道特别是揭露性的调查性报道,涉及一个人或一个部门的荣辱盛衰,甚至生死利害,稍一不慎,就会酿成事故⋯⋯调查性报道在我国方兴未艾,我们必须在质量上下功夫,务必使其准确、准确、再准确。这里主要的恐怕是记者的思想水平和踏实认真的工作作风。

四、深度报道与解释性报道

深度报道是近十年来在我国报纸上异军突起的一个新品种。它的出现和发展是时代的产物:①处在大变革时期,社会生活纷繁复杂,意想不到的事件、问题层出不穷,人们感到迷茫,不但需要了解世界上发生了什么,而且迫切想知道为什么会发生这样意想不到的事情,以便拿出对策来。②处在这样的时期,新闻媒介更需要加强对读者的引导,需要记者根据事实进行解释和议论,帮助读者理解新闻事件的前因后果、本质意义、发展趋势。③广播、电视的挑战。广播、电视具有传播快捷的优势,报纸难以与之匹敌,必须另辟蹊径,跨越时空与之竞争,通过大量的背景材料分析事件发生的原因及出现的一些情况。

深度报道在西方称为"解释性报道"。它诞生于第一次世界大战后的美国……到了20世纪30年代,在美国《时代》杂志的推动下,解释性报道在美国逐渐鼎盛。但是,它在推进过程中也曾阻力重重。因为当时美国新闻报道的传统是,新闻只提供事实,把事实和意见分开;而解释性报道的写作特点是夹叙夹议,作者倾向明显,这是与传统新闻学相悖的。到了40年代,虽然解释性报道在美国有一定发展,但占统治地位的仍是倒金字塔结构的纯新闻。一直到50年代,日趋复杂的国际形势,显示了纯客观的不足,从而使新闻界进入了一个刚刚开始的新阶段——解释性的时代。

60年代,解释性报道在报纸上占据了主导地位。

解释性报道与纯新闻报道的最主要区别便是,前者着重于What,后者则把Why、How放在最重要的位置,即着重揭示新闻背后的新闻。其次,解释性报道在提供背景材料的时候,必须夹叙夹议,不同于纯新闻报道完全采用客观叙述的方法。再有,解释性报道对某个事件的分析采取提供大量背景材料的方法的同时,作者的立场、观点隐含在叙述的大量事实中,读者在阅读后可以自己得出结论。这也是它同评论的重要区别。

解释性报道在背景材料的运用上同纯新闻报道有所不同。在纯新闻中运用有背景材料,一般是补充说明导语中提出的主要事实,或展示其更具体的内容和细节。解释性新闻的背景,则偏重于揭示和解惑。随着社会变动的日趋频繁,生活节奏的加快,各种新情况、新现象、新观念的层出不穷,解释性报道在我国将获得强劲的发展。但什么事物都有其发展规律的"度",我们必须对解释性报道有一个全面的认识,未雨绸缪,防患于未然,使其健康、良性地发展。

针对我国在解释性报道中出现的问题和不足,结合西方在长期操作中暴露出的某些弱点和弊端,作一些分析。

要写好一篇精彩的解释性报道,需深入调查研究,收集大量材料,要花去记者大量的精力和时间。有人作过统计,一篇5000字左右的解释性报道,要花去30~40小时以上的工作时间。有些记者不愿花功夫去收集材料、挖掘背景,就在解释性报道中大量掺入自己的思考、分析、判断,类似于一篇评论,难免主观片面,误导读者。有的因为背景材料少,猜测多于具体论证,报道中常常出现"可能"、"大概",减弱了报道的说服力。解释性报道一般篇幅都较长,而且需要读者边读边思考,所以必须要有充裕的时间和较高的文化素养,这就使解释性报道有"曲高和寡"的味道。

五、大特写·纪实文学·新新闻主义

新闻大特写诞生在改革开放的大潮中,有着自己鲜明的特点。这种大特写已非传统意义上的特写。传统意义上的特写,是指以形象化描绘手段,再现、放大新闻事件中具有典型意义、富有特征的某个细节或片断,类似于电影和电视中的近镜头或特写镜头。而大特写则重在对题材的深度和广度的开掘。它的本质特点是真实性,这也是它的力量所在,生命力所在。因为它是从社会大背景出发,常常使用文学笔法,将一桩桩事件或一个个特写镜头有机地串联起来,显示社会一角,揭示其内涵,所以,它又具有很强的文学性,增强了新闻的美感,引起广大读者的浓厚兴趣。

西方新闻中也有特写这一品种。但它所指甚泛,形式多样,题材不限,篇幅随意。它的写作也无一定规范,可以更加灵活地使用语言;可以不受题材限制,可"新"可"旧",可远可近,只要有趣就行;短则三五十字、上百字,长则数千字甚至上万字,视题材而定。作为新闻报道的一种,它仍必须遵循真实性的原则,不能虚构。它的主观表现的个性色彩十分浓重,记者可以在稿子里糅进自己的感情和想法。但是,它们的特写没有我们大特写那样的纵横捭阖、内涵深广、色彩斑斓。我们常常表现大时间、大空间、大跨度、大问题,表现人或事物的全方位、多角度、多侧面(它们的这些功能由解释性报道承担)。

有一段时间,在我们的一些媒介上出现了"纪实文学"这一新闻与文学交融的新品种,引起了不少争议。它与现实生活结合较紧,采集了现实生活中的人和事,略加增删,改头换面,隐去真实姓名,其中的许多情节、场景、心理刻画等均为虚构,实际上是介于小说与通讯、报告文学之间的一个品种。为追求轰动效应,渲染夸张,哗众取宠;真真假假,半真半假,朦朦胧胧;捕风捉影,似有似无,煞有介事。人们对它半信半疑,怀疑它的可靠性,甚至引发了一些纠纷和诉讼,带来了不少负效应。所以,在新闻实践中它已经不再被视为新闻作品。新闻是记录当代的历史,是当代史最可靠最忠实的记录,应具有高度的科学性和准确性。新闻报道,包括大特写、报告文学等在内,必须完全真实。

"纪实文学"、"新闻文学"与美国的新新闻主义颇为相似。新新闻主义诞生于美国反正统、反传统浪潮席卷的 20 世纪 60 年代。它对传统的新闻报道手法——客观报道提出了挑战。它的主要特点是,倾向于纪实的形式,大量采用小说技法;采访者本人完全投入到采访对象中去,在作品中直接表达个人的情绪和感受,在叙述事实的过程中不时加入个人的意见和观点;在作品中采用多个场景与画面组合的结构来描写事件,极尽气氛渲染,大量记录人物的对话、细节,把诸多人物的性格特点及传闻轶事集中到一个单一的有代表性的人物身上。

这样的作品一反客观报道的旧格式,新鲜、有味、刺激,一时风靡美国新闻界,波及西方各国。但是,新新闻主义狂潮到 20 世纪 70 年代即渐渐消退,以至销声匿迹。究其原因,主要是承担了它不该承担的功能。自然科学和社会科学都是人们认识世界的工具,它们各自都有特定的内涵、特点与功能。新新闻主义试图以新闻来包容需要各个学科共同协作才能完成的全方位了解世界的功能,这无疑是荒谬的。新闻报道起的最重要作用就是提供事实,超越了这个功能,就难以为新闻实践本身所容纳。真实、及时是新闻的两个最基本特征,新新闻主义的理论和实践违背了新闻的这两个基本要求,它的衰落是顺理成章的。

时代在发展,需要新闻写作方法的多样化。从这个意义上说,纪实文学、新闻文学、新新闻主义的探索也在正面地产生影响。据报道,新新闻主义作品最近几年又在美国媒体上不时露面,有蔓延的趋势,值得注意。

（顾潜,《新闻大学》,1998 年秋。）

美国特稿的发展

特稿出现在美国报纸上已有不短的历史,但普利策评奖委员会真正关注这种采用非虚构故事形式撰写新闻的文体,还是在 20 世纪 70 年代末。1979年 4 月 7 日,评委会决定选择《巴尔的摩太阳报》记者约翰·富兰克林的《凯利太太的妖怪》作为首届特稿奖的获奖作品。在为这一新的奖项投票后,委员们还专门规定了特稿的获奖条件:一篇杰出的特稿首先应该关注的是高度的文学性和创造性。……这既是对报界一个探索性的新兴流派顺乎潮流的认可,更在后来的 20 年里促进了这一文体的发展,并由此扩大了新闻报道的题材领域,丰富了新闻体裁的写作。把特稿作为一种具有突破前景的新闻文体加以推崇和表彰,把文学性和创造性赋予刚刚崭露头角的特稿写作,说明普利策奖对自身如何紧跟时代前进的步伐、不断吸收新的生命活力,已有了相当的准备。这种准备的结果,已完整地体现在《普利策新闻奖特稿卷》之中。从这些获奖作品中,我们不仅能够一览美国报纸特稿的风貌,也可以深切地体味到有关特稿写作的若干问题。

首先,给人深刻印象的是,这些作品题材所涉及的范围十分广泛,包括了美国社会生活领域的各个方面。但是,从这些作品在选材、采访和写作上显示出来的独具匠心,我们仍能看到它们与一般新闻报道的区别。除了揭露联邦政府官僚机构内幕、农场家庭面临的困境、描述波音 757 飞机研制过程及介绍超级航空母舰等为数不多的几篇,大部分特稿都把注意力投向了社会生活的焦点,如种族、艾滋病……各种社会问题。同样,由于一个记者在撰写一篇特稿时不再承受截稿期的压力,他们可以从容不迫地思考和创作,研究选题,磨砺素材,把文章写得很远、很深。

值得注意的是,在以人物和故事为中心、反映读者所关心的社会问题的特稿中,以悲剧居多。这方面的代表作品,有戴夫·柯廷的故事报道《亚当和梅根》、谢里尔·詹姆斯的案例调查《弃婴》、小乔治·拉德纳对灭绝人性残害其女儿的凶手所作的报道《跟踪克丽丝丁》和莉萨·波拉克描写遗传疾病给一个家庭生活所带来痛苦的《裁判的儿子们》。还包括两篇非常优秀的人物报道《普策的最后一站》与催人泪下的两部曲《被排斥的优等生》和《阶级斗争》,它们分别反映了一位一战退伍军人与五角大楼所作的不屈不挠的漫长抗争和一名黑人学生的不公际遇。悲剧成为许多特稿的主要话题这一现象,也从一个侧面折射出了美国的新闻价值观。

总的来说,以上提及的这些特稿无论是从调查研究、采访报道还是写作的完成上都质量极高,而且独具一格,几乎没有两篇作品的写作方式雷同。但它们的确拥有"强烈的情感和内容——富有力度,让人感动,让人恐惧,让人痛苦的新闻"。特稿的创造性还表现在其他方面。如特雷萨·卡彭特报道《花花公子》的年度玩伴多萝西·斯特拉藤耸人听闻的惨死的《玩伴之死》,在当时已是一条冷却了的旧新闻。在全美国的媒体都在为这位经常出现的《花花公子》杂志内页中的裸体女郎之死而"癫狂"时,卡彭特却通过细致的调查,把了解到的令人震惊的内幕写成了一篇特稿,从而唤起了公众对这一事件的深思。

突发事件往往也成为一篇特稿诞生的由头。1988 年 6 月 21 日,一次丙烷爆炸导致沃尔特一家父亲和两个孩子严重烧伤,美国的大部分新闻媒介报道了这次事故,但《科罗拉多电讯报》记者戴夫·柯廷独辟蹊径,在后来的几个月里,他用大量时间与沃尔特一家一起吃饭、一起购物、一起旅行,特别是跟踪报道两个孩子的生活所发生的剧烈的变化。他的《亚当和梅根》用编年体的形式记录了孩子们如何勇敢地战胜烧伤所带来的毁容,以及他们从朋友和陌生人的热情回应中所得到的力量。

在写作中,如何恰当地赋予新闻报道以更多的文学性,使特稿融可读性、趣味性和知识性于一体,使之更有吸引力和感染力,既是特稿记者努力的方向,也是一篇特稿能否被称为佳作的标志。在谈到各自创作体会时,有许多普利策特稿奖的得主说,受美国历史上一些优秀作家,如海明威、杰克·伦敦、约翰·斯坦贝克等名家的启发,他们在撰写特稿时往往很注意借鉴小说、散文等文学作品的创作手法,让故事中的人物或事情的发展更富文学性,在形式上倾向虚构小说和其他纪实风格的文体。与此同时,特稿对篇幅没有限制,且以连续报道居多,有的长篇报道达数万字,发表时分几次连载,这为作者详尽地叙述和描绘事实的发生、发展,从容地塑造人物形象和抒发自己的情感提供了充分的余地。以南·罗伯逊的《中毒性休克》为例,1982 年 5 月,作者刚刚从几乎使她丧命的中毒性休克综合征中恢复过来,就着手把自己的这段恐怖经历写成报道。让我们看一下,她是怎样使司空见惯的导语洋溢着文学的色彩:

> 出事的前一夜,我穿着一件巴黎式黑天鹅绒晚礼服去参加了一个充满纽约风情的舞会。凌晨 3 点,我心满意足地睡着了。……24 小时之后,我躺着快要死了,手指和腿随着坏疽变黑。

在文学性旗帜下,美国的特稿记者们运用多种多样的写作手法,使一种新闻报道形式在一个新闻传统悠久而深厚的国家获得了生存之地,得到了长足的发展。在这本专集中,虽然报道的人物和故事已经时过境迁,但今天读起来仍然引人入胜,不复是"易碎品",这也是它所特有的文学性的魅力之一吧。

的确,很难用一句话或者一个段落来概括特稿的全部特征。美国报界对新闻报道一向有"硬新闻"与"软新闻"之分,如果以此作为界定形形色色新闻作品类型的分野,特稿是应该归于"软新闻"之列的。但同时我们注意到,大部分特稿在采访和写作方式上与"硬新闻"并无不同,它们都是在广泛的调查研究的基础上,以丰富多彩的报道方法来完成的。在有些情况下,是随着采访线索的报道方法来完成的。在有些情况下,随着采访线索的进一步发展和题材自身释放的张力,一篇特稿还很容易转化成为风格完全不同的解释性报道或调查性报道,或者两者兼而有之。因此,美国报纸的编辑们常常从写作的艺术以及探索的价值上来判断一篇引人注目的新闻报道是否为特稿,从而为它找到适合刊登的版面。

（节选自张功臣:《美国特稿的发展》,《国际新闻界》,1999 年第 6 期。）

从白岩松采访余秋雨看闭合式提问

《东方之子》节目主持人白岩松采访上海戏剧学院教授余秋雨时,精心设计了这样几个问题:

1. 您的文章很多人看了之后就说鬼斧神工,经常有神来之笔,那么当您写完之后,回头看自己的文章,是否也有种新奇感?

2. 我在您的文章中曾经注意您这样一个思想:人应该有一种大气和超越,

才会有一种深刻的悲和美。那么您认为对于文人这一点是不是尤其重要？那么您自己是否在体验着深刻的悲和美呢？

3.中国的文化已经很悠久了,在这个过程中有很多的文人在传递着它,岁月流逝,文人们相继地去了,但心灵中这种体验却是一脉相承的。那么现在您是否觉得自己非常有责任来承担弘扬民族文化的使命,或者说您很幸运的是这个血脉中的一分子？

4.当面对自己的时候,或者说在酒后,您有没有构思或想过自己是唐朝的一个诗人或者宋代的一个词者？

5.您现在是名人了,平时会有很多人找您,很多场合需要您,这样一种非常忙碌的生活,您是忙于应付呢,还是心里隐藏着成功的喜悦？

6.辞去上戏剧院院长的职位,对您来说是不是件很高兴的事情？

7.您过去家住楼房,是上海的西北角,您可以以一个旁观者的身份来观察这个大都市,那么您正要搬家,搬到市长的院里,也许多了一份安静,但会不会也多了一份贵族气？

8.您被评为上海高教的十大精英,这个奖项和您在其他文学上获得的奖项,不会有太大的差距吧？

白岩松问余秋雨的八个问题,最大特点就是大量地、几乎是完全地采用了闭合式提问。如果我们留心一下电视中诸如水均益、王志等这样的"大腕"节目主持人的人物访谈,几乎可以发现同样的特点——偏重闭合式提问。那么白岩松他们为何如此看重这样的提问方式？

下面我们就以白岩松采访余秋雨的这八个问题为例,探讨一下闭合式提问的意义、价值及其艺术。

闭合式提问是指所提问题比较具体、被采访者的回答范围较狭小、指向性较强的一种提问方式,比如"……是否……?"、"……是……,还是……?"、"……会不会……?"等。这种提问如同考试卷上的"选择判断题",被采访对象必须作出是与非的选择,给予明确回答。从白岩松采访余秋雨的几个问题来看,几乎都是二者必居其一的相对封闭式问题。这种提问方式虽然尖锐,有时甚至锋芒毕露,但却容易控制采访方向并从对方回答中得到实质性材料。一般说来,闭合式问题所占比重越大,采访的挖掘就越深入。

"闭合式提问有较强的战斗力,特别适合在访问中需要突破、深入、证实时使用",但如果单纯抱着"挖材料"的心理,去刻板地提问,把闭合式提问变成咄咄逼人的"审问"或变相的"逼问",只会造成对方的紧张、不快或反感,使意在深入的闭合式提问无法深入下去。这就要求讲究闭合式提问的艺术。

（1）力在"备"中：做好采访前的案头准备工作

记者提开放式问题往往比较省力，几乎可以在毫无准备的情况下，对任何陌生的采访对象都可以提这样的问题，而且问题提完之后，记者可以有一定的喘息时间。但这种提问方式，既不利于把握采访的方向，也不利于深入挖掘材料，更不利于采访能力的提高。相比较而言，"提闭合式问题比较吃力，必须事先掌握大量材料，进行综合分析，才能把问题提炼出来"。这就要做好采访前的案头准备工作，事先应对要采访的内容进行充分的知识与信息的储备，对采访对象及其背景材料作深入的研究，才能提出富有深度和创意的闭合式问题，从而在采访时缩短双方的距离，变被动为主动，有效地进行知识、思想和情感的互换与交流。正如美国名记者威廉·曼彻斯特所说："你提出的问题要让他觉得是新颖别致的，要表现出你很熟悉他的生平。这样他就会尊重你，有兴趣与你交往和谈心。"尤其是像余秋雨这样的专家、学者或名人，一般不会有太长的时间接待记者，甚至有的可能不愿和记者配合，所以记者采访前一定要认真做好准备工作，并多准备一些具体深入的闭合性问题。如白岩松采访余秋雨，如果他事先没有对余秋雨的主要艺术成就、重要艺术活动及其经历，进行深入细致的研究，他就不能在相应的材料背景下，如渔夫精心编织鱼网一样，提炼出一个个深入人物心理和思想状态的问题。可以说，采访前的准备工作做得越充分，闭合式问题就会提得越发恰到好处，采访起来就更容易深入。否则，不作准备或准备不足，对采访对象的情况一无所知或知之甚少，只能问一些泛泛而谈甚至缺乏常识性的问题，不但难以捕捉到富有价值的材料，而且还会招致采访对象的反感，致使采访尚未开始就面临着失败的命运。

（2）心中有人：心中有采访对象，心中有受众

人文关怀是新闻传播的终极目的，在某种意义上说，采访其实就是一种人与人之间的交流，进一步地说，是采访双方知识和情感的交流。建立在对采访对象及其相关背景材料深入研究基础上的闭合式提问，更应秉着人与人之间真诚沟通的采访理念，以人为本，注重采访对象的内心世界，进行自然而然的交流。白岩松采访余秋雨的八大问题没有停留在余秋雨渊博的学识，骄人的荣誉、地位及对中国文化的贡献上，而是透过这一切，了解其心灵世界和散发着独特魅力的人格，从而使采访在一种心与心的交流中行云流水般地展开。

另外，从广大受众的接受心理来看，像余秋雨这样的社会精英们所研究的学问、专业，对于广大受众来说，是高深莫测的，而其深厚造诣、显赫成就背后的心灵体验、情感方式及人生态度，却是每个普通受众所感兴趣，也能听得懂的内容，白岩松正是秉着这样一种人文精神和受众意识，提出了以上一个个问题。

心中有采访对象,心中有受众,注重他们的内心感受或接受心理,是闭合式提问(也是任何人物访谈)能否深入人心的关键。

(3)小中见大:化抽象为具体,化大为小

闭合式提问要想得到实质性的材料,就要善于化抽象为具体,化大问题为小问题。比如白岩松采访余秋雨的前三个问题,问的是关于文思、文人的气质和文人的责任这样比较抽象的大问题,如果不善于把角度变小并具体落实到余秋雨本人的感觉,不仅对方不好回答,记者本身也无法深入采访。最后四个问题问的是余秋雨的社会生活、官职荣誉和新居环境等似乎平常的问题,但也小中见大,能体现出余秋雨作为文化名人对待现实物质功利的人生态度与思想境界。

(4)"闭"中有"开":把具体的问题与开放性的背景材料有机结合

闭合式提问要闭而不死,封而不僵,还应做到"闭"中有"开",即善于把闭合性的问题与开放性的背景材料有机结合。白岩松采访余秋雨的几个问题几乎都是在比较开放、比较大气的背景下提出的,因而没有使问题变得僵化或琐碎。这些厚实的背景材料尤如拉开的弓,在此背景下提出的闭合式问题犹如锋利的箭,弓适当拉得越开,射出去的箭往往越有力,越能达到预期目的。当然,如同弓不能拉得过紧一样,背景材料也不能过于开放和空泛。

另外,把具体的问题与开放性的背景材料相互结合时,要注意不能将二者相互夹杂,混为一谈。白岩松采访余秋雨的几个问题,诸如"中国的文化已经很悠久了,在这个过程中有很多的文人在传递着它,岁月流逝,文人们相继地去了,但心灵中这种体验却是一脉相承的。那么现在您是否觉得自己非常有责任来承担弘扬民族文化的使命,或者说您很幸运的是这个血脉中的一分子?"等等,前半部分阐述背景,后半部分提出问题,由于较好地处理了背景和问题的辩证关系,不但问题清晰明了,而且"开""合"有度,相辅相成。

(5)"闭"中有"序":提问要有逻辑顺序

设计具体深入的闭合式问题比泛泛而谈的开放式问题更要注意逻辑顺序。白岩松采访余秋雨就是围绕着其文化名人的心理和思想状态,由文思、文人的气质和文人的责任到其社会生活、家居环境和荣誉地位,从其心灵体验、情感方式到其人生态度,逐步由此及彼、由表及里、由远及近地深入提问,从而使采访取得成功。

(6)"闭"中有"法":结合多种提问方法

闭合式提问作为一种提问方式,完全可以融入一般提问的技巧或方法,如正问法、反问法、追问法、侧问法、设问法、诱问法等。如白岩松提的第四个问题,就是一个很别致、很有趣的假设性问题,"当面对自己的时候,或者说在酒后,您有没有构思或想过自己是唐朝的一个诗人或者宋代的一个词者?"这个问题貌似荒诞,但却有利于采访对象开拓思路,谈深谈透某一想法或观点,比较适合于了解采访对象的内心世界和思想认识。再比如白岩松的采访提纲中不少问题带有正问、反问、追问或侧问的性质。如最后四个问题,相对前四个问题来说,这几个问题是一些比较现实功利的问题,白岩松运用了侧问法、诱问法等,分别从不同角度含蓄地、旁敲侧击地进行提问,巧妙地将采访触角伸向采访对象的心灵世界。提问时各种技巧运用得好,能反映出记者的机智、含蓄和知识储备。不论结合哪一种方法方式,都应注意事先对有关情况进行深入地了解和分析,做到心中有数,方能灵活运用,提高采访效率。

最后需要指出的是,在一般采访中,开放式提问与闭合式提问往往是有张有弛,交叉使用的,这样可使采访如同"钻探"一样,不断接近事物的本质。但就整个采访过程来看,记者应以提闭合式问题为主。正如麦尔文·曼切尔所说:"那些仅仅只能问一些开放性问题的记者应该懂得这样做的后果。对于某些提供情况的人士来说,开放性问题意味着记者的准备不充分或无能。"这句话的确很有道理。在充分准备基础上的闭合式提问,有利于控制采访的过程,更有利于采访的深入和采访能力的充分发挥,这也许正是白岩松他们特别青睐闭合式提问的根本原因。

(节选自《新闻采编》,山西省新闻工作者协会,2005.1)

网络新闻写作的特殊性

从受众角度来讲,网络新闻在接受方式、接受心理、接受习惯等方面与报纸及其他传统媒体新闻相比都有明显的不同。为适应受众的多元需求,网络新闻就应摆脱传统媒体新闻写作方式的束缚,积极探索网络新闻写作的特殊技巧,形成自己特有的写作特点。

一、网络新闻传播过程中的受众需求

网络传播在时间"空间"技术层面上最大限度的开放性赋予网络新闻传播交互性、海量性、多媒体、即时性、个人化、超文本、高速度等诸多传统媒体未曾具有的信息传播上的性能优势。正是这些优势使得网络传媒能满足不同层次、不同特征、不同分布的各类受众的多样"动态"个性化的需求。然而,在接受方式、接受心理、接受习惯等方面受众对网络新闻的接受也有其自己的特点:

　　他们是现实的,他们来到网上是为了寻找信息;他们是不耐烦的,他们要以最快的速度找到想找的东西;他们更倾向于浏览而非仔细阅读;他们不喜欢页面过于花哨,这样会给阅读增加困难,他们喜欢真实的平实的信息,他们有时并非为了某一目的来到你的网站,这时你的适当引导就能将他们留住……

　　进入网络新闻传播过程中的受众,往往需要快速了解自己生存环境发生的最新变化。受众对信息进行自主选择的欲望强烈,希望在最短的时间里以最便捷的方式获得自己最需要的信息。受众渴望接近深度信息,他们不仅希望了解主体新闻本身,而且渴望了解与主体新闻相关的各种背景,主体新闻对社会生活的各个领域产生的影响,以及主体新闻事件的发展趋向。

　　受众在网络新闻传播过程中拥有的上述心理特征,促使受众获取网络新闻有如下的行为表现:

　　1.依赖新闻标题。标题是新闻的灵魂,是新闻传播与接受过程中的第一环节,是整个新闻的眼睛。受众索取深层新闻信息的第一选择关口就是标题。受众是否选择和索取深层新闻信息主要看标题。

　　2.浏览式阅读。在网络新闻传播过程中,受众阅读信息的速度是一扫而过。在快速浏览的过程中去发现和感受对自己有用的信息。这种阅读带有极大的跳跃性、检索性、忽略性。如果新闻中没有醒目的关键词,没有清晰的提示与标识,没有引人注意的种种细节,就难以留住读者。

　　3.自由选择信息。在新闻网站丰富的纵横链接结构中,受众可以根据自己的需求选择接收新闻的内容种类,决定浏览新闻的时间顺序和时间长度,对接收新闻的过程实施全方位自由选择和调配。受众可以浏览一个网站的多个页面,可以同时访问多个网站。

　　网络传播拥有数量最为众多、层次最为多样、成分最为复杂的受众群体,了解受众的基本情况:教育水平、知识储备、期望、爱好、情绪、对稿件内容发生的兴趣程度;了解受众的心理特点:知觉偏见、价值观与人生追求、态度与行为、从众和时尚心理、逆反心理等等就成为网络新闻写作的基础。为适应受众的多元需求,网络新闻工作者就应摆脱传统媒体新闻写作方式的束缚,积极探索网络新闻写作的特殊技巧,形成自己写作的特殊性。

二、网络新闻写作的特殊性

　　根据受众在网络新闻传播过程中的心理及行为方式出现的新特点,网络新闻传播在遵循新闻写作基本原则的同时,也要探索网络新闻传播的特殊规律,使用专门技术,运用特殊技巧,以保证满足受众需求,实现传播目标。

1.凸现新闻标题的灵魂位置

标题是新闻的灵魂,是新闻传播与接受过程中的第一环节,是整个新闻的眼睛。

目前新闻媒体网站为增大信息容量通常采用新闻标题集中组合的引导式版面布局。在这样的版面结构下,最先呈现于受众眼前的是由大量新闻标题组成的链动集群。每条新闻的深层内容往往需要通过点击标题的链接才能索取。因此,新闻标题在网络新闻传播中的重要性就更加突出了。印刷媒体的标题具有多行性和层次性的特点,由于其版面展示空间的完整性,可以有新闻的主标题和副标题乃至肩题,可以运用多种手法通过上下承接转合使之形象生动、妙趣横生;网络新闻受限程度大,从主页的标题到正文最少要有两个层次。在网络新闻传播中,新闻标题已经成为受众决定是否索取网站深层内容的第一引导力量。好的标题会吸引、刺激、引导读者点击链动索取下一层新闻内容;而不好的标题则成为深层新闻内容展示的直接障碍。一个网络媒体要想吸引受众向网站的深层内容进入,就必须强化标题意识,在标题的制作上下大功夫,让新闻标题对受众具有不可摆脱的吸引力。

所以,网络新闻标题要在短短的一二十个字内既要高度浓缩新闻的主要内容,提供尽可能多的信息,又要具有较强的感染力和吸引力。标题制作要满足四个要求:一是说明一个新闻事实;二是突出重要的新闻因素;三是强调新闻最新的变动;四是要揭示新闻中最为本质的变动意义。这四个要求被实现的成分越多,新闻标题的质量就越高。在制作网络新闻标题中,不要使用卖弄的、夸张的、过分渲染的词汇制作标题,不要使标题媚俗化。因为在快速阅读中,这类标题难以让读者准确地了解新闻的真实内容,甚至会让读者不得其解。不要使用让人难以理解的修辞手法,因为这样的标题可能会造成读者理解上的障碍,误导读者。

2.准确、简洁、突出新闻要素

要想保证读者能够容易、清晰、准确地捕捉新闻的核心内容,在新闻的写作上就要做到将重要新闻因素用最清晰的文字方式描述出来。网上读者阅读新闻的主要方式为浏览式、扫描式阅读,扫描状态中的眼睛一次只能掠视两三个词,注意要让关键词语突出出来。

读者的注意力是跳跃的,甚至经常会进行超越段落的跳跃,注意段落内容的独立性。注意用最重要的事实或者是观察的结论作为这一页新闻的开始。注意要高度简洁地表述最为重要的事实。为了让读者在最短的时间内尽可能准确、尽可能完整地了解新闻界最重要的新闻因素,需要在网页的第一视觉区域内完成对重要新闻的概括、描述和引导,尽可能在网页的第一视觉区域完成对最重要的新闻事实的概括与描述。注意要将最重要的新闻要素置于最前面。无论是写作一篇新闻还是处理之中的一个段落，都要把最重要的信息置于最前端。注意要想方设法让读者感到你提供的信息对他们有用，读者往往没有足够的耐心并且充满了怀疑态度与批判精神，他们是为满足自己的某种需要才去访问你的网站。因此记者和编辑永远需要以对读者有用的方式去进行写作，让读者很快发现他们想要的信息。

3.展示新闻深度信息的超层次性

目前中国大多数新闻网站的"纵深链接"往往是对"相关新闻""背景资料"等外部相关信息的链接。这就使得主体新闻缺乏纵深度和广阔度。需要说明的是，造成这一缺陷的原因目前看来不仅是网络新闻结构处理技术上的问题，更重要的是我们的网络新闻从业者普遍缺乏对新闻进行深度开掘的意识。

网络新闻的发布过程是一个逐层递进的过程，读者通常是根据自己的需求，一层一层去索取新闻信息的。因此，"倒金字塔"结构在网络新闻写作中不仅有印刷媒体常见的上下水平布局的平面结构关系，而且具有前后纵深布局的立体结构关系。

在网络新闻的写作中，记者和编辑要精确地判断新闻价值的层次结构，按照读者的关注度、需求度，对纷繁复杂的新闻要素进行立体化的划分排列。不仅需要确定在一个页面里诸新闻要素的组合排列关系，而且要确定在多层页面中的组合排列关系。

从事网络新闻写作需要建立分层表述的概念，特别是要建立起立体分层表述的意识。所谓分层表述是组合重点的平面排列技术。在印刷媒体上，一则新闻表现为一个整体，读者看到的是信息的全部。而在网络媒体上，由于页面的限制，读者阅读习惯的特性等因素的制约，你可能需要把同样的信息拆分为独立的个体，制作成多重的超链接页面，因为读者不可能把一个很长的页面尽收眼底。

立体分层表述要注意对新闻的重点因素进行精确的分解，以确定哪些内容需要在第一页面呈现，哪些内容需要通过链动在第二、第三页面呈现。要保证让每个页面的内容具有相对独立的完整性，并且从一个侧面更详细、更深刻地解释主体新闻。因为在网络上，读者可以在他们选择的页面间自由移动，读者不会在看过前一页后才来索取这一页面的内容，读者也不会按照严格的逻辑程序去点击各个链接。要让他们看到一页一页的相对完整的有着内在联系的信息群落，通过这些信息群落深刻了解网络媒体所要传达的整体信息。

4.制作便于检索的导语和概要

为满足受众即时、方便检索查询信息的需求，网络新闻结构上采取超链接、超文本网状结构,网络的超链接、超文本特点,使得各个页面能够实现有效连接,从而使网络新闻形成一种立体、多维的网状结构。页面与页面之间可以是逻辑性很强的链接,也可以是松散的联系。通过有效链接,文本与文本之间互相帮衬,形成互文效果,增强了文本的整体表现力。超链接、超文本引发的网状新闻结构使得网络更有张力和包容度。网状的复杂信息结构使系统能按不同查询条件链接,从而使网络传播拥有强大的检索功能。

搜索引擎已经成为人们检索网上信息必须使用的重要工具。超过半数的网络使用者依赖于搜索引擎去发现自己需要阅读的网页。因此,让新闻更容易被受众检索和查寻,是扩大新闻传播的影响范围、增强新闻的再度利用率的重要条件。

当使用者从搜索引擎上看到一个网页的链接时,搜索引擎上展示的对这个链接的简要说明应该能够保证他们立刻准确地了解这个网页的内容,清晰地判断这个网页与他们的需求之间有什么样的联系。

为了使新闻信息的最本质的内容能够在搜索引擎上清晰地显现,在新闻写作上要注意以下两个环节:

一是为新闻制作清晰明确的标题。新闻标题往往最先被搜索引擎捕捉,也是使用者识别与查找信息的最初标识,新闻标题的质量直接关系到新闻在搜索引擎上呈现的面貌。考虑到便于使用者通过搜索引擎进行检索,网络新闻标题需要有一个单独成行的言简意赅的文字标题。标题的第一个词是非常重要的。新闻标题应具有独特性。标题应该是完全了解文章的前后关系后制作的。每一个独立的网页都必须用醒目的标题作为标识。

二是为新闻制作精彩的导语或概要。在搜索引擎上,一则新闻最前端的数十个字往往作为这一新闻的全部内容的简明提示,使用者往往就是通过在搜索引擎上呈现的这数十个字的描述去判断这则新闻信息与自己需求之间的关系。制作导语或概要需要注意:使用能够引起人们注意的词汇和简洁的句式制作导语或概要,将其置于页面的最前端;在这个概要上设计链动,将读者引向报道的详细内容;准确反映全文的内在联系及本质含义;注意事实,不要用夸张和浮华的语言。

(王健,《新闻界》2005 年第 2 期)

记者的创新思维品质
兼评部分"中国新闻奖"获奖作品

作家孙犁说:"艺术家的特异功能不在反映,而在创造。"新闻记者与作家从事的精神劳动虽有不同的特点,但应用创新思维是共同的。大量的新闻实践证明,同样一个人和一件事,在有的记者眼里不屑一顾,而在有的记者眼里却是值得报道的好新闻;同样一个人和一件事,由这个记者写出来的新闻是淡而无味,而由另一个记者写出来的报道却是精彩的好稿。差别就在于有无创新思维品质。优秀的记者应该是一个勇于进行创新思维的记者。

我们说记者需要有创新思维品质,是由新闻自身的规律所决定的。新闻的"新"有三层意思:一个是时间的概念,它是新的,快的;另一个是内容新鲜,是受众关心的重要事实;三是表现技巧新颖,对受众有强吸引力。由此可见,做一名合格的新闻工作者,树立创新思维品质是何等的重要。

记者的创新思维品质来自极端地喜新厌旧,对新生、新鲜、新奇的人和事要嗜之如命,而对旧闻、套话、陈词、滥词要深恶痛绝。这就要求记者必须精心追逐内容是第一次出现的事物,传递的是令人耳目一新的"第一信息",时效上是第一个报道的,道理上是第一次阐述的,写作技巧是令受众乐于接受的。与时俱进,顺变求新,是记者创新思维必不可少的重要条件。记者的工作是一种创造性的劳动,其本质属性要求它必须与时俱进,顺变求新。记者的职业特点就是不断探求新情况,研究新问题,善于发现鲜为人知的新鲜事实,善于总结解决当前各种社会矛盾的新鲜经验,善于捕捉给人以启迪的各种新思想、新观点,善于探寻体现事物发展规律的新趋向。只有如此,记者才能写出充满生机与活力的新闻来,才能使自己的报道胜人一筹。

从获奖新闻佳作来看,记者的创新思维品质主要表现在如下几个方面:

——求异性思维。美国新闻学家吉尔福特根据人的思维方式不同,把思维分为求同思维和求异思维两种。求同思维是运用已有的知识经验,沿着一个方向去思考,寻求惟一的答案;而求异思维则不依常规,沿着不同方向思考,以探求新的多样性结论。求异,就是指对现象差异的思考。"新"和"异"是一对天然的孪生姐妹,创新离不开求异,求异是为了创新。异能给人以新鲜感,使人惊喜,使人喜闻乐见。许多名记者正是有了这种追求,从而在写作上形成了自己独特的风格,读者看到他们的文章,不看署名也知道是谁的手笔。比如范长江的通讯、邓拓的杂文、柏生的专访、徐迟的报告文学、穆青的人物通讯、艾丰的经济新闻,等等,这些名家的作品,无不充满求异思维品质的闪光。历届"中国新闻奖"的获奖作品,不少作品都是记者求异性思维品质结出的硕果。以第十四届"中国新闻奖"消息一等奖作品《非典型肺炎病原是衣原体?》(载《南方日报》2003年2月19日)一稿为例,这篇报道的记者,在衣原体是不是非典型肺炎的病原的争论中,以自己的求异性思维品质和社会责任心,没有随波逐流,而是实事求是,尊重科学,以独特的视角,没有随声附和众多媒体一致报道的专家意见,独家如实报道了广东专家的观点。报道见报后,因为与众不同而受到广泛关注,引起强烈反响。并对世界卫生组织后来宣布非典的病原是变种冠状病毒提供了论据,对鼓舞广东专家坚持实事求是,没有按衣原体的结论来制订治疗方案,为降低非典的病死率,提高治愈率作出了重要贡献。

从这篇报道的成功可以看出,求异性思维在认识过程中往往凝注于客观事物间的差异性和特殊性、现象与本质的不一致性、已知事物的局限性。求异性思维要求记者报道不落俗套,要善于"同中求异",有自己的特色、视角,要敢于提出新问题、新见解,在主旋律一致的前提下,要敢于发出自己的独有的"音调",做到先声夺人,敢开"第一腔"。

——开放性思维。当前,我们面对一个开放的社会,面对纷繁复杂的大千世界。随着开放的扩大,现代社会的信息、技术、知识广泛交流,打破了地区、城市、国家之间的地域界限。通过城乡经济体制改革,我们正在建立充满生机与活力的新的经济运行机制,生产、分配、流通、消费之间,工业、农业、科技、贸易、金融之间,正在按内在的规律建立新的联系。加入世贸组织后,中国经济融入全球经济的步伐进一步加快。在这种形势下,记者封闭型的思维方式已不能适应现代社会要求,只有开放性的思维方式才能自觉接受各种信息。大量地接受知识和信息是开放性思维的基础。有人说,大部分的好点子,都是由平凡的事物或观念组合而成的。"组合",就需要大量的素材,而获得素材的最便捷最经济的办法,就是大量接受知识和信息。没有足够的知识积累,开放性思维便无法启动。从这一点来说,丰富知识储备,拓宽知识面是造就开放性思维的关键。开放性思维的另一方面,是指思路的开阔。记者在思考问题的时候,不是沿着单一线索进行,而是纵横交错,四面开花,要广伸"触角",思维要像"雷达"一样,在360度的空间"扫描":本地和外地的,本行业及其他行业的,中央和基层的,国内和国外的,进行全方位多角度的比照、观察和思考。只有这样,才能发现新问题,接受新事物,得出与常人不同的看法,写出有新意的报道来。

以第十四届"中国新闻奖"消息二等奖作品《今天火车登陆海南》(载《中国铁道建筑报》2003年1月11日)一稿为例,这篇报道的作者是"范长江新闻奖"获得者朱海燕。在新闻事件发生的当天,他同全国150多家新闻媒体的200多名记者在现场采访。之后,在众多的新闻媒体上刊登和播发的"火车登陆海南"的消息中,惟独他写的这一篇一枝独秀成为获奖的新闻精品。他的成功,就是运用了开放性思维写稿。在一条800字的消息中,他为读者提供了与新闻主题相关的信息竟然多达70多个。除生动、细致的现场情景描写外,还运用回顾历史的方法、比较对照的方法、探寻来龙去脉的方法,从苏东坡、海瑞写起,又写到张之洞、孙中山曾提出"筑铁路至海南"的设想;还写了日本侵略者为掠夺财富,在八所一带用4万中国人的生命筑了200公里的铁路;最后写到现在因交通不畅,使海南的物流不顺,引进外资逐年下降,瓜果蔬菜因为运力不足烂在地里,旅游本来可以接待2000万人的能力也只能接待1200万人,等等。如果记者的思维不是开放性的,不是全方位的、多角度、多侧面的,而是沿着单一线索进行,就不可能涉及如此众多的信息,报道也就没有现在的深度和高度,也就很难成为独树一帜的新闻精品。

——宏观性思维。所谓宏观性思维,就是记者站在一个制高点上,鸟瞰林林总总的大千世界,从纵览全局中,去考察报道对象及其与外部世界的联系,从在全局的地位和作用中去判断事物的分量及其新闻价值。"会当凌绝顶,一览众山小。"借助马列主义这一政治上的望远镜和放大镜,分析复杂的社会现象,透过事物的表象挖掘出事物的本质。通过宏观性思维写出的报道,既能剖析新闻事实的内涵,充分揭示其蕴含的意义和价值,又能说明新闻的来龙去脉、前因后果和发展趋势,使新闻成为有事实、有背景、有分析的深度报道。

以第十三届"中国新闻奖"消息三等奖作品《昆山:全球催生"金蛋"》(载《苏州日报》2002年7月3日)一稿为例,这是一篇经济新闻,它向人们揭示了经济全球化已经成为时代发展的潮流,在中国加入世贸组织之后,如何抓住经济全球化带来的机遇、积极谋求自身发展成为很多地方不懈探索的重大课题。作为江苏省的一个县级市,昆山的外向型经济发展近年来在苏南地区处于领跑地位,这里已经成为长三角地区重要的高新技术制造业基地之一,其迅速崛起引起了国内乃至国际上的广泛关注。昆山经济之所以能够飞速发展,主要得益于潮涌而来的国际资本,是全球产业梯次转移造就了这个新兴城市的强大增长动力。究其实质,昆山的发展正是经济全球化浪潮催生的结果。该文作者运用宏观性思维,站在全球的制高点意识到对这一经济现象进行具体表现的时机已经成熟,在该市半年度统计数字出来之后当即采访了有关部门,选取"每天三个一千万",即每天合同外资1000万美元,出口1000万美元,财政收入1000万元,以此为新闻主体,从具体的数字来源入手,将其置于经济全球化背景下加以观照,从中提炼出"全球化催生'金蛋'"的主题。写成消息,见微知著地揭示了昆山经济与经济全球化之间的紧密联系,主题无疑是鲜明突出的,并有着重要的现实启示意义。

——问题性思维。创新思维要求记者在报道中勇于提出问题、研究问题。大量的新闻实践证明,一个记者,如果对实际工作中存在的问题不关心,对群众关注的问题没兴趣,头脑中不装着问题,不研究问题,那他是断然写不出有新意的报道来的。对记者来说,如果不具备问题性思维,那就没有创新思维。密切关注实际工作与群众关注的问题,下大力气进行调查研究,提出解决这些问题的新思路、新对策,这是当好一个记者的重要思维品质。处在社会转轨时期,社会上必然会出现各种各样的热点问题。一个有作为的记者,应敢于介入群众关心的热点问题。把中央关注的重点、社会经济生活中的难点同群众关注的热点问题结合起来,"沉"到改革开放的第一线,深入调查,潜心研究,缜密思考,深挖新闻主题,是写出既体现中央精神,又贴近群众的新闻佳作的必由之路。

第十三届"中国新闻奖"获奖作品中的《首府"公款圣诞"令人担忧》(载《新疆日报》2002年12月24日)、《10名"瞎眼"评标专家被清出局》(载《深圳特区报》2002年9月4日)、《看个"咳嗽"要掏1065元》(载《武汉晚报》2002年8月10日)等,都是记者运用问题性思维,勇于抓问题,关注民主,关注社会热点,张扬真理与正义,抨击歪风与谬误所结出的硕果。

——前瞻性思维。记者的创新思维离不开前瞻性。处于当今信息爆炸的时代,随着各种信息的迅速跃动与交汇,受众再也不满足于那些浅层次的动态新闻,而是希望了解新闻事件的前因后果,特别是渴望了解事物发展的趋向与对前景的预告。要满足受众的这种新要求,记者的思维就要面向现代化,面向未来,具备前瞻性思维的能力,把昨天的事实背景与今日发生的新闻事件联系起来,进而揭示明日发展前景与意义。所谓前瞻性思维,就是记者对客观事物率先认识与预测,对未来可能发生的变化及其走势进行洞察。它包含了对事物细致的观察、透辟的分析以及用发展的眼光正确估量等一系列繁杂的思维活动。一些有深度、有见解的分析性报道,一些"风起于青萍之末"就能敏锐抓住的"先知先觉"的报道,一些展示事物发展趋向的预测性报道,都离不开前瞻性思维。通过深入采访,能预见到形势的发展、变化,及时地在报道中进行前瞻性判断和分析。

以第十二届"中国新闻奖"消息二等奖作品《义乌外来务工人员首次当选人大代表》(载《浙江日报》2001年12月8日)一稿为例,这篇消息所报道的"外来务工人员首次当选人大代表"的内容,无疑是新颖的,是独家所有的,是超前性的。大量富余劳动力外出打工,这是改革开放后出现的新的社会现象。

如何使外来务工人员能参加基层人大的换届选举,依法享有民主权利,是我国基层民主建设的新问题。记者敏感地抓住了这个带有普遍性的问题,将外来务工人员依法当选为人大代表这件事写成消息,具有很强的针对性和指导意义。全国人大常委会研究室把这一新闻作为我国基层民主法制建设的标志性事件,收入《2001年全国人大年鉴》。

记者要具有创新思维的品质,决不是一件容易的事,要靠长期新闻实践的磨炼和积累。记者的创新思维品质需要有两个支撑点:一个是掌握各种理论与新知,一个是扎实、深入的调查研究。也就是说,靠两个基本功:一是理论的基本功,二是调查研究的基本功。从某种意义上说,记者的创新思维品质是这两种功底融合的结晶。

记者创新思维品质的培养,是同"三贴近"分不开的。如果记者不贴近生活、不贴近群众、不贴近实际,把自己封闭于高楼深院,沾沾自喜于一得之见,缺乏深入实际探索新事物的热情,满足于关起门来想点子,下到基层找例子,回到报社写稿子,这样就会窒息自己的创新思维。因此,记者一方面要"吃透上头",悉心研究大局的发展与变化,通晓中央的路线、方针、政策,开拓自己的宏观视野;另一方面要深入调查下情,了解民心民意,把握群众心态,摸准实际工作跳动的脉搏,把"下情吃透"。善于把上头与下头、宏观与微观巧妙地结合起来,这样记者的创新思维就会胜人一筹,也才能不断采写出新闻佳作来奉献给受众。

(刘保全,《当代传播》2005年第2期)

谈即兴采访的情与理(采·编·写)

即兴采访就是记者对眼前的情、景有所感触时,临时发生兴致而进行的采访。即兴采访作为采访形式的一种,常被记者所采用,并不断显示出它的优势。我不否认采访前准备工作的重要性,不否认有些采访必须提前查找资料,拟定话题,但未雨绸缪和见景生情决不能互相代替,只能相互弥补,甚至后者更有积极作用。我们采访时,那些突如其来,意想不到的场面、氛围、景物都是影响我们思维的外部环境,这样的环境会唤发你的灵感,使你产生一种兴致,提出超出准备范围的高于拟定话题的话题。这也是"到什么山上唱什么歌"的道理,也应了"急中生智"这句常言。

即景生真情

记者把自己放置在某种情景之中,并与其中的采访对象产生思想和感情的共鸣,于是采访到真实的东西。一次,我准备就随处乱贴广告问题采写一篇评论性报道,由于时间仓促,原打算出去摄出个像千层膏药似的招贴广告画面就回来,可当我们的摄像机镜头对准电线杆上的广告时,很快围上来许多群众,他们都憎恨这种随处乱贴广告的现象,围着我和摄像记者你一句我一句说得很起劲。面对这种情景,我临时产生了兴致,开始进行现场采访。我说:我原以为这种破坏公共环境的行为,与我们居民的切身利益没有多大关系,老百姓不会太在意,没想到大家这么憎恨这种行为。听了我的话,一个老大爷比比划划,非常气愤地说:"我们家门口电线杆上,门洞里贴的都是这种治性病的广告,说什么'一针见效',让外来人一看,以为我们这栋楼里得性病的人很多呢!"一位老太太说:"我们居委干部分片包干,发现这种小招贴就赶紧刷掉,可我们头脚刷了,他们后脚又贴上,刷得过来吗?"另一位老人气得跺着脚说:"这事儿怎么就管不了,还是没人管。那广告上都写着地址和电话,去抄他的老窝不行吗?"这些话太好了,用不着我去评了。他们的语言生动、质朴、深刻,是我坐在屋里憋上三天也想不出来的语言。节目播出后,台领导表扬了我们。这次成功,得益于我的临时应变,而这种应变又是受群众关心环境建设的热情感染所致,可以说是情景感染了我,便能与被采访者的情感融为一体,采访才能唤来这活脱脱、真切切的语言和画面。

迂回寻契机

就人物采访而言,被采访者和采访者大多是陌生的一对,而被采访者又是千人千面,万人万心。他们的人生经历、内心世界是不容易被挖掘出来的。如果我们的采访单凭事先掌握的一些情况,单凭一连串的提问是很难让人亮出心底世界的。记者必须寻找多个切入点,以工作、生活、家庭、孩子等多种话题来调动被采访者的兴致,有时不知是哪句话撞击出被采访者心灵的火花,这时他会忘记面对的是记者,是陌生人,把你当成朋友,想一吐为快。这时我们必须不以采访者而以普通人的表情、语言、话题迅速切入,也就是即兴切入。有一年春节前,我跟随区领导走访烈军属,当走访烈属葛志云时,街道干部介绍说葛志云有个特别孝敬的儿媳妇。后来我一个人来到葛志云家,准备以"一个好儿媳妇"为主题写一篇人物通讯。葛志云已瘫在炕上多年,生活不能自理,说话口齿也不清晰,我只能跟葛志云的儿媳妇王桂芹谈了。开始我提出几个采访话题都被她给搪塞过去了,她不想多说。从她的表情中我看出,故事并不简单。于是我把笔和本儿放在一起,和她唠起了家常。说起老人的性格,她长叹了一口气。我灵机一动,认为这就是切入点。我即兴诱导:你婆婆虽是烈属,可她和平常人没什么两样,年岁大了肯定也爱挑个理儿什么的,你们之间有时候也闹矛盾吧?这话问到了王桂芹的心里,她一改刚才的矜持、冷漠,滔滔不绝地说了起来。

王桂芹肩上压着两副担子,一副挑着老人和孩子,一副挑着丈夫和自己的工作。王桂芹的功劳、贡献、辛苦不亚于葛志云当年。我的即兴采访成功了,我写的不再是好儿媳,而是一个更有深度的主题《有功无名两代人》,作品在辽宁好新闻评比中获二等奖。我认为这篇通讯是我即兴切入的成功体验。

原始最朴实

一个人被某种环境所感染,脱口而出的东西大多是最真实的,因为面对此情此景,他掩饰不住、修饰不了,在记者的作用下,会把自己头脑中长期形成的对某种事情的印象、概念,一言道出,朴素简单,真实可信,这正是新闻所追求的那种生活的真实。有一年的7月7日,我们去采访参加高考的学生和等在外面的家长。采访前我们和教委的同志打了招呼,他们特意为我们安排了几名学生和家长,由于他们有一个准备的过程,有一个修饰掩饰的过程,说出话来很不真实,现场感不强。后来我们随意问了几个没有思想准备的考生和家长,他们说得很好,把考前的心情、考后的打算、家长的愿望表达得真真切切。

我采访还有这样的感受:第一遍谈话最生动,最真实。有时被采访者认为,第一遍没有思想准备,说得不好,想再来一遍,可我发现,一遍更比一遍糟,到最后那一遍,连一点原汁原味都没有了,于是我搞录音采访时就要第一遍。当然这里不包括知识性、历史性、政策性很强的采访。

欲扬先抑之

有些采访往往是当记者拉开采访的架式时,却什么也采访不到,当你收拾"家什"要走的时候,被采访者却来了兴致,你一言我一语,争着抢着说。这时记者不要怕麻烦,抓住被采访者出现兴奋的有利时机,边和他们谈话,边把已收拾起来的"家什"准备好,让他们在无意之中接受了你的采访。

一次我们为做一个专题片去采访,这个片子反映的是一个个体客运汽车司机的故事。那位司机有个绰号叫"白忙活",就是说他光为别人忙活了,自己竟误了赚钱。其中有这样一段情节,他的客运车每天从学校门口路过,孩子上学放学坐他的车他都不收钱,赶上雨天,他还把车停在校门口等候孩子们放学,学生家长很是感激。可当我们把这些家长请到一起让她们谈谈时,她们却拘谨得什么也说不出来。没办法,我们收起摄像机准备走,看我们要走,这些孩子妈妈们却来了兴致,围过来比比划划,讲得有声有色。这时我们赶紧扛起摄像机,递过话筒,重新开始了采访。这回她们说得很好,从表情、动作到语言形式都符合农村家庭主妇的身份,很真实。从那次以后,我常用这种欲扬先抑的采访手法,效果大都不错。被采访者之所以常常在记者要走时产生兴致,一是因为精神放松了,情绪稳定了,把记者当成普通人了。二是因为再不说就没有机会了,这些都是符合情理和思维规律的。

引导又追随

由于记者与被采访者所处的位置不同,生活经历等方面又存在着差异,两者对问题的看法、兴趣也就不尽相同。有时记者感兴趣的问题,被采访者却不感兴趣,相反,有些事被采访者表现出很高的热情,而记者却无动于衷。这种差异的存在是客观的,但两者又必须统一起来。怎么统一呢?当然必须由记者来实现这个统一。在记者产生了兴致而被采访者无兴致的情况下,记者一方面要引导调动被采访者的兴致;另一方面要顺水推舟,看被采访者对哪些问题,问题的哪个侧面感兴趣。记者要既引导又追随,两条线或几条线一齐采访发展,一举多得。如果出现被采访者有兴致,而记者没有兴致的情况,被采访者是没有办法的。这就要求我们记者要有较宽的视角范围、较开阔的思路和较敏感的意识,能随时捕捉被采访者的兴奋点。

即兴采访不是简单的采访方式的机械运用,究其实质,它是记者基本功的自然体现。

(王淑芬,《新闻记者》1999 年第 11 期)

《艺术人生》的访谈艺术探析

中央电视台的《艺术人生》栏目,以我国的著名艺术家、当红明星为主要访谈对象,通过让观众去感受那些平常可望而不可及的名人的生活经历,从而引发人们对人生、对艺术等深层次问题的思考。应该说,《艺术人生》的成功来源于它强大的策划班子,优秀的编导群体,以及创作集体的凝聚力。但是,我们不能忽视的是,这样一个访谈节目,对主持人的提问和访谈也提出了很高的要求。访谈对象有着很高的知名度和社会影响力,如何让他们打开心扉,吐露真情,让观众看到他们浮华背后的真实的一面,就需要主持人访谈态度、技巧和方式的用心和独到。

一、开场提问，轻松幽默，营造和谐氛围

说到访谈艺术，首先谈到的应该是主持人的访谈态度。虽然访谈中的很多问题是编导事先设计好的，但是主持人如何摆正自己的位置，如何让嘉宾真正进入倾心交谈的状态，自己用怎样的方式来问，又如何呼应互动，都关系到节目的好看程度。《艺术人生》的栏目策划人徐小帆说过这样一句话："现场谈话的主心骨是朱军，在他与嘉宾游刃有余的访谈背后有做不完的功课。"对于节目的介入程度，朱军都会提出自己的看法，在对嘉宾资料的收集中，他总是抱着极大的兴趣了解他们的性格特征、成长历程以及艺术成就。然后，他会对嘉宾形成一个感性的认识：王志文的低调、葛存壮的谦和、秦怡的真挚、潘红的孤独……接着再整理自己的思路，将编导的提问与自己的思路融合在一起。

每一期《艺术人生》都有新感觉，朱军的每一次开场提问也都有不同的切入点。在对郭兰英老师的采访中，朱军一开始就这样问：您嗓子那么好，爱吃辣椒吗？朱军用老百姓熟悉的事物——辣椒切入，像唠家常一样就把山西的"少盐缺醋辣椒管够"这个风俗习惯聊了出来，更主要的是将寒暄很自然地引到"晋剧"这个话题上，让郭兰英老师很动情地讲述了自己在"戏班子"里度过的苦难童年；在对牛群的采访中，牛哥一上台就给朱军照相，于是朱军借题发挥："您坐，太让我感动了。到《艺术人生》来还不忘工作。这次是专门来做这个节目还是休假？"牛群回答说："是从蒙城赶来的，主要是你这一召唤，我就来了。"一问一答中将牛哥忙于蒙城县长工作的新闻事实给顺理成章地引出来，为下文的进一步提问做了铺垫。

也许自己来自演员队伍又常年与演艺界明星打交道，这一层熟捻的关系让朱军能够以放松的心态、幽默的方式开场，为嘉宾和观众营造宾至如归的亲切、轻松的氛围。在对英达的采访时，朱军一开始就逗英达"这么白！"英达也逗趣说："我刚才抹了点黑的东西。"朱军解释说："刚才化妆的时候，他说他要化妆。我看了他一眼，说这么好的皮肤，化什么妆。后来他就跟我们化妆师说，你给我点深色的眼影，我以为他要往眼睛上涂，结果弄了点往脸上抹。"英达便拿自己开涮："我主要是抹这里，想向观众指出我的下颚长在什么地方，否则的话，他们误以为我从脖子到头，整个就下来。"

朱军和英达的这段话让在场的观众捧腹大笑。这种轻松幽默也许并没有什么特别的含义，但是它给现场的观众一个信号，就是《艺术人生》中的嘉宾和主持人就像我们生活中许久未见的老朋友，谈谈天，说说地，将人生的经历和对生活的感悟用最朴实的言语表达出来，就这么简单，这么真实。

二、抓住细节，及时追问，呈现嘉宾魅力

无论是文化作品中还是影视作品中，细节的运用最能突出人物的个性魅力。细节作为细小的、局部的环节，它的本质却是"放大"。通过细节可以深刻揭示人的本质。挖掘人物的内心世界，同时触动观众的情感，映照自身，浮想联翩，增强节目的魅力。

在毛阿敏那期节目中朱军谈到了这样一个小插曲：在录节目之前，《艺术人生》节目组习惯性地要开一个例会，和毛阿敏谈节目的事情，会后节目组就请毛阿敏吃饭，为了保持谈话现场的激情和真实，主持人与嘉宾事先一般不做过多的接触，所以朱军就没有参加。后来听栏目组的编导说，毛阿敏开始点了一个自己特别喜欢喝的汤，但是后来一看价钱很贵，她立刻说我不喝这个了，就点了一个非常便宜的汤。朱军非常感动，在访谈中提起了这段细节，并由此问了很多关于生活中毛阿敏的处事原则。于是，透过一桩桩生活小事，我们看到了一个善解人意、真诚率直的毛阿敏，看到了她在台下的另一面，在场的观众受到了强烈的感染。

《艺术人生》这样的人物访谈节目，主要是通过访谈双方之间问与答的形式，向观众讲述被采访对象的性格特征、艺术成就、人生体验等等。因此，那些体现人物个性魅力的真实感人的场景、生活细节，常常是通过嘉宾自己的叙述展现出来的。这时，需要主持人不仅能够通过已知的细节来提问，而且还要善于倾听，敏锐地发现和抓住契机进一步追问，将被采访者的很多不为人知的细节挖掘出来。"在采访对象面前提起你刚到手的有关轶事，对方往往不甘示弱而举出更好的有关事例来胜过你。"这样，就可能得到更丰富、更动人的故事。当然，这要求主持人在访谈前，要对采访者做深入了解，在录制现场和嘉宾交谈的过程中，要能够"听到发论句，预测后续句"，及时抓住新冒出来的、有意味的话头，并能在瞬间调动自己的思维，对展开的话题发出进一步的、细致的或深层次的跟进式的问题，"往往是挖掘细节的简短插话、提示、质疑，抓住主要矛盾引对方做深入剖析，使之或真相大白或迎刃而解。"（吴郁《主持人语言的艺术》，北京广播学院出版社，1999年版）因为，前期的准备毕竟有限，嘉宾人生故事的来龙去脉、细枝末节以及嘉宾心底的声音，全靠主持人现场的把握。

三、直面敏感，人文关怀，将主题引向深入

有人说，因为我们正在追逐幸福，所以不免要触摸痛苦。的确，来《艺术人生》做客的嘉宾很多都是"有故事的"人，这故事中，有辛酸、有执著、有悔恨、有顿悟。《艺术人生》节目组一直本着"用艺术点亮生命，用情感温暖人心"这个

宗旨,因此,是否去提及这些往事,如何触碰嘉宾内心最敏感的神经而又不给嘉宾造成心灵上的伤害,也成了节目组非常在意的事情。当然,作为访谈节目,对于人物敏感话题如果处理得好,就会增加节目的可看性和说服力,尤其是嘉宾顿悟过后的感觉、诉说,会给每个在场的观众以启迪。朱军在节目中一直以宽容、理解、真诚的态度对待每一位嘉宾,他亲切自然的声音,娓娓道来的语速,就像和老朋友在家中小聚一样,话语中没有太多的修饰,没有太多的客套,只是用最关切的态度问老朋友那件事处理得怎么样了,你的心情还好吗?这是一种不让人反感的方式,这也是取得信任后,心与心的沟通。这种沟通使得嘉宾愿意向《艺术人生》的观众诉说衷肠,诉说往事,甚至自己的隐痛。朱军经常说这样的一句话:"艺术的较量不是艺术本身,而是人品和人格的较量。我是真诚地提问,不是想挖人隐私,而是想让更多人了解明星平民的一面,想让观众从他们的经历中,明白人生的一些道理。"于是,朱军问到了吕丽萍的痛处——前夫张丰毅;问到了刘晓庆的婚姻观;也问到了英达的第一任妻子和第二任妻子……嘉宾都坦诚相告,并颇有感触,他们在《艺术人生》的录制现场有机会梳理自己的过去,这时,他们不再是明星,他们回归到一个最真实最自然的人。

当然,朱军对于敏感问题的处理也有自己的分寸。在做赵薇那期节目的时候,刚刚发生完"军旗事件",朱军在节目中没有提到一句有关"军旗事件"的内容。朱军说:"如果那个时候再提这件事的话,对一个年轻演员来说就是一种伤害。"所以《艺术人生》节目组最后送了赵薇一盏台灯,朱军说:"我希望你用这盏台灯照亮你眼前的一方天地,用它点亮你的心灵。"朱军的善意让赵薇非常感动,同时也让所有的观众看到了《艺术人生》的爱和关怀。

四、注入情感,关照嘉宾,共同感悟人生

这样一个具有人文关怀的节目,这样一个表现爱的地方,就需要主持人是一个善于交流、有爱心、理解人、充满了人格魅力的人。而且,主持人要在节目注入真实的情感,只有用心爱这个栏目,爱每一位嘉宾,用真实情感去倾听、去碰撞,才会真正被打动,也才会打动别人,也能让嘉宾说实话、吐真情,让观众随着节目的悲喜而感动,引发共鸣,应该说,朱军在节目中就非常投入,他随着节目的进程,随着嘉宾的叙述,在内心激荡真情,流露真情。采访老艺术家秦怡老师的那期节目,正赶上秦怡老师过生日,编导们设置的结尾是给秦怡老师过生日、切蛋糕,当时朱军觉得这还无法表达自己的感动和敬佩,于是他恳请秦怡允许他代表观众拥抱秦怡,许多人至今还为那个镜头而感动。

更重要的是,作为一个主持人,朱军在《艺术人生》的访谈中切切实实地感

悟到了人生的价值和真正的意义。的确,他时时感受着嘉宾的坚定目光和坚强的个性:大师级人物陈凯歌对黄土地的珍惜和爱;秦怡老人在和智障儿子相依为命的艰苦中仍能美丽地生活;常香玉在生命的最后时刻还能笑着谢幕……面对这样的嘉宾,朱军表现出来的对嘉宾的尊重、理解、平等和真诚是自然而然流露的,也是他主持了4年的《艺术人生》,对节目、提问、嘉宾、甚至生活的深刻领悟。不仅如此,朱军还抱着探讨心理、求实心理和求新心理来关注嘉宾,自信而又真诚地和嘉宾一起总结人生经验,感悟人生道理。社会心理学表明:"敬人者,人恒敬之;爱人者,人恒爱之。"所以很多来《艺术人生》做客的嘉宾和朱军成了生活中的朋友,而常香玉老人生前则亲切地叫他:我那孩子啊! 朱军就这样在访谈中用真诚这把钥匙把嘉宾的内心打开,而他也在访谈中收获着自己内心的成长。

(由鑫:《新闻传播》2005年第5期)

民生新闻:内容与形式的创新表达

2004年,各地方电视台的一批新闻节目以其平民化、人际化的传播追求在收视率和社会反响上再创骄人佳绩,形成新的一波民生新闻热。

一、民生新闻栏目发展再现高潮

2004年,中国广播电视集团在全国范围内开展了最受欢迎的电视栏目评比活动,评比由专家评审团审看,并参照央视—索福瑞对2003年6月1日到2004年5月31日全国电视栏目收视状况统计数据做出,一定程度上是观众用电视遥控器"选出"了全国7家电视台表现优异的100个电视栏目。在这些栏目中新闻专题类的占到30%,其中与纪实纵深类平分天下的是民生新闻节目。

从江苏电视台的《南京零距离》始,全国各地电视台纷纷推出自己的民生新闻栏目;在继上一年的创办热潮之后,2004年又是一个民生新闻开办年。

以下是各地民生新闻一些主要代表栏目。

以《南京零距离》为龙头的南京民生新闻"组合拳"。江苏电视台的《南京零距离》于2002年1月1日开播,面向省会南京,每晚6:50到7:50直播一小时。节目完全自采,主要包括社会新闻、生活资讯、读报、观众热线、现场调查等内容,每晚锁定《南京零距离》,已经成为很多南京市民的固定生活内容。

《第一时间》的突破与刷新。安徽电视台大型新闻资讯类直播栏目《第一时间》，从 2003 年 7 月 28 日开播，以反映老百姓冷暖痛痒、喜怒哀乐为己任，每天绘声绘色地讲述寻常巷陌新闻。观众收视率、满意度自开播以来一路飙升，创下了当地非黄金时段新闻节目的收视奇迹。

《都市一时间》"民生视角，本色表达"。"民生视角，本色表达"，十分鲜明地概括了湖南经视《都市一时间》这档长达 60 分钟的新闻节目的传播理念。在定位上，彰显以人为本、求真务实的中国主流社会发展趋势。在风格上，注重电视新闻镜头冲击力和动感表达的同时，强调文风的简约、朴素和直白。说百姓话，言百姓事，使得节目获得社会的广泛认同。

《新闻坊》成效显著。创办于 2002 年元旦的《新闻坊》是一档每天 18 点在上海电视台新闻综合频道播出的栏目，时长 25 分钟，《新闻坊》播出的是贴近上海百姓生活的城市社会新闻，探索的是如何利用社会力量低成本制作新闻的节目运行机制。《新闻坊》并没有挂出什么标新立异的牌子，却实实在在做足了"坊间"、"民间"新闻。

《天天 630》是重庆电视台新闻频道于 2004 年 4 月 20 日开播的一档大众型、区域性、大时段的新闻信息栏目。栏目强调"内容为王、实效为先、现场为重"，以"突发事件、舆论监督、百姓情怀"为主要报道内容。目前，它已成为重庆地区收视率和收视份额率最高的电视栏目。

二、民生新闻的品质、特征

对于民生新闻从无到有，从小到大的发展过程中所彰显出来的品质、特点，人们有着基本一致的看法。

1. 民生新闻的精神品质

民生新闻的巨大生命力在于它体现了我们这个时代新闻所必须具有的平民精神品质。这种品质被归为贫民视角、民生内容、民生取向。其具体表现为：一是贫民视角，民生取向使得新闻报道更真实、更贴近、更有效；二是吸纳社会力量办媒体，打破从业人员的专业空间，吸引专家学者、职能部门、百姓信息员、评论员、普通观众全方位参与；三是更有系统、更高层次、更为深入地为观众提供信息、排忧解难、法律援助、舆论监督；四是舆论引导和干预生活更加贴切、更加入心、传播效果明显。

2. 新闻的"民生"特点

新闻的"民生"特点，首先体现在新闻的配置上，即选择什么样的题材的价值判断。各台民生新闻栏目都注重选择那些更具地域化、本土化的新闻；将镜头对准社区、街道、家庭，注重亲近性和生活化，为老百姓的衣食住行娱乐等生活提供帮助，报道对象都是普通市民。不少栏目还把镜头延伸到一些以往新闻很少涉及的人群,如城市农民工、街头乞丐以及拾荒者之中。

特点之二,新闻的采集,这是指搜集新闻素材的方法。有的栏目,如安徽电视台的《第一时间》每天派出 10 多部采访车穿梭于都市的大街小巷,近 50 名记者、摄像人员工作在街头,采访在社区,活跃在人群,从而大大拓宽了题材获取的渠道,增大了题材的范围。更多栏目使用多种通讯、记录手段,广泛征集市民群众参与新闻搜集,这种种做法,不仅是新闻运作流程的改变,更是新闻报道与受众深度互动的重要保障。

特点之三,在新闻的写作上民生新闻提倡故事化的写作方式,新闻中有情节、有细节,以讲故事的方式进行报道。同时注重营造现场气氛,让观众有身临其境的感觉。这从心理上更容易拉近和普通受众的关系,也更能强化新闻传播的效果。

特点之四,新闻编排的"间隔式"处理,很多栏目没有采用目前已经通用的将新闻内容同类集中,分组编排的方式,而是间隔式方法。即各类新闻看似随意地安放在由广告隔开的几个板块中,这种方法看上去是编排的"散点"化,实际上,却是影视流媒体兴奋点手法的应用。此外,在节目提要等内容预告中,也使用的是亮点处理方法,以此强化兴奋点效应,形成节目自身的悬念。

特点之五,新闻的播报方式。各栏目基本采取直播方式,将演播厅与新闻现场结合起来,随时插入最新的重大新闻和突发事件报道。同期声和现场声运用较多,充分发挥电视新闻声画同步的现场实证性特长,尽量提高视听双通道所包含的信息容量,保证新闻的质量,很多栏目还在演播室现场开通热线电话、手机短信和网络热线等互动通道。

特点之六,民生新闻的独特之处还在于其语言表达,注重动态化感觉,不絮叨、不啰嗦、不说教,风格简明扼要,清新、朴素、实在,有的还略带调侃,这种方式一反正襟危坐的呆板,将自己与受众放在同等位置上,注意对观众的尊重,相信观众的智力水平,理解能力,让事件自己说话,避免过多没必要的剖析、解释、引申。发挥出电视形象化、速报的特长,凸显新闻通报功能,使节目呈现快节奏的动感,民生新闻的节目形式和风格多有"娱乐"味道,如主持人对新闻内容的"肢解"性评述,善意的调侃。要让观众在快乐中看新闻,这也是一种普遍的诉求。

3. 民生新闻的经营

一个好的品牌栏目除了要有高知名度、高收看频次和高欣赏指数以外,还应该有高的收益,实现社会效益和经济效益的双赢,这也是品牌得以继续存在和发展的基础。民生新闻的高收视率成为拉动频道广告营销的第一主力,有的栏目实行整合营销传播,统一操作新闻播出平台,实现品牌的扩张,拉动整体营销。

三、民生新闻出现的内在原因

对于民生新闻高潮迭起的深层次原因,业界及相关专家、学者认为主要有以下的几种:

1. 政治文明的发展

以人为本是全面解读民生新闻的逻辑起点。民生新闻之所以值得我们投以肯定和赞许的目光,是因为这一核心概念的确立是对曾长期盘踞中国电视的官本位新闻的一种拨乱反正。学者特别提到1992年邓小平同志南巡讲话对电视的批评:"电视一打开,尽是会议,会议多,文章太长,讲话也太长,内容重复,新的语言不是很多。"认为这番话对中国电视改革和发展有着重大和深远的意义。同时,这一改革还依赖于社会的发展和人们思想的进步,如果没有我们党把"三个代表"重要思想作为全党的指导思想,没有立党为公,执政为民,以人为本、求真务实的执政方略的确立,没有十六大以后党中央提出的《关于进一步改进会议和领导同志活动新闻报道的意见》,没有中央政府反复强调的必须把人民的生命健康放在第一位的身体力行,民生新闻,乃至电视新闻的民本化概念的提出与实践都不会有当下如此红火的局面,民生新闻之所以能够迅速进入中国电视传播的主流,关键在于它是新闻宣传贴近实际,贴近群众,贴近生活的"三贴近"方针的最直接、最形象、最生动的体现。

2. 地方媒介求生存、求发展

电视产业结构的调整和收缩,为省市级电视台腾出了一个巨大的结构性空间,其地面主要频道可以迅速占领、填补它。从而联合卫星频道完成区域市场的立体占领,多重开发,发挥他们既有的区域优势,以安徽电视台为例,它的省级地面主要频道定位战略是——地方性高认知度频道+本土化典型栏目+重点性覆盖。本土化的民生新闻节目成为频道市场策略中的重要一环;与央视传统强项的新闻播报相比,关注老百姓自己的生活正好是在"天下大事"的新闻资源上有所匮乏的地方电视台的强项。

3. 媒介市场的发展

媒介发展中,技术进步的比重日益增大,受众市场也随之改变,从有限媒介的单一接收到大量媒介的选择接收。在这样的市场情况下,媒介的竞争日益激烈。媒介经历了从卖方市场到买方市场的转变,于是,从"老少皆宜"到"目标受众",媒介开始对市场进行分割,形成了传播的小众化、个性化进程。媒体不再试图争取所有的受众,而是锁定特定的目标受众,集中精力打造有特色的产品。传媒作为一种文化产业,势必以所在地区为目标市场,以区域性观众为主要对象,打造自己独一无二的特长,创造无替代性的产品。这是地方电视台与全国上星台及其他频道竞争的策略,是地方电视台提高竞争力的有效手段;在市场经济时代,销售决定生产,市场规律决定传播的投资回报,对于传媒来说:市场就是收视率,也就是观众的兴趣和爱好。我国当前电视新闻中所出现的民生内容传播现象,可以看作是其谋求相对稳定而有限的受众所采取的一种新的市场化策略,是对个性化、窄播化传播的一种响应。用窄播内容来吸引确定有限的受众。从市场角度讲,增强了节目的接近性,会使当地观众觉得亲切、有个性,为节目带来忠实观众。

4. 电视向人际传播靠拢

民生新闻其市井话题式的选题视角,"散点式"的编排手法、朴素明快的语言表达以及适时的点评都是向人际传播自觉学习的结果。因此,民生新闻所带来的传播方式的改变预示着一场深刻的变革——大众传媒开始向人际传播认真学习,这是竞争和市场压力带来的电视人认识上向媒体规律的回归。

四、民生新闻的深层解读

国内研究者对民生新闻展开了热烈的理论研讨,内容涉及对它的概念界定,本质认知及其内在价值。

1. 什么是民生新闻?

"民生新闻"这个概念在受到业界和学界重视的同时也引发了不少争议。一种认为它从最广大普通百姓需求出发的内容,又是用他们喜闻乐见的形式播报、评说,是一种大众视角的新闻。另一种认为民生新闻是经济新闻、社会新闻两大类别中各有一部分合并而成,民生新闻并不是一个关乎新闻体裁样式的概念,它更多体现为一种针对新闻媒介和新闻记者实践活动的价值取向。民生新闻不仅仅概括了媒介对报道内容的选择标准,还体现着报道者的立场、态度和出发点,更蕴含了媒介自身对社会功能的认识,而这种认识正是民生新闻的核心。

2. 民生新闻是否等同于社会新闻?

有研究者认为从内容上看,民生新闻涉及的范畴与社会新闻大致相当。但越来越多的研究者意识到,除了日常社会新闻外,还有与百姓直接相关的政策资讯,有涉及消费、经济的选题,这些与时政、经济新闻都有交叉。民生新闻与社会新闻的显著区别之一,主要体现在它的民生视角、民生态度和民生情怀上。

2004 年对于"民生新闻"概念的研究首当其冲地成为了热点。其实,对于这样一个新的专有名词,没有必要急于给予一个最后的界定。对概念的不同认识在某种程度上正反映了观念的多元,在民生新闻的概念认识系统内,多元观念的相互影响和讨论,客观上必然带来对民生新闻认识的逐渐清晰。

3. 重新审视"什么是新闻"

新闻的价值本质主要是为社会提供及时、客观、敏锐的环境守望。从传播功能角度看,是否是为人民群众提供信息的安全保障,这是鉴别一项传播是不是在履行新闻传播职能的最关键标准。民生新闻的生命力在于其新闻价值的取向,在于它尽可能地追求新闻的接近性和时效性上。它的接近性主要体现在与受众地域与心理上的接近,不少栏目采用直播和市民自拍的方式,使报道不仅有新近发生,还有正在发生的事件,保证了新闻的时效性。

五、民生新闻未来的发展前景

1. 民生新闻必须警惕的问题

民生新闻势头迅猛,正处于方兴未艾的蓬勃发展期,但在这个过程中必须警惕以下问题。

一是避免同质化倾向。有的城市,同一时间内竟有6档电视民生新闻节目。如果同质状态不能扭转,其收益上升曲线的"拐点"迟早会到来,运行成本的上升和经营利润的摊薄会是必然的结果。同时,同质化还意味着品牌竞争时代的来临,如何使自己的节目具有不可替代性,树立自己的品牌,培养忠实的观众是民生新闻节目必须要早做的打算。

二是民生新闻不应是低俗的代名词。我们今天更应该自觉抵制新闻界重商主义倾向,不能不择手段地一味追求利益。新闻应该有明确的社会目标,媒体要把握创新的"度",把握好平民化与媚俗化的界线。

三是平民化新闻节目要逐步提高报道质量。

四是民生新闻主持人深感缺乏后劲。只有主持人及主要编创人员不断实现自我完善和发展,才能使民生新闻得到持久繁荣。

2. 对民生新闻未来发展的思考

有研究者在对民生新闻现象进行理论阐述后,提出了对未来发展具有重要价值的研究课题:民生新闻如何更好地实现舆论监督,促进公众对国家、社会发展前途的关心与参与,加大民主建设力度,从而建构成为市民的公共领域。其次,民生新闻如何进一步提高市民的主体意识,政治参与意识,促进当地民主化进程,成为民主发展的助推器,这同样是一个非常有价值的课题。

另有研究者在总结电视荧屏"综艺热"、"访谈热"、"娱乐热"跳不出"各领风骚三两年"的怪圈后,在现在民生新闻节目逐渐升温的时候,以更为前瞻性的眼光,开始思考下一步会出现什么样的电视节目,怎样才能使节目焕发新活力或创办出令人耳目一新的节目来。研究者认为首先要认清媒介角色。在我国独特的"一元体制、一元运作"的媒介制度下,媒体必须责无旁贷地配合政府展开工作,承担起引导舆论,协调不同利益主体的意见和要求,化解社会阶层之间矛盾,推动社会成员整体素质提升的神圣使命。民生新闻类节目,正是在媒介非批评即表扬的困境中找到了一个出口,搭建了政府和民众之间沟通的桥梁而受到了管理层和民众的双重认可。

（周小普,《中国广播电视学刊》,2005 年第 2 期）

后　记

　　《新闻采写基础》是为广播电视新闻专业编写的专业基础课教材。同时，适用于新闻播音、编导、制作、节目主持人、摄像、媒体管理和广告等专业（方向）及其它相关专业的教学，并可提供给报纸、广播、电视、通讯社、网站的专业工作者和新闻爱好者及自考应试者作学习参考。

　　承蒙广大读者的厚爱，也衷心感谢浙江大学出版社李海燕老师和各位同仁的鼎力支持帮助，本书出版后多次印刷发行顺利；十分欣慰的是本书在使用过程中既经受了时间和阅读的考验，也经历了媒体形态和传播格局的重大变化，特别是近两年作者作为国家教育部新闻传播学类专业教学指导委员会成员，参与调研新闻传播学类专业教学质量国家标准，深深感到专业基础课和注重培养学生专业技能的极端重要性。

　　本教材新版修订得到研究生杨苗、陈雯怡、康海静的全程帮助。

　　本教材编写过程，参阅了部分高校同类教材，以及近年在新闻报刊发表的采写研究文章，尤其是参考并引用了全国新闻专业自考指定教材《新闻采访写作》（主编：张默，副主编：张骏德、赵景云、邬武耀、吴勤如）的一些内容。在此，谨向有关同志表示由衷的谢意。

王文科　张　默

2015 年 4 月

图书在版编目（CIP）数据

新闻采写基础 / 王文科，张默编著. —3 版. —杭
州：浙江大学出版社，2015.6（2023.2 重印）
（现代传播.新闻传播）
ISBN 978-7-308-14713-2

Ⅰ. ①新… Ⅱ. ①王…②张… Ⅲ. ①新闻采访②新
闻写作 Ⅳ. ①G212

中国版本图书馆 CIP 数据核字（2015）第 100564 号

新闻采写基础(第三版)

王文科　张　默 编著

丛书策划	李海燕
责任编辑	李海燕
封面设计	续设计
出版发行	浙江大学出版社
	（杭州市天目山路 148 号　邮政编码 310007）
	（网址：http://www.zjupress.com）
排　　版	杭州青翔图文设计有限公司
印　　刷	广东虎彩云印刷有限公司绍兴分公司
开　　本	787mm×960mm　1/16
印　　张	21.75
字　　数	391 千
版 印 次	2015 年 6 月第 3 版　2023 年 2 月第 2 次印刷
书　　号	ISBN 978-7-308-14713-2
定　　价	39.00 元